前　言

我国是一个多民族、多语言、多方言的国家，推广普及普通话有利于增进各民族各地区间的交流，有利于维护国家统一，有利于增强中华民族的凝聚力。普通话既是汉民族的共同语言，又是全国通用的语言，不仅应该在汉民族中大力推广，也应该积极支持和帮助各少数民族学习和使用。学习使用普通话，既是我国各兄弟民族相互团结和互相学习的需要，也完全符合我国各民族人们的共同利益。

随着改革开放的不断深入，全面建设小康社会步伐的不断加快，国内、国际交往日益增多，人们的活动地域空前扩大，彼此之间感情的沟通，思想的交流，都需要标准的普通话作为工具。普及普通话是经济发展的需要，是先进生产力的有机组成部分。

普通话水平测试是一项国家级考试。大力推广和积极普及普通话是我国的语言政策。推广普通话工作的一项基本措施就是开展规范、科学、有序的普通话水平测试。在《中华人民共和国国家通用语言文字法》中，就明确规定了普通话和规范汉字作为国家通用语言文字的地位和使用范围。同时该法明确规定：以普通话作为工作语言的播音员、节目主持人和影视话剧演员、教师、国家机关工作人员的普通话水平，应当分别达到国家规定的等级标准。教育部颁布的《教师资格条例实施办法》也将普通话水平作为教师职业准入的基本条件之一，这些都为普通话水平测试工作提供了法律的、政策的依据，同时也对测试工作提出了更高的要求。

为使普通话学习和培训测试更加规范、科学，本书以普通话学习和普通话水平测试为出发点和落脚点，依据《普通话水平测试实施纲要》的内容，紧扣普通话测试的各个环节，分项提出了明确的要求而编写，并经过多位专家审定。全书共分五个部分：普通话水平测试介绍，普通话语音知识，普通话水平测试应试指南，普通话水平测试试卷及考官点评，以及其他相关内容。编写思路清晰，结构严谨，为读者提供了有针对性的学习及训练材料。

所有同步音频都可通过扫描相应的二维码而获取，大大提高了读者的学习效率。音频内容涵盖了声母、韵母、声调、轻声、儿化、朗读作品、真题试卷等章节，由专业播音导师朗读，具有更强的示范性和指导性。

本书从普通话学习的重点及难点出发，突出实用性、通用性、层次性和指导性原则，以满足更多读者的需求，本书是社会各界普通话学习者和应试者自学备考的首选图书，亦是全国各级各类职业院校普通话课程的首选教材。易甲普通话·专注于普通话学习及测试，这本书，值得推荐给每一位期望把普通话说标准，提高普通话水平测试成绩的读者。

编　者

严格依据教育部、国家语言文字工作委员会
印发的《普通话水平测试大纲》编写

全新版

PUTONGHUA SHUIPING CESHI ZHUANYONGJIAOCAI

普通话水平测试
专用教材

普通话培训与测试研究中心
普通话水平测试教材编写组 编

中国政法大学出版社

图书在版编目（CIP）数据

普通话水平测试专用教材/普通话培训与测试研究中心，普通话水平测试教材编写组编.—北京：中国政法大学出版社，2018.1(2022.10重印)
ISBN 978-7-5620-7788-6

Ⅰ.①普… Ⅱ.①普… ②普… Ⅲ.①普通话－水平考试－教材 Ⅳ.①H102

中国版本图书馆 CIP 数据核字(2017)第 280947 号

出版者　中国政法大学出版社
地　址　北京市海淀区西土城路 25 号
邮寄地址　北京 100088 信箱 8034 分箱　邮编 100088
网　址　http://www.cuplpress.com（网络实名：中国政法大学出版社）
电　话　010-58908285(总编室) 58908433（编辑部）58908334(邮购部)
承　印　三河市文阁印刷有限公司
开　本　787mm×1092mm　1/16
印　张　19
字　数　485 千字
版　次　2018 年 1 月第 1 版
印　次　2022 年 10 月第 3 次印刷
定　价　49.80 元

CONTENTS 目录

第一篇　普通话水平测试介绍

第二篇　普通话语音知识

第三篇　普通话水平测试应试指南

第四篇　普通话水平测试试卷

附　录

第一篇 普通话水平测试介绍

一、普通话水平测试简介

国家推广全国通用普通话。普通话是以汉语文授课的各级各类学校的教学语言，是以汉语传送的各级广播电台、电视台的规范语言，是汉语电影、电视剧、话剧必须使用的规范语言，是我国党政机关、团体、企事业单位干部在公务活动中必须使用的工作语言，是不同方言区以及国内不同民族之间人们的通用语言。

掌握和使用一定水平的普通话，是进行现代化建设的各行各业人员，特别是教师、播音员、节目主持人、演员和国家公务员等专业人员必备的职业素质。因此，有必要在一定范围内对某些岗位的人员进行普通话水平测试，并逐步实行持等级证书上岗制度。

普通话水平测试是推广普通话工作的重要组成部分，是使推广普通话工作逐步走向科学化、规范化、制度化的重要举措。推广普通话、促进语言规范化，是汉语发展的总趋势。普通话水平测试工作的健康开展必将对社会的语言生活产生深远的影响。

普通话水平测试不是普通话系统知识的考试，不是文化水平的考核，也不是口才的评估，而是应试人运用普通话所达到的标准流利程度的检测和评定。

为了便于操作和突出口头检测的特点，测试一律采用口试。

普通话水平测试工作按照国家语言文字工作委员会组织审定的《普通话水平测试大纲》统一测试内容和要求。

未进入规定等级或要求晋升等级的人员，需在前次测试 3 个月之后方能再次提出受试申请。

二、普通话水平测试大纲

（教育部　国家语委发教语用〔2003〕2 号文件）

根据教育部、国家语言文字工作委员会发布的《普通话水平测试管理规定》《普通话水平测试等级标准》，制定本大纲。

(一)测试的名称、性质、方式

本测试定名为“普通话水平测试”(PUTONGHUA SHUIPING CESHI，缩写为 PSC)。

普通话水平测试主要测查应试人的普通话规范程度、熟练程度，认定其普通话水平等级，属于标准参照性考试。本大纲规定测试的内容、范围、题型及评分系统。

普通话水平测试以口试方式进行。

(二)测试内容和范围

普通话水平测试的内容包括普通话语音、词汇和语法。

普通话水平测试的范围是国家测试机构编制的《普通话水平测试用普通话词语表》《普通话水平测试用普通话与方言词语对照表》《普通话水平测试用普通话与方言常见语法差异对照表》《普通话水平测试用朗读作品》和《普通话水平测试用话题》。

（三）试卷构成和评分

试卷包括5个组成部分，满分为100分。

1. 读单音节字词（100个音节，不含轻声、儿化音节），限时3.5分钟，共10分。

（1）目的：测查应试人声母、韵母、声调读音的标准程度。

（2）要求：

①100个音节中，70%选自《普通话水平测试用普通话词语表》"表一"，30%选自"表二"。

②100个音节中，每个声母出现次数一般不少于3次，每个韵母出现次数一般不少于2次，4个声调出现次数大致均衡。

③音节的排列要避免同一测试要素连续出现。

（3）评分：

①语音错误，每个音节扣0.1分。

②语音缺陷，每个音节扣0.05分。

③超时1分钟以内，扣0.5分；超时1分钟以上（含1分钟），扣1分。

2. 读多音节词语（100个音节），限时2.5分钟，共20分。

（1）目的：测查应试人声母、韵母、声调和变调、轻声、儿化读音的标准程度。

（2）要求：

①词语的70%选自《普通话水平测试用普通话词语表》"表一"，30%选自"表二"。

②声母、韵母、声调出现的次数与读单音节字词的要求相同。

③上声与上声相连的词语不少于3个，上声与非上声相连的词语不少于4个，轻声不少于3个，儿化不少于4个（应为不同的儿化韵母）。

④词语的排列要避免同一测试要素连续出现。

（3）评分：

①语音错误，每个音节扣0.2分。

②语音缺陷，每个音节扣0.1分。

③超时1分钟以内，扣0.5分；超时1分钟以上（含1分钟），扣1分。

3. 选择判断*，限时3分钟，共10分。

（1）词语判断（10组）。

①目的：测查应试人掌握普通话词语的规范程度。

②要求：根据《普通话水平测试用普通话与方言词语对照表》，列举10组普通话与方言意义相对应但说法不同的词语，由应试人判断并读出普通话的词语。

③评分：判断错误，每组扣0.25分。

（2）量词、名词搭配（10组）。

①目的：测查应试人掌握普通话量词和名词搭配的规范程度。

②要求：根据《普通话水平测试用普通话与方言常见语法差异对照表》，列举10个名词和若干量词，由应试人搭配并读出符合普通话规范的10组名量短语。

③评分：搭配错误，每组扣0.5分。

（3）语序或表达形式判断（5组）。

①目的：测查应试人掌握普通话语法的规范程度。

②要求：根据《普通话水平测试用普通话与方言常见语法差异对照表》，列举 5 组普通话和方言意义相对应，但语序或表达习惯不同的短语或短句，由应试人判断并读出符合普通话语法规范的表达形式。

③评分：判断错误，每组扣 0.5 分。

选择判断合计超时 1 分钟以内，扣 0.5 分；超时 1 分钟以上（含 1 分钟），扣 1 分。答题时语音错误，每个错误音节扣 0.1 分；如判断错误已经扣分，不重复扣分。

4. 朗读短文（1 篇，400 个音节），限时 4 分钟，共 30 分。

(1)目的：测查应试人使用普通话朗读书面作品的水平。在测查声母、韵母、声调读音标准程度的同时，重点测查连读音变、停连、语调以及流畅程度。

(2)要求：

①短文从《普通话水平测试用朗读作品》中选取。

②评分以朗读作品的前 400 个音节（不含标点符号和括注的音节）为限。

(3)评分：

①每错 1 个音节，扣 0.1 分；漏读或增读 1 个音节，扣 0.1 分。

②声母或韵母的系统性语音缺陷，视程度扣 0.5 分、1 分。

③语调偏误，视程度扣 0.5 分、1 分、2 分。

④停连不当，视程度扣 0.5 分、1 分、2 分。

⑤朗读不流畅（包括回读），视程度扣 0.5 分、1 分、2 分。

⑥超时扣 1 分。

5. 命题说话，限时 3 分钟，共 30 分。

(1)目的：测查应试人在无文字凭借的情况下说普通话的水平，重点测查语音标准程度、词汇语法规范程度和自然流畅程度。

(2)要求：

①说话话题从《普通话水平测试用话题》中选取，由应试人从给定的两个话题中选定一个话题，连续说一段话。

②应试人单向说话。如发现应试人有明显背稿、离题、说话难以继续等表现时，主试人应及时提示或引导。

(3)评分：

①语音标准程度，共 20 分，分六档：

一档：语音标准或极少有失误。扣 0 分、0.5 分、1 分。

二档：语音错误在 10 次以下，有方音但不明显。扣 1.5 分、2 分。

三档：语音错误在 10 次以下，但方音比较明显；或语音错误为 10～15 次，有方音但不明显。扣 3 分、4 分。

四档：语音错误为 10～15 次，方音比较明显。扣 5 分、6 分。

五档：语音错误超过 15 次，方音明显。扣 7 分、8 分、9 分。

六档：语音错误多，方音重。扣 10 分、11 分、12 分。

②词汇语法规范程度，共 5 分，分三档：

一档：词汇、语法规范。扣 0 分。

二档：词汇、语法偶有不规范的情况。扣 0.5 分、1 分。

三档：词汇、语法屡有不规范的情况。扣 2 分、3 分。

③自然流畅程度，共 5 分，分三档：

一档：语言自然流畅。扣 0 分。

二档：语言基本流畅，口语化较差，有背稿子的表现。扣 0.5 分、1 分。

三档：语言不连贯，语调生硬。扣 2 分、3 分。

说话不足 3 分钟，酌情扣分：缺时 1 分钟以内（含 1 分钟），扣 1 分、2 分、3 分；缺时 1 分钟以上，扣 4 分、5 分、6 分；说话不满 30 秒（含 30 秒），本测试项成绩计为 0 分。

（四）应试人普通话水平等级的确定

国家语言文字工作部门发布的《普通话水平测试等级标准》是确定应试人普通话水平等级的依据。测试机构根据应试人的测试成绩确定其普通话水平等级，由省、自治区、直辖市以上语言文字工作部门颁发相应的普通话水平测试等级证书。

普通话水平划分为三个级别，每个级别内划分两个等次。其中：

97 分及其以上，为一级甲等；

92 分及其以上但不足 97 分，为一级乙等；

87 分及其以上但不足 92 分，为二级甲等；

80 分及其以上但不足 87 分，为二级乙等；

70 分及其以上但不足 80 分，为三级甲等；

60 分及其以上但不足 70 分，为三级乙等。

*说明：各省、自治区、直辖市语言文字工作部门可以根据测试对象或本地区的实际情况，决定是否免测“选择判断”测试项。如免测此项，“命题说话”测试项的分值由 30 分调整为 40 分。评分档次不变，具体分值调整如下：

1. 语音标准程度的分值，由 20 分调整为 25 分。

一档：扣 0 分、1 分、2 分。

二档：扣 3 分、4 分。

三档：扣 5 分、6 分。

四档：扣 7 分、8 分。

五档：扣 9 分、10 分、11 分。

六档：扣 12 分、13 分、14 分。

2. 词汇语法规范程度的分值，由 5 分调整为 10 分。

一档：扣 0 分。

二档：扣 1 分、2 分。

三档：扣 3 分、4 分。

3. 自然流畅程度，仍为 5 分，各档分值不变。

三、普通话水平测试样卷

（一）读 100 个单音节字词

昼	*八	迷	*先	毡	*皮	幕	*美	彻	*飞
鸣	*破	捶	*风	豆	*蹲	霞	*掉	桃	*定
宫	*铁	翁	*念	劳	*天	旬	*沟	狼	*口

靴　*娘　嫩　*机　蕊　*家　跪　*绝　趣　*全
瓜　*穷　屡　*知　狂　*正　袭　*中　恒　*社
槐　*事　轰　*竹　掠　*茶　肩　*常　概　*虫
皇　*水　君　*人　伙　*自　滑　*早　绢　*足
炒　*次　渴　*酸　勤　*鱼　筛　*院　腔　*爱
鳖　袖　滨　竖　搏　刷　瞟　帆　彩　愤
司　滕　寸　峦　岸　勒　歪　尔　熊　妥

（标*的是“表一”里按频率排在第1～第4000条的字词。正式试卷不必标出。）

覆盖声母情况：

b:4,p:3,m:4,f:4,d:4,t:5,n:3,l:6,g:5,k:3,h:6,j:6,q:6,x:6,zh:6,ch:6,sh:6,r:2,z:3,c:3,s:2,零声母:7。

总计:100次。未出现声母:0。

覆盖韵母情况：

a:2,e:4,-i(前):3,-i(后):2,ai:4,ei:2,ao:4,ou:4,an:3,en:3,ang:3,eng:4,i:3,ia:2,ie:2,iao:2,iou:2,ian:4,in:2,iang:2,ing:2,u:4,ua:3,uo/o:4,uai:2,uei:4,uan:2,uen:2,uang:2,ong:4,ueng:1,ü:3,üe:3,üan:2,ün:2,iong:2,er:1。

总计:100次。

覆盖声调情况：

阴平:28,阳平:31,上声:14,去声:27。

总计:100次。

(二)读多音节词语(100个音节;其中含双音节词语45个,三音节词语2个,4音节词语1个)

*取得　阳台　*儿童　夹缝儿　混淆　衰落　*分析　防御
沙丘　*管理　*此外　便宜　光环　*塑料　扭转　加油
*队伍　挖潜　女士　*科学　*手指　策略　抢劫　*森林
侨眷　模特儿　港口　没准儿　*干净　日用　*紧张　炽热
*群众　名牌儿　沉醉　*快乐　窗户　*财富　*应当　生字
奔跑　*晚上　卑劣　包装　洒脱　*现代化　*委员会
轻描淡写

覆盖声母情况：

b:3,p:3,m:4,f:4,d:5,t:4,n:2,l:7,g:4,k:3,h:5,j:6,q:7,x:5,zh:6,ch:3,sh:6,r:2,z:2,c:3,s:3,零声母:13。

总计:100次。

覆盖韵母情况：

a:2,e:6,-i(前):2,-i(后):4,ai:4,ei:2,ao:2,ou:2,an:2,en:4,ang:5,eng:2,i:3,ia:2,ie:3,iao:4,iou:3,ian:3,in:2,iang:2,ing:4,u:4,ua:2,uo/o:3,uai:3,uei:4,uan:4,uen:2,uang:3,ong:2,ü:3,üe:2,üan:2,ün:1,iong:1,er:1。

总计:100次。

其中儿化韵母 4 个：-engr（夹缝儿），-uenr（没准儿），-er（模特儿），-air（名牌儿）。

覆盖声调情况：

阴平：23，阳平：24，上声：19，去声：30，轻声：4。

其中上声和上声相连的词语 4 条：管理，扭转，手指，港口。

总计：100 次。

（三）朗读短文：请朗读第 12 号短文。

（四）命题说话：请按照话题“我的业余生活”或“我熟悉的地方”说一段话（3 分钟）。

四、普通话水平测试等级标准

一　级

甲等　朗读和自由交谈时，语音标准，词汇、语法正确无误，语调自然，表达流畅。测试总得分在 97 分以上，失分率在 3% 以内。

乙等　朗读和自由交谈时，语音标准，词汇、语法正确无误，语调自然，表达流畅；偶然有字音、字调失误。测试总得分在 92 分～96.99 分之间，失分率在 8% 以内。

二　级

甲等　朗读和自由交谈时，声韵调发音基本标准，语调自然，表达流畅；少数难点音（平翘舌音、前后鼻尾音、边鼻音等）有时出现失误；词汇、语法极少有误。测试总得分在 87 分～91.99 分之间，失分率在 13% 以内。

乙等　朗读和自由交谈时，个别调值不准，声韵母发音有不到位现象；难点音（平翘舌音、前后鼻尾音、边鼻音、fu-hu、z-zh-j、送气不送气、i-ü 不分、保留浊塞音和浊塞擦音、丢介音、复韵母单音化等）失误较多；方言语调不明显；有使用方言词、方言语法的情况。测试总得分在 80 分～86.99 分之间，失分率在 20% 以内。

三　级

甲等　朗读和自由交谈时，声韵调发音失误较多，难点音超出常见范围，声调调值多不准；方言语调较明显；词汇、语法有失误。测试总得分在 70 分～79.99 分之间，失分率在 30% 以内。

乙等　朗读和自由交谈时，声韵调发音失误多，方音特征突出；方言语调明显；词汇、语法失误较多；外地人听其谈话有听不懂情况。测试总得分在 60 分～69.99 分之间，失分率在 40% 以内。

五、有关行业人员普通话合格标准

根据各行业的规定，有关从业人员的普通话水平达标要求如下：

中小学及幼儿园、校外教育单位的教师，普通话水平不低于二级，其中语文教师不低于二级甲等，普通话语音教师不低于一级。

高等学校的教师，普通话水平不低于三级甲等，其中现代汉语教师不低于二级甲等，普通话语音教师不低于一级。

对外汉语教学教师，普通话水平不低于二级甲等。

报考中小学、幼儿园教师资格的人员，普通话水平不低于二级。

师范类专业以及各级职业学校的与口语表达密切相关专业的学生，普通话水平不低于二级。

国家公务员，普通话水平不低于三级甲等。

国家级、省级广播电台和电视台的播音员或节目主持人，普通话水平应达到一级甲等；其他广播电台、电视台的播音员或节目主持人的普通话达标要求按国家广播电影电视总局（国家新闻出版广电总局）的规定执行。

话剧、电影、电视剧、广播剧等表演或配音演员，播音、主持专业和影视表演专业的教师或学生，普通话水平不低于一级。

公共服务行业的特定岗位人员（如广播员、解说员、话务员等），普通话水平不低于二级甲等。

普通话水平应达标人员的年龄上限以有关行业的文件为准。

六、计算机辅助普通话水平测试操作流程

（一）测前准备

考生携带证件进入测试室按机号就座后，戴上耳机，将麦克风调整到离嘴边左下角 2 厘米～3 厘米，不会受到呼吸影响的位置。

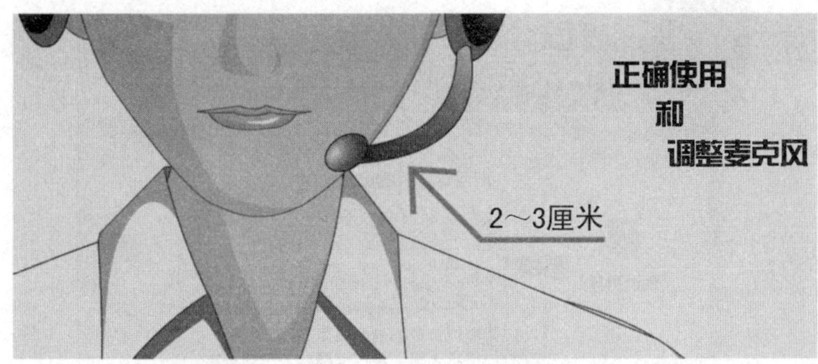

（二）登录系统，核对信息

考生戴好耳机，然后点击“下一步”按钮，进入考生登录页面。

在登录页面时，考生需要手动填写本人准考证号的后四位，然后点击“进入”按钮。

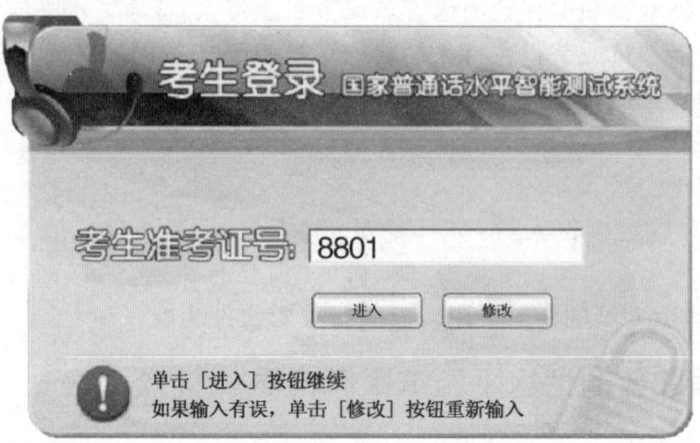

这时电脑上会出现考生的个人信息，认真核对确认。如果出现的不是本人的个人信息，请点击“返回”按钮，重新登录；如果确认无误请点击“确认”按钮。

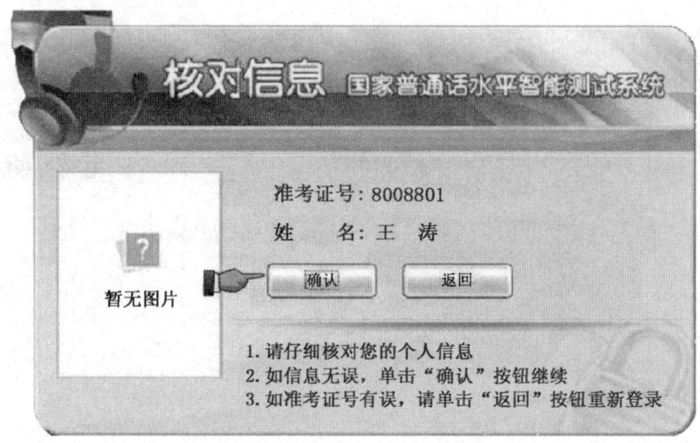

(三)测前试音

点击“确认”按钮后，页面会弹出提示框：“请等待考场指令准备试音。”

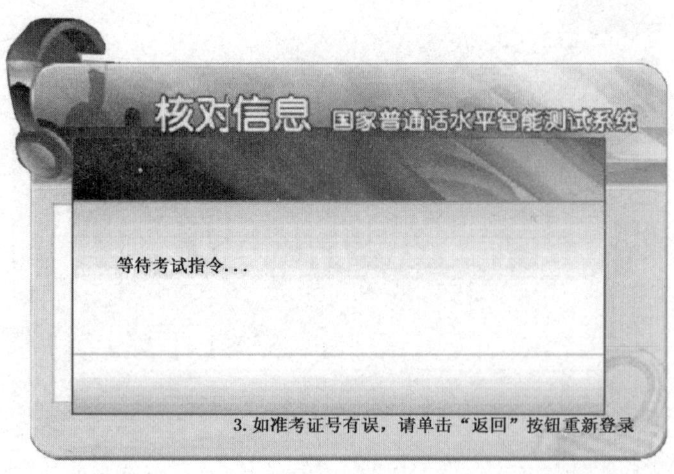

然后进入试音页面。当进入试音页面后考生会听到系统的提示语：“现在开始试音，请在听

到‘嘟’的一声后，朗读文本框中的个人信息。”提示音结束后，考生开始朗读文本框中的文字，开始试音：“我是×××，我的准考证号是×××××××。”

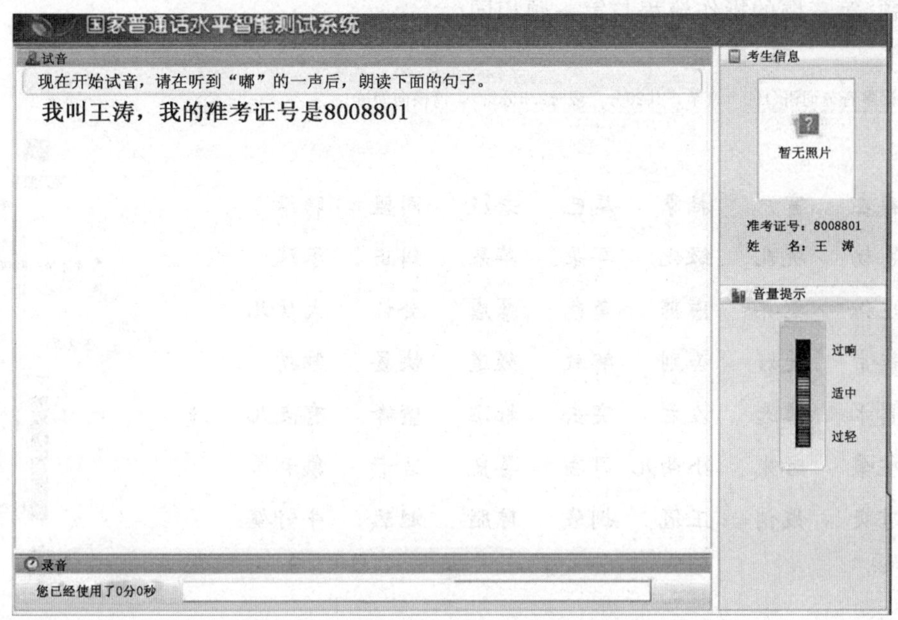

试音结束后，系统会提示考生试音成功与否。

若试音失败，页面会弹出提示框，请点击“确认”按钮，重新试音；若试音成功，页面会弹出提示框：“请等待考场指令，准备考试。”

(四)进行测试

当系统进入第一题时，考生会听到系统的提示语：“第一题：读单音节字词，限时 3.5 分钟，请横向朗读。”在听到‘嘟’的一声后，考生就可以朗读试卷的内容了。

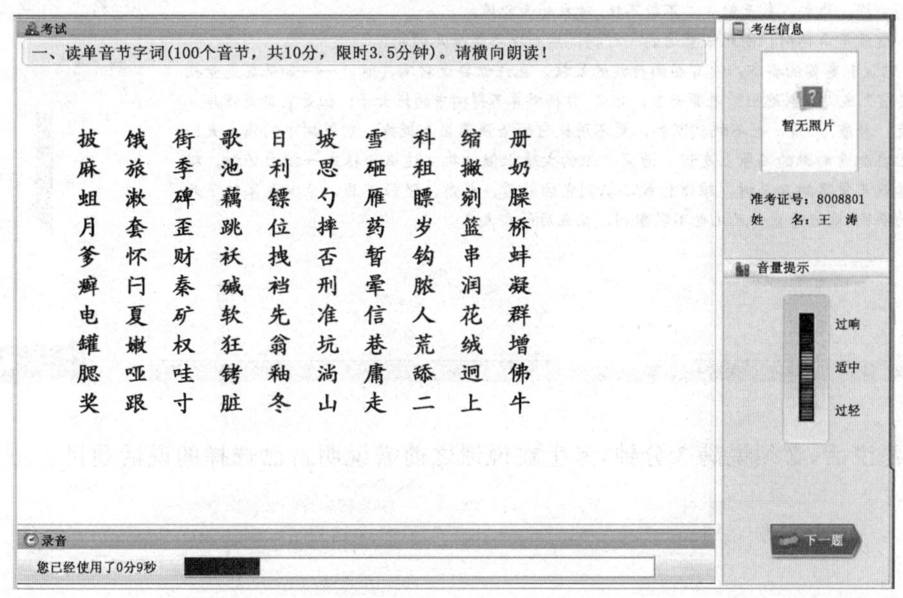

第一题，限时 3.5 分钟。页面的下方有时间条，朗读时注意时间控制。如果提前读完，不要等待，立即点击屏幕右下方“下一题”按钮，进入第二题考试。

第二题、第三题的操作流程与第一题相同。

二、读多音节词语(100个音节，共20分，限时2.5分钟)。请横向朗读！

存在	窗户	抽象	尾巴	老板	同盟	聘请
恳切	扰乱	绿化	耳朵	苹果	纠正	承认
庄稼	耍弄	蘑菇	角色	暴虐	会计	大伙儿
非常	美好	否则	解放	隧道	快餐	脉搏
墨水	落选	左右	突击	批准	蜜蜂	有点儿
喧嚷	时光	小曲儿	司法	善良	边卡	氟利昂
凉爽	俊俏	王冠	拥戴	琼脂	迥然	牛仔裤

暂无照片

准考证号：8008801
姓　名：王　涛

音量提示

过响
适中
过轻

录音

下一题

三、朗读短文(400个音节，共30分，限时4分钟)

那是力争上游的一种树，笔直的干，笔直的枝。它的干呢，通常是丈把高，像是加以人工似的，一丈以内，绝无旁枝；它所有的丫枝呢，一律向上，而且紧紧靠拢，也像是加以人工似的，成为一束，绝无横斜逸出；它的宽大的叶子也是片片向上，几乎没有斜生的，更不用说倒垂了；它的皮，光滑而有银色的晕圈，微微泛出淡青色。这是虽在北方的风雪的压迫下却保持着倔强挺立的一种树！哪怕只有碗来粗细罢，它却努力向上发展，高到丈许，两丈，参天耸立，不折不挠，对抗着西北风。

这就是白杨树，西北极普通的一种树，然而决不是平凡的树！

它没有婆娑的姿态，没有屈曲盘旋的虬枝，也许你要说它不美丽，——如果美是专指“婆娑”或“横斜逸出”之类而言，那么，白杨树算不得树中的好女子；但是它却是伟岸，正直，朴质，严肃，也不缺乏温和，更不用提它的坚强不屈与挺拔，它是树中的伟丈夫！当你在积雪初融的高原上走过，看见平坦的大地上傲然挺立这么一株或一排白杨树，难道你就只觉得树只是树，难道你就不想到它的朴质，严肃，坚强不屈，至少也象征了北方的农民；难道你竟一点儿也不联想到，在敌后的广大∥

录音

第四题说话，必须说满 3 分钟，考生在说话之前需说明自己选择的说话题目。

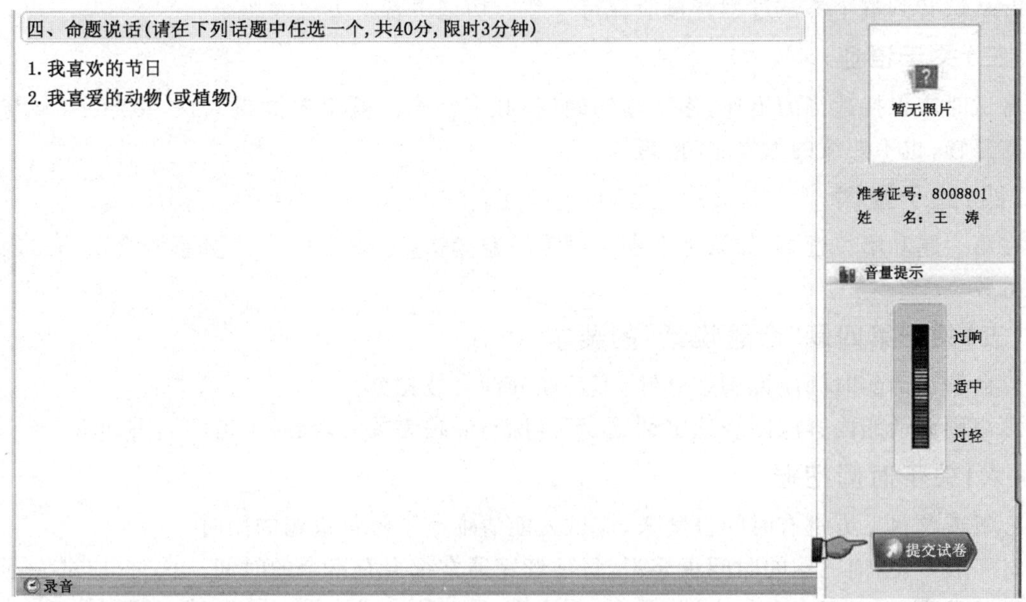

3分钟后,请及时点击屏幕右下角“提交试卷”按钮,结束考试。如果考生不点击该按钮,系统可能会自动提交。

(五)完成测试

提交完试卷,结束考试,接下来页面会弹出提示框,点击“确认”按钮后就可以离开考场了。

测试中应注意的事项

1.正确佩戴耳机。避免麦克风与嘴唇离得太远或太近,影响录音效果。

2.测试时发音要准确、清晰、饱满,音量控制得当。

3.每一题测试前系统都会有一段提示音,请在提示音结束并听到‘嘟’的一声后,再开始朗读。测试的前三题不必读题,直接朗读测试的内容。

4.测试的前两项“读单音节字词”“读多音节词语”,必须横向朗读。注意避免出现漏行、错行;避免出现字词的错、漏、增、改及回读等现象。

5.每题读完后,不必停下来等待,应立即点击右下角“下一题”按钮,进入下一题测试。

6.第四题“命题说话”,进入页面后,不必等待,应立即选择话题开始说话。此项测试缺时会扣分,考生超过6秒未开口说话,机测系统即开始缺时计算。

7.测试结束后,提交试卷,摘下耳机,离开考场。

七、普通话水平测试机测注意事项

(一)关于备测时间

“机辅测试”同人工测试一样,会有10分钟左右的时间让应试人在备测室作测前准备。此时,应试人应充分利用时间。建议应试人首先利用6分钟左右的时间浏览并默读前三题,然后用4分钟左右的时间构思并默说一遍说话题目。

(二)关于音量

1.测试时应该采用正常音量(即两三个人之间正常交谈的音量)。

2.从试音到整个考试过程音量应保持一致。切记声音不可忽大忽小。

(三)关于语速

考试时应保持适当的语速,逐字逐句朗读、吐字清晰。既不要读得太快,字与字、词与词之间没有停顿,也不要读的太慢、太拖沓。

(四)关于重读

在第一题和第二题中,如认为个别字词第一遍读错,可及时重读,评分系统会以第二遍为准计评分数。

(五)关于第四题“命题说话”的要求

1.命题说话的时间应说满 3 分钟,不足 3 分钟会被扣分。

2.命题说话的内容应围绕选定话题,不得说与话题无关的内容,不得朗读书面稿。

(六)关于时间把握

1.每道题目下方都有时间进度条,应试人能清晰地了解每道题的用时。

2.一般来说,前三题的时间很充裕,每项读完通常都会有富余的时间。这时,应试人不用等待进度条走完,可以点击右下方的“下一题”按钮,系统便会进入下一题测试。只有第四题“命题说话”这一项,一定要说满三分钟。

(七)关于环境影响

1.“机辅测试”如果安排在开放的语音室或计算机机房进行。考试时,难免听到别人的声音。这时,应试人要调整状态,专注于自己的考试,不受别人干扰。

2.测试选用的话筒能屏蔽别处的声音,因此,别人的声音不会录进你的计算机里,并不会影响成绩。

(八)关于系统的操作

1.“机辅测试”系统的操作十分简便,测试时只要按提示操作即可。

2.不要随意按动其他按钮,也不要拉扯各种连接线,以防出现意外。

(九)关于意外情况的处理

测试时如遇设备故障问题,应试人应保持冷静,再举手示意,监考员会及时前来处理。如非应试人本人造成的测试失败,监考员一般会安排重新进行测试。此时,应试人应迅速调整心态,以良好的状态再次进行测试。

第二篇
普通话语音知识

普通话概述

普通话是现代汉民族的共同语，是现代汉语的标准语，也是当代我国各民族之间进行交流的工具。普通话是全国通用的语言，也是中华人民共和国的国家官方语言。

1955 年召开的全国文字改革会议和现代汉语规范问题学术会议，对普通话的含义作出了明确界定：以北京语音为标准音，以北方方言为基础方言，以典范的现代白话文著作为语法规范的现代标准汉语。

以北京语音为标准音

普通话以北京语音作为标准音是历史发展的结果。自金、元、明、清以来，北京一直作为我国政治、经济和文化的中心。但是以北京语音作为标准音并不是以某一个北京人或某一些北京人的口语发音作为标准音，而是以北京音系的语音系统作为标准音。北京语音系统中有 22 个声母、39 个韵母和 4 个声调，除此以外，北京语音中还有变调、轻声、儿化等现象，这些都属于北京语音系统的范围。

以北方方言为基础方言

普通话在词汇方面以北方方言作为基础方言，充分考虑了北方方言词汇使用人口众多和分布广泛的情况。在我国七大方言中，说北方方言的人占汉族人数的 70%，其覆盖区域也很广，占汉语地区的 3/4，北方方言内部比较一致。另外普通话还从其他非基础方言里吸收了许多有特殊表现力的方言词来丰富自己的词库，继承了古代汉语中许多仍然有生命力的古词语，借用了一些交际必需的外来词，这都使得普通话的词汇更加丰富。

以典范的现代白话文著作为语法规范

普通话的语法是以经过提炼加工的书面语，即典范的现代白话文著作为语法规范。“典范的”是指典型的可以作为范本，“现代”划定了时间范围，“白话文”是针对文言文而言的。普通话要遵循白话文的语法规范，这符合推广、普及普通话的要求。

总之，普通话作为现代汉语标准语，是一种服务于全国的通用语，是现阶段汉民族语言统一的基础。普通话是语音、词汇和语法的统一体，我们在学习普通话时，要把它作为一个整体来把握，任何一个方面都不可缺少。

汉语拼音方案

（1957年11月1日国务院全体会议第60次会议通过）
（1958年2月11日第一届全国人民代表大会第五次会议批准）

一、字母表

字母	Aa	Bb	Cc	Dd	Ee	Ff	Gg
名称	ㄚ	ㄅㄝ	ㄘㄝ	ㄉㄝ	ㄜ	ㄝㄈ	ㄍㄝ
字母	Hh	Ii	Jj	Kk	Ll	Mm	Nn
名称	ㄏㄚ	ㄧ	ㄐㄧㄝ	ㄎㄝ	ㄝㄌ	ㄝㄇ	ㄋㄝ
字母	Oo	Pp	Qq	Rr	Ss	Tt	
名称	ㄛ	ㄆㄝ	ㄑㄧㄡ	ㄚㄦ	ㄝㄙ	ㄊㄝ	
字母	Uu	Vv	Ww	Xx	Yy	Zz	
名称	ㄨ	ㄪㄝ	ㄨㄚ	ㄒㄧ	ㄧㄚ	ㄗㄝ	

注：v只用来拼写外来语、少数民族语言和方言。字母的手写体依照拉丁字母的一般书写习惯。

二、声母表

b	p	m	f	d	t	n	l
ㄅ玻	ㄆ坡	ㄇ摸	ㄈ佛	ㄉ得	ㄊ特	ㄋ讷	ㄌ勒
g	k	h		j	q	x	
ㄍ哥	ㄎ科	ㄏ喝		ㄐ基	ㄑ欺	ㄒ希	
zh	ch	sh	r	z	c	s	
ㄓ知	ㄔ蚩	ㄕ诗	ㄖ日	ㄗ资	ㄘ雌	ㄙ思	

在给汉字注音的时候，为了使拼式简短，zh ch sh可以省作 ẑ ĉ ŝ。

三、韵母表

	i ㄧ 衣	u ㄨ 乌	ü ㄩ 迂
a ㄚ 啊	ia ㄧㄚ 呀	ua ㄨㄚ 蛙	
o ㄛ 喔		uo ㄨㄛ 窝	
e ㄜ 鹅	ie ㄧㄝ 耶		üe ㄩㄝ 约
ai ㄞ 哀		uai ㄨㄞ 歪	
ei ㄟ 欸		uei ㄨㄟ 威	
ao ㄠ 熬	iao ㄧㄠ 腰		
ou ㄡ 欧	iou ㄧㄡ 忧		
an ㄢ 安	ian ㄧㄢ 烟	uan ㄨㄢ 弯	üan ㄩㄢ 冤
en ㄣ 恩	in ㄧㄣ 因	uen ㄨㄣ 温	ün ㄩㄣ 晕
ang ㄤ 昂	iang ㄧㄤ 央	uang ㄨㄤ 汪	
eng ㄥ 亨的韵母	ing ㄧㄥ 英	ueng ㄨㄥ 翁	
ong （ㄨㄥ） 轰的韵母	iong ㄩㄥ 雍		

1.“知、蚩、诗、日、资、雌、思”等七个音节的韵母用 i，即：“知、蚩、诗、日、资、雌、思”等字拼作 zhi，chi，shi，ri，zi，ci，si。

2. 韵母儿写成 er,用作韵尾的时候写成 r。

例如:“儿童”拼作 ertong,“花儿”拼作 huar。

3. 韵母ㄝ单用的时候写成 ê。

4. i 行的韵母,前面没有声母的时候,写成 yi(衣),ya(呀),ye(耶),yao(腰),you(忧),yan(烟),yin(因),yang(央),ying(英),yong(雍)。

u 行的韵母,前面没有声母的时候,写成 wu(乌),wa(蛙),wo(窝),wai(歪),wei(威),wan(弯),wen(温),wang(汪),weng(翁)。

ü 行的韵母,前面没有声母的时候,写成 yu(迂),yue(约),yuan(冤),yun(晕);ü 上两点省略。

ü 行的韵母跟声母 j,q,x 拼的时候,写成 ju(居),qu(区),xu(虚),ü 上两点也省略;但是跟声母 n,l 拼的时候,仍然写成 nü(女),lü(吕)。

5. iou,uei,uen 前面加声母的时候,写成 iu,ui,un,例如:niu(牛),gui(归),lun(论)。

6. 在给汉字注音的时候,为了使拼式简短,ng 可以省作 ŋ。

四、声调符号

阴平	阳平	上声	去声
ˉ	ˊ	ˇ	ˋ

声调符号标在音节的主要母音上。轻声不标。

例如:

妈 mā	麻 má	马 mǎ	骂 mà	吗 ma
(阴平)	(阳平)	(上声)	(去声)	(轻声)

五、隔音符号

a,o,e 开头的音节连接在其他音节后面的时候,如果音节的界限发生混淆,用隔音符号(’)隔开,例如:pi’ao(皮袄)。

第一章 声 母

第一节 什么是声母

声母是音节开头的部分，普通话有22个声母，其中21个辅音声母、1个零声母。辅音发音时，气流通过口腔或鼻腔时要受到阻碍，通过克服阻碍而发出声音。其特点是时程短、音势弱，容易受到干扰，易产生吃字现象，从而影响语音的清晰度。声母的发音部位是否准确，是语流中字音是否清晰并具有一定亮度的关键。

普通话的声母包括零声母在内共22个

b	巴步别	p	怕盘扑	m	门谋木	f	飞付浮		
d	低大夺	t	太同突	n	南牛怒	l	来吕路		
g	哥甘共	k	枯开狂			h	海寒很		
j	即结净	q	齐求轻			x	西袖形		
zh	知照铡	ch	茶产唇			sh	诗手生	r	日锐荣
z	资走坐	c	慈蚕存			s	丝散颂		

零声母 安言忘云

第二节 声母的分类

一、按发音部位分类

普通话辅音声母按发音部位可分为以下七类：

1. 双唇音：上唇与下唇闭合，构成阻碍（b、p、m）。
2. 唇齿音：上齿接近下唇，留一条窄缝，构成阻碍（f）。
3. 舌面音：舌面前部向硬腭接触或接近，构成阻碍（j、q、x）。
4. 舌根音：舌根向硬腭和软腭的交界处接触或接近，构成阻碍（g、k、h）。
5. 舌尖前音：舌尖向上齿背接触或接近，构成阻碍（z、c、s）。
6. 舌尖中音：舌尖和上齿龈（即上牙床）接触，构成阻碍（d、t、n、l）。
7. 舌尖后音：舌尖向硬腭的最前端接触或接近，构成阻碍（zh、ch、sh、r）。

二、按发音方法分类

普通话辅音声母的发音方法有以下五种：

1. 塞音：成阻时发音部位完全形成阻塞；持阻时气流积蓄在阻碍的部位之后；除阻时受阻部位突然解除阻塞，使积蓄的气流透出，爆发成声（b、p、d、t、g、k）。

2. 擦音：成阻时发音部位之间接近，形成适度的间隙；持阻的气流从窄缝中间摩擦成声；除阻时发音结束（f、h、x、s、sh、r）。

3.塞擦音：以“塞音”开始，以“擦音”结束。由于塞擦音的“塞”和“擦”是同部位的，“塞音”的除阻阶段和“擦音”的成阻阶段融为一体，两者结合得很紧密(j、q、z、c、zh、ch)。

4.鼻音：成阻时发音部位完全闭塞，封闭口腔通路；持阻时，软腭下垂，打开鼻腔通路，声带振动，气流到达口腔和鼻腔，气流在口腔受到阻碍，由鼻腔透出而成声；除阻时口腔阻碍解除。鼻音是鼻腔和口腔的双重共鸣形成的。鼻腔是不可调节的发音器官。不同音质的鼻音是由于发音时在口腔的不同部位阻塞，造成不同的口腔共鸣状态而形成的(m、n)。

5.边音：舌尖与上齿龈(上牙床)稍后的部位接触，使口腔中间的通道阻塞；持阻时声带振动，气流从舌头两边与上腭两侧、两颊内侧形成的夹缝中通过，透出成声；除阻时发音结束(l)。

三、塞音和塞擦音按气流的强弱可分为送气音和不送气音

1.送气音：发音时气流送出比较快和明显，由于除阻后声门大开，流速较快，在声门以及声门以上的某个狭窄部位造成摩擦，形成送气音。普通话有六个送气音：p、t、k、q、ch、c。

2.不送气音：指发音时，呼出的气流较弱，没有送气音特征，又同送气音形成对立的音。普通话有六个不送气音：b、d、g、j、zh、z。

四、按声带是否振动分为清音和浊音

清音：b、p、f、d、t、g、k、h、j、q、x、zh、ch、sh、z、c、s。

浊音：m、n、l、r。

普通话声母发音总表

发音部位 发音方法			唇音		舌尖前音	舌尖中音	舌尖后音	舌面前音	舌根音
			双唇音	唇齿音					
			上唇 下唇	上唇 下唇	舌尖 上齿背	舌尖 上齿龈	舌尖 硬腭前	舌面前 硬腭前	舌面后 软腭
塞音	清音	不送气音	b			d			g
		送气音	p			t			k
擦音	清音			f	s		sh	x	h
	浊音						r		
塞擦音	清音	不送气音			z		zh	j	
		送气音			c		ch	q	
鼻音	浊音		m			n			
边音	浊音					l			

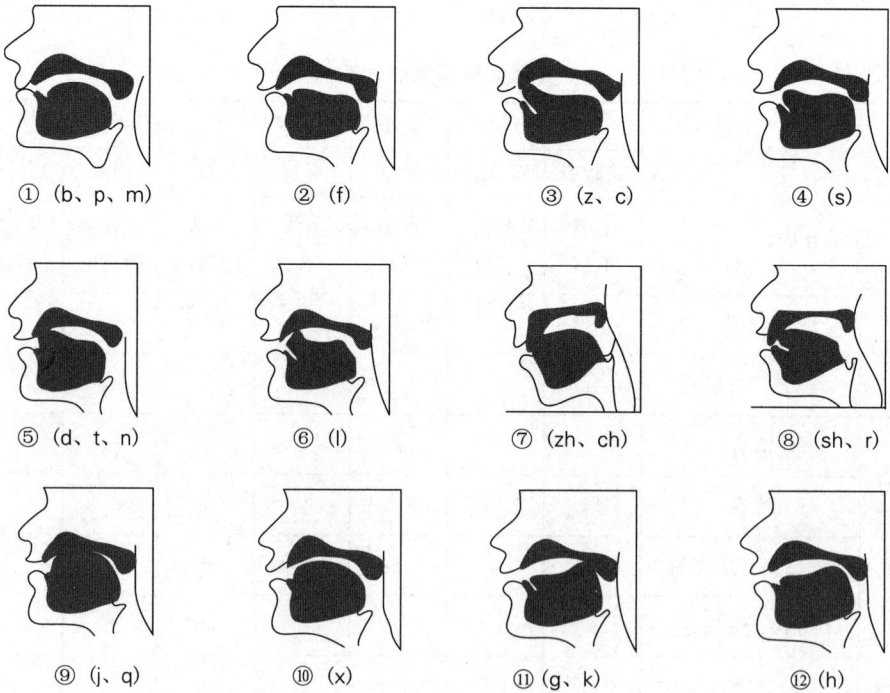

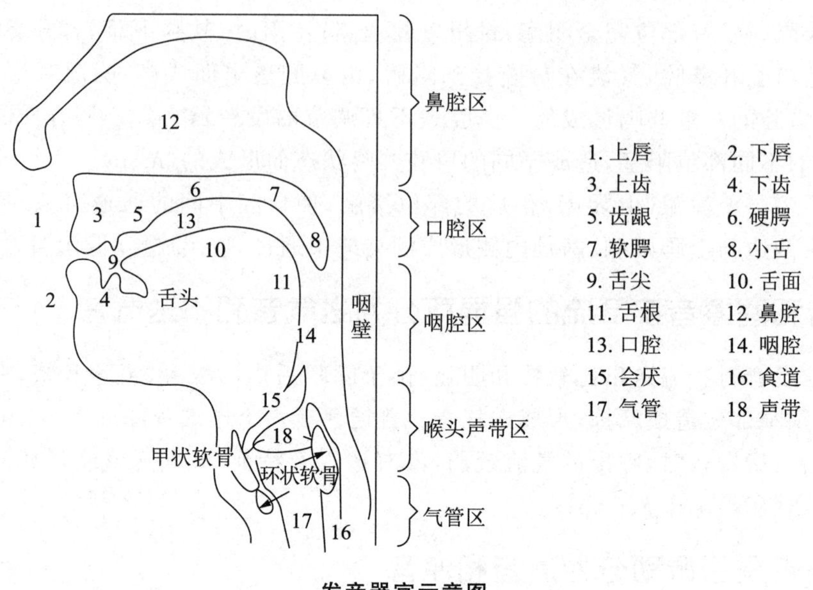

发音器官示意图

① (b、p、m)　② (f)　③ (z、c)　④ (s)

⑤ (d、t、n)　⑥ (l)　⑦ (zh、ch)　⑧ (sh、r)

⑨ (j、q)　⑩ (x)　⑪ (g、k)　⑫ (h)

声母发音示意图

第三节　声母发音分析

扫码听范读

一、双唇音 b、p、m

b [p]　双唇、不送气、清塞音

发音要点：

发音时，双唇紧闭，软腭和小舌上升，鼻腔通路闭塞，阻塞气流，气流从口腔冲破阻碍，爆发成声。主要是双唇中部着力，集中蓄气，用力发音。声带不颤动。

发音例词：

冰棒 bīngbàng　　辨别 biànbié　　板报 bǎnbào

单音节字词练习：

八 bā　把 bǎ　罢 bà　白 bái　摆 bǎi　班 bān
办 bàn　帮 bāng　包 bāo　薄 báo　杯 bēi　本 běn
比 bǐ　笔 bǐ　编 biān　便 biàn　表 biǎo　冰 bīng
病 bìng　波 bō　薄 bó　薄 bò　补 bǔ　不 bù

多音节词语练习：

把握 bǎwò　白色 báisè　办法 bànfǎ　半径 bànjìng
帮助 bāngzhù　悲剧 bēijù　比较 bǐjiào　必然 bìrán
避免 bìmiǎn　变化 biànhuà　辩证 biànzhèng　标准 biāozhǔn
表演 biǎoyǎn　并且 bìngqiě　波动 bōdòng　剥削 bōxuē
博士 bóshì　补充 bǔchōng　不止 bùzhǐ　步伐 bùfá

p [pʻ] 双唇、送气、清塞音

发音要点：

发音的状况与 b 相近，只是发 p 时有一股较强的气流冲开双唇，两者的差别在于 b 为不送气音，p 为送气音。声带不颤动。

发音例词：

批评 pīpíng　　偏僻 piānpì　　匹配 pǐpèi

单音节字词练习：

爬 pá　怕 pà　排 pái　牌 pái　派 pài　盘 pán
旁 páng　泡 pāo　跑 pǎo　泡 pào　配 pèi　盆 pén
碰 pèng　批 pī　皮 pí　匹 pǐ　偏 piān　篇 piān
片 piàn　品 pǐn　平 píng　凭 píng　破 pò　铺 pū

多音节词语练习：

排斥 páichì　排列 páiliè　判断 pànduàn　旁边 pángbiān
抛弃 pāoqì　培养 péiyǎng　配合 pèihé　朋友 péngyou
蓬勃 péngbó　膨胀 péngzhàng　批发 pīfā　批准 pīzhǔn

譬如 pìrú　漂亮 piàoliang　频率 pínlǜ　品质 pǐnzhì
平衡 pínghéng　破坏 pòhuài　普遍 pǔbiàn　普通 pǔtōng

m [m] 双唇、浊鼻音

发音要点：

发音时，双唇闭合，软腭和小舌下降，打开鼻腔通路，气流振动声带从鼻腔通过。

发音例词：

美妙 měimiào　眉目 méimù　牧民 mùmín

单音节字词练习：

抹 mā　买 mǎi　满 mǎn　忙 máng　冒 mào　枚 méi
美 měi　门 mén　猛 měng　梦 mèng　密 mì　棉 mián
面 miàn　苗 miáo　秒 miǎo　灭 miè　名 míng　命 mìng
磨 mó　抹 mǒ　莫 mò　某 mǒu　亩 mǔ　目 mù

多音节词语练习：

妈妈 māma　马上 mǎshàng　买卖 mǎimai　满意 mǎnyì
盲目 mángmù　矛盾 máodùn　没有 méi · yǒu　每年 měinián
美术 měishù　妹妹 mèimei　秘密 mìmì　面临 miànlín
描述 miáoshù　民兵 mínbīng　名称 míngchēng　明确 míngquè
模糊 móhu　默默 mòmò　目标 mùbiāo　目光 mùguāng

◆绕口令练习◆

【八百标兵】

八百标兵奔北坡，炮兵并排北边跑。炮兵怕把标兵碰，标兵怕碰炮兵炮。

【白庙和白猫】

白庙外蹲一只白猫，白庙里有一顶白帽。白庙外的白猫看见了白帽，叼着白庙里的白帽跑出了白庙。

【一座棚】

一座棚傍峭壁旁，峰边喷泻瀑布长，不怕暴雨瓢泼冰雹落，不怕寒风扑面雪飘扬，并排分班翻山爬坡把宝找，聚宝盆里松柏飘香百宝藏，背宝奔跑报矿炮劈火，篇篇捷报飞伴金凤凰。

二、唇齿音 f

f [f] 唇齿、清擦音

发音要点：

发音时，下唇接近上齿，形成窄缝，软腭上升，堵塞鼻腔通路，气流从唇齿间摩擦出来，声带不振动。

发音例词：

芬芳 fēnfāng　方法 fāngfǎ　发奋 fāfèn

单音节字词练习：

发 fā　法 fǎ　翻 fān　凡 fán　反 fǎn　犯 fàn
饭 fàn　方 fāng　访 fǎng　放 fàng　飞 fēi　非 fēi
肺 fèi　费 fèi　粉 fěn　份 fèn　封 fēng　缝 fèng
佛 fó　夫 fū　伏 fú　幅 fú　复 fù　腹 fù

多音节词语练习：

发表 fābiǎo　发现 fāxiàn　法规 fǎguī　法则 fǎzé
翻译 fānyì　凡是 fánshì　繁殖 fánzhí　犯罪 fànzuì
方针 fāngzhēn　仿佛 fǎngfú　放弃 fàngqì　飞行 fēixíng
非常 fēicháng　费用 fèi · yòng　分成 fēnchéng　分子 fènzǐ
封建 fēngjiàn　否定 fǒudìng　服装 fúzhuāng　复杂 fùzá

◆绕口令练习◆

【画凤凰】

粉红墙上画凤凰，凤凰画在粉红墙。红凤凰，粉凤凰，红粉凤凰，花凤凰。红凤凰，黄凤凰，红粉凤凰，粉红凤凰，花粉花凤凰。

【粉红女发奋缝飞凤】

粉红女发奋缝飞凤，女粉红反缝方法繁。飞凤仿佛发放芬芳，方法非凡反复防范。反缝方法仿佛飞凤，反复翻缝飞凤奋飞。

三、舌面前音 j、q、x

扫码听范读

j［tɕ］　舌面前、不送气、清塞擦音

发音要点：

发音时，舌面前部抵住硬腭前部，软腭上升，堵塞鼻腔通路，声带不振动，较弱的气流把阻碍冲开，形成窄缝，气流从窄缝中挤出，摩擦成声。

发音例词：

经济 jīngjì　解决 jiějué　拒绝 jùjué

单音节字词练习：

基 jī　集 jí　几 jǐ　剂 jì　加 jiā　夹 jiá
尖 jiān　碱 jiǎn　件 jiàn　江 jiāng　交 jiāo　教 jiāo
角 jiǎo　觉 jiào　皆 jiē　节 jié　解 jiě　界 jiè
尽 jǐn　京 jīng　竟 jìng　久 jiǔ　局 jú　决 jué

多音节词语练习：

几乎 jīhū　纪律 jìlǜ　继承 jìchéng　家庭 jiātíng
坚持 jiānchí　简单 jiǎndān　健康 jiànkāng　将来 jiānglái
角度 jiǎodù　教育 jiàoyù　结婚 jiéhūn　解决 jiějué
介绍 jièshào　尽量 jǐnliàng　进口 jìnkǒu　近代 jìndài
经历 jīnglì　精确 jīngquè　竞争 jìngzhēng　究竟 jiūjìng

q [tɕʻ] 舌面前、送气、清塞擦音

发音要点：

发音状况与 j 相近，只是气流比 j 较强。声带不振动。

发音例词：

亲切 qīnqiè　　请求 qǐngqiú　　确切 quèqiè

单音节字词练习：

期 qī	其 qí	起 qǐ	器 qì	千 qiān	前 qián
浅 qiǎn	枪 qiāng	强 qiáng	墙 qiáng	抢 qiǎng	瞧 qiáo
且 qiě	亲 qīn	秦 Qín	轻 qīng	秋 qiū	区 qū
取 qǔ	去 qù	权 quán	劝 quàn	缺 quē	却 què

多音节词语练习：

妻子 qī・zǐ	其实 qíshí	启发 qǐfā	气象 qìxiàng
器官 qìguān	签订 qiāndìng	前途 qiántú	强烈 qiángliè
悄悄 qiāoqiāo	侵略 qīnlüè	亲切 qīnqiè	青年 qīngnián
清晰 qīngxī	情况 qíngkuàng	区域 qūyù	取得 qǔdé
权力 quánlì	全体 quántǐ	缺乏 quēfá	群众 qúnzhòng

x [ɕ] 舌面前、清擦音

发音要点：

发音时，舌面前部接近硬腭前部，形成窄缝，软腭上升，堵塞鼻腔通路，声带不振动，气流从窄缝中挤出，摩擦成声。

发音例词：

学习 xuéxí　　详细 xiángxì　　相信 xiāngxìn

单音节字词练习：

稀 xī	洗 xǐ	下 xià	先 xiān	弦 xián	线 xiàn
相 xiāng	相 xiàng	校 xiào	些 xiē	斜 xié	心 xīn
新 xīn	信 xìn	行 xíng	姓 xìng	胸 xiōng	雄 xióng
修 xiū	须 xū	畜 xù	选 xuǎn	学 xué	血 xuè

多音节词语练习：

西北 xīběi	媳妇 xífu	细胞 xìbāo	下去 xià・qù
相似 xiāngsì	享受 xiǎngshòu	象征 xiàngzhēng	消费 xiāofèi
协调 xiétiáo	谢谢 xièxie	新闻 xīnwén	信号 xìnhào
兴奋 xīngfèn	性格 xìnggé	兄弟 xiōngdì	修养 xiūyǎng
需要 xūyào	宣传 xuānchuán	选择 xuǎnzé	血管 xuèguǎn

◆绕口令练习◆

【京剧与警句】

京剧叫京剧，警句叫警句。京剧不能叫警句，警句不能叫京剧。

【田建贤回家】

田建贤前天从前线回到家乡田家店，只见家乡变化万千，繁荣景象呈现在眼前。连绵不断的青山，一望无际的棉田，新房连成一片，高压电线通向天边。

【漆匠和锡匠】

七巷一个漆匠，西巷一个锡匠，七巷漆匠偷了西巷锡匠的锡，西巷锡匠拿了七巷漆匠的漆，七巷漆匠气西巷锡匠偷了漆，西巷锡匠讥七巷漆匠拿了锡。请问锡匠和漆匠，谁拿谁的锡？谁偷谁的漆？

扫码听范读

四、舌根音 g、k、h

g［k］舌根、不送气、清塞音

发音要点：

发音时，舌面后部抬起抵住硬腭和软腭的交界处，形成阻塞，空气蓄积在口腔后部和咽腔内，当舌面离开软腭时，气流爆发成声。声带不振动。

发音例词：

公共 gōnggòng　　改革 gǎigé　　骨骼 gǔgé

单音节字词练习：

改 gǎi	干 gān	赶 gǎn	高 gāo	歌 gē	给 gěi
跟 gēn	更 gēng	更 gèng	公 gōng	共 gòng	够 gòu
谷 gǔ	鼓 gǔ	故 gù	挂 guà	官 guān	管 guǎn
光 guāng	归 guī	硅 guī	鬼 guǐ	滚 gǔn	果 guǒ

多音节词语练习：

改变 gǎibiàn	概括 gàikuò	干净 gān · jìng	赶紧 gǎnjǐn
刚才 gāngcái	高度 gāodù	告诉 gàosu	革新 géxīn
根据 gēnjù	耕地 gēngdì	工人 gōng · rén	公有制 gōngyǒuzhì
供给 gōngjǐ	估计 gūjì	顾客 gùkè	冠军 guànjūn
广播 guǎngbō	规律 guīlǜ	国家 guójiā	过程 guòchéng

k［k‘］　舌根、送气、清塞音

发音要点：

发音的状况与 g 相近，只是发 k 时有一股较强的气流冲开双唇，两者的差别在于 g 为不送气音，k 为送气音。声带不振动。

发音例词：

可靠 kěkào　　宽阔 kuānkuò　　困苦 kùnkǔ

单音节字词练习：

看 kān	看 kàn	抗 kàng	考 kǎo	靠 kào	颗 kē
刻 kè	肯 kěn	啃 kěn	坑 kēng	空 kōng	孔 kǒng

空 kòng　口 kǒu　扣 kòu　跨 kuà　块 kuài　宽 kuān
款 kuǎn　矿 kuàng　狂 kuáng　捆 kǔn　亏 kuī　阔 kuò

多音节词语练习：

开放 kāifàng　开辟 kāipì　看法 kànfǎ　抗战 kàngzhàn
考虑 kǎolǜ　科学家 kēxuéjiā　科研 kēyán　可靠 kěkào
可以 kěyǐ　客观 kèguān　肯定 kěndìng　空间 kōngjiān
空中 kōngzhōng　控制 kòngzhì　口号 kǒuhào　会计 kuài・jì
快乐 kuàilè　昆虫 kūnchóng　扩大 kuòdà　扩张 kuòzhāng

h [x]　舌根、清擦音

发音要点：

发音时，舌根接近硬腭和软腭的交界处，形成间隙，软腭上升，堵塞鼻腔通路，声带不振动，气流从窄缝中摩擦出来。

发音例词：

呼唤 hūhuàn　缓和 huǎnhé　辉煌 huīhuáng

单音节字词练习：

还 hái　海 hǎi　害 hài　含 hán　寒 hán　汉 hàn
行 háng　好 hǎo　喝 hē　何 hé　黑 hēi　很 hěn
横 héng　红 hóng　后 hòu　厚 hòu　虎 hǔ　户 hù
花 huā　画 huà　怀 huái　换 huàn　患 huàn　获 huò

多音节词语练习：

孩子 háizi　害怕 hàipà　函数 hánshù　汉语 hànyǔ
行业 hángyè　好处 hǎo・chù　合作社 hézuòshè　和谐 héxié
黑暗 hēi'àn　红军 hóngjūn　后来 hòulái　呼吸 hūxī
忽然 hūrán　化合物 huàhéwù　环节 huánjié　患者 huànzhě
恢复 huīfù　婚姻 hūnyīn　活泼 huópo　获得 huòdé

◆绕口令练习◆

【哥哥抓鸽】

哥哥过河捉个鸽，回家割鸽来请客。客人吃鸽称鸽肉，哥哥请客乐呵呵。

【哥挎瓜筐过宽沟】

哥挎瓜筐过宽沟，过沟筐漏瓜滚沟。隔沟够瓜瓜筐扣，瓜滚筐空哥怪沟。

【花换瓜】

小花和小华，一同种庄稼。小华种棉花，小花种西瓜。小华的棉花开了花，小花的西瓜结了瓜。小花找小华，商量瓜换花。小花用瓜换了花，小华用花换了瓜。

【老华工葛盖谷】

老华工葛盖谷，刚刚过了海关归国观光，来到了港口公社，观看故国港口风光。昔日港口空空旷旷，如今盖满楼阁，街道宽广。过去高官克扣港口渔工，鳏寡孤独尸骨抛山岗。如今只见桅杆高持帆，渔歌高亢唱海港。归国观光的葛盖谷无限感慨，感慨故国港口无限风光。

五、舌尖前音 z、c、s

扫码听范读

z [ts] 舌尖前、不送气、清塞擦音

发音要点：

发音时，舌尖抵住上齿背或下齿背产生阻塞，形成窄缝，软腭上升，堵塞鼻腔通路，声带不振动，气流从窄缝中挤出，摩擦成声。

发音例词：

在座 zàizuò　　自尊 zìzūn　　走卒 zǒuzú

单音节字词练习：

再 zài　在 zài　载 zài　咱 zán　藏 zàng　遭 zāo
早 zǎo　造 zào　则 zé　曾 zēng　子 zǐ　自 zì
字 zì　总 zǒng　走 zǒu　足 zú　族 zú　组 zǔ
钻 zuān　嘴 zuǐ　罪 zuì　左 zuǒ　座 zuò　做 zuò

多音节词语练习：

在于 zàiyú　咱们 zánmen　暂时 zànshí　早晨 zǎo・chén
责任 zérèn　怎么 zěnme　增强 zēngqiáng　姿态 zītài
资格 zī・gé　宗教 zōngjiào　总结 zǒngjié　足以 zúyǐ
阻碍 zǔ'ài　组织 zǔzhī　最终 zuìzhōng　尊重 zūnzhòng
遵循 zūnxún　作品 zuòpǐn　作用 zuòyòng　做法 zuòfǎ

c [ts‘] 舌尖前、送气、清塞擦音

发音要点：

发音的状况与 z 基本相近，不同的是气流比 z 更强一些。

发音例词：

从此 cóngcǐ　　层次 céngcì　　粗糙 cūcāo

单音节字词练习：

擦 cā　猜 cāi　财 cái　踩 cǎi　蔡 cài　参 cān
蚕 cán　舱 cāng　藏 cáng　操 cāo　槽 cáo　草 cǎo
册 cè　曾 céng　辞 cí　此 cǐ　赐 cì　从 cóng
凑 còu　簇 cù　窜 cuàn　催 cuī　存 cún　错 cuò

多音节词语练习：

才能 cáinéng　材料 cáiliào　财政 cáizhèng　采用 cǎiyòng
参观 cānguān　操作 cāozuò　草原 cǎoyuán　测量 cèliáng
曾经 céngjīng　词汇 cíhuì　磁场 cíchǎng　此外 cǐwài
刺激 cì・jī　聪明 cōng・míng　从此 cóngcǐ　从事 cóngshì
促进 cùjìn　存在 cúnzài　措施 cuòshī　错误 cuò・wù

s [s] 舌尖前、清擦音

发音要点：

发音时，舌尖接近上齿背，形成一道窄缝，同时软腭上升，堵塞鼻腔通路，声带不振动，气流从窄缝中挤出，摩擦成声。

发音例词：

思索 sīsuǒ　　色素 sèsù　　洒扫 sǎsǎo

单音节字词练习：

撒 sǎ　塞 sāi　三 sān　散 sàn　色 sè　丝 sī
死 sǐ　四 sì　似 sì　松 sōng　送 sòng　苏 sū
素 sù　酸 suān　算 suàn　虽 suī　随 suí　遂 suí
岁 suì　遂 suì　孙 sūn　缩 suō　所 suǒ　索 suǒ

多音节词语练习：

丧失 sàngshī　色彩 sècǎi　森林 sēnlín　私人 sīrén
思考 sīkǎo　思索 sīsuǒ　死亡 sǐwáng　四周 sìzhōu
似乎 sìhū　饲料 sìliào　素质 sùzhì　速度 sùdù
塑料 sùliào　虽然 suīrán　随便 suíbiàn　随时 suíshí
损害 sǔnhài　损失 sǔnshī　缩小 suōxiǎo　所以 suǒyǐ

◆绕口令练习◆

【做早操】

早晨早早起，早起做早操。人人做早操，做操身体好。

【司机买雌鸡】

司机买雌鸡，仔细看雌鸡，四只小雌鸡，叽叽好欢喜，司机笑嘻嘻。

【子词丝】

四十四个字和词，组成了一首子词丝的绕口词。桃子李子梨子栗子橘子槟子榛子，栽满院子村子和寨子；刀子斧子锯子凿子锤子刨子尺子，做出桌子椅子和箱子；名词动词数词量词代词副词助词连词，造成语词诗词和唱词。蚕丝 生丝 热丝 缫丝 染丝 晒丝 纺丝 织丝 自制粗细丝人造丝。

六、舌尖中音 d、t、n、l

d [t] 舌尖中、不送气、清塞音

发音要点：

发音时，舌尖抵住上齿龈，形成阻塞，软腭和小舌上升，堵塞鼻腔通路，口腔蓄有空气，气流冲破舌尖的阻碍，迸裂而出，爆发成声。

发音例词：

单调 dāndiào　　到达 dàodá　　地点 dìdiǎn

单音节字词练习：

达 dá	打 dǎ	待 dāi	担 dān	当 dāng	导 dǎo
德 dé	蹬 dēng	敌 dí	点 diǎn	电 diàn	雕 diāo
掉 diào	跌 diē	叠 dié	顶 dǐng	丢 diū	冬 dōng
懂 dǒng	抖 dǒu	堵 dǔ	断 duàn	堆 duī	夺 duó

多音节词语练习：

打算 dǎsuan	当前 dāngqián	当然 dāngrán	当年 dàngnián
地方 dìfang	弟弟 dìdi	典型 diǎnxíng	调动 diàodòng
定律 dìnglǜ	定义 dìngyì	东西 dōngxi	冬季 dōngjì
懂得 dǒng · dé	都会 dūhuì	独特 dútè	锻炼 duànliàn
对象 duìxiàng	顿时 dùnshí	多数 duōshù	夺取 duóqǔ

t[tʻ] 舌尖中、送气、清塞音

发音要点：

发音的状况与 d 相近，只是发 t 时有一股较强的气流冲开双唇。同时有送气动程。声带不振动。

发音例词：

妥帖 tuǒtiē　　谈吐 tántǔ　　团体 tuántǐ

单音节字词练习：

他 tā	塔 tǎ	踏 tà	胎 tāi	摊 tān	痰 tán
叹 tàn	汤 tāng	堂 táng	烫 tàng	掏 tāo	陶 táo
疼 téng	替 tì	添 tiān	填 tián	挑 tiāo	跳 tiào
贴 tiē	铁 tiě	停 tíng	挺 tǐng	筒 tǒng	痛 tòng
凸 tū	徒 tú	团 tuán	推 tuī	托 tuō	妥 tuǒ

多音节词语练习：

他们 tāmen	太太 tàitai	态度 tài · dù	探索 tànsuǒ
特别 tèbié	提倡 tíchàng	体系 tǐxì	天地 tiāndì
条件 tiáojiàn	调节 tiáojié	铁路 tiělù	听见 tīng · jiàn
停止 tíngzhǐ	通过 tōngguò	同情 tóngqíng	统治 tǒngzhì
头发 tóufa	突破 tūpò	途径 tújìng	推行 tuīxíng

n[n] 舌尖中、浊鼻音

发音要点：

发音时，舌尖抵住上齿龈，形成阻塞，堵塞口腔通路，软腭和小舌下垂，打开鼻腔通路，气流振动声带，从鼻腔透出成声。

发音例词：

南宁 nánníng　　能耐 néngnai　　泥泞 nínìng

单音节字词练习：

拿 ná	哪 nǎ	那 nà	钠 nà	奶 nǎi	男 nán
南 nán	难 nán	难 nàn	脑 nǎo	闹 nào	内 nèi
能 néng	泥 ní	你 nǐ	年 nián	念 niàn	娘 niáng
鸟 niǎo	您 nín	牛 niú	浓 nóng	弄 nòng	女 nǚ

多音节词语练习：

哪些 nǎxiē	那里 nà · lǐ	奶奶 nǎinai	奈何 nàihé
难道 nándào	脑袋 nǎodai	内部 nèibù	嫩绿 nènlǜ
能耐 néngnai	泥浆 níjiāng	拟定 nǐdìng	溺爱 nì'ài
捏造 niēzào	凝望 níngwàng	浓度 nóngdù	弄虚作假 nòngxūzuòjiǎ
奴隶 núlì	女儿 nǚ'ér	挪动 nuó · dòng	诺言 nuòyán

l [l] 舌尖中、浊边音

发音要点：

发音时，舌尖抵住上齿龈，形成阻塞，堵塞口腔中路通道，两边留有空隙，软腭和小舌上升，关闭鼻腔通路，声带振动，气流到达口腔从舌头两侧空隙通过而成声。

发音例词：

来历 láilì　　联络 liánluò　　理论 lǐlùn

单音节字词练习：

拉 lā	蜡 là	赖 lài	兰 lán	烂 làn	狼 láng
捞 lāo	牢 láo	老 lǎo	乐 lè	雷 léi	泪 lèi
冷 lěng	愣 lèng	历 lì	炼 liàn	咧 liě	临 lín
领 lǐng	溜 liū	柳 liǔ	拢 lǒng	驴 lú	铝 lǚ

多音节词语练习：

来信 láixìn	浪费 làngfèi	劳动力 láodònglì	老婆 lǎopo
类型 lèixíng	离婚 líhūn	理想 lǐxiǎng	连续 liánxù
练习 liànxí	粮食 liángshi	两边 liǎngbiān	了解 liǎojiě
灵魂 línghún	领导 lǐngdǎo	垄断 lǒngduàn	陆地 lùdì
路线 lùxiàn	履行 lǚxíng	论述 lùnshù	逻辑 luó · jí

◆绕口令练习◆

【打特盗】

调到敌岛打特盗，特盗太刁投短刀，挡推顶打短刀掉，踏盗得刀盗打倒。

【谭老汉买蛋和炭】

谭家谭老汉，挑担到蛋摊。买了半担蛋，挑担到炭摊。买了半担炭，满担是蛋炭。老汉忙回赶，回家炒蛋饭。进门跨门槛，脚下绊一绊。跌了谭老汉，破了半担蛋；翻了半担炭，脏了木门槛。老汉看一看，急得满头汗；连说怎么办，老汉怎吃蛋炒饭。

【五老六】

柳林镇有个六号楼，刘老六住在六号楼。有一天，来了牛老六，牵了六个猴；来了侯老六，拉了六头牛；来了仇老六，提了六篓油；来了尤老六，背了六匹绸。牛老六、侯老六、仇老六、尤老六，住上刘老六的六号楼。半夜里，牛抵猴，猴斗牛，撞到了仇老六的油，油坏了尤老六的绸。牛老六帮仇老六收起油，侯老六帮尤老六洗掉绸上油；拴好牛，看好猴，一同上楼去喝酒。

七、舌尖后音 zh、ch、sh、r

扫码听范读

zh [tʂ] 舌尖后、不送气、清塞擦音

发音要点：

发音时，舌尖前部上翘，抵住硬腭前部，软腭上升，堵塞鼻腔通路，声带不振动。较弱的气流把阻碍冲开，形成一道窄缝，从窄缝中挤出，摩擦成声。

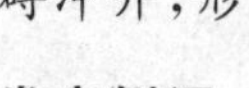

发音例词：

主张 zhǔzhāng　　政治 zhèngzhì　　挣扎 zhēngzhá

单音节字词练习：

占 zhàn	战 zhàn	章 zhāng	长 zhǎng	着 zhāo	找 zhǎo
照 zhào	折 zhé	针 zhēn	振 zhèn	争 zhēng	正 zhèng
支 zhī	值 zhí	至 zhì	中 zhōng	众 zhòng	州 zhōu
轴 zhóu	株 zhū	竹 zhú	主 zhǔ	住 zhù	追 zhuī

多音节词语练习：

战士 zhànshì	掌握 zhǎngwò	丈夫 zhàngfu	障碍 zhàng'ài
召开 zhàokāi	照顾 zhào · gù	哲学 zhéxué	真理 zhēnlǐ
真正 zhēnzhèng	争取 zhēngqǔ	整顿 zhěngdùn	政策 zhèngcè
症状 zhèngzhuàng	支持 zhīchí	执行 zhíxíng	殖民地 zhímíndì
制定 zhìdìng	质量 zhìliàng	逐步 zhúbù	著作 zhùzuò

ch [tʂʻ] 舌尖后、送气、清塞擦音

发音要点：

发音的状况与 zh 相近，只是气流更强一些。

发音例词：

橱窗 chúchuāng　　出差 chūchāi　　拆穿 chāichuān

单音节字词练习：

插 chā	查 chá	长 cháng	场 cháng	厂 chǎng	唱 chàng
朝 cháo	车 chē	称 chèn	呈 chéng	乘 chéng	迟 chí
尺 chǐ	冲 chōng	虫 chóng	冲 chòng	出 chū	除 chú
畜 chù	船 chuán	串 chuàn	床 chuáng	吹 chuī	春 chūn

多音节词语练习：

差别 chābié	产生 chǎnshēng	场所 chǎngsuǒ	超过 chāoguò
彻底 chèdǐ	沉默 chénmò	成果 chéngguǒ	呈现 chéngxiàn
持续 chíxù	充满 chōngmǎn	重复 chóngfù	抽象 chōuxiàng

初步 chūbù	除了 chúle	处理 chǔlǐ	储存 chǔcún
穿着 chuānzhuó	创作 chuàngzuò	垂直 chuízhí	春天 chūntiān

sh [ʂ] 舌尖后、清擦音

发音要点：

发音时，舌尖上翘接近硬腭前部，形成窄缝，软腭上升，关闭鼻腔通路，于是气流从窄缝中挤出，摩擦成声。

发音例词：

事实 shìshí　　闪烁 shǎnshuò　　少数 shǎoshù

单音节字词练习：

纱 shā	傻 shǎ	晒 shài	山 shān	闪 shǎn	赏 shǎng
梢 shāo	舌 shé	舍 shě	设 shè	甚 shèn	升 shēng
剩 shèng	湿 shī	石 shí	适 shì	收 shōu	疏 shū
耍 shuǎ	摔 shuāi	拴 shuān	霜 shuāng	顺 shùn	说 shuō

多音节词语练习：

沙漠 shāmò	山区 shānqū	少量 shǎoliàng	身份 shēn・fèn
深度 shēndù	甚至 shènzhì	渗透 shèntòu	生物 shēngwù
失望 shīwàng	石油 shíyóu	食物 shíwù	使用 shǐyòng
始终 shǐzhōng	事业 shìyè	收集 shōují	首先 shǒuxiān
熟悉 shú・xī	数学 shùxué	顺序 shùnxù	说明 shuōmíng

r [ʐ] 舌尖后、浊擦音

发音要点：

发音的状况与 sh 相近，不同的是发 r 时声带要振动，轻微摩擦。

发音例词：

柔软 róuruǎn　　仍然 réngrán　　软弱 ruǎnruò

单音节字词练习：

然 rán	让 ràng	饶 ráo	扰 rǎo	绕 rào	惹 rě
热 rè	仁 rén	忍 rěn	刃 rèn	仍 réng	日 rì
溶 róng	柔 róu	肉 ròu	如 rú	乳 rǔ	入 rù
软 ruǎn	蕊 ruǐ	锐 ruì	润 rùn	若 ruò	弱 ruò

多音节词语练习：

然而 rán'ér	让步 ràngbù	饶恕 ráoshù	绕道 ràodào
热度 rèdù	仁慈 réncí	忍心 rěnxīn	认可 rènkě
任免 rènmiǎn	仍然 réngrán	日光 rìguāng	荣幸 róngxìng
冗长 rǒngcháng	柔美 róuměi	蹂躏 róulìn	如释重负 rúshìzhòngfù
软件 ruǎnjiàn	锐利 ruìlì	润滑 rùnhuá	若无其事ruòwúqíshì

◆绕口令练习◆

【大车拉小车】

大车拉小车，小车拉小石头，石头掉下来，砸了小脚指头。

【朱叔锄竹笋】

朱家一株竹，竹笋初长出，朱叔处处锄，锄出笋来煮，锄完不再出，朱叔没笋煮，竹株又干枯。

【施氏食狮史】

石室诗士施史，嗜狮，誓食十狮，氏时时适市，氏视十狮，恃矢势，使是十狮逝世，氏拾是十狮尸，适石室，石室湿，氏使侍拭石室，石室拭，氏始试食十狮尸，食时，始识十狮尸实是十石狮尸，试释是事实。

【天上有个日头】

天上有个日头，地下有块石头，嘴里有个舌头，手上有五个手指头。不管是天上的热日头、地下的硬石头、嘴里的软舌头、手上的手指头，还是热日头、硬石头、软舌头、手指头，反正都是练舌头。

八、零声母

扫码听范读

安　言　忘　云

普通话零声母可以分成两类：一类是开口呼零声母；一类是非开口呼零声母。

开口呼零声母音节，书面上不用汉语拼音字母表示，但当该音节处于其他音节后面时，在其左上方使用隔音符号“’”。

发音例词：傲岸 ào’àn　　偶尔 ǒu’ěr　　恩爱 ēn’ài

非开口呼零声母，即除开口呼以外的齐齿呼、合口呼、撮口呼三种零声母自成音节的起始方式。

齐齿呼零声母音节汉语拼音用隔音字母 y 开头，由于起始部分没有辅音声母，实际发音带有轻微摩擦，是半元音[j]，半元音仍属于辅音类。

发音例词：洋溢 yángyì　　谣言 yáoyán　　游泳 yóuyǒng

合口呼零声母音节汉语拼音用隔音字母 w 开头，实际发音带有轻微摩擦，是半元音[w]或齿唇通音[v]。

发音例词：慰问 wèiwèn　　外文 wàiwén　　忘我 wàngwǒ

撮口呼零声母音节汉语拼音用隔音字母 y(yu)开头，实际发音带有轻微摩擦，是半元音[y]。

发音例词：孕育 yùnyù　　渊源 yuānyuán　　元月 yuányuè

第四节　声母发音辨正

一、f 与 h 辨正

1. 发音辨正

(1)发唇齿音 f 时,上齿与下唇内缘接近,摩擦成声。

(2)发舌根音 h 时,舌头后缩,舌根抬起接近软腭,摩擦成声。

2. 发音辨正练习

字词辨正练习

发 fā	花 huā	翻 fān	欢 huān	方 fāng	慌 huāng
飞 fēi	灰 huī	冯 féng	横 héng	赴 fù	护 hù
斧 fǔ	虎 hǔ	房 fáng	黄 huáng	愤 fèn	恨 hèn
饭 fàn	汉 hàn	俯 fǔ	唬 hǔ	风 fēng	烘 hōng

词语辨正练习

理发 lǐfà	理化 lǐhuà	发现 fāxiàn	花线 huāxiàn
舅父 jiùfù	救护 jiùhù	废话 fèihuà	会话 huìhuà
防虫 fángchóng	蝗虫 huángchóng	乏力 fálì	华丽 huálì
肥鸡 féijī	回击 huíjī	犯病 fànbìng	患病 huànbìng

◆绕口令◆

【理化和理发】

我们要学理化,他们要学理发,理化理发要分清,学会理化却不会理发,学会理发也不懂理化。

【买混纺】

武汉商场卖混纺,红混纺,黄混纺,粉混纺,粉红混纺,黄粉混纺,黄红混纺,红粉混纺,最销畅。

【粉红活佛龛】

会糊我的粉红活佛龛,来糊我的粉红活佛龛,不会糊我的粉红活佛龛,不要胡糊、乱糊,糊坏了我的粉红活佛龛。

【黄幌子和方幌子】

老方扛着个黄幌子,老黄扛着个方幌子。老方要拿老黄的方幌子,老黄要拿老方的黄幌子,老黄老方不相让,方幌子碰破了黄幌子,黄幌子碰破了方幌子。

二、n 与 l 辨正

1. 发音辨正

(1)相同点:鼻音 n 与边音 l 都是舌尖中音,发音部位相同,发音时舌尖抵住上齿龈。

(2)不同点:鼻音 n 与边音 l 的发音方法不同。读 n 时舌尖及舌前部两侧先与口腔前上部完全闭合,然后慢慢离开,气流从鼻腔出来,音色比较沉闷;读 l 时舌尖接触上齿龈,气流从舌头两边透出,然后舌尖轻轻弹开,弹发成声,音色比较清脆。

2. 发音辨正练习

字词辨正练习

那 nà	辣 là	你 nǐ	里 lǐ	挠 náo	牢 láo
南 nán	蓝 lán	尿 niào	料 liào	念 niàn	恋 liàn
娘 niáng	凉 liáng	挪 nuó	罗 luó	暖 nuǎn	卵 luǎn
女 nǚ	吕 lǚ	奈 nài	赖 lài	浓 nóng	隆 lóng

扫码听范读

词语辨正练习

逆流 nìliú	耐劳 nàiláo	脑力 nǎolì	内陆 nèilù
努力 nǔlì	女郎 nǚláng	能量 néngliàng	年龄 niánlíng
暖流 nuǎnliú	鸟类 niǎolèi	冷暖 lěngnuǎn	留念 liúniàn
流年 liúnián	烂泥 lànní	利尿 lìniào	遛鸟 liùniǎo

◆绕口令◆

【老农闹老龙】

老龙恼怒闹老农,老农恼怒闹老龙,农怒龙恼农更怒,龙恼农怒龙怕农。

【练投篮】

打南边来了两队篮球运动员,一队穿蓝球衣的男运动员,一队穿绿球衣的女运动员。男女运动员都来练投篮,不怕累,不怕难,努力练投篮。

【新郎和新娘】

新郎和新娘,柳林底下来乘凉。新娘问新郎:你是下湖去挖泥,还是下田去扶犁?新郎问新娘:你坐柳下把书念,还是下湖去采莲?新娘抿嘴乐:我采莲,你挖泥,我拉牛,你扶犁。挖完了泥,采完了莲,扶完犁,咱俩再来把书念。

三、r 与 l 辨正

1. 发音辨正

(1)发翘舌浊擦音 r 时,舌尖翘起接近硬腭前部,形成一条缝隙,颤动声带,气流从缝隙中摩擦而出。

(2)发舌尖中浊边音 l 时,舌尖在上齿龈上轻轻弹一下,颤动声带,呼出气流。

这两个声母的主要区别:一是舌尖所接近或接触的部位不同;二是 r 是摩擦成声,l 是弹发成声。发音时应该仔细揣摩自己的发音部位和发音方法是不是合乎这两个要领。

2. 发音辨正练习

字词辨正练习

让 ràng	浪 làng	柔 róu	楼 lóu	热 rè	乐 lè
乳 rǔ	鲁 lǔ	软 ruǎn	卵 luǎn	若 ruò	落 luò
溶 róng	龙 lóng	仍 réng	棱 léng	然 rán	蓝 lán
路 lù	入 rù	漏 lòu	肉 ròu	荣 róng	聋 lóng

扫码听范读

词语辨正练习

仍然 réngrán	柔软 róuruǎn	容忍 róngrěn	冉冉 rǎnrǎn
柔弱 róuruò	软弱 ruǎnruò	热量 rèliàng	染料 rǎnliào

扰乱 rǎoluàn	缭绕 liáorào	了然 liǎorán	猎人 lièrén
例如 lìrú	礼让 lǐràng	恋人 liànrén	连日 liánrì

四、z、c、s 与 zh、ch、sh 辨正

1. 发音辨正

(1)发平舌音 z、c、s 时,舌尖平伸,抵住或接近上齿背。

(2)发翘舌音 zh、ch、sh 时,舌头放松,舌尖轻巧地翘起来接触或靠近硬腭前部。

2. 发音辨正练习

(1)z—zh

字词辨正练习

自 zì	致 zhì	最 zuì	缀 zhuì	增 zēng	蒸 zhēng
尊 zūn	谆 zhūn	赞 zàn	占 zhàn	中 zhōng	宗 zōng

扫码听范读

词语辨正练习

组织 zǔzhī	增长 zēngzhǎng	罪证 zuìzhèng	尊重 zūnzhòng
遵照 zūnzhào	著作 zhùzuò	正在 zhèngzài	指责 zhǐzé
治罪 zhìzuì	铸造 zhùzào	摘花 zhāihuā	栽花 zāihuā

◆绕口令◆

【招租】

早招租,再招租,总找周邹郑曾朱。

【撕字纸】

隔着窗户撕字纸,一次撕下横字纸,一次撕下竖字纸,是字纸撕字纸,不是字纸,不要胡乱撕一地纸。

【祖传中医】

祖父赵自忠,曾祖赵泽正,祖传中医治心脏病。祖父专治杂难症,曾祖扎针治脓肿。赵泽正传给赵自忠,十四套药书三套针筒,赵自忠学赵泽正,扎针、拔罐儿再去肿。

(2)c—ch

字词辨正练习

才 cái	豺 chái	村 cūn	春 chūn	参 cān	搀 chān
崔 cuī	吹 chuī	窜 cuàn	串 chuàn	侧 cè	彻 chè

扫码听范读

词语辨正练习

操持 cāochí	残春 cánchūn	残喘 cánchuǎn	存储 cúnchǔ
辞呈 cíchéng	陈词 chéncí	筹措 chóucuò	除草 chúcǎo
储存 chǔcún	储藏 chǔcáng	层次 céngcì	程序 chéngxù

◆绕口令◆

【蚕和蝉】

爬来爬去是蚕,飞来飞去是蝉。蚕常在桑叶里藏,蝉藏在树林里唱。

【晒白菜】

大柴和小柴，比赛晒白菜，大柴晒大白菜，小柴晒小白菜。大柴晒了四十斤大白菜，小柴才晒十四斤小白菜。

【粗出气和出气粗】

粗出气种谷，出气粗喂猪。粗出气种的谷，谷穗长得长又粗。出气粗喂的猪，身子长得胖乎乎。出气粗的胖乎乎的大肥猪，偷吃了粗出气又长又粗的品种谷。粗出气用锄打出气粗胖乎乎的大肥猪，出气粗家胖乎乎的大肥猪，再也不吃粗出气家的又长又粗的品种谷。

(3)s—sh

字词辨正练习

素 sù　树 shù　桑 sāng　伤 shāng　嗓 sǎng　晌 shǎng

散 sǎn　闪 shǎn　搜 sōu　收 shōu　扫 sǎo　少 shǎo

扫码听范读

词语辨正练习

随时 suíshí　所属 suǒshǔ　扫视 sǎoshì　损伤 sǔnshāng

琐事 suǒshì　上诉 shàngsù　哨所 shàosuǒ　深思 shēnsī

失色 shīsè　收缩 shōusuō　丧失 sàngshī　上市 shàngshì

◆绕口令◆

【三山撑四水】

三山撑四水，四水绕三山，三山四水春常在，四水三山四时春。

【死虱子】

纸里裹着细银丝，细银丝上扒着四千四百四十四个似死不死的小死虱子。

【石狮寺前石狮子】

石狮寺前有四十四个石狮子，寺前的树上结了四十四个涩柿子，四十四个石狮子，不吃四十四个涩柿子，四十四个涩柿子，倒吃了四十四个石狮子。

【三月三】

三月三，阿三撑伞上深山。上山又下山，下山又上山，出了满身汗，湿透一身衫。上山走了四里四，下山跑了三里三，还剩一里金花闪，唱支山歌手摇扇，来了精神跑下山。

五、b、d、g、j、zh、z 与 p、t、k、q、ch、c 辨正

1. 发音辨正

(1)发不送气音 b、d、g、j、zh、z 时呼出的气流较弱。

(2)发送气音 p、t、k、q、ch、c 时呼出的气流较强。

2. 发音辨正练习

(1)b—p

字词辨正练习

拔 bá　爬 pá　败 bài　派 pài　伴 bàn　叛 pàn

倍 bèi　配 pèi　避 bì　僻 pì　标 biāo　漂 piāo

扫码听范读

词语辨正练习

逼迫 bīpò	摆谱儿 bǎipǔr	被迫 bèipò	半票 bànpiào
拍板 pāibǎn	旁边 pángbiān	排比 páibǐ	判别 pànbié
补充 bǔchōng	普通 pǔtōng	背后 bèihòu	配合 pèihé

(2)d—t

字词辨正练习

扫码听范读

蛋 dàn	炭 tàn	稻 dào	套 tào	笛 dí	提 tí
毒 dú	涂 tú	夺 duó	砣 tuó	朵 duǒ	妥 tuǒ

词语辨正练习

顶替 dǐngtì	地毯 dìtǎn	动弹 dòngtan	灯塔 dēngtǎ
坦荡 tǎndàng	态度 tàidù	糖弹 tángdàn	特点 tèdiǎn
独立 dúlì	图利 túlì	端正 duānzhèng	团员 tuányuán

(3)g—k

字词辨正练习

扫码听范读

规 guī	亏 kuī	柜 guì	匮 kuì	公 gōng	空 kōng
怪 guài	快 kuài	姑 gū	哭 kū	个 gè	客 kè

词语辨正练习

功课 gōngkè	孤苦 gūkǔ	高亢 gāokàng	公开 gōngkāi
凯歌 kǎigē	看管 kānguǎn	考古 kǎogǔ	刻骨 kègǔ
工程 gōngchéng	空城 kōngchéng	改造 gǎizào	感慨 gǎnkǎi

(4)j—q

字词辨正练习

扫码听范读

集 jí	齐 qí	歼 jiān	千 qiān	截 jié	茄 qié
近 jìn	沁 qìn	局 jú	渠 qú	教 jiào	悄 qiāo

词语辨正练习

机器 jīqì	佳期 jiāqī	嘉庆 Jiāqìng	坚强 jiānqiáng
千金 qiānjīn	曲剧 qǔjù	清剿 qīngjiǎo	群居 qúnjū
究竟 jiūjìng	秋天 qiūtiān	决定 juédìng	确立 quèlì

(5)zh—ch

字词辨正练习

扫码听范读

铡 zhá	茶 chá	招 zhāo	超 chāo	植 zhí	迟 chí
轴 zhóu	稠 chóu	拽 zhuài	踹 chuài	出 chū	竹 zhú

词语辨正练习

支持 zhīchí	展翅 zhǎnchì	战车 zhànchē	章程 zhāngchéng
插针 chāzhēn	查证 cházhèng	车站 chēzhàn	诚挚 chéngzhì
抽象 chōuxiàng	周围 zhōuwéi	除了 chúle	逐步 zhúbù

(6)z—c

字词辨正练习

字 zì　刺 cì　罪 zuì　脆 cuì　凿 záo　曹 cáo
坐 zuò　错 cuò　灾 zāi　猜 cāi　租 zū　粗 cū

词语辨正练习

字词 zìcí　早操 zǎocāo　造次 zàocì　杂草 zácǎo
刺字 cìzì　才子 cáizǐ　参赞 cānzàn　操作 cāozuò
聪明 cōngmíng　综合 zōnghé　灿烂 cànlàn　暂时 zànshí

第二章 韵 母

第一节 什么是韵母

韵母是音节中声母后面的部分。零声母音节，全部由韵母构成。普通话韵母共有 39 个。韵母和元音不相等。普通话韵母主要由元音构成，完全由元音构成的韵母有 23 个，约占韵母的 59%，由元音加上辅音构成的韵母（鼻韵母）有 16 个，约占韵母的 41%。可见，在普通话韵母中，元音占有绝对的优势。元音发音比较响亮，与辅音声母相比，韵母没有呼读音。

普通话的韵母共有 39 个

		i	闭地七益	u	布亩竹出	ü	女律局域
ɑ	巴打铡法	iɑ	加佳瞎压	uɑ	瓜抓刷画		
e	哥社得合	ie	爹界别叶			üe	靴月略确
o	(波魄抹佛)			uo	多果若握		
ɑi	该太白麦			uɑi	怪坏帅外		
ei	杯飞黑贼			uei	对穗惠卫		
ɑo	包高茂勺	iɑo	标条交药				
ou	头周口肉	iou	牛秋九六				
ɑn	半担甘暗	iɑn	边点减烟	uɑn	短川关碗	üɑn	捐全远
en	本分枕根	in	林巾心因	uen	吞寸昏问	ün	军训孕
ɑng	当方港航	iɑng	良江向样	uɑng	壮窗荒王		
eng	蓬灯能庚	ing	冰丁京杏	ueng	翁		
				ong	东龙冲公	iong	兄永穷
ê	欸						
-i(前)	资此思						
-i(后)	支赤湿日						
er	耳二						

第二节 韵母的分类

一、按结构特点分类

韵母可分为单韵母、复韵母和鼻韵母三类：

1. 单韵母：共 10 个，即 ɑ、o、e、ê、i、u、ü、-i(前)、-i(后)、er。

2. 复韵母：共 13 个，即 ai、ei、ao、ou、ia、ie、ua、uo、üe、iao、iou、uai、uei。

3. 鼻韵母：共 16 个，即 an、en、in、ün、ang、eng、ing、ong、ian、uan、üan、uen、iang、uang、ueng、iong。

二、按韵母开头元音的发音口形分类

韵母可分为开口呼、齐齿呼、合口呼、撮口呼四类，统称“四呼”：

1. 开口呼韵母：指没有韵头 i、u、ü，韵腹也不是 i、u、ü 的韵母，共有 15 个。它们是 a、o、e、ai、ei、ao、ou、an、en、ang、eng、ê、-i（前）、-i（后）、er。

2. 齐齿呼韵母：指韵头或韵腹是 i 的韵母，共有 9 个。它们是 i、ia、ie、iao、iou、ian、in、iang、ing。

3. 合口呼韵母：指韵头或韵腹是 u 的韵母，共有 10 个。它们是 u、ua、uo、uai、uei、uan、uen、uang、ueng、ong。

4. 撮口呼韵母：指韵头或韵腹是 ü 的韵母，共有 5 个。它们是 ü、üe、üan、ün、iong。

普通话韵母分类总表

项目	开口呼	齐齿呼	合口呼	撮口呼
单韵母	-i[ɿ] -i[ʅ]	i	u	ü
	a			
	o			
	e			
	ê			
	er			
复韵母	ai	ia	ua	üe
	ei	ie	uo	
	ao	iao	uai	
	ou	iou	uei	
鼻韵母	an	ian	uan	üan
	en		uen	
		in		ün
	ang	iang	uang	
	eng		ueng	
		ing	ong	iong

第三节　韵母发音分析

下面分单韵母、复韵母和鼻韵母三类说明普通话的发音

一、单韵母(单元音)的发音

单韵母的发音特点是发音过程中舌位和唇形始终不变,发音时要保持固定的口形。

第 1 组:ɑ

扫码听范读

ɑ [A]　**舌面、央、低、不圆唇元音**

发音要点:

发音时,口形自然大开,舌尖离开下齿背,舌位降到最低,舌头居中。发音时软腭和小舌上升,关闭鼻腔通路,声带振动,扁唇。

发音例词:

马达 mǎdá　　沙发 shāfā　　大麻 dàmá　　发达 fādá

单音节字词练习:

阿 ā	把 bǎ	罢 bà	擦 cā	搭 dā
打 dá	打 dǎ	发 fā	法 fǎ	落 là
抹 mā	马 mǎ	买 mǎi	哪 nǎ	那 nà
钠 nà	爬 pá	杀 shā	他 tā	扎 zhā

多音节词语练习:

把握 bǎwò	把儿 bàr	差别 chābié	差异 chāyì
答应 dāying	达到 dádào	打击 dǎjī	大队 dàduì
大致 dàzhì	发出 fāchū	法规 fǎguī	法则 fǎzé
蚂蚁 mǎyǐ	哪里 nǎ · lǐ	那些 nàxiē	沙漠 shāmò

◆绕口令练习◆

【小华和胖娃】

小华和胖娃,两个种花又种瓜,小华会种花不会种瓜,胖娃会种瓜不会种花。

【娃娃插花穿花褂】

看爸爸娃娃插花穿花褂,手拿仨果仨虾仨蛤蟆,八月爬山看爸爸。巴铺山高巴路滑,雨大风刮树枝扎。瓜哭虾跳蛤蟆叫,累死蛤蟆累瘪瓜。爸爸翻山修公路,路通山富家发达。娃捧仨虾见爸爸,礼轻情重爸爸夸。

第 2 组:o、e

扫码听范读

o [o]　**舌面、后、半高、圆唇元音**

发音要点:

发音时,上下唇自然拢圆,软腭和小舌上升,舌位半高,舌头略后缩,舌面向软腭隆起,开口度中等,关闭鼻腔通路,声带振动。

发音例词：

默默 mòmò　　婆婆 pópo　　剥削 bōxuē　　佛寺 fósì

单音节字词练习：

波 bō　　薄 bó　　佛 fó　　摸 mō　　膜 mó
抹 mǒ　　末 mò　　莫 mò　　颇 pō　　破 pò

多音节词语练习：

波动 bōdòng　　玻璃 bō · lí　　剥削 bōxuē　　博士 bóshì
佛教 Fójiào　　模糊 móhu　　陌生 mòshēng　　破坏 pòhuài

e [ɤ] 舌面、后、半高、不圆唇元音

发音要点：

发音时，口半开，软腭和小舌上升，舌位半高，舌头后缩，舌面向软腭隆起，开口度中等，关闭鼻腔通路，嘴唇展开，声带振动。

发音例词：

客车 kèchē　　折合 zhéhé　　特赦 tèshè　　苛刻 kēkè

单音节字词练习：

侧 cè　　测 cè　　车 chē　　得 dé　　德 dé　　额 é
恶 è　　饿 è　　歌 gē　　隔 gé　　合 hé　　和 hé
棵 kē　　克 kè　　乐 lè　　热 rè　　色 sè　　舌 shé
舍 shě　　射 shè　　特 tè　　则 zé　　折 zhé　　这 zhè

多音节词语练习：

测定 cèdìng　　测量 cèliáng　　车间 chējiān　　彻底 chèdǐ
得到 dédào　　歌曲 gēqǔ　　革新 géxīn　　各自 gèzì
合成 héchéng　　客观 kèguān　　热带 rèdài　　色彩 sècǎi
设置 shèzhì　　社会学 shèhuìxué　　特点 tèdiǎn　　哲学 zhéxué

◆绕口令练习◆

【墨与馍】

老伯伯卖墨，老婆婆卖馍，老婆婆卖馍买墨，老伯伯卖墨买馍。墨换馍老伯伯有馍，馍换墨老婆婆有墨。

【颠倒歌】

太阳从西往东落，听我唱个颠倒歌。天上打雷没有响，地下石头滚上坡；江里骆驼会下蛋，山里鲤鱼搭成窝；腊月苦热直流汗，六月暴冷打哆嗦；姐在房中头梳手，门外口袋把驴驮。

【鹅和河】

坡上立着一只鹅，坡下就是一条河。宽宽的河，肥肥的鹅，鹅要过河，河要渡鹅，不知是鹅过河，还是河渡鹅？

【黄贺和王克】

一班有个黄贺，二班有个王克。黄贺王克二人搞创作，黄贺搞木刻，王克写诗歌。黄贺帮助王克写诗歌，王克帮助黄贺搞木刻。由于二人搞协作，黄贺完成了木刻，王克写好了诗歌。

第 3 组:ê

扫码听范读

ê [ɛ]　舌面、前、半低、不圆唇元音

发音要点:

发音时,口半开,舌头前伸,舌尖可抵下齿背,舌面向硬腭隆起,舌位半底,软腭和小舌上升,扁唇,关闭鼻腔通路,声带振动。

注:单韵母 ê 除语气词“欸”外,单独使用的机会极少,只出现在复韵母 ie、üe 中。

发音例词:

裂变 lièbiàn　　解体 jiětǐ　　绝技 juéjì　　雪白 xuěbái

第 4 组:i、ü

扫码听范读

i [i]　舌面、前、高、不圆唇元音

发音要点:

发音时,口微开,舌位高,舌面前部向硬腭前部隆起,舌头前伸抵住下齿背,舌面两侧边缘与两侧硬腭接触,软腭和小舌上升,扁平唇,关闭鼻腔通路,声带振动。

发音例词:

比例 bǐlì　　地皮 dìpí　　契机 qìjī　　气息 qìxī

单音节字词练习:

比 bǐ　　避 bì　　敌 dí　　底 dǐ　　第 dì　　几 jǐ

记 jì　　礼 lǐ　　米 mǐ　　泥 ní　　批 pī　　匹 pǐ

其 qí　　起 qǐ　　体 tǐ　　替 tì　　西 xī　　洗 xǐ

多音节词语练习:

鼻子 bízi　　毕竟 bìjìng　　的确 díquè　　地面 dìmiàn

疾病 jíbìng　　继承 jìchéng　　理解 lǐjiě　　例子 lìzi

秘密 mìmì　　皮肤 pífū　　譬如 pìrú　　期间 qījiān

奇怪 qíguài　　提高 tígāo　　吸收 xīshōu　　喜欢 xǐhuan

ü [y]　舌面、前、高、圆唇元音

发音要点:

发音时,口微开,嘴唇前伸,收缩成扁圆形,舌头前伸抵住下齿背,软腭和小舌上升,关闭鼻腔通路,声带振动。

注:ü 自成音节时,即零声母,上面两点省略,写作 yu;与声母 j、q、x 相拼时,也省去的上面两点,写作 ju、qu、xu;与声母 n、l 相拼时,保留上面的两点,写作 nü、lü。

发音例词:

序曲 xùqǔ　　语句 yǔjù　　区域 qūyù　　聚居 jùjū

单音节字词练习:

居 jū　　局 jú　　举 jǔ　　句 jù　　具 jù　　据 jù

驴 lǘ　　铝 lǚ　　律 lǜ　　率 lǜ　　滤 lǜ　　女 nǚ

曲 qǔ　　去 qù　　须 xū　　徐 xú　　许 xǔ　　序 xù

多音节词语练习：

居然 jūrán　局面 júmiàn　举行 jǔxíng　巨大 jùdà
拒绝 jùjué　具体 jùtǐ　剧本 jùběn　距离 jùlí
履行 lǚxíng　旅程 lǚchéng　绿地 lǜdì　屡见不鲜 lǚjiànbùxiān
女人 nǚrén　女生 nǚshēng　区别 qūbié　趋势 qūshì
取消 qǔxiāo　需求 xūqiú　许多 xǔduō　叙述 xùshù

◆绕口令练习◆

【拖拉机】

一台拖拉机，拉着一张犁，拖拉机拉犁，犁翻地，翻地翻得深又细。拖拉机出的力，犁翻的地，你说是犁犁的地，还是拖拉机翻的地？

【李玉举】

郊区李玉举，家居拥军渠，娶女金云玉，生活如意又宽裕。玉举草场放群驴，云玉河里捕鲫鱼，远近约村民，逢年过节演大戏。玉举唱京剧，云玉唱昆曲，演出遇大雨，躲进屋里改豫剧。

【女小吕和女老李】

这天天下雨，体育局穿绿雨衣的女小吕，去找穿绿运动衣的女老李。穿绿雨衣的女小吕，没找到穿绿运动衣的女老李，穿绿运动衣的女老李，也没见着穿绿雨衣的女小吕。

第5组：u

扫码听范读

u[u]　舌面、后、高、圆唇元音

发音要点：

发音时，口微开，舌位高，舌头后缩，舌面后部向软腭升起，软腭和小舌上升，圆唇，关闭鼻腔通路，声带振动。

发音例词：

部署 bùshǔ　幅度 fúdù　入股 rùgǔ　住户 zhùhù

单音节字词练习：

补 bǔ　不 bù　部 bù　初 chū　畜 chù　粗 cū
乎 hū　湖 hú　虎 hǔ　户 hù　哭 kū　苦 kǔ
露 lù　木 mù　亩 mǔ　铺 pù　如 rú　乳 rǔ
入 rù　书 shū　图 tú　吐 tǔ　诸 zhū　驻 zhù

多音节词语练习：

部队 bùduì　布置 bùzhì　出来 chū·lái　除了 chúle
储存 chǔcún　促使 cùshǐ　忽视 hūshì　核儿 húr
互相 hùxiāng　路线 lùxiàn　母亲 mǔ·qīn　目标 mùbiāo
奴隶 núlì　努力 nǔlì　如此 rúcǐ　蔬菜 shūcài
图书馆 túshūguǎn　主张 zhǔzhāng　注意 zhùyì　著名 zhùmíng

◆绕口令练习◆

【苏胡子和胡胡子】

苏州有个苏胡子，湖州有个胡胡子。苏州的苏胡子，家里有个梳胡子的梳子，湖州的胡胡子，家里有个梳子梳胡子。

【破布补烂鼓】

屋里一个破烂鼓，扯点破布就来补。也不知是破布补烂鼓，还是破鼓补烂布。只见布补鼓，鼓补布，鼓补布，布补鼓，补来补去，布不成布，鼓不成鼓。

第6组：er

扫码听范读

er [ər] 卷舌、央、中、不圆唇元音

发音要点：

er是一个特殊元音，是在[ə]的基础上加上卷舌动作而成的。发音时，口略开，舌头居中央，舌位从央元音[ə]开始，然后舌尖后缩，翘起但不触碰上颚。

发音例词：

然而 rán'ér　　饵料 ěrliào　　二胡 èrhú　　儿童 értóng

第7组：－i[ɿ]、－i[ʅ]

扫码听范读

－i(前)[ɿ] 舌尖、前、高、不圆唇元音

发音要点：

发音时，口微开，舌头平伸，舌尖下侧可接触下齿背，舌尖上侧接触上齿背，留一条窄窄的通道，软腭和小舌上升，扁唇，关闭鼻腔通路。注：此韵母在普通话中只出现在声母z、c、s之后，要与z、c、s整体认读。

发音例词：

自私 zìsī　　私自 sīzì　　辞职 cízhí　　姿势 zīshì

单音节字词练习：

资 zī　　紫 zǐ　　自 zì　　词 cí　　磁 cí　　此 cǐ
次 cì　　刺 cì　　丝 sī　　死 sǐ　　四 sì　　似 sì

多音节词语练习：

姿态 zītài　　资本 zīběn　　子女 zǐnǚ　　仔细 zǐxì
自然界 zìránjiè　　词汇 cíhuì　　磁场 cíchǎng　　此外 cǐwài
刺激 cì·jī　　私人 sīrén　　思考 sīkǎo　　思想 sīxiǎng
死亡 sǐwáng　　四周 sìzhōu　　似乎 sìhū　　饲料 sìliào

－i(后)[ʅ] 舌尖、后、高、不圆唇元音

发音要点：

发音时，口微开，舌尖上翘靠近前硬腭，软腭和小舌上升，形成一条不宽的通路，扁平唇，关闭鼻腔通路，声带振动。注：此韵母在普通话中只出现在声母zh、ch、sh、r之后，要与zh、ch、sh、r整体认读。

发音例词：

支持 zhīchí　　试纸 shìzhǐ　　时日 shírì　　指使 zhǐshǐ

单音节字词练习：

支 zhī	只 zhī	直 zhí	纸 zhǐ	志 zhì	治 zhì
吃 chī	池 chí	迟 chí	持 chí	尺 chǐ	赤 chì
失 shī	湿 shī	实 shí	始 shǐ	示 shì	市 shì

多音节词语练习：

知道 zhī · dào	执行 zhíxíng	职能 zhínéng	指标 zhǐbiāo
制度 zhìdù	质量 zhìliàng	治疗 zhìliáo	秩序 zhìxù
持续 chíxù	翅膀 chìbǎng	冲突 chōngtū	充分 chōngfèn
诗人 shīrén	石头 shítou	实施 shíshī	世界观 shìjièguān
试验 shìyàn	是否 shìfǒu	适合 shìhé	释放 shìfàng

二、复韵母(复元音)的发音

第 1 组：ai、ei、ao、ou

扫码听范读

ai [ai] 前响二合元音复韵母

发音要点：

发音时，从前元音 a[a]开始，舌尖抵住下齿背，[a]清晰响亮，然后舌面向[i]的方向滑动升高，接近单元音 i，但舌位略底。口形由开到微合。

发音例词：

灾害 zāihài	爱戴 àidài	择菜 zháicài	拍卖 pāimài

单音节字词练习：

爱 ài	白 bái	摆 bǎi	采 cǎi	菜 cài	差 chāi
呆 dāi	戴 dài	该 gāi	盖 gài	还 hái	海 hǎi
开 kāi	来 lái	买 mǎi	卖 mài	乃 nǎi	拍 pāi
牌 pái	派 pài	外 wài	摘 zhāi	窄 zhǎi	债 zhài

多音节词语练习：

爱人 àiren	摆脱 bǎituō	才能 cáinéng	材料 cáiliào
大夫 dàifu	带领 dàilǐng	改变 gǎibiàn	概念 gàiniàn
孩子 háizi	海面 hǎimiàn	害怕 hàipà	开发 kāifā
开辟 kāipì	来信 láixìn	来源 láiyuán	奶奶 nǎinai
排斥 páichì	态度 tài · dù	外国 wàiguó	在于 zàiyú

◆绕口令练习◆

【小艾和小戴】

小艾和小戴，一起去买菜。小艾把十斤菜给小戴，小戴有比小艾多一倍的菜；小戴把一半菜给小艾，小艾的菜是小戴的三倍菜。请你想想猜猜，小艾小戴各买了几斤菜？

【白菜和海带】

买白菜，搭海带，不买海带就别买大白菜。买卖改，不搭卖，不买海带也能买到大白菜。

ei [əi]　前响二合元音复韵母

扫码听范读

发音要点：

发音时，从央元音[ə]开始，然后舌面向[i]的方向滑动升高，接近单元音 i，但舌位略底。口形由开到微合。

发音例词：

配备 pèibèi　　非得 fēiděi　　沸腾 fèiténg　　内涵 nèihán

单音节字词练习：

背 bēi　北 běi　背 bèi　被 bèi　得 děi　非 fēi
肺 fèi　黑 hēi　泪 lèi　累 lèi　没 méi　枚 méi
煤 méi　内 nèi　赔 péi　配 pèi　谁 shéi　贼 zéi

多音节词语练习：

悲剧 bēijù　　背后 bèihòu　　飞行 fēixíng　　非常 fēicháng
费用 fèi · yòng　　黑暗 hēi'àn　　类似 lèisì　　没有 méi · yǒu
妹妹 mèimei　　内部 nèibù　　培养 péiyǎng　　配合 pèihé

◆绕口令练习◆

【冬天雪花是宝贝】

北风吹，雪花飞，冬天雪花是宝贝。去给麦苗盖上被，明年麦子多几倍。

【大妹和小妹】

大妹和小妹，一起去收麦。大妹割大麦，小妹割小麦。大妹帮小妹挑小麦，小妹帮大妹挑大麦。大妹小妹收完麦，噼噼啪啪齐打麦。

ao [ɑu]　前响二合元音复韵母

扫码听范读

发音要点：

发音时，从后元音 ɑ[ɑ]开始，舌尖远离下齿，[ɑ]清晰响亮，然后舌向后缩，舌面向[u]的方向滑动升高，接近单元音 u，但舌位略底。口形逐渐缩成圆形。

发音例词：

报道 bàodào　　懊恼 àonǎo　　草帽 cǎomào　　逃跑 táopǎo

单音节字词练习：

薄 báo　保 bǎo　抱 bào　朝 cháo　刀 dāo　岛 dǎo
道 dào　搞 gǎo　靠 kào　老 lǎo　猫 māo　毛 máo
冒 mào　闹 nào　绕 rào　稍 shāo　套 tào　腰 yāo
摇 yáo　咬 yǎo　造 zào　着 zhāo　着 zháo　找 zhǎo

多音节词语练习：

包含 bāohán　　饱和 bǎohé　　报酬 bào · chóu　　操作 cāozuò
草原 cǎoyuán　　超过 chāoguò　　导演 dǎoyǎn　　道德 dàodé
好处 hǎo · chù　　号召 hàozhào　　考虑 kǎolǜ　　劳动力 láodònglì
老爷 lǎoye　　矛盾 máodùn　　贸易 màoyì　　脑袋 nǎodai
少量 shǎoliàng　　少年 shàonián　　遭受 zāoshòu　　照片 zhàopiàn

◆绕口令练习◆

【猫闹鸟】

东边庙里有个猫，西边树上有只鸟。不知猫闹树上鸟，还是鸟闹庙里猫？

【老老道小老道】

高高山上有座庙，庙里住着俩老道，一个年纪老，一个年纪少。庙前长着许多草，有时候老老道煎药，小老道采药；有时候小老道煎药，老老道采药。

ou［əu］　前响二合元音复韵母

发音要点：

发音时，从［ə］开始，然后舌面向［u］的方向滑动升高，接近单元音 u，但舌位略底。同时口形逐渐缩成圆形。

发音例词：

抖擞 dǒusǒu　　守候 shǒuhòu　　叩头 kòutóu　　丑陋 chǒulòu

单音节字词练习：

丑 chǒu　凑 còu　都 dōu　斗 dǒu　斗 dòu　沟 gōu

狗 gǒu　够 gòu　喉 hóu　厚 hòu　楼 lóu　露 lòu

谋 móu　某 mǒu　肉 ròu　熟 shóu　瘦 shòu　偷 tōu

多音节词语练习：

抽象 chōuxiàng　斗争 dòuzhēng　豆腐 dòufu　构成 gòuchéng

购买 gòumǎi　后果 hòuguǒ　厚度 hòudù　口号 kǒuhào

偶然 ǒurán　柔软 róuruǎn　手段 shǒuduàn　首先 shǒuxiān

搜集 sōují　头发 tóufa　投入 tóurù　透明 tòumíng

◆绕口令练习◆

【黄狗咬我手】

清早上街走，走到周家大门口，门里跳出大黄狗，朝我汪汪大声吼。我捡起砖头打黄狗，黄狗跳起来咬手。不知石头打没打着周家的狗，也不知周家的狗咬没咬着我手指头。

【彩楼、锦绣】

咱队有六十六条沟，沟沟都是大丰收。东山果园像彩楼，西山棉田似锦绣，北山有条红旗渠，滚滚青泉绕山走。过去瞧见这六十六条秃石沟，心里就难受；如今这六十六条彩楼、锦绣、万宝沟，瞧也瞧不够。

第 2 组：iao、iou、uai、uei

iao［iau］　中响三合元音复韵母

发音要点：

发音时，从前高元音［i］开始，然后舌位滑向后低元音 ɑ［ɑ］，发出清晰的［ɑ］后再向后高元音［u］的方向滑升。接近单元音 u，但舌位略底。舌位先降后升，由前到后，变化幅度大。唇形由展到开，发出［ɑ］后再变成圆唇。［ɑ］的发音响亮、长。

发音例词：

渺小 miǎoxiǎo	疗效 liáoxiào	窈窕 yǎotiǎo	巧妙 qiǎomiào

单音节字词练习：

标 biāo	表 biǎo	雕 diāo	调 diào	交 jiāo	嚼 jiáo
脚 jiǎo	觉 jiào	撩 liāo	疗 liáo	瞭 liào	苗 miáo
秒 miǎo	鸟 niǎo	尿 niào	敲 qiāo	桥 qiáo	巧 qiǎo
俏 qiào	挑 tiāo	调 tiáo	挑 tiǎo	跳 tiào	笑 xiào

多音节词语练习：

标志 biāozhì	表演 biǎoyǎn	调查 diàochá	交往 jiāowǎng
教学 jiāoxué	角度 jiǎodù	叫做 jiàozuò	较为 jiàowéi
教师 jiàoshī	了解 liǎojiě	描述 miáoshù	漂亮 piàoliang
悄悄 qiāoqiāo	条件 tiáojiàn	调整 tiáozhěng	消除 xiāochú
消耗 xiāohào	小说儿 xiǎoshuōr	晓得 xiǎo · dé	效果 xiàoguǒ

◆绕口令练习◆

【鸟看表】

水上漂着一只表，表上落着一只鸟。鸟看表，表瞪鸟，鸟不认识表，表也不认识鸟。

【巧巧和小小】

巧巧过桥找嫂嫂，小小过桥找姥姥。巧巧桥上碰着小小，小小让巧巧去找姥姥，巧巧让小小去找嫂嫂，小小、巧巧同去找姥姥、嫂嫂。

iou [iəu]　中响三合元音复韵母

扫码听范读

发音要点：

发音时，从前高元音[i]开始，然后舌位滑向央元音[ə]，发出清晰的[ə]后再向后高元音[u]的方向滑升。接近单元音 u，但舌位略底。舌位先降后升，由前到后，变化幅度大。唇形在发出[ə]后再变成圆唇。

注：iou 前面加声母时，汉语拼音写作“—iu”，拼读时不能丢掉中间的[ə]。

发音例词：

求救 qiújiù	悠久 yōujiǔ	优秀 yōuxiù	流通 liútōng

单音节字词练习：

丢 diū	揪 jiū	酒 jiǔ	旧 jiù	蹓 liū	留 liú
绺 liǔ	牛 niú	秋 qiū	球 qiú	修 xiū	袖 xiù

多音节词语练习：

纠正 jiūzhèng	究竟 jiūjìng	救济 jiùjì	就是 jiùshì
就业 jiùyè	留学 liúxué	流动 liúdòng	流通 liútōng
硫酸 liúsuān	牛顿 niúdùn	扭转 niǔzhuǎn	秋收 qiūshōu
求证 qiúzhèng	休眠 xiūmián	休息 xiūxi	修改 xiūgǎi

◆绕口令练习◆

【一葫芦酒】

一葫芦酒，九两六；一葫芦油，六两九。六两九的油，要换九两六的酒；九两六的酒，不换六两九的油。

【豆和油】

东邻有囤豆，西邻有篓油；我家有只鸡，又有一条狗。鸡啄了豆囤，豆囤漏了豆，狗啃了油篓，油篓流了油。鸡不啄豆囤，豆囤不漏豆，狗不啃油篓，油篓不流油。

uai［uai］ 中响三合元音复韵母

扫码听范读

发音要点：

发音时，从后高元音［u］开始，然后舌位向前滑降到前元音［a］，发出清晰的［a］后再向前高元音［i］的方向滑升。接近单元音 i，但舌位略底。舌位先降后升，由前到后，变化幅度大。唇形由圆到开，发出［a］后再变成扁平唇。

发音例词：

外婆 wàipó　衰落 shuāiluò　情怀 qínghuái　作怪 zuòguài

单音节字词练习：

乖 guāi　拐 guǎi　怪 guài　怀 huái　坏 huài　块 kuài

摔 shuāi　甩 shuǎi　率 shuài　歪 wāi　外 wài　拽 zhuài

多音节词语练习：

拐棍 guǎigùn　怪物 guàiwu　怀疑 huáiyí　怀孕 huáiyùn

坏人 huàirén　会计 kuài·jì　快乐 kuàilè　脍炙人口 kuàizhìrénkǒu

衰落 shuāiluò　率领 shuàilǐng　外国 wàiguó　外面 wài·miàn

◆绕口令练习◆

【槐树歪歪】

槐树歪歪，坐个乖乖。乖乖用手，摔了老酒。酒瓶摔坏，奶奶不怪。怀抱乖乖，出外买买。

【槐树槐】

槐树槐，槐树槐，槐树底下搭戏台。人家的姑娘都来了，我家的姑娘还没来。说着说着就来了，骑着驴，打着伞，歪着脑袋上戏台。

uei［uəi］ 中响三合元音复韵母

扫码听范读

发音要点：

发音时，从后高元音［u］开始，然后舌位向前滑降到央元音［ə］，发出清晰的［ə］后再向前高元音［i］的方向滑升。接近单元音 i，但舌位略底。舌位先降后升，由前到后，变化幅度大。唇形由圆到略开，发出［ə］后略微闭合。

注：uei 前面加声母时，汉语拼音写作“—ui”，拼读时不能丢掉中间的［ə］。

发音例词：

退回 tuìhuí　未遂 wèisuì　垂危 chuíwēi　摧毁 cuīhuǐ

单音节字词练习：

吹 chuī	锤 chuí	催 cuī	堆 duī	归 guī	跪 guì
灰 huī	会 huì	亏 kuī	谁 shuí	水 shuǐ	税 shuì
遂 suí	岁 suì	腿 tuǐ	退 tuì	追 zhuī	罪 zuì

多音节词语练习：

垂直 chuízhí	对不起 duì · bùqǐ	对象 duìxiàng	规模 guīmó
轨道 guǐdào	鬼子 guǐzi	贵族 guìzú	恢复 huīfù
回忆 huíyì	汇报 huìbào	会议 huìyì	绘画 huìhuà
水分 shuǐfèn	税收 shuìshōu	睡觉 shuìjiào	顺利 shùnlì
虽然 suīrán	推动 tuīdòng	追求 zhuīqiú	嘴唇 zuǐchún

◆绕口令练习◆

【嘴和腿】

嘴说腿，腿说嘴，嘴说腿爱跑腿，腿说嘴爱卖嘴。光动嘴不动腿，光动腿不动嘴，不如不长腿和嘴。

【谁胜谁】

梅小卫叫飞毛腿，卫小辉叫风难追。两人参加运动会，百米赛跑快如飞。飞毛腿追风难追，风难追追飞毛腿。梅小卫和卫小辉，最后不知谁胜谁。

第 3 组：ia、ua、ie、üe、uo

ia [iA]　后响二合元音复韵母

发音要点：

发音时，从前高元音[i]开始，然后舌位滑向央、低元音[A]止，嘴逐渐张开。[i]的发音较短，[A]的发音响亮且长。

发音例词：

夏天 xiàtiān	假象 jiǎxiàng	惊讶 jīngyà	关卡 guānqiǎ

单音节字词练习：

加 jiā	夹 jiā	家 jiā	夹 jiá	甲 jiǎ	假 jiǎ
架 jià	掐 qiā	洽 qià	瞎 xiā	狭 xiá	夏 xià

多音节词语练习：

加工 jiāgōng	加强 jiāqiáng	家伙 jiāhuo	甲板 jiǎbǎn
假如 jiǎrú	价格 jiàgé	恰当 qiàdàng	恰巧 qiàqiǎo
洽谈 qiàtán	辖区 xiáqū	下降 xiàjiàng	夏季 xiàjì

◆绕口令练习◆

【鸭和霞】

天上飘着一片霞，水上漂着一群鸭。霞是五彩霞，鸭是麻花鸭。麻花鸭游进五彩霞，五彩霞网住麻花鸭。乐坏了鸭，拍碎了霞，分不清是鸭还是霞。

【贾家养虾】

贾家有女初出嫁，嫁到夏家学养虾。喂养的对虾个头儿大，卖到市场直加价。贾家爹爹会养鸭，鸭子虽肥伤庄稼。邻里吵架不融洽，贾家也学养对虾。小虾卡住鸭子牙，大鸭咬住了虾的夹。夏家公公劝，贾家爹爹压。大鸭不怕吓，小虾装得嗲，夏家、贾家没办法。

ua [uɑ] 后响二合元音复韵母

发音要点：

发音时，从后高元音[u]开始，然后舌位滑向央、低元音[A]止，嘴逐渐张开。[u]的发音较短，[A]的发音响亮且长。唇形由圆逐步展开。

发音例词：

挂帅 guàshuài　　华贵 huáguì　　书画 shūhuà　　印刷 yìnshuā

单音节字词练习：

瓜 guā　刮 guā　挂 guà　花 huā　华 huá　化 huà
画 huà　话 huà　跨 kuà　刷 shuā　耍 shuǎ　抓 zhuā

多音节词语练习：

寡妇 guǎfu　花纹 huāwén　华侨 huáqiáo　滑动 huádòng
化合物 huàhéwù　化学 huàxué　划分 huàfēn　画家 huàjiā
画面 huàmiàn　话筒 huàtǒng　夸张 kuāzhāng　抓紧 zhuājǐn

◆绕口令练习◆

【墙头儿有个瓜】

墙头儿上有个老南瓜，掉下来砸着胖娃娃。娃娃叫妈妈，妈妈抱娃娃，娃娃骂南瓜。

【画蛤蟆】

一个胖娃娃，画了三个大花活蛤蟆；三个胖娃娃，画不出一个大花活蛤蟆。画不出一个大花活蛤蟆的三个胖娃娃，真不如画了三个大花活蛤蟆的一个胖娃娃。

ie [iɛ] 后响二合元音复韵母

发音要点：

发音时，从前高元音[i]开始，然后舌位滑向前、半低元音[ɛ]止，嘴逐渐张开。[i]的发音较短，[ɛ]的发音长且响亮。

发音例词：

贴切 tiēqiè　　结业 jiéyè　　接洽 jiēqià　　熄灭 xīmiè

单音节字词练习：

爹 diē　叠 dié　皆 jiē　解 jiě　届 jiè　列 liè
灭 miè　切 qiē　且 qiě　切 qiè　贴 tiē　铁 tiě
些 xiē　斜 xié　鞋 xié　写 xiě　血 xiě　解 xiè

多音节词语练习：

阶段 jiēduàn　结果 jiēguǒ　接触 jiēchù　揭露 jiēlù
街道 jiēdào　节目 jiémù　结构 jiégòu　姐姐 jiějie
介绍 jièshào　界限 jièxiàn　烈士 lièshì　灭亡 mièwáng

切除 qiēchú　　茄子 qiézi　　怯懦 qiènuò　　铁路 tiělù
协调 xiétiáo　　协作 xiézuò　　写作 xiězuò　　谢谢 xièxie

◆绕口令练习◆

【捉蝴蝶】

杰杰和姐姐，花园里面捉蝴蝶。杰杰去捉花中蝶，姐姐去捉叶上蝶。

【谢老爹和薛大爹】

谢老爹在街上扫雪，薛大爹在屋里打铁。薛大爹见谢老爹在街上扫雪，就放下手里打着的铁到街上帮谢老爹扫雪。谢老爹扫完了雪，进屋去帮薛大爹打铁。二人同扫雪，二人同打铁。

üe [yɛ]　后响二合元音复韵母

扫码听范读

发音要点：

发音时，从前高元音[y]开始，然后舌位滑向前、半低元音[ɛ]止，嘴逐渐张开。ü[y]的发音较短，[ɛ]的发音响亮且长。

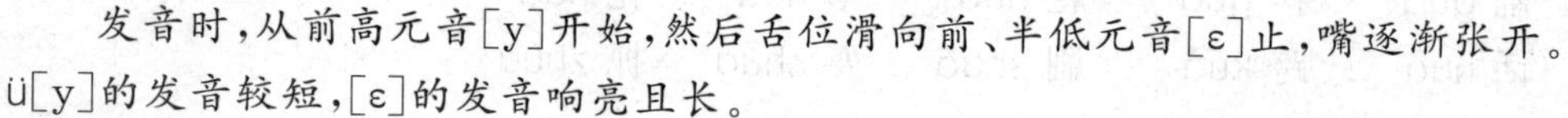

注：üe 这个韵母，与声母 j、q、x 相拼时，省去的上面两点，写作 jue、que、xue；零声母时，也省去上面两点省略，写作 yu；与声母 n、l 相拼时，保留上面的两点，写作 nüe、lüe。

发音例词：

攫取 juéqǔ　　乐章 yuèzhāng　　缔约 dìyuē　　的确 díquè

单音节字词练习：

决 jué　　略 lüè　　缺 quē　　瘸 qué　　雀 què　　削 xuē
靴 xuē　　学 xué　　雪 xuě　　血 xuè　　曰 yuē　　越 yuè

多音节词语练习：

决策 juécè　　角色 juésè　　觉得 jué·dé　　绝对 juéduì
掠夺 lüèduó　　缺点 quēdiǎn　　确实 quèshí　　削弱 xuēruò
学会 xuéhuì　　学科 xuékē　　血管 xuèguǎn　　血液 xuèyè
约束 yuēshù　　月份 yuèfèn　　乐曲 yuèqǔ　　阅读 yuèdú

◆绕口令练习◆

【喜鹊】

一群灰喜鹊，一群黑喜鹊。灰喜鹊飞进黑喜鹊群，黑喜鹊群里有灰喜鹊。黑喜鹊飞进灰喜鹊群，灰喜鹊群里有黑喜鹊。

【瘸子和茄子】

打南边来个瘸子，担了一挑子茄子，手里拿着个碟子，地下钉着木头橛子。没留神那橛子绊倒了瘸子，弄撒了瘸子茄子，砸了瘸子碟子，瘸子猫腰拾茄子。

uo [uo]　后响二合元音复韵母

扫码听范读

发音要点：

发音时，从后高元音[u]开始，然后舌位滑向后、半高元音[o]止，[u]的发音较短，[o]的发音响亮且长。唇形圆形，由小到略开。

发音例词：

堕落 duòluò	错过 cuòguò	国货 guóhuò	陀螺 tuóluó

单音节字词练习：

多 duō	度 duó	朵 duǒ	国 guó	果 guǒ	过 guò
活 huó	火 huǒ	或 huò	和 huò	阔 kuò	罗 luó
落 luò	若 ruò	说 shuō	缩 suō	所 suǒ	锁 suǒ
托 tuō	拖 tuō	捉 zhuō	着 zhuó	左 zuǒ	作 zuò

多音节词语练习：

多少 duō · shǎo	夺取 duóqǔ	国际 guójì	国务院 guówùyuàn
果然 guǒrán	过程 guòchéng	活动 huó · dòng	或者 huòzhě
获得 huòdé	扩张 kuòzhāng	逻辑 luó · jí	落后 luòhòu
若干 ruògān	说法 shuō · fǎ	缩小 suōxiǎo	拖拉机 tuōlājī
脱离 tuōlí	桌子 zhuōzi	着重 zhuózhòng	昨天 zuótiān

◆绕口令练习◆

【菠萝和陀螺】

坡上长菠萝，坡下玩陀螺。坡上掉菠萝，菠萝砸陀螺。砸破陀螺补陀螺，顶破菠萝剥菠萝。

【骆驼之国】

骆驼之国骆驼多，骆驼多得数不过。出门骑骆驼，骆驼就是车。汽车遇骆驼，车让骆驼过。你想骑骆驼，请到"骆驼之国"：索马里、科威特，还有沙特阿拉伯。

三、鼻韵母的发音

鼻韵母的发音有两个特点：一是发音时由元音向鼻辅音过渡，逐渐增加鼻音色彩，最后形成鼻辅音；二是鼻韵母的发音不是以鼻辅音为主，而是以元音为主。元音清晰响亮，鼻辅音重在做出发音状态，发音不太明显。

除了 ong 与 üan 外，其他前鼻音鼻韵母和后鼻音鼻韵母是一一对应的关系，即 an—ang、ian—iang、uan—uang、en—eng、uen—ueng、in—ing、ün—iong。

1. 前鼻音鼻韵母

第 1 组：an、en、in、ün

扫码听范读

an [an] 前鼻韵母

发音要点：

发音时，从前元音 a[a]开始，发出[a]后，舌尖向上齿龈滑动，舌前部与上齿龈闭合，封闭口腔通路，同时软腭和小舌下降，打开鼻腔通路，气流从鼻腔通过。口形由开到合。

发音例词：

斑斓 bānlán	黯然 ànrán	参展 cānzhǎn	贪婪 tānlán

单音节字词练习：

班 bān	板 bǎn	半 bàn	丹 dān	掸 dǎn	繁 fán
犯 fàn	肝 gān	敢 gǎn	干 gàn	寒 hán	喊 hǎn

看 kān	兰 lán	烂 làn	瞒 mán	慢 màn	难 nán
难 nàn	潘 pān	盐 yán	演 yǎn	展 zhǎn	盏 zhǎn

多音节词语练习：

办法 bànfǎ	参观 cānguān	产生 chǎnshēng	蛋白质 dànbáizhì
凡是 fánshì	繁荣 fánróng	犯罪 fànzuì	范围 fànwéi
干燥 gānzào	感到 gǎndào	含量 hánliàng	函数 hánshù
看法 kànfǎ	满足 mǎnzú	染色体 rǎnsètǐ	三角形 sānjiǎoxíng
颜色 yánsè	眼光 yǎnguāng	暂时 zànshí	占领 zhànlǐng

◆绕口令练习◆

【盛饭】

红饭碗，黄饭碗，红饭碗盛满饭碗，黄饭碗盛饭半碗。黄饭碗添了半碗饭，红饭碗减了饭半碗，黄饭碗比红饭碗又多半碗饭。

【蓝布棉门帘】

出南门，往正南，有个面铺面冲南，门口挂着蓝布棉门帘。摘了它的蓝布棉门帘，面铺面冲南；给它挂上蓝布棉门帘，面铺还是面冲南。

en［ən］　前鼻韵母

扫码听范读

发音要点：

发音时，先从 e[ə]开始，发完元音[ə]后，舌尖向上齿龈滑动，舌前部与上齿龈闭合，封闭口腔通路，同时软腭和小舌下降，打开鼻腔通路，气流从鼻腔通过。口形略有开合。

发音例词：

本分 běnfèn	粉尘 fěnchén	沉闷 chénmèn	恩人 ēnrén

单音节字词练习：

奔 bēn	本 běn	笨 bèn	尘 chén	称 chèn	粉 fěn
份 fèn	跟 gēn	很 hěn	恨 hèn	恒 héng	啃 kěn
闷 mēn	门 mén	闷 mèn	嫩 nèn	喷 pēn	盆 pén
任 rén	伸 shēn	肾 shèn	闻 wén	真 zhēn	阵 zhèn

多音节词语练习：

沉淀 chéndiàn	分别 fēnbié	奋斗 fèndòu	根据地 gēnjùdì
人家 rénjia	认识 rènshi	森林 sēnlín	深刻 shēnkè
什么 shénme	审判 shěnpàn	甚至 shènzhì	温度 wēndù
稳定 wěndìng	问题 wèntí	怎么样 zěnmeyàng	针对 zhēnduì
真正 zhēnzhèng	诊断 zhěnduàn	振动 zhèndòng	镇压 zhènyā

◆绕口令练习◆

【小陈和小沈】

小陈去卖针，小沈去卖盆。俩人挑着担，一起出了门。小陈喊卖针，小沈喊卖盆。也不知是谁卖针，也不知是谁卖盆。

【盆和瓶】

这边一个人,挑了一挑瓶。那边一个人,担了一挑盆。瓶碰烂了盆,盆碰烂了瓶。卖瓶买盆来赔盆,卖盆买瓶来赔瓶。瓶不能赔盆,盆不能赔瓶。

扫码听范读

in [in] 前鼻韵母

发音要点:

发音时,先从 i[i]开始,发完元音[i]后,舌尖向上齿龈滑动,舌前部与上齿龈闭合,封闭口腔通路,同时软腭和小舌下降,打开鼻腔通路,气流从鼻腔通过。口形可保持发[i]时的口形。

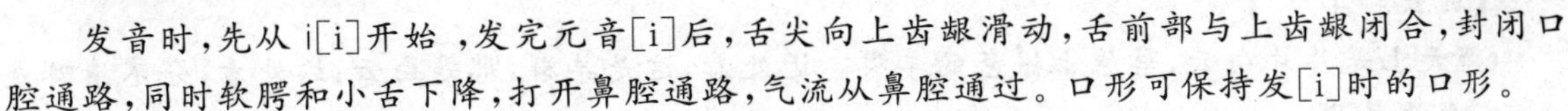

发音例词:

濒临 bīnlín　　殷勤 yīnqín　　亲信 qīnxìn　　拼音 pīnyīn

单音节字词练习:

宾 bīn　鬓 bìn　津 jīn　仅 jǐn　劲 jìn　拎 līn
磷 lín　吝 lìn　民 mín　闽 Mǐn　您 nín　贫 pín
品 pǐn　侵 qīn　秦 Qín　锌 xīn　阴 yīn　银 yín

多音节词语练习:

今年 jīnnián　尽量 jǐnliàng　尽力 jìnlì　进化论 jìnhuàlùn
邻近 línjìn　临床 línchuáng　民俗 mínsú　敏捷 mǐnjié
拼命 pīnmìng　频率 pínlǜ　品种 pǐnzhǒng　侵略 qīnlüè
亲戚 qīnqi　心脏 xīnzàng　欣赏 xīnshǎng　新兴 xīnxīng
信仰 xìnyǎng　因为 yīn · wèi　引进 yǐnjìn　印象 yìnxiàng

◆绕口令练习◆

【土变金】

你也勤来我也勤,生产同心土变金。工人农民亲兄弟,心心相印团结紧。

扫码听范读

ün [yn] 前鼻韵母

发音要点:

发音时,先从 ü[y]开始,发完[y]后,软腭和小舌下降,舌尖向上齿龈滑动,舌前部与上齿龈闭合,封闭口腔通路,同时软腭和小舌下降,打开鼻腔通路,气流从鼻腔通过。唇形从圆形逐渐展开。

注:在 j、q、x 及零声母后汉语拼音写作—un,记住不要把此音读作[un]。

发音例词:

军训 jūnxùn　　均匀 jūnyún　　围裙 wéiqún　　俊美 jùnměi

单音节字词练习:

军 jūn　均 jūn　群 qún　熏 xūn　巡 xún　询 xún
训 xùn　逊 xùn　晕 yūn　匀 yún　允 yǔn　蕴 yùn

多音节词语练习：

军官 jūnguān 均匀 jūnyún 君主 jūnzhǔ 群落 qúnluò
寻求 xúnqiú 循环 xúnhuán 讯号 xùnhào 汛期 xùnqī
驯服 xùnfú 逊色 xùnsè 匀称 yún · chèn 允许 yǔnxǔ
韵律 yùnlǜ 蕴藏 yùncáng 运筹 yùnchóu 运动员 yùndòngyuán

◆绕口令练习◆

【白云和羊群】

蓝天上是片片白云，草原上银色的羊群。近处看，这是羊群，那是白云；远处看，分不清哪是白云，哪是羊群。

第 2 组：ian、uan、uen、üan

ian［iɑn］ 前鼻韵母

扫码听范读

发音要点：

这个韵母可以看作是 i 和 an 的合拼。发音时，第一个元音［i］轻而短，第二个元音 a［a］清晰响亮，a［ɑ］的发音由于受前面［i］和后面［n］的影响，会变成［æ］或者更高的［ɛ］。口形由合到开再到合。

发音例词：

变迁 biànqiān 沿线 yánxiàn 简练 jiǎnliàn 惦念 diànniàn

单音节字词练习：

鞭 biān 扁 biǎn 遍 biàn 碘 diǎn 垫 diàn 尖 jiān
拣 jiǎn 键 jiàn 连 lián 脸 liǎn 链 liàn 绵 mián
免 miǎn 黏 nián 念 niàn 篇 piān 骗 piàn 铅 qiān
浅 qiǎn 嵌 qiàn 填 tián 仙 xiān 衔 xián 腺 xiàn

多音节词语练习：

边境 biānjìng 便于 biànyú 辩证法 biànzhèngfǎ 典型 diǎnxíng
奠定 diàndìng 歼灭 jiānmiè 检查 jiǎnchá 联合国 Liánhéguó
脸色 liǎnsè 棉花 mián · huā 勉强 miǎnqiǎng 年头儿 niántóur
便宜 piányi 片刻 piànkè 千方百计 qiānfāng bǎijì 前边 qián · biān
潜在 qiánzài 掀起 xiānqǐ 显微镜 xiǎnwēijìng 现代化 xiàndàihuà

◆绕口令练习◆

【大姐编辫】

大姐梳辫，两个人编。二姐编那半边，三姐编这半边；三姐编这半边，二姐编那半边。

【谁眼圆】

山前有个阎圆眼，山后有个阎眼圆；二人山前来比眼，不知是阎圆眼的眼圆，还是阎眼圆的眼圆。

uan［uan］ 前鼻韵母

扫码听范读

发音要点：

这个韵母可以看作是 u 和 an 的合拼。发音时，先圆唇，u 的发音轻而短，第二个元音清晰响亮，发完第二个元音后，软腭下降，逐渐增强鼻音色彩，舌尖迅速移到上齿龈，抵住上齿龈做出发 n 的状态即可。口形由合到开再到合，唇形由圆到开到合。

发音例词：

贯穿 guànchuān　　婉转 wǎnzhuǎn　　专款 zhuānkuǎn　　换算 huànsuàn

单音节字词练习：

穿 chuān	传 chuán	船 chuán	喘 chuǎn	串 chuàn	端 duān
短 duǎn	冠 guān	馆 guǎn	观 guàn	缓 huǎn	换 huàn
款 kuǎn	峦 luán	软 ruǎn	拴 shuān	赚 zhuàn	钻 zuān

多音节词语练习：

船舶 chuánbó	短期 duǎnqī	断定 duàndìng	官吏 guānlì
管道 guǎndào	贯穿 guànchuān	灌溉 guàngài	欢喜 huānxǐ
还原 huányuán	环节 huánjié	幻觉 huànjué	唤起 huànqǐ
患者 huànzhě	宽大 kuāndà	孪生 luánshēng	卵石 luǎnshí
团员 tuányuán	旋律 xuánlǜ	转化 zhuǎnhuà	转向 zhuànxiàng

◆绕口令练习◆

【苏州两判官】

苏州有个玄妙观，观里有两个判官。一个判官姓潘，一个判官姓管。是潘判官先去打管判官呢，还是管判官先去打潘判官呢？

【小范儿边编蒜辫儿边盘算儿】

小范儿编蒜辫儿，边编蒜辫儿边盘算儿。编半辫儿蒜，比编一辫儿蒜少半辫儿，编一辫儿蒜比编半辫儿蒜多半辫儿。小范儿边编蒜辫儿边盘算儿，编了一辫儿又一辫儿。

uen［uən］ 前鼻韵母

扫码听范读

发音要点：

这个韵母可以看作是 u 和 en 的合拼。发音时，先圆唇，u［u］的发音轻而短，e 的发音是［ə］，发完 e 音后，软腭下降，逐渐增强鼻音色彩，舌尖迅速移到上齿龈，抵住上齿龈做出发 n 的状态即可。唇形由圆到展。

注：uen 与声母拼写是写作—un，拼读时不要丢掉中间的［ə］。

发音例词：

论文 lùnwén　　混沌 hùndùn　　温存 wēncún　　温顺 wēnshùn

单音节字词练习：

春 chūn	唇 chún	村 cūn	存 cún	寸 cùn	墩 dūn
炖 dùn	顿 dùn	棍 gùn	婚 hūn	混 hún	捆 kǔn
困 kùn	轮 lún	闰 rùn	顺 shùn	准 zhǔn	尊 zūn

多音节词语练习：

春秋 chūnqiū　纯粹 chúncuì　村庄 cūnzhuāng　存款 cúnkuǎn
敦促 dūncù　顿悟 dùnwù　棍棒 gùnbàng　婚礼 hūnlǐ
浑身 húnshēn　混淆 hùnxiáo　困境 kùnjìng　轮流 lúnliú
论点 lùndiǎn　润滑 rùnhuá　顺序 shùnxù　孙子 sūnzi
损害 sǔnhài　准则 zhǔnzé　尊重 zūnzhòng　遵循 zūnxún

◆绕口令练习◆

【炖冻冬瓜】

冬瓜冻，冻冬瓜。炖冻冬瓜是炖冻冬瓜，不炖冻冬瓜不是炖冻冬瓜。炖冻冬瓜吃炖冻冬瓜，不炖冻冬瓜不吃炖冻冬瓜。

【初春时节访新村】

初春时节访新村，喜看新村处处春。村前整地做秧床，村后耕田锄草忙。出村来到耕山队，林木茂盛果实壮。农业政策威力大，建设新村处处春。

üan [yan] 前鼻韵母

扫码听范读

发音要点：

发音时，ü[y]的发音轻而短，ɑ[a]的发音由于受到前面[y]和后面[n]高舌位的影响，[ɑ]常常会变成[æ]，甚至变成更高的[ɛ]。口形由合到开再到合，唇形由圆到展。

注：üan 韵母只和声母 j、q、x 及零声母拼读，汉语拼音写作—uan，ü 上面的两点省略，记住不要把此音读作[un]。

发音例词：

全权 quánquán　圆圈 yuánquān　渊源 yuānyuán　源泉 yuánquán

单音节字词练习：

捐 juān　卷 juǎn　圈 quān　泉 quán　劝 quàn　宣 xuān
旋 xuán　选 xuǎn　旋 xuàn　渊 yuān　垣 yuán　苑 yuàn

多音节词语练习：

捐款 juānkuǎn　卷烟 juǎnyān　卷子 juànzi　权益 quányì
全局 quánjú　拳头 quántou　宣讲 xuānjiǎng　悬浮 xuánfú
旋即 xuánjí　选集 xuǎnjí　炫耀 xuànyào　绚丽 xuànlì
眩晕 xuànyùn　旋风 xuànfēng　渲染 xuànrǎn　冤枉 yuānwang
元旦 yuándàn　援兵 yuánbīng　远古 yuǎngǔ　院落 yuànluò

◆绕口令练习◆

【画圆圈】

圆圈圆，圈圆圈，圆圆娟娟画圆圈。娟娟画的圈连圈，圆圆画的圈套圈。娟娟圆圆比圆圈，看看谁的圆圈圆。

【男演员女演员】

男演员，女演员，同台演戏说方言。男演员说吴方言，女演员说闽南言。男演员演远东劲旅飞行员，女演员演鲁迅著作研究员。研究员、飞行员，吴语言、闽南言，你说男女演员演得全不全。

2. 后鼻音鼻韵母

第 1 组：ang、eng、ing、ong

ang [ɑŋ]　后鼻韵母

扫码听范读

发音要点：

发音时，从前元音 ɑ[a]开始，发出[a]后，舌面后部太高向软腭运动，同时，软腭和小舌下降，逐渐增强鼻音色彩，舌面后部后缩，抵住软腭，封闭口腔通路，打开鼻腔通路，气流从鼻腔通过。口形可保持发[ɑ]时的形状。

发音例词：

帮忙 bāngmáng　　上场 shàngchǎng　　账房 zhàngfáng　　螳螂 tángláng

单音节字词练习：

昂 áng	磅 bàng	昌 chāng	偿 cháng	敞 chǎng	倡 chàng
裆 dāng	荡 dàng	仿 fǎng	缸 gāng	岗 gǎng	杭 háng
扛 káng	浪 làng	盲 máng	蟒 mǎng	旁 páng	嚷 rǎng
让 ràng	赏 shǎng	烫 tàng	赃 zāng	脏 zàng	涨 zhǎng

多音节词语练习：

盎然 àngrán	榜样 bǎngyàng	猖獗 chāngjué	畅所欲言 chàngsuǒyùyán
当归 dāngguī	当日 dàngrì	档次 dàngcì	方兴未艾 fāngxīngwèi'ài
港湾 gǎngwān	行情 hángqíng	亢奋 kàngfèn	抗旱 kànghàn
庞大 pángdà	丧失 sàngshī	伤害 shānghài	倘若 tǎngruò
网络 wǎngluò	望远镜 wàngyuǎnjìng	掌握 zhǎngwò	障碍 zhàng'ài

◆绕口令练习◆

【帆布黄】

长江里帆船帆布黄，船舱里放着一张床。床上躺着两位老大娘，她俩亲亲热热拉家常。

【同乡不同行】

辛厂长，申厂长，同乡不同行。辛厂长声声讲生产，申厂长常常闹思想。辛厂长一心只想革新厂，申厂长满口只讲加薪饷。

eng [əŋ]　后鼻韵母

扫码听范读

发音要点：

发音时，先从 e[ə]开始，发完元音[ə]后，舌面后部太高向软腭运动，同时软腭和小舌下降，逐渐增强鼻音色彩，舌面后部后缩，抵住软腭，封闭口腔通路，打开鼻腔通路，气流从鼻腔通过。口形可保持发[ə]时的形状。

发音例词：

萌生 méngshēng　　省城 shěngchéng　　整风 zhěngfēng　　更正 gēngzhèng

单音节字词练习：

泵 bèng	曾 céng	蹭 cèng	丞 chéng	逞 chěng	蹬 dēng
瞪 dèng	丰 fēng	耕 gēng	更 gèng	恒 héng	愣 lèng

蒙 mēng 梦 mèng 棚 péng 捧 pěng 扔 rēng 僧 sēng
升 shēng 绳 shéng 省 shěng 藤 téng 曾 zēng 挣 zhēng

多音节词语练习：

崩溃 bēngkuì 迸发 bèngfā 曾经 céngjīng 层出不穷 céngchūbùqióng
称道 chēngdào 撑腰 chēngyāo 承办 chéngbàn 乘务员 chéngwùyuán
灯泡儿 dēngpàor 奉献 fèngxiàn 更新 gēngxīn 萌发 méngfā
能量 néngliàng 朋友 péngyou 仍旧 réngjiù 生产力 shēngchǎnlì
牲畜 shēngchù 盛行 shèngxíng 疼痛 téngtòng 症状 zhèngzhuàng

◆绕口令练习◆

【台灯和屏风】

郑政捧着盏台灯，彭澎扛着架屏风。彭澎让郑政扛屏风，郑政让彭澎捧台灯。

【放风筝】

刮着大风放风筝，风吹风筝挣断绳。风筝断绳风筝松，断绳风筝随风行。风不停，筝不停，风停风筝自不行。

ing[iəŋ] 后鼻韵母

发音要点：

发音时，从[i]到[ŋ]开始，舌位一前一后，距离较远，发音时会有自然过渡音[ə]，舌位的移动过程是从[i]到[ə] 再到[ŋ]。口形从合到略开。

发音例词：

冰晶 bīngjīng 硬性 yìngxìng 精明 jīngmíng 评定 píngdìng

单音节字词练习：

冰 bīng 柄 bǐng 并 bìng 惊 jīng 颈 jǐng 劲 jìng
铃 líng 岭 lǐng 令 lìng 鸣 míng 拧 níng 宁 nìng
平 píng 屏 píng 瓶 píng 清 qīng 厅 tīng 挺 tǐng
兴 xīng 醒 xǐng 英 yīng 鹰 yīng 影 yǐng 映 yìng

多音节词语练习：

冰川 bīngchuān 病毒 bìngdú 顶点 dǐngdiǎn 订货 dìnghuò
经常 jīngcháng 晶体 jīngtǐ 警告 jǐnggào 竞赛 jìngsài
灵感 línggǎn 另外 lìngwài 凝固 nínggù 乒乓球 pīngpāngqiú
评论 pínglùn 凭借 píngjiè 青春 qīngchūn 轻工业 qīnggōngyè
听觉 tīngjué 停顿 tíngdùn 婴儿 yīng'ér 荧光屏 yíngguāngpíng

◆绕口令练习◆

【天上七颗星】

天上七颗星，树上七只鹰，梁上七个钉，台上七盏灯。拿扇扇了灯，用手拔了钉，举枪打了鹰，乌云盖了星。

【民兵排选标兵】

民兵排选标兵，六班的标兵，七班的标兵，八班的标兵，评比台前比输赢。标兵比标兵，全排选八名，选出前八名，一起上北京。

ong［uŋ］ 后鼻韵母

扫码听范读

发音要点：

发音时，先圆唇，发元音 u[u]后，舌面后部抬高向软腭运动，封闭口腔通路，同时软腭和小舌下降，打开鼻腔通路，气流从鼻腔通过，最后做出发 ng 的状态。口形保持发[u]时的圆唇口形。

发音例词：

动工 dònggōng　　溶洞 róngdòng　　从容 cóngróng　　瞳孔 tóngkǒng

单音节字词练习：

充 chōng　虫 chóng　冬 dōng　懂 dǒng　洞 dòng　拱 gǒng

供 gòng　轰 hōng　哄 hǒng　空 kōng　拢 lǒng　脓 nóng

弄 nòng　熔 róng　松 sōng　送 sòng　通 tōng　铜 tóng

统 tǒng　通 tòng　终 zhōng　肿 zhǒng　宗 zōng　纵 zòng

多音节词语练习：

重合 chónghé　崇拜 chóngbài　懂得 dǒng · dé　工程师 gōngchéngshī

公有制 gōngyǒuzhì　宫廷 gōngtíng　巩固 gǒnggù　贡献 gòngxiàn

宏观 hóngguān　洪水 hóngshuǐ　恐怖 kǒngbù　控制 kòngzhì

笼罩 lǒngzhào　农产品 nóngchǎnpǐn　荣誉 róngyù　融合 rónghé

痛快 tòng · kuài　终究 zhōngjiū　种植 zhòngzhí　重工业 zhònggōngyè

◆绕口令练习◆

【两个女孩都穿红】

昨日散步过桥东，看见两个女孩儿都穿红。一个叫红粉，一个叫粉红。两个女孩都摔倒，不知粉红扶红粉，还是红粉扶粉红。

【栽葱和栽松】

冲冲栽了十畦葱，松松栽了十棵松。冲冲说栽松不如栽葱，松松说栽葱不如栽松。是栽松不如栽葱，还是栽葱不如栽松？

第 2 组：iang、uang、ueng、iong

iang［iaŋ］ 后鼻韵母

扫码听范读

发音要点：

这个韵母可以看作是 i 和 ang 的合拼。发音时，元音[i]的发音轻而短，a 的发音是后元音[ɑ]。口形由合到开。

发音例词：

踉跄 liàngqiàng　　像样 xiàngyàng　　想象 xiǎngxiàng　　响亮 xiǎngliàng

单音节字词练习：

浆 jiāng	奖 jiǎng	降 jiàng	良 liáng	梁 liáng	量 liàng
酿 niàng	枪 qiāng	腔 qiāng	强 qiáng	抢 qiǎng	相 xiāng
箱 xiāng	享 xiǎng	向 xiàng	秧 yāng	扬 yáng	仰 yǎng

多音节词语练习：

将来 jiānglái	讲述 jiǎngshù	降低 jiàngdī	良种 liángzhǒng
两岸 liǎng'àn	踉跄 liàngqiàng	娘家 niángjia	墙壁 qiángbì
详细 xiángxì	享受 xiǎngshòu	响声 xiǎngshēng	想象力 xiǎngxiànglì
向上 xiàngshàng	项目 xiàngmù	象征 xiàngzhēng	羊毛 yángmáo
阳光 yángguāng	养分 yǎngfèn	氧化 yǎnghuà	样子 yàngzi

◆绕口令练习◆

【羊撞墙】

杨家养了一只羊，蒋家修了一道墙。杨家的羊撞倒了蒋家的墙，蒋家的墙压死了杨家的羊。杨家要蒋家赔杨家的羊，蒋家要杨家赔蒋家的墙。

【大和尚与小和尚】

大和尚常常上哪厢？大和尚常常过长江。过长江为哪厢？过长江看小和尚。大和尚原住襄阳家姓张，小和尚原住良乡本姓蒋。大和尚和小和尚，有事常商量。大和尚说小和尚强，小和尚说大和尚棒。小和尚煎汤，请大和尚尝，大和尚赏小和尚好檀香。

uang [uaŋ]　后鼻韵母

发音要点：

这个韵母可以看作是 u 和 ang 的合拼。发音时，先圆唇，u 的发音轻而短，口形由小到开，唇形由圆到展。

发音例词：

矿床 kuàngchuáng　　往往 wǎngwǎng　　装潢 zhuānghuáng　　狂妄 kuángwàng

单音节字词练习：

窗 chuāng	床 chuáng	闯 chuǎng	创 chuàng	光 guāng	广 guǎng
逛 guàng	慌 huāng	晃 huàng	筐 kuāng	狂 kuáng	矿 kuàng
亡 wáng	往 wǎng	旺 wàng	桩 zhuāng	壮 zhuàng	幢 zhuàng

多音节词语练习：

创伤 chuāngshāng	窗户 chuānghu
创办 chuàngbàn	创造性 chuàngzàoxìng
光滑 guānghuá	光明 guāngmíng
广场 guǎngchǎng	皇帝 huángdì
况且 kuàngqiě	矿产 kuàngchǎn
王朝 wángcháo	网络 wǎngluò
往来 wǎnglái	忘记 wàngjì
旺盛 wàngshèng	望远镜 wàngyuǎnjìng

庄严 zhuāngyán	装备 zhuāngbèi
壮大 zhuàngdà	状况 zhuàngkuàng

◆绕口令练习◆

【王庄和匡庄】

王庄卖筐，匡庄卖网。王庄卖筐不卖网，匡庄卖网不卖筐。你要买筐别去匡庄去王庄，你要买网别去王庄去匡庄。

ueng [uəŋ] 后鼻韵母

发音要点：

这个韵母可以看作是 u 和 eng 的合拼。发音时，先圆唇，u 轻而短，e 的发音是[ə]。唇形由圆到展。

注：ueng，这个韵母在普通话中出现的极少，只在零声母中出现，在现代汉语 3500 个常用和次常用词语中只有“翁”和“瓮”两个字。

发音例词：

翁 wēng	瓮 wèng	富翁 fùwēng	瓮城 wèngchéng

◆绕口令练习◆

【老翁和老翁】

老翁卖酒老翁买，老翁买酒老翁卖。老翁买酒老翁卖，老翁卖酒老翁买。

iong [iuŋ] 后鼻韵母

扫码听范读

发音要点：

发音时，先发元音[i]的发音轻而短，由于受后面圆唇元音[u]的影响，[i]在发音时也带有上圆唇动作，这个音也可以描写为[yuŋ]。

注：iong 这个韵母只存在于声母 j、q、x 之后或零声母状态时。

发音例词：

炯炯 jiǒngjiǒng	汹涌 xiōngyǒng	贫穷 pínqióng	甬道 yǒngdào

单音节字词练习：

炯 jiǒng	窘 jiǒng	琼 qióng	穷 qióng	凶 xiōng	胸 xiōng
雄 xióng	拥 yōng	永 yǒng	涌 yǒng	勇 yǒng	用 yòng

多音节词语练习：

炯炯 jiǒngjiǒng	窘迫 jiǒngpò	穷困 qióngkùn	穷人 qióngrén
兄弟 xiōngdì	兄弟 xiōngdi	胸脯 xiōngpú	雄伟 xióngwěi
拥挤 yōngjǐ	永久 yǒngjiǔ	勇敢 yǒnggǎn	用户 yònghù

第四节　韵母发音辨正

一、单韵母辨正

1.i 与 ü

ü 与 i 的区别在于圆唇与不圆唇。在保持舌位不变的情况下，把嘴唇圆起来或是展开，就可以发出相应的 ü 与 i 的音来。

(1)i—ü

扫码听范读

字词辨正练习

期 qī　屈 qū　你 nǐ　女 nǚ　椅 yǐ　雨 yǔ

李 lǐ　屡 lǚ　稀 xī　虚 xū　意 yì　育 yù

词语辨正练习

比翼 bǐyì　比喻 bǐyù　办理 bànlǐ　伴侣 bànlǚ

不及 bùjí　布局 bùjú　歧义 qíyì　区域 qūyù

(2)ie—üe

扫码听范读

字词辨正练习

茄 qié　瘸 qué　节 jié　决 jué　歇 xiē　靴 xuē

鞋 xié　学 xué　页 yè　悦 yuè　裂 liè　确 què

词语辨正练习

蝎子 xiēzi　靴子 xuēzi　切实 qièshí　确实 quèshí

协会 xiéhuì　学会 xuéhuì　猎取 lièqǔ　掠取 lüèqǔ

(3)ian—üan

扫码听范读

字词辨正练习

建 jiàn　倦 juàn　千 qiān　圈 quān　现 xiàn　炫 xuàn

眼 yǎn　远 yuǎn　浅 qiǎn　犬 quǎn　显 xiǎn　选 xuǎn

词语辨正练习

钱财 qiáncái　全才 quáncái　油盐 yóuyán　游园 yóuyuán

碱面 jiǎnmiàn　卷面 juànmiàn　前程 qiánchéng　全程 quánchéng

(4)in—ün

扫码听范读

字词辨正练习

琴 qín　群 qún　因 yīn　晕 yūn　信 xìn　讯 xùn

引 yǐn　陨 yǔn　尽 jìn　郡 jùn　亲 qīn　囷 qūn

词语辨正练习

餐巾 cānjīn　参军 cānjūn　心智 xīnzhì　熏制 xūnzhì

白银 báiyín　白云 báiyún　辛勤 xīnqín　新群 xīnqún

◆绕口令◆

扫码听范读

【驴踢梨】

一头驴,驮筐梨,驴一跑,滚了梨。驴跑梨滚梨绊驴,梨绊驴蹄驴踢梨。

【吕里和李丽】

李丽栽了一园李,吕里栽了满园梨。李丽摘李送吕里,吕里摘梨送李丽。吕里向李丽学摘李,李丽向吕里学栽梨。吕里和李丽,互相来学习。

【小曲小菊去储蓄】

小曲小菊去储蓄。小菊存了两千一百七十一元一角七,小曲存一千七百一十七元七角一。储蓄员告诉小曲和小菊,七年后所得利息每人可买一台电视机。

2.u 与 ü

u 与 ü 的区别在于:ü 舌位在前,u 舌位在后。其次 ü 的圆唇与 u 的圆唇形状略有不同,u 最圆,ü 略扁;u 双唇向前突出,ü 双唇不太突出。

(1)u—ü

扫码听范读

字词辨正练习

路 lù	率 lǜ	属 shǔ	许 xǔ	如 rú	鱼 yú
书 shū	虚 xū	出 chū	居 jū	煮 zhǔ	举 jǔ

词语辨正练习

树木 shùmù	畜牧 xùmù	技术 jìshù	继续 jìxù
记录 jìlù	纪律 jìlǜ	主义 zhǔyì	旅行 lǚxíng

(2)uan—üan

扫码听范读

字词辨正练习

栓 shuān	轩 xuān	转 zhuǎn	犬 quǎn	环 huán	旋 xuán
关 guān	鹃 juān	软 ruǎn	选 xuǎn	弯 wān	卷 juǎn

词语辨正练习

划船 huáchuán	划拳 huáquán	栓子 shuānzi	圈子 quānzi
传说 chuánshuō	劝说 quànshuō	弯曲 wānqū	冤屈 yuānqū

(3)uen—ün

扫码听范读

字词辨正练习

温 wēn	迅 xùn	吮 shǔn	陨 yǔn	盾 dùn	郡 jùn
春 chūn	均 jūn	文 wén	云 yún	仑 lún	群 qún

词语辨正练习

顺道 shùndào	训导 xùndǎo	温顺 wēnshùn	水纹 shuǐwén
滚轮 gǔnlún	混沌 hùndùn	熏晕 xūnyūn	军勋 jūnxūn

◆绕口令◆

扫码听范读

【吴先生和余先生】

徐州吴先生骑驴去泸州,屡次遇见雨和雾。苏州余先生上路去徐州,五次买回布与醋。

【金锯锯金柱】

朱家有个金柱子，曲家有个金锯子。曲家的主人，拘住了朱家的举人，金锯子锯断了金柱子。

3. e与o

e与o的发音情况大致相同，它们之间的主要区别在唇形：e不圆唇，o圆唇。

字词辨正练习

歌 gē	播 bō	阁 gé	婆 pó	科 kē	坡 pō
禾 hé	佛 fó	河 hé	摸 mō	格 gé	博 bó

词语辨正练习

合格 hégé	破格 pògé	特色 tèsè	叵测 pǒcè
大河 dàhé	大佛 dàfó	磕破 kēpò	磨破 mópò

◆绕口令◆

【大哥和二哥】

大哥有大锅，二哥有二锅。大哥要换二哥的二锅，二哥不换大哥的大锅。

【鹅过河】

哥哥弟弟坡前坐，坡上卧着一只鹅，坡下流着一条河。哥哥说：宽宽的河；弟弟说：白白的鹅。鹅要过河，河要渡鹅。不知是鹅过河，还是河渡鹅。

4. 单元音 er

这是一个特殊的元音韵母，汉语拼音用两个字母来表示，实际上只是一个元音。它的音色同[ə]很接近，发[ə]时，嘴自然张开，不大不小，舌位自然放置，不前不后，唇形自然，这是一个最容易发的元音。发[ə]时的同时，舌尖向硬腭卷起，即可发出 er，如："儿 ér""耳 ěr""二 èr"。

二、复韵母辨正

1. 单韵母与复韵母发音辨正

有些方言中常有把单韵母读成复韵母或把复韵母读成单韵母的错误。

单韵母的发音会受到唇形的圆展，舌位的高低前后，口腔开度的大小，等因素影响。复韵母要重点处理好韵头、韵腹、韵尾的关系，发音的过程要滑行到位，不要跳跃分割。在许多方言中容易出现单韵母复音化、复韵母单元音化、丢失韵头、归音不到位、口腔开度不够、唇形圆展不够等问题，这都会影响韵母的正确发音。

2. 发音辨正练习

(1)u—ou

字词辨正练习

堵 dǔ	斗 dòu	书 shū	收 shōu	组 zǔ	走 zǒu
路 lù	漏 lòu	苏 sū	搜 sōu	突 tū	偷 tōu

词语辨正练习

小组 xiǎozǔ　小邹 xiǎozōu　毒针 dúzhēn　斗争 dòuzhēng

募化 mùhuà　谋划 móuhuà　大陆 dàlù　大楼 dàlóu

(2)i—ei

字词辨正练习

扫码听范读

比 bǐ　北 běi　米 mǐ　美 měi　碧 bì　背 bēi

密 mì　妹 mèi　你 nǐ　馁 něi　皮 pí　培 péi

词语辨正练习

美丽 měilì　米粒 mǐlì　自闭 zìbì　自卑 zìbēi

寻觅 xúnmì　寻梅 xúnméi　皮肤 pífū　佩服 pèifú

(3)ü—ou

字词辨正练习

扫码听范读

句 jù　楼 lóu　欲 yù　肉 ròu　去 qù　陋 lòu

于 yú　揉 róu　举 jǔ　丑 chǒu　女 nǚ　某 mǒu

词语辨正练习

蓄意 xùyì　授意 shòuyì　局势 júshì　楼市 lóushì

区长 qūzhǎng　首长 shǒuzhǎng　狱卒 yùzú　揉足 róuzú

(4)ü—iou

字词辨正练习

扫码听范读

屈 qū　丘 qiū　巨 jù　舅 jiù　区 qū　邱 qiū

局 jú　九 jiǔ　渠 qú　球 qiú　驴 lǘ　刘 liú

词语辨正练习

序幕 xùmù　朽木 xiǔmù　屈才 qūcái　秀才 xiùcai

句子 jùzi　舅子 jiùzi　语言 yǔyán　油烟 yóuyān

(5)ü—ei

字词辨正练习

扫码听范读

绿 lǜ　类 lèi　女 nǚ　内 nèi　铝 lǚ　泪 lèi

渠 qú　蕾 lěi　句 jù　被 bèi　给 gěi　贼 zéi

词语辨正练习

屡次 lǚcì　累次 lěicì　女人 nǚrén　内人 nèirén

趣味 qùwèi　美味 měiwèi　举例 jǔlì　费力 fèilì

(6)uo—o

字词辨正练习

扫码听范读

拖 tuō　佛 fó　落 luò　末 mò　缩 suō　波 bō

做 zuò　迫 pò　左 zuǒ　跛 bǒ　阔 kuò　陌 mò

词语辨正练习

琢磨 zuómo	捉摸 zhuōmō	啰嗦 luōsuō	摸索 mōsuǒ
剥落 bōluò	剥夺 bōduó	薄弱 bóruò	破落 pòluò

(7) ai—e

字词辨正练习

拆 chāi	车 chē	斋 zhāi	折 zhé	该 gāi	歌 gē
埋 mái	么 me	菜 cài	册 cè	呆 dāi	的 de

词语辨正练习

木柴 mùchái	木车 mùchē	开拔 kāibá	磕巴 kēbā
比赛 bǐsài	闭塞 bìsè	才略 cáilüè	策略 cèlüè

(8) ai—a

字词辨正练习

买 mǎi	马 mǎ	猜 cāi	擦 cā	派 pài	怕 pà
灾 zāi	匝 zā	卖 mài	骂 mà	晒 shài	煞 shà

词语辨正练习

菜地 càidì	擦地 cādì	海拔 hǎibá	哈达 hǎdá
开始 kāishǐ	喀什 kāshí	摘要 zhāiyào	炸药 zhàyào

(9) ia—a

字词辨正练习

恰 qià	咖 kā	吓 xià	哈 hā	掐 qiā	旮 gā
夹 jiā	砸 zá	鸭 yā	洒 sǎ	虾 xiā	卡 kǎ

词语辨正练习

架子 jiàzi	叉子 chāzi	夏天 xiàtiān	沙田 shātián
恰似 qiàsì	杀死 shāsǐ	加法 jiāfǎ	沙发 shāfā

(10) iao—ao

字词辨正练习

桥 qiáo	潮 cháo	宵 xiāo	招 zhāo	巧 qiǎo	早 zǎo
妙 miào	貌 mào	笑 xiào	扫 sǎo	鸟 niǎo	闹 nào

词语辨正练习

缴费 jiǎofèi	稿费 gǎofèi	敲打 qiāodǎ	拷打 kǎodǎ
苗头 miáotou	矛头 máotóu	戏票 xìpiào	戏袍 xìpáo

(11) ian—an

字词辨正练习

前 qián	馋 chán	先 xiān	山 shān	骗 piàn	盼 pàn
面 miàn	慢 màn	边 biān	班 bān	连 lián	南 nán

词语辨正练习

仙人 xiānrén　　山人 shānrén　　线头 xiàntóu　　汕头 shàntóu
免疫 miǎnyì　　满意 mǎnyì　　篇章 piānzhāng　　盘账 pánzhàng

(12)uen—en

字词辨正练习

扫码听范读

混 hùn　很 hěn　孙 sūn　森 sēn　吞 tūn　身 shēn
顺 shùn　甚 shèn　准 zhǔn　枕 zhěn　尊 zūn　怎 zěn

词语辨正练习

损人 sǔnrén　　森林 sēnlín　　吞吐 tūntǔ　　身手 shēnshǒu
困乏 kùnfá　　垦荒 kěnhuāng　　遵守 zūnshǒu　　怎样 zěnyàng

(13)uei—ei

字词辨正练习

扫码听范读

鬼 guǐ　给 gěi　嘴 zuǐ　贼 zéi　腿 tuǐ　内 nèi
亏 kuī　陪 péi　随 suí　雷 léi　岁 suì　被 bèi

词语辨正练习

灰色 huīsè　　黑色 hēisè　　小嘴 xiǎozuǐ　　小贼 xiǎozéi
兑换 duìhuàn　　得亏 děikuī　　配备 pèibèi　　回归 huíguī

(三)鼻韵母辨正

1. an 与 ang

扫码听范读

an 与 ang 在发音上有三点不同：

第一，韵腹 a 舌位前后不同，an 由“前 a”开始发音，ang 由“后 a”开始发音。

第二，舌位的滑动路线和终点位置不同，发 an，舌尖的活动是顶下齿背到抵上牙床(硬腭前部)，舌面稍升；发 ang，舌尖离开下齿背，舌头后缩，舌根抬起与软腭接触；发完 an 音时，舌前伸，发完 ang 音时，舌头后缩。

第三，收音时，比较二者口形，an 上下齿闭拢，ang 口微开。

字词辨正练习

满 mǎn　莽 mǎng　蓝 lán　狼 láng　寒 hán　航 háng
单 dān　当 dāng　闪 shǎn　赏 shǎng　赞 zàn　葬 zàng
叁 sān　桑 sāng　干 gān　刚 gāng　弯 wān　汪 wāng

词语辨正练习

烂漫 lànmàn　　浪漫 làngmàn　　心烦 xīnfán　　新房 xīnfáng
赞颂 zànsòng　　葬送 zàngsòng　　胆量 dǎnliàng　　当量 dāngliàng
扳手 bānshǒu　　帮手 bāngshou　　反问 fǎnwèn　　访问 fǎngwèn

◆绕口令◆

【船和床】

对河过来一只船，这边漂去一张床，行到河中互相撞，不知床撞船，还是船撞床。

【扁担长板凳宽】

扁担长，板凳宽。板凳没有扁担长，扁担没有板凳宽。扁担要绑在板凳上，板凳偏不让扁担绑在板凳上。

扫码听范读

2. en 与 eng

en 与 eng 发音上的差异也有三点不同：

第一，起点元音不同，en 由央 e[ə]舌位开始发音，eng 由央 e[ə]（比[ə]稍后）开始发音。

第二，发 en 舌头前伸，发 eng 舌头后缩。

第三，发 en 音舌头位置变化不大，发完音上下齿也是闭拢的，而发 eng 音舌根上升，软腭下降，收音时口微开，上下齿不闭拢。

字词辨正练习

门 mén　蒙 měng　笨 bèn　蹦 bèng　身 shēn　声 shēng

真 zhēn　争 zhēng　痕 hén　横 héng　森 sēn　僧 sēng

岑 cén　层 céng　珍 zhēn　睁 zhēng　深 shēn　声 shēng

词语辨正练习

秋分 qiūfēn　秋风 qiūfēng　申明 shēnmíng　声明 shēngmíng

清真 qīngzhēn　清蒸 qīngzhēng　审视 shěnshì　省事 shěngshì

诊治 zhěnzhì　整治 zhěngzhì　吩咐 fēnfù　丰富 fēngfù

◆绕口令◆

【真冷】

冷，真冷，真正冷，冷冰冰，冰冷冷。人人都说冷，猛的一阵风，更冷。

【陈和程】

姓陈不能说成姓程，姓程也不能说成姓陈。禾木边是程，耳东边是陈，如果陈程不分，就会认错人。

【棚倒盆碎】

老彭捧着一个盆，路过老闻干活儿的棚。老闻的棚碰了老彭的盆，棚倒盆碎棚砸盆，盆碎棚倒盆撞棚。老彭要赔老闻的棚，老闻要赔老彭的盆。老闻陪着老彭去买盆，老彭陪着老闻来修棚。

3. in 与 ing

in 由 i 开始发音，上下齿始终不动，只是明显感觉到舌尖从下向上的动作，收音时舌尖抵住上牙床，不后缩。ing 也是由 i 开始，然后舌尖离开下齿背，舌头后移，抵住软腭。发音时注意由 i 到 n、ng 舌位不要降低，不要发成 ien、ieng。

扫码听范读

字词辨正练习

宾 bīn　兵 bīng　贫 pín　平 píng　因 yīn　英 yīng

紧 jǐn　井 jǐng　拼 pīn　乒 pīng　信 xìn　姓 xìng

进 jìn　竟 jìng　贫 pín　凭 píng　彬 bīn　冰 bīng

词语辨正练习

人民 rénmín　人名 rénmíng　临时 línshí　零食 língshí

贫民 pínmín　平民 píngmín　亲生 qīnshēng　轻生 qīngshēng

不仅 bùjǐn　布景 bùjǐng　紧抱 jǐnbào　警报 jǐngbào

◆绕口令◆

【银星】

天上有银星，星旁有阴云，阴云要遮银星，银星躲过阴云，不让阴云遮银星。

【夫新的父亲】

夫新的父亲名叫福清，福清就是夫新的父亲。福清要夫新叫他父亲，福清不要夫新叫他福清。

【敬母亲】

生身亲母亲，谨请您就寝。请您心宁静，身心很要紧。新星伴月明，银光澄清清。尽是清静境，警铃不要惊。您醒我进来，进来敬母亲。

第三章 声 调

第一节 什么是声调

在汉语里，音高的升降能够区别意义。这种能区别意义的音高升降叫作声调，又叫作字调。例如“马”(mǎ)和“骂”(mà)就是靠声调区别意义的。

声调的高低升降主要决定于音高，而音高的变化又是由发音时声带的松紧决定的。发音时，声带越紧，在一定时间内振动的次数越多，音高就越高；声带越松，在一定时间内振动的次数越少，音高就越低。在发音过程中，声带可以随时调整，有时可以一直绷紧，有时可以先放松后绷紧，或先绷紧后放松，有时松紧相间。这就造成了不同音高的变化，也就构成了不同的声调。

普通话声调是区别意义的重要条件，是汉语章节中非常重要的组成部分。如果说话时没有声调，就无法准确表达汉语的意义，也不能完整地标注汉语的语音。相同的声母、韵母组合在一起，可以因为声调的不同而表示不同的意思。如：

dáyí 答疑　dáyì 达意　dàyí 大姨　dàyì 大意　gūlì 孤立　gǔlì 鼓励

tǔdì 土地　túdì 徒弟　huìyì 会议　huíyì 回忆　kǒuzi 口子　kòuzi 扣子

zhūzi 珠子　zhúzi 竹子　zhǔzi 主子　zhùzi 柱子　lízǐ 梨子　lǐzi 李子　lìzi 栗子

wǒyàoyān 我要烟　wǒyàoyán 我要盐　wǒyàoyǎn 我要演　wǒyàoyàn 我要砚

第二节 调值、调类与调号

一、调值

调值是声调的实际读法，即高低升降的形式。普通话语音的调值有高平调、中升调、降升调和全降调四种基本类型，也就是说普通话的声调有这四种调值。

描写声调的调值，通常用“五度标调法”：用一条竖线表示高低，竖线的左边用横线、斜线、折线，表示声调高低、升降、曲直的变化。竖线的高低分为“低、半低、中、半高、高”五度，用1、2、3、4、5表示，1表示“低”，2表示“半低”，依此类推。平调和降调用两个数字，曲折调用三个数字。根据这种标调法，普通话声调的四种调值可以用下图表示出来。

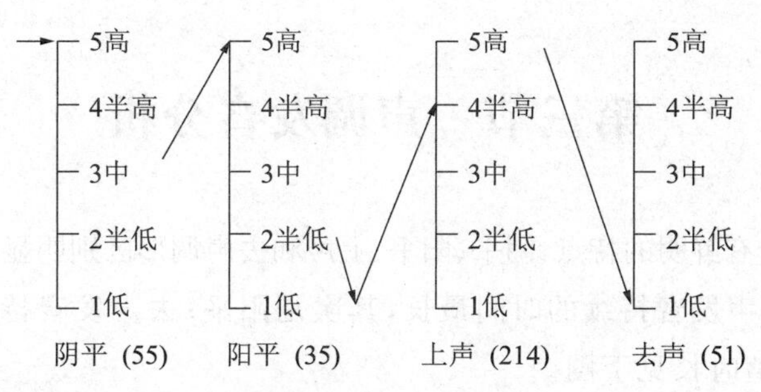

普通话声调的四种调值

普通话声调表

调类(四声)	调号	例字	调型	调值	调值说明
1. 阴平	ˉ	妈 mā	高平	55	起音高高一路平
2. 阳平	ˊ	麻 má	中升	35	由中到高往上升
3. 上声	ˇ	马 mǎ	降升	214	先降然后再扬起
4. 去声	ˋ	骂 mà	全降	51	从高降到最下层

55、35、214、51 表示声调实际的高低升降,叫作调值。为了便于书写和印刷,一般就用标数码的办法来表示,不必把每一个声调都画出图来。《汉语拼音方案》更简化一步,只在韵母的韵腹上标出“ˉˊˇˋ”四个符号来表示声调的大致调型。

二、调类

调类就是声调的分类,是根据声调的实际读法归纳出来的。有几种实际读法,就有几种调类,也就是把调值相同的归为一类。普通话有四种基本的调值,就可以归纳出四个调类。

普通话音节中,凡调值为 55 的,归为一类,叫阴平,如“江山多娇”等;凡调值为 35 的,归为一类,叫阳平,如“人民和平”等;凡调值为 214 的,归为一类,叫上声,如“理想美好”等;凡调值为 51 的,归为一类,叫去声,如“庆祝大会”等。阴平、阳平、上声、去声就是普通话调类的名称。调类名称也可以用序数表示,称为一声、二声、三声、四声,简称为“四声”。

三、调号

调号就是标记普通话调类的符号。《汉语拼音方案》所规定的调号是:阴平“ˉ”、阳平“ˊ”、上声“ˇ”、去声“ˋ”。声调是整个音节的高低升降的调子,声调的高低升降的变化主要集中体现在韵腹即主要元音上。所以调号要标在韵母的韵腹上。

汉语六个主要元音中,发音最响亮的是 a,依次是 o、e、i、u、ü。一个音节有 a,调号就标在 a 上,如 chāo(超);没有 a,就标在 o 或 e 上,如 zhōu(周)、pèi(配);碰到 iu、ui 组成的音节,就标在最后一个元音上,如 niú(牛)、duì(队)。调号如标在 i 上,i 上面的圆点可以省去,如 yīng(英)、xīn(欣)。轻声不标调,如 māma(妈妈)、yuèliang(月亮)。

第三节　声调发音分析

普通话声调的发音有鲜明的特点，阴平、阳平、上声和去声调形区别明显：一平、二升、三曲、四降。

从发音长短看，上声发音持续的时间最长，其次是阳平；去声发音持续的时间最短，其次是阴平。普通话四声调值时长见下图。

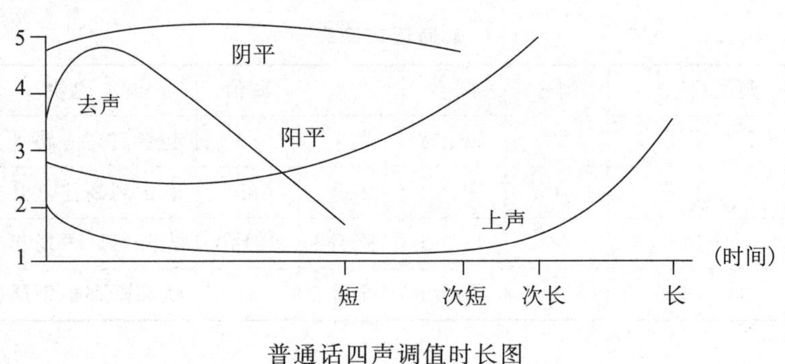

普通话四声调值时长图

一、阴平

妈 mā

阴平又叫作高平调，俗称一声，调值是 55，也称 55 调。

发音要点：

发音时，声带振动快，且始终没有明显变化，保持高音。调值从 5 度到 5 度。

发音例词：

低微 dīwēi　　吃亏 chīkuī　　交叉 jiāochā　　嚣张 xiāozhāng
供需 gōngxū　　摔跤 shuāijiāo　　军官 jūnguān　　拖车 tuōchē

二、阳平

扫码听范读

麻 má

阳平又叫作高升调，俗称二声，调值是 35，也称 35 调。

发音要点：

发音时，调值从 3 度升到 5 度，有较大升幅变化。

发音例词：

闸门 zhámén　　航程 hángchéng　　神灵 shénlíng　　尤为 yóuwéi
顽强 wánqiáng　　抉择 juézé　　黄连 huánglián　　从而 cóng'ér

扫码听范读

三、上声

马 mǎ

上声又叫作降升调，俗称三声，调值是 214，也称 214 调。

发音要点：

发音时，调值从 2 度降到 1 度，再从 1 度升到 4 度，有明显的降升特点。

发音例词：

法典 fǎdiǎn　　好转 hǎozhuǎn　　领主 lǐngzhǔ　　打鼓 dǎgǔ

旅馆 lǚguǎn　　口语 kǒuyǔ　　勉强 miǎnqiǎng　　奶粉 nǎifěn

扫码听范读

四、去声

骂 mà

去声又叫作全降调，俗称四声，调值是 51，也称 51 调。

发音要点：

发音时，调值从 5 度降到 1 度，有比较大的降幅变化。

发音例词：

正派 zhèngpài　　变动 biàndòng　　械斗 xièdòu　　救济 jiùjì

树立 shùlì　　剧烈 jùliè　　势必 shìbì　　驾驭 jiàyù

扫码听范读

◆绕口令练习◆

【大猫毛短】

大猫毛短，小猫毛长，大猫毛比小猫毛短，小猫毛比大猫毛长。（阴平、阳平）

【刘兰柳蓝】

布衣履刘兰柳，布履蓝衣柳兰刘，兰柳拉犁来犁地，兰刘播种来拉耧。（阳平、上声）

【任命不是人名】

任命是任命，人名是人名，任命不是人命，人名不是任命，人名不能任命。人是人，任是任，名是名，命是命；人、任，名、命，要分清。（阳平、去声）

【不怕不会】

不怕不会，就怕不学。一回不会，再来一回。决不后悔，直到学会。（阳平、上声、去声）

【梨和栗】

老罗拉了一车梨，老李拉了一车栗。老罗人称大力罗，老李人称李大力。老罗拉梨做梨酒，老李拉栗去换梨。（阳平、上声、去声）

【小柳和小妞】

路东住着刘小柳，路南住着牛小妞。刘小柳拿着大皮球，牛小妞抱着大石榴。刘小柳把皮球送给牛小妞，牛小妞把石榴送给刘小柳。（阴平、阳平、上声）

【妈妈骑马】

妈妈骑马，马慢，妈妈骂马。舅舅搬鸠，鸠飞，舅舅揪鸠。姥姥喝酪，融酪，姥姥捞酪。妞妞哄牛，牛拧，妞妞拧牛。（阴平、上声、去声）

【磨房磨墨】

磨房磨墨，墨抹磨房一磨墨；小猫摸煤，煤飞小猫一毛煤。（阴平、阳平、上声、去声）

【嘴啃泥】

你说一，我对一，一个阿姨搬桌椅，一个小孩不注意，绊一跟斗，啃一嘴泥。（阴平、阳平、上声、去声）

【老史捞石】

老师叫老史去捞石，老史老是没有去捞石，老史老是骗老师，老师老说老史不老实。（阴平、阳平、上声、去声）

第四节　声调发音辨正

一、阴平、阳平

阴平与阳平训练中应防范出现的缺陷：阴平，一是不能达到调值 55 的高度，有的读成 44 或 33 的调值；二是出现前后高低高度不一致的现象，即在朗读四个声调自然分布的普通话水平测试的第一题单音节字词时，阴平忽高忽低，音高不稳定。阳平的问题也有两个：一是升调带曲势，即通俗所谓“拐弯”的现象；二是为避免“拐弯”而发声急促，影响了普通话应有的舒展的语感。

1. 阴平词语练习

(1)全阴平词语练习

扫码听范读

丹 dān　吨 dūn　装 zhuāng　机 jī　颇 pō　区 qū

颁 bān　操 cāo　趴 pā　薪 xīn　扇 shān　挖 wā

发出 fāchū　干杯 gānbēi　呼吸 hūxī　几乎 jīhū

沙滩 shātān　期间 qījiān　悄悄 qiāoqiāo　弯曲 wānqū

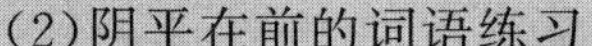

(2)阴平在前的词语练习

凄凉 qīliáng　清查 qīngchá　今年 jīnnián　山河 shānhé

安稳 ānwěn　包裹 bāoguǒ　参考 cānkǎo　缺点 quēdiǎn

机构 jīgòu　开办 kāibàn　科室 kēshì　勘探 kāntàn

(3)阴平在后的词语练习

儿孙 érsūn　繁多 fánduō　寒暄 hánxuān　胡说 húshuō

把关 bǎguān　厂家 chǎngjiā　处方 chǔfāng　打击 dǎjī

旱灾 hànzāi　假期 jiàqī　间接 jiànjiē　抗击 kàngjī

2. 阳平词语练习

(1)全阳平词语练习

才 cái　蝉 chán　随 suí　言 yán　同 tóng　局 jú

权 quán　敌 dí　成 chéng　人 rén　围 wéi　乘 chéng

吉祥 jíxiáng　扛活 kánghuó　来由 láiyóu　离奇 líqí

然而 rán'ér　神奇 shénqí　熟人 shúrén　颓唐 tuítáng

(2)阳平在前的词语

麻花 máhuā　泥坑 níkēng　旁边 pángbiān　其间 qíjiān
毒品 dúpǐn　而且 érqiě　罚款 fákuǎn　烦恼 fánnǎo
鼻涕 bítì　白炽 báichì　常见 chángjiàn　答案 dá'àn

(3)阳平在后的词语练习

超额 chāo'é　当局 dāngjú　阿谀 ēyú　恩情 ēnqíng
椭圆 tuǒyuán　网球 wǎngqiú　委员 wěiyuán　整洁 zhěngjié
破除 pòchú　那时 nàshí　内容 nèiróng　漫长 màncháng

二、上声、去声

上声，其调值是 214，它是普通话四个声调里最不易学好的。常见的缺陷有六个方面：一是调头太高(读成 314)；二是调尾太高(读成 215)；三是调尾太低(读成 212 或 213)；四是整个声调偏高(几乎无曲势，读成 324)；五是声调中断(读成 21－4)；六是声调曲折生硬。去声的主要问题是缺乏音高概念，不是从最高降到最低，而是加大音强并读成调值 31 或 53。

1.上声词语练习

扫码听范读

(1)全上声词语练习

使 shǐ　扰 rǎo　保 bǎo　奖 jiǎng　尺 chǐ　搞 gǎo
党 dǎng　此 cǐ　主 zhǔ　损 sǔn　始 shǐ　纸 zhǐ
本土 běntǔ　采访 cǎifǎng　反省 fǎnxǐng　举止 jǔzhǐ
旅馆 lǚguǎn　渺小 miǎoxiǎo　猥琐 wěisuǒ　展览 zhǎnlǎn

(2)上声在前的词语练习(上声读为半上 211，这属于上声的变调现象)

海滨 hǎibīn　假装 jiǎzhuāng　检修 jiǎnxiū　可观 kěguān
法人 fǎrén　果实 guǒshí　海拔 hǎibá　广博 guǎngbó
倘若 tǎngruò　损耗 sǔnhào　统治 tǒngzhì　往日 wǎngrì

(3)上声在后的词语练习

撒谎 sāhuǎng　三角 sānjiǎo　听讲 tīngjiǎng　微小 wēixiǎo
如果 rúguǒ　食品 shípǐn　田野 tiányě　提审 tíshěn
窃取 qièqǔ　入口 rùkǒu　授予 shòuyǔ　神勇 shényǒng

2.去声词语练习

扫码听范读

(1)全去声词语练习

件 jiàn　滥 làn　事 shì　布 bù　致 zhì　现 xiàn
器 qì　告 gào　侧 cè　面 miàn　望 wàng　退 tuì
浪漫 làngmàn　目录 mùlù　那样 nàyàng　耐力 nàilì
怄气 òuqì　确定 quèdìng　锐利 ruìlì　售货 shòuhuò

(2)去声在前的词语练习

爱心 àixīn　弊端 bìduān　刺激 cìjī　扩张 kuòzhāng
个人 gèrén　汉学 hànxué　价格 jiàgé　鉴别 jiànbié
号码 hàomǎ　见解 jiànjiě　电子 diànzǐ　矿井 kuàngjǐng

(3)去声在后的词语练习

帆布 fānbù	干脆 gāncuì	黑夜 hēiyè	呵斥 hēchì
额外 éwài	然后 ránhòu	扶助 fúzhù	泊位 bówèi
水利 shuǐlì	请假 qǐngjià	品质 pǐnzhì	暖气 nuǎnqì

三、消除入声训练

1. 消除入声调

普通话没有入声。古代的入声字都分派到普通话的阴、阳、上、去四声里了，其中分派到去声里的最多，约占一半以上；三分之一分派到阳平；分派到上声的最少。许多方言里都有入声。浙江吴方言里的入声后几乎都带有塞音韵尾，读音短促。学习普通话声调时，这种短促的入声调的残留将会明显影响普通话整体语调，所以要特别注意消除入声调。

2. 声调对比练习

更改 gēnggǎi	梗概 gěnggài	香蕉 xiāngjiāo	橡胶 xiàngjiāo
题材 tícái	体裁 tǐcái	禁区 jìnqū	进取 jìnqǔ
凋零 diāolíng	调令 diàolìng	保卫 bǎowèi	包围 bāowéi
欢迎 huānyíng	幻影 huànyǐng	春节 chūnjié	纯洁 chúnjié
班级 bānjí	班机 bānjī	焚毁 fénhuǐ	分会 fēnhuì
肥料 féiliào	废料 fèiliào	安好 ānhǎo	暗号 ànhào
公式 gōngshì	共事 gòngshì	工时 gōngshí	公使 gōngshǐ
地址 dìzhǐ	地质 dìzhì	抵制 dǐzhì	地支 dìzhī
编制 biānzhì	贬值 biǎnzhí	编织 biānzhī	变质 biànzhì
语言 yǔyán	鱼雁 yúyàn	预言 yùyán	预演 yùyǎn

3. 四声词语练习

春天花开 chūntiānhuākāi	江山多娇 jiāngshānduōjiāo
珍惜光阴 zhēnxīguāngyīn	豪情昂扬 háoqíng'ángyáng
回国华侨 huíguóhuáqiáo	人民团结 rénmíntuánjié
岂有此理 qǐyǒucǐlǐ	党委领导 dǎngwěilǐngdǎo
处理稳妥 chǔlǐwěntuǒ	日夜变化 rìyèbiànhuà
运动大会 yùndòngdàhuì	胜利闭幕 shènglìbìmù
三皇五帝 sānhuángwǔdì	区别好记 qūbiéhǎojì
深谋远虑 shēnmóuyuǎnlǜ	兵强马壮 bīngqiángmǎzhuàng
高朋满座 gāopéngmǎnzuò	英雄好汉 yīngxiónghǎohàn
万里长征 wànlǐchángzhēng	背井离乡 bèijǐnglíxiāng
弄巧成拙 nòngqiǎochéngzhuō	戏曲研究 xìqǔyánjiū
痛改前非 tònggǎiqiánfēi	暮鼓晨钟 mùgǔchénzhōng

第四章 音 节

第一节 音节的结构

音节是语音的基本结构单位，由一个或几个音素按一定规律组合而成。普通话音节一般由声母、韵母和声调三部分组成，韵母内部又分韵头、韵腹、韵尾。其结构类型如下表：

音节的结构类型

结构成分 例 字	声母 （辅音）	韵母				声调
		韵头 （介音）	韵腹 （主要元音）	韵尾		
				元音	辅音	
鹅 é	零		e			阳平
我 wǒ	零	u	o			上声
袄 ǎo	零		a	o		上声
安 ān	零		a		n	阴平
优 yōu	零	i	o	u		阴平
王 wáng	零	u	a		ng	阳平
姑 gū	g		u			阴平
雀 què	q	ü	ê			去声
才 cái	c		a	i		阳平
针 zhēn	zh		e		n	阴平
怪 guài	g	u	a	i		去声
爽 shuǎng	sh	u	a		ng	上声

从表中可以看出普通话音节结构有以下一些特点：

1.普通话音节的实际读音最少要由三个成分组成，声母、韵腹和声调；最多可以由五个成分组成，声母、韵头、韵腹、韵尾和声调。

2.每一个音节都必须有声母、韵腹和声调，可以没有韵头和韵尾。韵腹一般是元音，声母可以是零声母，所以元音和声调是普通话音节读音不可缺少的成分。

3.元音最多可以有三个，而且连续排列，分别充当韵母的韵头、韵腹和韵尾。

4.辅音只出现在音节的开头和末尾，没有辅音连续排列的情况。

5.韵头只能由 i、u、ü 充当。

6.元音韵尾由 i、o、u 充当。辅音韵尾只能由 n、ng 充当。

7.各元音都能充当韵腹。如果韵母不止一个元音，一般总是开口度较大，舌位较低的元音充当韵腹（如 a、o、e），只有在韵母中没有其他元音成分时，i、u、ü 才能充当韵腹。

第二节　普通话声韵拼合规律

普通话声母、韵母和声调的配合有很强的规律性，各方言声韵调的配合也都有自己的规律性。掌握了普通话声韵调的配合规律，可以更清楚地认识普通话的语音系统，帮助我们区别普通话音节和方言音节的读音，对学习普通话有很大帮助。

普通话声母和韵母配合的规律性主要表现在声母的发音部位和韵母“四呼”的关系上，可以根据声母的发音部位和韵母的“四呼”把普通话声母和韵母的配合关系列成下表：

声母和韵母的配合关系

	开口呼	齐齿呼	合口呼	撮口呼
双唇音 b、p、m	＋	＋	只跟 u 相拼	
唇齿音 f	＋		只跟 u 相拼	
舌尖中音 d、t	＋	＋	＋	
舌尖中音 n、l	＋	＋	＋	＋
舌根音 g、k、h	＋		＋	
舌面音 j、q、x		＋		＋
舌尖后音 zh、ch、sh、r	＋		＋	
舌尖前音 z、c、s	＋		＋	
零声母	＋	＋	＋	＋
注：“＋”表示全部或局部声韵能相拼，空白表示不能相拼。				

了解了声母和韵母的拼合规律，就可避免在拼读、拼写中出现差错，还可以帮助纠正方言口音。

第三节　音节的拼读方法

拼读就是按照普通话音节的构成规律，把声母、韵母、声调组合成有声音节的过程。初学者可用两拼法、三拼法和声介合拼法。

1. 两拼法：把音节分为声母、韵母两部分进行拼读，如：n—uǎn→nuǎn（暖）。

2. 三拼法：把音节分成声母、韵头、韵腹（有韵尾的要包括韵尾）三部分进行拼读，这种方法只适用于有介音的音节，如：n—u—ǎn→nuǎn（暖）。

3. 声介合拼法：先把声母和介音 i、u、ü 拼合为一个整体，然后与后面的韵母相拼合。这种方法只适用于有介音的音节，如：nu—ǎn→nuǎn（暖）。

第五章　音　变

我们在进行口语交流和口语表达的过程中，不是一个一个孤立地发出每一个音节，而是根据语意的需要将一连串的音节连续发出，形成语流。在这个过程中，相邻的音素与音素之间、音节与音节之间、声调与声调之间就不可避免地会发生相互影响，使语音产生一定的变化，这就是音变。普通话的音变现象主要表现在变调、轻声、儿化和语气词“啊”的音变四个方面。音变是有一定规律的，学习和掌握这些规律，把这些规律运用于口语表达中，能使我们的语言更流畅、更自然、更谐调，发音更轻松。

第一节　变　调

在语流中，由于相邻音节的相互影响，使有些音节的基本调值发生了变化，这种变化就叫变调。其变化是有一定规律的，普通话中比较明显的变调有两种：上声的变调；“一”“不”的变调。

一、上声的变调

上声在阴平、阳平、去声、轻声前都会产生变调，只有在单念或处在词语、句子的末尾时才读原调。上声的变调有以下几种情况：

1. 上声在非上声前，即在阴平、阳平、去声、轻声前，变“半上”，丢掉后半段14上声的尾巴，调值由214变为半上声211，变调调值描写为214—211

例如：

上声＋阴平　许昌 xǔchāng　禹州 yǔzhōu　语音 yǔyīn　百般 bǎibān　摆脱 bǎituō
上声＋阳平　朗读 lǎngdú　语文 yǔwén　祖国 zǔguó　旅行 lǚxíng　导游 dǎoyóu
上声＋去声　朗诵 lǎngsòng　语调 yǔdiào　广大 guǎngdà　讨论 tǎolùn　稿件 gǎojiàn
上声＋轻声　矮子 ǎizi　奶奶 nǎinai　尾巴 wěiba　老婆 lǎopo　耳朵 ěrduo

词语练习

上声＋阴平

产生 chǎnshēng　女兵 nǚbīng　脚跟 jiǎogēn　垦荒 kěnhuāng　卷烟 juǎnyān
雨衣 yǔyī　九江 jiǔjiāng　史诗 shǐshī　许多 xǔduō　首先 shǒuxiān
口腔 kǒuqiāng　北方 běifāng　小心 xiǎoxīn　主张 zhǔzhāng　指标 zhǐbiāo

上声＋阳平

语言 yǔyán　品行 pǐnxíng　美德 měidé　选择 xuǎnzé　总结 zǒngjié
果园 guǒyuán　铁锤 tiěchuí　典型 diǎnxíng　打球 dǎqiú　坦白 tǎnbái
老年 lǎonián　解决 jiějué　谴责 qiǎnzé　羽毛 yǔmáo　口才 kǒucái

上声＋去声

朗诵 lǎngsòng　准确 zhǔnquè　法制 fǎzhì　恳切 kěnqiè　想念 xiǎngniàn
好像 hǎoxiàng　努力 nǔlì　脚步 jiǎobù　体育 tǐyù　考试 kǎoshì
比较 bǐjiào　笔记 bǐjì　品位 pǐnwèi　坦率 tǎnshuài　响亮 xiǎngliàng

上声＋轻声

指甲 zhǐjia	哑巴 yǎba	伙计 huǒji	打听 dǎting	讲究 jiǎngjiu
骨头 gǔtou	口袋 kǒudai	你们 nǐmen	懂得 dǒngde	起来 qǐlai
点心 diǎnxin	暖和 nuǎnhuo	本事 běnshi	脊梁 jǐliang	摆布 bǎibu

2. 两个上声相连，前一个上声的调值变为 35

实验语音学从语图和听辨实验证明，前字上声、后字上声构成的组合与前字阳平、后字上声构成的组合在声调模式上是相同的。说明两个上声相连，前字上声的调值变得跟阳平的调值一样。变调调值描写为 214－35。

例如：

上声＋上声

口语 kǒuyǔ	演讲 yǎnjiǎng	勇敢 yǒnggǎn	免检 miǎnjiǎn	党委 dǎngwěi

词语练习

美好 měihǎo	理想 lǐxiǎng	彼此 bǐcǐ	采访 cǎifǎng	饱满 bǎomǎn
管理 guǎnlǐ	陕北 shǎnběi	引导 yǐndǎo	了解 liǎojiě	保险 bǎoxiǎn
脊髓 jǐsuǐ	尽管 jǐnguǎn	给予 jǐyǔ	奖品 jiǎngpǐn	可鄙 kěbǐ

3. 上声在轻声的前面变阳平

例如：

上声＋轻声

哪里 nǎli	打手 dǎshou	老鼠 lǎoshu	老虎 lǎohu	可以 kěyi
小姐 xiǎojie	想起 xiǎngqi	捧起 pěngqi	讲讲 jiǎngjiang	等等 děngdeng
口里 kǒuli	眼里 yǎnli	走走 zǒuzou	晌午 shǎngwu	

4. 三个上声相连的变调

三个上声相连，如果后面没有其他音节，也不带什么语气，末尾音节一般不变调。

开头、当中的上声音节有两种变调：

当词语的结构是双音节＋单音节（双单格）时，开头、当中的上声音节调值变为 35，跟阳平的调值一样。

例如：

展览馆 zhǎnlǎnguǎn	管理组 guǎnlǐzǔ	选举法 xuǎnjǔfǎ
水彩笔 shuǐcǎibǐ	打靶场 dǎbǎchǎng	勇敢者 yǒnggǎnzhě
演讲稿 yǎnjiǎnggǎo	古典美 gǔdiǎnměi	跑马场 pǎomǎchǎng

当词语的结构是单音节＋双音节（单双格），开头音节处在被强调的逻辑重音时，读作"半上"，调值变为 211，当中音节则按两字组变调规律变为 35。

例如：

撒火种 sǎhuǒzhǒng	冷处理 lěngchǔlǐ	耍笔杆 shuǎbǐgǎn
小两口 xiǎoliǎngkǒu	小老虎 xiǎolǎohǔ	老保守 lǎobǎoshǒu
小拇指 xiǎomǔzhǐ	纸雨伞 zhǐyǔsǎn	很友好 hěnyǒuhǎo

二、"一""不"的变调

"一""不"在单念或用在词句末尾时，以及"一"在序数中，声调不变，读原调："一"念阴平 55，"不"念去声 51，例如：第一；不，我不。当它们处在其他音节前面时，声调往往发生变化。

1.“一”的变调

“一”有两种变调：

(1)去声前变阳平

一栋 yídòng	一段 yíduàn	一律 yílǜ	一路 yílù	一溜儿 yíliùr
一例 yílì	一贯 yíguàn	一个 yígè	一共 yígòng	一刻 yíkè
一致 yízhì	一阵 yízhèn	一兆 yízhào	一瞬 yíshùn	一事 yíshì

(2)非去声前变去声

阴平前

一发 yìfā	一端 yìduān	一天 yìtiān	一忽 yìhū	一经 yìjīng
一千 yìqiān	一心 yìxīn	一些 yìxiē	一星 yìxīng	一朝 yìzhāo
一生 yìshēng	一身 yìshēn	一应 yìyīng	一杯 yìbēi	一根 yìgēn

阳平前

一叠 yìdié	一同 yìtóng	一头 yìtóu	一条 yìtiáo	一年 yìnián
一连 yìlián	一盒 yìhé	一齐 yìqí	一行 yìxíng	一直 yìzhí
一时 yìshí	一如 yìrú	一人 yìrén	一无 yìwú	一旁 yìpáng

上声前

一统 yìtǒng	一体 yìtǐ	一览 yìlǎn	一口 yìkǒu	一举 yìjǔ
一己 yìjǐ	一起 yìqǐ	一本 yìběn	一种 yìzhǒng	一准 yìzhǔn
一场 yìchǎng	一手 yìshǒu	一水 yìshuǐ	一早 yìzǎo	一总 yìzǒng

当“一”作为序数表示“第一”时不变调，例如：“一楼”的“一”不变调，表示“第一楼”或“第一层楼”，而变调表示“全楼”。“一连”的“一”不变调，表示“第一连”，而变调则表示“全连”；副词“一连”中的“一”也变调，如“一连五天”。

2.“不”的变调

“不”字只有一种变调。“不”在去声前变阳平。

例如：

不怕 búpà	不妙 búmiào	不犯 búfàn	不忿 búfèn	不但 búdàn
不待 búdài	不特 bútè	不论 búlùn	不利 búlì	不料 búliào
不见 bújiàn	不错 búcuò	不幸 búxìng	不像 búxiàng	不屑 búxiè

3.“一”嵌在重叠式的动词之间，“不”夹在重叠动词或重叠形容词之间、夹在动词和补语之间，都轻读

例如：

听一听 tīngyitīng	学一学 xuéyixué	写一写 xiěyixiě	看一看 kànyikàn
懂不懂 dǒngbudǒng	去不去 qùbuqù	走不走 zǒubuzǒu	会不会 huìbuhuì
看不清 kànbuqīng	听不懂 tīngbudǒng	记不住 jìbuzhù	学不会 xuébuhuì

◆绕口令练习◆

【一个老僧一本经】

一个老僧一本经，一句一行念得清。不是老僧爱念经，不会念经当不了僧。

注　有关“一”“不”变调的其他内容，本书中一律只标本调，不标变调。

【一心一意】

干什么工作都要一心一意，表里如一，言行一致，埋头苦干，情绪不能一高一低，一好一坏，一落千丈，一蹶不振。

【三个人一齐出大力】

一二三，三二一，一二三四五六七，七六五四三二一。一个姑娘来摘李，一个小孩儿来摘栗，一个小伙儿来摘梨，三个人一齐出大力。收完李子、栗子、梨，一起拉到市上去赶集。

【交公粮】

王老汉手拿一根不长不短的鞭子，赶着一辆不新不旧的大马车。拉着满车只多不少的公粮，奔驰在一条不宽不窄的大道上。到了粮库门口，他不慌不忙地停下了那辆不新不旧的大马车，不声不响地放下了那根不长不短的马鞭子，不遗余力地扛起一包包的公粮，送进了国家的大粮仓。

【冬冬打碎一个花瓶儿】

冬冬打碎一个花瓶儿，爸爸见不言不语，妈妈见了不慌不忙，冬冬心里一落一起。花瓶打碎不是故意，妈说："所以不批评你。"爸说："不过以后要注意。"妈说："旧的不去新的不来。"冬冬心里的石头，才算落地。他说："以后再不粗心大意。"爸说："要从不管不顾改起。"全家一说一笑，解决冬冬一个大问题。

第二节　轻　声

在普通话里，除了阴平、阳平、上声、去声四种声调之外，有些词里的音节或句子里的词，失去原有的声调，念成又轻又短的调子，这种音节叫轻声。

一、轻声的作用

轻声不单纯是一种语音现象，它不但和词义、词性有关系，而且还和语法有很大的关系。

1. 轻声具有区别词义的作用

zìzài 自在（自由，不受拘束）	zìzai 自在（安闲舒适）
dàyì 大意（主要意思）	dàyi 大意（粗心）
shìfēi 是非（事理的正确与错误）	shìfei 是非（纠纷，口舌）
xiōngdì 兄弟（哥哥和弟弟）	xiōngdi 兄弟（弟弟）
dōngxī 东西（指方位）	dōngxi 东西（指物品）

2. 轻声具有区别词性的作用

dìdào 地道（名词，在地面下挖成的通道）	dìdao 地道（形容词，真正、纯粹）
kāitōng 开通（动词，消除阻碍可以通过、穿过、连接）	kāitong 开通（形容词，不守旧、不拘谨、大方）
duìtóu 对头（形容词，正确、合适）	duìtou 对头（名词，仇敌、对手）

二、轻声的规律

普通话里大多数轻声都同词汇、语法上的意义有密切关系。

1. 助词

(1)结构助词“的、地、得”

tāde	chīde	chànggēde	yúkuàide	mànmànde	xiědehǎo
他的	吃的	唱歌的	愉快地	慢慢地	写得好

(2)时态助词“着、了、过”

kànzhe	kànle	qùle	kànguo	láiguo
看着	看了	去了	看过	来过

(3)语气助词“啊、吧、了、吗、呢、的”

lái'a	zǒuba	zhōngxiǎngle	zhīdaoma	zěnmene	tāzhīdaode
来啊	走吧	钟响了	知道吗	怎么呢	他知道的

2. 名词的后缀“子、儿、头、们”

zhuō·zi	yǐ·zi	gūduor	shítou	mántou	wǒmen
桌子	椅子	骨朵儿	石头	馒头	我们

3. 名词后面表示方位的“上、下、里”

fāngzhuōshang	jiǎoxia	shùxia	kǒudàili	héli
方桌上	脚下	树下	口袋里	河里

4. 动词后面表示趋向的“来、去、上、下、出、回、开、起、上来、下来、进来、出去、过来、回去”

nálai	dūnxiaqu	kǎoshang	zuòxia
拿来	蹲下去	考上	坐下

kànchu	lākai	táiqi	bēishanglai
看出	拉开	抬起	背上来

5. 叠音词和单音节动词重叠的第二个音节

māma	tàitai	tiáotiao	xiěxie
妈妈	太太	调调	写写

6. 联绵词的第二个音节

língli	luóbo	duōsuo	gēda
伶俐	萝卜	哆嗦	疙瘩

◆绕口令练习◆

【天上日头】

天上日头，嘴里舌头，地上石头，桌上馒头，手掌指头。

【做买卖】

买卖人做买卖，买卖不公没买卖，没买卖没钱做买卖，买卖人做买卖得实在。

【比包饺子】

一个大嫂子，一个大小子，坐在一块比包饺子。不知是大嫂子包的饺子不如大小子，还是大小子包的饺子不如大嫂子。

【胡立虎】

葫芒胡同胡立虎，晚上睡觉打呼噜。睡到半夜一糊涂，隔着窗户掉外头。护着屁股不护头，胡噜块砖头当枕头。呼噜呼噜接着睡，一觉糊弄到正晌午。

【屋子里有箱子】

屋子里有箱子，箱子里有匣子，匣子里有盒子，盒子里有镯子，镯子外面有盒子，盒子外面有匣子，匣子外面有箱子，箱子外面有屋子。

【打南边儿来了个瘸子】

打南边儿来了个瘸子，手里托着个碟子，碟子里装着个茄子。地钉着个橛子，绊倒了拿碟子的瘸子，撒了碟子里的茄子。气得瘸子撇了碟子，拔了橛子，踩了茄子。

【胡子和驼子】

有个胡子，骑着骡子。有个驼子，挑担螺蛳。胡子骑的骡子，撞翻了驼子挑的螺蛳。挑螺蛳的驼子拦住了骑骡子的胡子，要骑骡子的胡子赔他挑的螺蛳。胡子下了骡子，替驼子拣起了螺蛳，驼子挑起了螺蛳，扶着胡子骑上了骡子。

【喇嘛和哑巴】

打南边儿来了个喇嘛，手里提拉着五斤鳎目；打北边儿来了个哑巴，腰里别着个喇叭。南边儿提拉鳎目的喇嘛，要拿鳎目换北边儿别喇叭的哑巴的喇叭，哑巴不乐意拿喇叭，换提拉鳎目的喇嘛的鳎目，喇嘛非要拿鳎目换别喇叭的哑巴的喇叭。喇嘛抡起鳎目抽了别喇叭的哑巴一鳎目，哑巴摘下喇叭，打了提拉鳎目的喇嘛一喇叭。也不知是提拉鳎目的喇嘛抽了别喇叭的哑巴几鳎目，还是别喇叭的哑巴打了提拉鳎目的喇嘛几喇叭。只知道，喇嘛炖鳎目，哑巴嘀嘀哒哒吹喇叭。

普通话水平测试用必读轻声词语表

说　明

1. 本表根据《普通话水平测试用普通话词语表》编制。
2. 本表供普通话水平测试第二项——读多音节词语（100 个音节）测试使用。
3. 本表共收词 546 条（其中“子”尾词 206 条），按汉语拼音字母顺序排列。
4. 条目中的非轻声音节只标本调，不标变调；条目中的轻声音节，注音不标调号，如：“明白 míngbai”。

扫码听范读

A

爱人　àiren
案子　ànzi

B

巴掌　bāzhang
把子　bǎzi
把子　bàzi
爸爸　bàba
白净　báijing
班子　bānzi
板子　bǎnzi
帮手　bāngshou
梆子　bāngzi
膀子　bǎngzi
棒槌　bàngchui
棒子　bàngzi
包袱　bāofu
包涵　bāohan
包子　bāozi
豹子　bàozi
杯子　bēizi
被子　bèizi
本事　běnshi
本子　běnzi
鼻子　bízi
比方　bǐfang
鞭子　biānzi
扁担　biǎndan
辫子　biànzi
别扭　bièniu
饼子　bǐngzi
拨弄　bōnong
脖子　bózi
簸箕　bòji
补丁　bǔding
不由得　bùyóude
不在乎　bùzàihu
步子　bùzi
部分　bùfen

C

财主　cáizhu
裁缝　cáifeng
苍蝇　cāngying
差事　chāishi
柴火　cháihuo
肠子　chángzi
厂子　chǎngzi
场子　chǎngzi
车子　chēzi
称呼　chēnghu
池子　chízi
尺子　chǐzi
虫子　chóngzi
绸子　chóuzi
除了　chúle

锄头　chútou
畜生　chùsheng
窗户　chuānghu
窗子　chuāngzi
锤子　chuízi
刺猬　cìwei
凑合　còuhe
村子　cūnzi

D

耷拉　dāla
答应　dāying
打扮　dǎban
打点　dǎdian
打发　dǎfa
打量　dǎliang
打算　dǎsuan
打听　dǎting
大方　dàfang
大爷　dàye
大夫　dàifu
带子　dàizi
袋子　dàizi
单子　dānzi
耽搁　dānge
耽误　dānwu
胆子　dǎnzi
担子　dànzi
刀子　dāozi
道士　dàoshi
稻子　dàozi
灯笼　dēnglong
凳子　dèngzi
提防　dīfang
笛子　dízi
底子　dǐzi
地道　dìdao
地方　dìfang
弟弟　dìdi
弟兄　dìxiong
点心　diǎnxin
调子　diàozi
钉子　dīngzi
东家　dōngjia
东西　dōngxi
动静　dòngjing
动弹　dòngtan
豆腐　dòufu
豆子　dòuzi
嘟囔　dūnang
肚子　dǔzi
肚子　dùzi
缎子　duànzi
队伍　duìwu
对付　duìfu
对头　duìtou
多么　duōme

E

蛾子　ézi
儿子　érzi
耳朵　ěrduo

F

贩子　fànzi
房子　fángzi
废物　fèiwu
份子　fènzi
风筝　fēngzheng
疯子　fēngzi
福气　fúqi
斧子　fǔzi

G

盖子　gàizi
甘蔗　gānzhe
杆子　gānzi
杆子　gǎnzi
干事　gànshi
杠子　gàngzi
高粱　gāoliang
膏药　gāoyao
稿子　gǎozi
告诉　gàosu
疙瘩　gēda
哥哥　gēge
胳膊　gēbo
鸽子　gēzi
格子　gézi
个子　gèzi
根子　gēnzi
跟头　gēntou
工夫　gōngfu
弓子　gōngzi
公公　gōnggong
功夫　gōngfu
钩子　gōuzi
姑姑　gūgu
姑娘　gūniang
谷子　gǔzi
骨头　gǔtou
故事　gùshi
寡妇　guǎfu
褂子　guàzi
怪物　guàiwu
关系　guānxi
官司　guānsi
罐头　guàntou
罐子　guànzi
规矩　guīju
闺女　guīnü
鬼子　guǐzi
柜子　guìzi
棍子　gùnzi
锅子　guōzi
果子　guǒzi

H

蛤蟆　háma
孩子　háizi
含糊　hánhu
汉子　hànzi
行当　hángdang
合同　hétong
和尚　héshang
核桃　hétao
盒子　hézi
红火　hónghuo
猴子　hóuzi
后头　hòutou
厚道　hòudao
狐狸　húli
胡萝卜　húluóbo
胡琴　húqin
糊涂　hútu
护士　hùshi
皇上　huángshang
幌子　huǎngzi
活泼　huópo
火候　huǒhou
伙计　huǒji

扫码听范读

J

机灵　jīling
脊梁　jǐliang
记号　jìhao
记性　jìxing
夹子　jiāzi
家伙　jiāhuo
架势　jiàshi
架子　jiàzi
嫁妆　jiàzhuang
尖子　jiānzi
茧子　jiǎnzi
剪子　jiǎnzi
见识　jiànshi
毽子　jiànzi
将就　jiāngjiu
交情　jiāoqing
饺子　jiǎozi
叫唤　jiàohuan
轿子　jiàozi
结实　jiēshi
街坊　jiēfang
姐夫　jiěfu
姐姐　jiějie
戒指　jièzhi
金子　jīnzi
精神　jīngshen
镜子　jìngzi
舅舅　jiùjiu
橘子　júzi
句子　jùzi
卷子　juànzi

K

咳嗽　késou
客气　kèqi
空子　kòngzi
口袋　kǒudai
口子　kǒuzi
扣子　kòuzi
窟窿　kūlong
裤子　kùzi
快活　kuàihuo
筷子　kuàizi
框子　kuàngzi
阔气　kuòqi

L

喇叭　lǎba
喇嘛　lǎma
篮子　lánzi
懒得　lǎnde
浪头　làngtou
老婆　lǎopo
老实　lǎoshi
老太太　lǎotàitai
老头子　lǎotóuzi
老爷　lǎoye
老子　lǎozi
姥姥　lǎolao
累赘　léizhui
篱笆　líba
里头　lǐtou
力气　lìqi
厉害　lìhai
利落　lìluo
利索　lìsuo
例子　lìzi
栗子　lìzi
痢疾　lìji
连累　liánlei
帘子　liánzi
凉快　liángkuai
粮食　liángshi
两口子　liǎngkǒuzi
料子　liàozi
林子　línzi
翎子　língzi
领子　lǐngzi
溜达　liūda
聋子　lóngzi
笼子　lóngzi
炉子　lúzi
路子　lùzi
轮子　lúnzi
萝卜　luóbo
骡子　luózi
骆驼　luòtuo

M

妈妈　māma
麻烦　máfan
麻利　máli
麻子　mázi
马虎　mǎhu
码头　mǎtou
买卖　mǎimai
麦子　màizi
馒头　mántou
忙活　mánghuo
冒失　màoshi
帽子　màozi
眉毛　méimao
媒人　méiren
妹妹　mèimei
门道　méndao
眯缝　mīfeng
迷糊　míhu
面子　miànzi
苗条　miáotiao
苗头　miáotou
名堂　míngtang
名字　míngzi
明白　míngbai
模糊　móhu
蘑菇　mógu
木匠　mùjiang
木头　mùtou

扫码听范读

N

那么　nàme
奶奶　nǎinai
难为　nánwei
脑袋　nǎodai
脑子　nǎozi
能耐　néngnai
你们　nǐmen
念叨　niàndao
念头　niàntou
娘家　niángjia
镊子　nièzi
奴才　núcai
女婿　nǚxu
暖和　nuǎnhuo
疟疾　nüèji

P

拍子　pāizi
牌楼　páilou
牌子　páizi
盘算　pánsuan
盘子　pánzi
胖子　pàngzi
狍子　páozi
盆子　pénzi
朋友　péngyou
棚子　péngzi
脾气　píqi
皮子　pízi
痞子　pǐzi
屁股　pìgu
片子　piānzi
便宜　piányi
骗子　piànzi
票子　piàozi
漂亮　piàoliang
瓶子　píngzi
婆家　pójia
婆婆　pópo
铺盖　pūgai

Q

欺负　qīfu
旗子　qízi
前头　qiántou
钳子　qiánzi
茄子　qiézi
亲戚　qīnqi
勤快　qínkuai
清楚　qīngchu
亲家　qìngjia
曲子　qǔzi
圈子　quānzi
拳头　quántou
裙子　qúnzi

R

热闹　rènao
人家　rénjia
人们　rénmen
认识　rènshi
日子　rìzi
褥子　rùzi

扫码听范读

S

塞子　sāizi
嗓子　sǎngzi
嫂子　sǎozi
扫帚　sàozhou
沙子　shāzi
傻子　shǎzi
扇子　shànzi
商量　shāngliang
晌午　shǎngwu
上司　shàngsi
上头　shàngtou
烧饼　shāobing
勺子　sháozi
少爷　shàoye
哨子　shàozi
舌头　shétou
身子　shēnzi
什么　shénme
婶子　shěnzi
生意　shēngyi
牲口　shēngkou
绳子　shéngzi
师父　shīfu
师傅　shīfu
虱子　shīzi
狮子　shīzi
石匠　shíjiang

石榴　shíliu
石头　shítou
时候　shíhou
实在　shízai
拾掇　shíduo
使唤　shǐhuan
世故　shìgu
似的　shìde
事情　shìqing
柿子　shìzi
收成　shōucheng
收拾　shōushi
首饰　shǒushi
叔叔　shūshu
梳子　shūzi
舒服　shūfu
舒坦　shūtan
疏忽　shūhu
爽快　shuǎngkuai
思量　sīliang
算计　suànji
岁数　suìshu
孙子　sūnzi

T

他们　tāmen
它们　tāmen
她们　tāmen
台子　táizi
太太　tàitai
摊子　tānzi
坛子　tánzi
毯子　tǎnzi
桃子　táozi
特务　tèwu
梯子　tīzi
蹄子　tízi
挑剔　tiāoti
挑子　tiāozi
条子　tiáozi
跳蚤　tiàozao
铁匠　tiějiang
亭子　tíngzi
头发　tóufa
头子　tóuzi
兔子　tùzi
妥当　tuǒdang
唾沫　tuòmo

W

挖苦　wāku
娃娃　wáwa
袜子　wàzi
晚上　wǎnshang
尾巴　wěiba
委屈　wěiqu
为了　wèile
位置　wèizhi
位子　wèizi
蚊子　wénzi
稳当　wěndang
我们　wǒmen
屋子　wūzi

X

稀罕　xīhan
席子　xízi
媳妇　xífu
喜欢　xǐhuan
瞎子　xiāzi
匣子　xiázi
下巴　xiàba
吓唬　xiàhu
先生　xiānsheng
乡下　xiāngxia
箱子　xiāngzi
相声　xiàngsheng
消息　xiāoxi
小伙子　xiǎohuǒzi
小气　xiǎoqi
小子　xiǎozi
笑话　xiàohua
谢谢　xièxie
心思　xīnsi
星星　xīngxing
猩猩　xīngxing
行李　xíngli
性子　xìngzi
兄弟　xiōngdi
休息　xiūxi
秀才　xiùcai
秀气　xiùqi
袖子　xiùzi
靴子　xuēzi
学生　xuésheng
学问　xuéwen

扫码听范读

Y

丫头　yātou
鸭子　yāzi
衙门　yámen
哑巴　yǎba
胭脂　yānzhi
烟筒　yāntong
眼睛　yǎnjing
燕子　yànzi
秧歌　yāngge
养活　yǎnghuo
样子　yàngzi
吆喝　yāohe
妖精　yāojing
钥匙　yàoshi
椰子　yēzi
爷爷　yéye
叶子　yèzi
一辈子　yībèizi
衣服　yīfu
衣裳　yīshang
椅子　yǐzi
意思　yìsi
银子　yínzi
影子　yǐngzi
应酬　yìngchou
柚子　yòuzi
冤枉　yuānwang
院子　yuànzi
月饼　yuèbing
月亮　yuèliang
云彩　yúncai
运气　yùnqi

Z

在乎　zàihu
咱们　zánmen
早上　zǎoshang
怎么　zěnme
扎实　zhāshi
眨巴　zhǎba
栅栏　zhàlan
宅子　zháizi
寨子　zhàizi
张罗　zhāngluo
丈夫　zhàngfu
帐篷　zhàngpeng
丈人　zhàngren
帐子　zhàngzi
招呼　zhāohu
招牌　zhāopai
折腾　zhēteng
这个　zhège
这么　zhème
枕头　zhěntou
芝麻　zhīma
知识　zhīshi
侄子　zhízi
指甲　zhǐjia
(zhījia)
指头　zhǐtou
(zhítou)
种子　zhǒngzi
珠子　zhūzi
竹子　zhúzi
主意　zhǔyi
(zhúyi)
主子　zhǔzi
柱子　zhùzi
爪子　zhuǎzi
转悠　zhuànyou
庄稼　zhuāngjia
庄子　zhuāngzi
壮实　zhuàngshi
状元　zhuàngyuan
锥子　zhuīzi
桌子　zhuōzi
字号　zìhao
自在　zìzai
粽子　zòngzi
祖宗　zǔzong
嘴巴　zuǐba
作坊　zuōfang
琢磨　zuómo

第三节　儿　化

普通话的韵母除 er 以外，都可以儿化。儿化了的韵母叫作“儿化韵”，原来的非儿化的韵母可以叫作“平舌韵”。

一、儿化的作用

儿化不只是一种纯粹的语音现象，它跟词义、语法及修辞、感情色彩都有着密切的关系。

1. 儿化能区别词义

xìn　　　　xìnr
信（信件）——→信儿（消息）

tóu　　　　tóur
头（脑袋）——→头儿（首领）

yǎn　　　　yǎnr
眼（眼睛）——→眼儿（小窟窿）

2. 儿化能改变词性、词义

gài　　　　gàir
盖（动词）——→盖儿（名词，盖东西的器具）

jiān　　　　jiānr
尖（形容词）——→尖儿（名词，针尖）

zuò　　　　zuòr
坐（动词）——→座儿（名词，供人坐的地方）

huà　　　　huàr
画（动词）——→画儿（名词，一张画）

3. 儿化还表示细、小、轻、微的意思

yìdiǎnr
一点儿　（指数量极小）

4. 儿化使语言带有表示喜爱、亲切的感情色彩

xiǎoqǔr　　　xiǎoháir　　　gēr
小曲儿　　　小孩儿　　　歌儿

xiānhuār　　　liǎndànr　　　xiǎojīr
鲜花儿　　　脸蛋儿　　　小鸡儿

二、儿化音的规律

原韵或韵尾	儿化	实际发音
韵母或韵尾是 ɑ、o、e、u	不变，加 r	号码儿 hàomǎr　花儿 huār 草帽儿 cǎomàor　麦苗儿 màimiáor 唱歌儿 chànggēr　高个儿 gāogèr 小猴儿 xiǎohóur　打球儿 dǎqiúr

续表

原韵或韵尾	儿化	实际发音
韵尾是 i、n(in、ün 除外)	丢 i 或 n,加 r	刀背儿 dāobèr　一块儿 yíkuàr 心眼儿 xīnyǎr　花园儿 huāyuár
韵母是 ng	去 ng,加 r,元音鼻化	电影儿 diànyĩr　帮忙儿 bāngmãr 板凳儿 bǎndẽr　香肠儿 xiāngchãr
韵母是 i,ü	不变,加 er	玩意儿 wányìer　毛驴儿 máolǘer 有趣儿 yǒuqùer　小鸡儿 xiǎojīer
韵母是-i、ê	丢-i 或 ê,加 er	叶儿 yèr　橛儿 juér 词儿 cér　事儿 shèr
韵母是 ui、in、un、ün	丢 i 或 n,加 er	麦穗儿 màisuèr　干劲儿 gànjìer 飞轮儿 fēilúer　白云儿 báiyúer
注:字母上的"～"表示鼻化。拼写儿化音时,只要在音节末尾加"r"即可,语音上的实际变化不必在拼写上表示出来。		

◆绕口令练习◆

【莲花儿灯】

莲花儿灯,莲花儿灯,今儿点了明儿个扔。

【老头儿挖泥】

老头儿对老头儿,挖泥喊加油儿,引来老鹰停翅飞,乐得杨柳直点头儿。

【老婆儿赶小鸡儿】

东直门有个老婆儿,拿着棍儿赶小鸡儿,西直门有个老头儿,骑着毛驴儿唱小曲儿。

【编花篮儿】

大热天儿,挂竹帘儿,歪脖树底下有个妞儿编花篮儿。一编编个玉花篮儿,里边还有栀子、茉莉、半枝莲儿。

【小饭碗儿】

有个小孩儿叫小兰儿,挑着水桶上庙台儿,摔了个跟斗捡个钱儿,又打醋,又买盐儿,还买了一个小饭碗儿。小饭碗儿真好玩儿,红花儿绿叶儿镶金边儿,中间还有个小红点儿。

【一个老头儿】

一个老头儿,上山头儿,砍木头,砍了这头儿砍那头儿。对面儿来了个小丫头儿,给老头儿送来一盘儿小馒头儿,没留神撞上一块大木头,栽了一个小跟头儿,撒了一地小馒头儿。

【练字音儿】

进了门儿,倒杯水儿,喝了两口儿运运气儿,顺手拿起小唱本儿,唱一曲儿,又一曲儿,练完了嗓子我练嘴皮儿。绕口令儿,练字音儿,还有单弦儿牌子曲儿,小快板儿,大鼓词儿,越说越唱我越带劲儿。

【有个小孩儿缺心眼儿】

有个小孩儿缺心眼儿，不学技术净打短儿，今儿个帮人卖唱片儿，明儿个帮人演杂耍儿，后儿个又给饭馆儿买菜、涮锅、洗饭碗儿。今年岁数儿不大点儿，日子长了，愁事儿在后边儿。

【集体装在心里头】

小铁头儿，小柱头儿，学习雷锋有劲头儿，放学以后捡砖头，跑了东头儿跑西头儿。捡砖头，有说头儿，送到猪场砌墙头儿。墙头高，高过头，乐得他俩直点头儿。人人夸小哥儿俩，“集体装在心里头。”

【乐得我合不上嘴儿】

乐得我天天儿合不上嘴儿，忙得我早晚儿歇不了腿儿，东家请我描花样儿，西院让我挑桶水儿，老太太短不了我帮忙儿，小孩儿们缠着我讲故事儿，哪家婆媳拌了嘴儿，我还得去当个调停人儿。

【为人民服务的思想贴心坎儿】

你别看就那么两间小门脸儿，你别看屋子不大点儿，你别看设备不起眼儿，售货员为人民服务的思想贴心坎儿。有火柴，有烟卷儿，有背心儿，有裤衩儿，有手电、蜡烛、盘子碗儿，有刀子、勺子、小饭铲儿。起个早儿，贪个晚儿，买什么都在家跟前儿。

【奶奶想说】

圆桌儿、方桌儿没有腿儿，墨水瓶儿里没墨水儿，花瓶里有花儿没有叶儿，练习本儿上写字儿没有准儿，甘蔗好吃净是节儿，西瓜挺大没有味儿，坛儿里的小米儿长了虫儿，鸡毛掸子成了棍儿，水缸沿儿上系围嘴儿，耗子打更猫打盹儿，新买的小褂儿没钉扣儿，奶奶想说没有劲儿。

【小哥儿俩】

小哥儿俩红脸蛋儿，手拉手儿一块儿玩儿。小哥儿俩一个班儿，一路上学唱着歌儿。学造句，一串儿串儿，唱新歌儿，一段儿段儿，学画画儿，不贪玩儿。画小猫儿，钻圆圈儿，画小狗儿，蹲庙台儿，画只小鸡儿吃小米儿，画条小鱼儿吐水泡儿。小哥儿俩对脾气儿，上学念书不费劲儿，真是父母的好宝贝儿。

【两个小孩儿】

有个男小孩儿，穿件蓝小褂儿，拿着小竹篮儿，装的年糕和镰刀。有个小女孩儿，穿件绿花儿裙，梳着俩小辫儿，拉着一头老奶牛。俩人儿手拉手儿，唱着快乐的牧牛歌儿，拉着牛，拿着篮儿，溜溜达达向前走，走到柳林边儿，拴上牛，放下篮儿，拿出了年糕和镰刀，吃了甜年糕，拿起小镰刀，提起竹篮儿去割草。割了一篮儿一篮儿嫩绿嫩绿的好青草，欢欢喜喜地喂饱了那条老奶牛。

【鸡蛋变糖葫芦儿】

我们那儿有个王小三儿，在门口儿摆着一个小杂货摊儿。卖的是煤油、火柴和烟卷儿，草纸、豆儿纸，还有关东烟儿。红糖、白糖、花椒、大料瓣儿，鸡子儿，挂面，酱、醋和油盐儿，冰糖葫芦一串儿又一串儿，花生、瓜子儿还有酸杏干儿。王小三儿不识字儿，算账、记账他净闹稀罕事儿。街坊买了他六个鸡子儿，他就在账本上画了六个大圆圈儿。过了两天，人家还了他的账，他又在圆圈儿上画了一大道儿。可到了年底他又跟人家去讨账钱儿，鸡子儿的事儿早就忘到脑后边儿。人家说，“我们还账。”他说人家欠了他一串儿糖葫芦儿，没有给他钱儿。

普通话水平测试用儿化词语表

说 明

1. 本表参照《普通话水平测试用普通话词语表》及《现代汉语词典》编制。加 * 的是以上二者未收，根据测试需要而酌情增加的条目。

2. 本表仅供普通话水平测试第二项——读多音节词语(100 个音节)测试使用。本表儿化音节，在书面上一律加“儿”，但并不表明所列词语在任何语用场合都必须儿化。

3. 本表共收词 189 条，按儿化韵母的汉语拼音字母顺序排列。

4. 本表列出原形韵母和所对应的儿化韵，用“＞”表示条目中儿化音节的注音，只在基本形式后面加“r”，如“一会儿 yīhuìr”，不标语音上的实际变化。

扫码听范读 一　扫码听范读 二　扫码听范读 三　扫码听范读 四

一

a＞ar
刀把儿 dāobàr　号码儿 hàomǎr　戏法儿 xìfǎr
在哪儿 zàinǎr　找茬儿 zhǎochár　打杂儿 dǎzár
板擦儿 bǎncār

ai＞ar
名牌儿 míngpáir　鞋带儿 xiédàir　壶盖儿 húgàir
小孩儿 xiǎoháir　加塞儿 jiāsāir

an＞ar
快板儿 kuàibǎnr　老伴儿 lǎobànr　蒜瓣儿 suànbànr
脸盘儿 liǎnpánr　脸蛋儿 liǎndànr　收摊儿 shōutānr
栅栏儿 zhàlanr　包干儿 bāogānr　笔杆儿 bǐgǎnr
门槛儿 ménkǎnr

二

ang＞ar(鼻化)
药方儿 yàofāngr　赶趟儿 gǎntàngr　香肠儿 xiāngchángr
瓜瓤儿 guārángr

三

ia＞iar
掉价儿 diàojiàr　一下儿 yīxiàr　豆芽儿 dòuyár

ian＞iar
小辫儿 xiǎobiànr　照片儿 zhàopiānr　扇面儿 shànmiànr
差点儿 chàdiǎnr　一点儿 yīdiǎnr　雨点儿 yǔdiǎnr
聊天儿 liáotiānr　拉链儿 lāliànr　冒尖儿 màojiānr
坎肩儿 kǎnjiānr　牙签儿 yáqiānr　露馅儿 lòuxiànr
心眼儿 xīnyǎnr

四

iang＞iar(鼻化)	鼻梁儿 bíliángr	透亮儿 tòuliàngr	花样儿 huāyàngr

扫码听范读 五　扫码听范读 六　扫码听范读 七　扫码听范读 八

五

ua＞uar	脑瓜儿 nǎoguār	大褂儿 dàguàr	麻花儿 máhuār
	笑话儿 xiàohuar	牙刷儿 yáshuār	
uai＞uar	一块儿 yīkuàir		
uan＞uar	茶馆儿 cháguǎnr	饭馆儿 fànguǎnr	火罐儿 huǒguànr
	落款儿 luòkuǎnr	打转儿 dǎzhuànr	拐弯儿 guǎiwānr
	好玩儿 hǎowánr	大腕儿 dàwànr	

六

uang＞uar(鼻化)	蛋黄儿 dànhuángr	打晃儿 dǎhuàngr	天窗儿 tiānchuāngr

七

üan＞üar	烟卷儿 yānjuǎnr	手绢儿 shǒujuànr	出圈儿 chūquānr
	包圆儿 bāoyuánr	人缘儿 rényuánr	绕远儿 ràoyuǎnr
	杂院儿 záyuànr		

八

ei＞er	刀背儿 dāobèir	摸黑儿 mōhēir	
en＞er	老本儿 lǎoběnr	花盆儿 huāpénr	嗓门儿 sǎngménr
	把门儿 bǎménr	哥们儿 gēmenr	纳闷儿 nàmènr
	后跟儿 hòugēnr	高跟儿鞋 gāogēnrxié	别针儿 biézhēnr
	一阵儿 yīzhènr	走神儿 zǒushénr	大婶儿 dàshěnr
	小人儿书 xiǎorénrshū	杏仁儿 xìngrénr	刀刃儿 dāorènr

扫码听范读 九　扫码听范读 十　扫码听范读 十一　扫码听范读 十二

九

eng＞er(鼻化)	钢镚儿 gāngbèngr	夹缝儿 jiāfèngr	脖颈儿 bógěngr
	提成儿 tíchéngr		

十

ie>ier 半截儿 bànjiér 小鞋儿 xiǎoxiér

üe>üer 旦角儿 dànjuér 主角儿 zhǔjuér

十一

uei>uer 跑腿儿 pǎotuǐr 一会儿 yīhuìr 耳垂儿 ěrchuír
墨水儿 mòshuǐr 围嘴儿 wéizuǐr 走味儿 zǒuwèir

uen>uer 打盹儿 dǎdǔnr 胖墩儿 pàngdūnr 砂轮儿 shālúnr
冰棍儿 bīnggùnr 没准儿 méizhǔnr 开春儿 kāichūnr

ueng>uer(鼻化) *小瓮儿 xiǎowèngr

十二

-i(前)>er 瓜子儿 guāzǐr 石子儿 shízǐr 没词儿 méicír
挑刺儿 tiāocìr

-i(后)>er 墨汁儿 mòzhīr 锯齿儿 jùchǐr 记事儿 jìshìr

扫码听范读 十三　扫码听范读 十四　扫码听范读 十五　扫码听范读 十六

十三

i>i:er 针鼻儿 zhēnbír 垫底儿 diàndǐr 肚脐儿 dùqír
玩意儿 wányìr

in>i:er 有劲儿 yǒujìnr 送信儿 sòngxìnr 脚印儿 jiǎoyìnr

十四

ing>i:er(鼻化) 花瓶儿 huāpíngr 打鸣儿 dǎmíngr 图钉儿 túdīngr
门铃儿 ménlíngr 眼镜儿 yǎnjìngr 蛋清儿 dànqīngr
火星儿 huǒxīngr 人影儿 rényǐngr

十五

ü>ü:er 毛驴儿 máolǘr 小曲儿 xiǎoqǔr 痰盂儿 tányúr

ün>ü:er 合群儿 héqúnr

十六

e>er 模特儿 mótèr 逗乐儿 dòulèr 唱歌儿 chànggēr
挨个儿 āigèr 打嗝儿 dǎgér 饭盒儿 fànhér
在这儿 zàizhèr

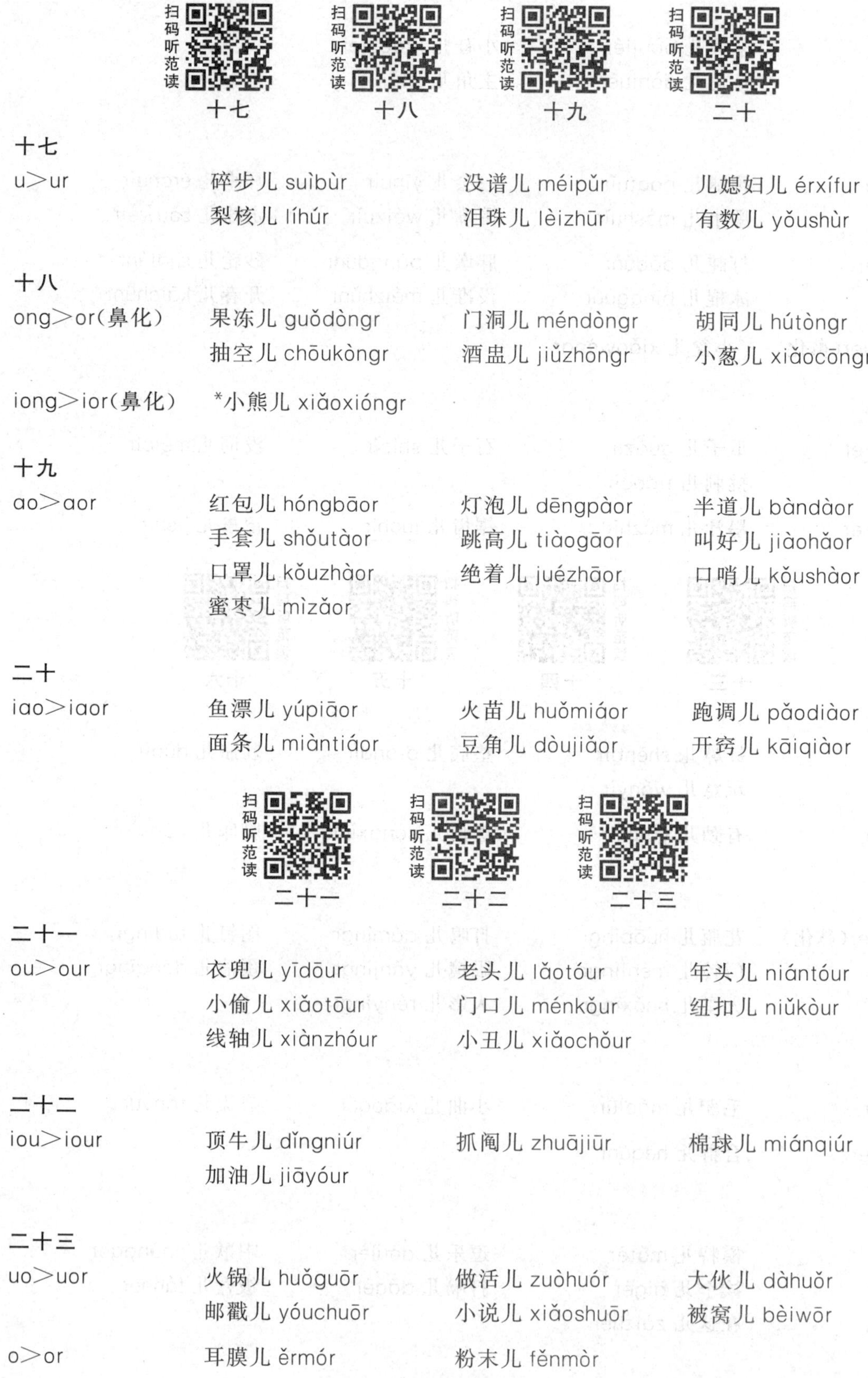

扫码听范读 十七　扫码听范读 十八　扫码听范读 十九　扫码听范读 二十

十七

u>ur　碎步儿 suìbùr　没谱儿 méipǔr　儿媳妇儿 érxífur
　梨核儿 líhúr　泪珠儿 lèizhūr　有数儿 yǒushùr

十八

ong>or(鼻化)　果冻儿 guǒdòngr　门洞儿 méndòngr　胡同儿 hútòngr
　抽空儿 chōukòngr　酒盅儿 jiǔzhōngr　小葱儿 xiǎocōngr

iong>ior(鼻化)　*小熊儿 xiǎoxióngr

十九

ao>aor　红包儿 hóngbāor　灯泡儿 dēngpàor　半道儿 bàndàor
　手套儿 shǒutàor　跳高儿 tiàogāor　叫好儿 jiàohǎor
　口罩儿 kǒuzhàor　绝着儿 juézhāor　口哨儿 kǒushàor
　蜜枣儿 mìzǎor

二十

iao>iaor　鱼漂儿 yúpiāor　火苗儿 huǒmiáor　跑调儿 pǎodiàor
　面条儿 miàntiáor　豆角儿 dòujiǎor　开窍儿 kāiqiàor

扫码听范读 二十一　扫码听范读 二十二　扫码听范读 二十三

二十一

ou>our　衣兜儿 yīdōur　老头儿 lǎotóur　年头儿 niántóur
　小偷儿 xiǎotōur　门口儿 ménkǒur　纽扣儿 niǔkòur
　线轴儿 xiànzhóur　小丑儿 xiǎochǒur

二十二

iou>iour　顶牛儿 dǐngniúr　抓阄儿 zhuājiūr　棉球儿 miánqiúr
　加油儿 jiāyóur

二十三

uo>uor　火锅儿 huǒguōr　做活儿 zuòhuór　大伙儿 dàhuǒr
　邮戳儿 yóuchuōr　小说儿 xiǎoshuōr　被窝儿 bèiwōr

o>or　耳膜儿 ěrmór　粉末儿 fěnmòr

第四节　“啊”的音变

“啊”是兼词，既可作语气词，也可作叹词。

一、“啊”的用法

1.“啊”作叹词

“啊”作叹词时，出现在句首，有阴平、阳平、上声和去声四种声调的变化。在韵母 a 不变的情况下，读哪种声调和说话人的思想感情有着密切的关系，只要按照不同声调读“啊”，就是后面不跟随补充的语句，听者也能明白说话人的情感。

例如：

ā　啊，真让人高兴，你入党了。（叹词，表示惊异，赞叹。）

á　啊，你说什么？他不在吗？（叹词，表示追问。）

ǎ　啊，原来是这么回事啊！（叹词，表示恍然大悟。）

à　啊，好吧。（叹词，表示应诺。）

2.“啊”作语气词

“啊”作语气词时，出现在句尾，它的读音受前边音节末尾音素的影响而发生变化，其变化规律如下：

(1)当“啊”前面音节末尾音素是 a、o、e、i、ü 和 ê 时，“啊”字读 ya，也可以写作“呀”。

例如：

a　他的手真大啊(dà ya)！

o　这里的人真多啊(duō ya)！

e　赶车啊(chē ya)！

i　是小丽啊(lì ya)！

ü　快去啊(qù ya)！

ê　应该注意节约啊(yuē ya)！

(2)当“啊”前面音节末尾音素是 u、ao、iao 时，“啊”字读 wa，也可以写作“哇”。

例如：

u　你在哪儿住啊(zhù wa)？

有没有啊(yǒu wa)？

ao　写得多好啊(hǎo wa)！

iao　她的手多巧啊(qiǎo wa)！

(3)当“啊”前面音节末尾音素是-n 时，“啊”字读 na，也可以写作“哪”。

例如：

-n　这糖可真甜啊(tián na)！

你走路可要小心啊(xīn na)！

(4)当“啊”前面音节末尾音素是-ng 时，“啊”字读 nga，仍写作“啊”。

例如：

-ng　这事办不成啊(chéng nga)！

大家唱啊(chàng nga)！

(5)当“啊”前面音节末尾音素是舌尖前元音-i[ɿ]时，“啊”字读[z]a，仍写作“啊”。

例如：

-i[ɿ]　你真是乖孩子啊(zi [z]a)！

你到过那里几次啊(cì [z]a)？

(6)当“啊”前面音节末尾音素是舌尖后元音-i[ʅ]和卷舌韵母 er 时，“啊”字读 ra，仍写作“啊”。

例如：

-i[ʅ]　这是一件大事啊(shì ra)！

你吃啊(chī ra)！

“啊”的音变规律表

“啊”前面的韵母	“啊”前面音节尾音	“啊”的音变	举例
a、ia、ua、o、uo、e、ie、üe	a、o、e、ê	ya	快画呀！ 真多呀！
i、ai、uai、ei、uei、ü	i、ü	ya	快来呀！ 出去呀！
u、ou、iou、ao、iao	u、ao	wa	在这儿住哇！ 真好哇！
an、ian、uan、üan、 en、in、uen、ün	n	na	好人哪！ 路真远哪！
ang、iang、uang、eng、 ing、ueng、ong、iong	ng	nga	大声唱啊！ 行不行啊！
-i[前]	-i[前]	za	真自私啊！
-i[后]、er	-i[后]	ra	什么事啊！

二、“啊”辨读词语练习

ya

打岔啊 chàya　　喝茶啊 cháya　　广播啊 bōya　　上坡啊 pōya

菠萝啊 luóya　　唱歌啊 gēya　　合格啊 géya　　祝贺啊 hèya

上街啊 jiēya　　快写啊 xiěya　　白雪啊 xuěya　　节约啊 yuēya

可爱啊 àiya　　喝水啊 shuǐya　　早起啊 qǐya　　东西啊 dōngxiya

不去啊 qùya　　大雨啊 yǔya

wa

巧手啊 shǒuwa　　跳舞啊 wǔwa　　中秋啊 qiūwa　　里头啊 tóuwa

吃饱啊 bǎowa　　可笑啊 xiàowa　　真好啊 hǎowa　　报告啊 gàowa

na

小心啊 xīnna	家人啊 rénna	围裙啊 qúnna	大干啊 gànna
没门啊 ménna	真准啊 zhǔnna	联欢啊 huānna	运转啊 zhuǎnna

nga

太脏啊 zāngnga	不用啊 yòngnga	好冷啊 lěngnga	小熊啊 xióngnga
好听啊 tīngnga	劳动啊 dòngnga	青松啊 sōngnga	完成啊 chéngnga

za

写字啊 zìza	一次啊 cìza	蚕丝啊 sīza	公司啊 sīza

ra

可耻啊 chǐra	老师啊 shīra	花儿啊 huārra	女儿啊 érra
先吃啊 chīra	节日啊 rìra	开门儿啊 ménrra	小曲儿啊 qǔrra

◆绕口令练习◆

【鸡鸭猫狗 1】

鸡呀，鸭呀，猫哇，狗哇，一块儿水里游哇！牛哇，羊啊，马呀，骡呀，一块儿进鸡窝呀！狮啊，虫啊，虎哇，豹哇，一块街上跑哇！兔哇，鹿哇，鼠哇，孩子啊，一块上窗台儿啊！

【鸡鸭猫狗 2】

鸡啊、鸭啊、猫啊、狗啊，一块儿在水里游啊！牛啊、羊啊、马啊、骡啊，一块儿进鸡窝啊！狼啊、虎啊、鹿啊、豹啊，一块儿在街上跑啊！兔儿啊、鼠儿啊、虫儿啊、鸟儿啊，一块儿上窗台儿啊！

【多美的一幅画啊】

看啊(na)，多美的一幅画啊(ya)！那上面有山啊(na)，水啊(ya)，树啊(wa)，花儿啊(ra)，还有许多小动物呢，有公鸡啊(ya)，白鸭啊(ya)，猪啊(wa)，羊啊(nga)，大水牛啊(wa)，枣红马啊(ya)，还有一只小白兔啊(wa)，多热闹啊(wa)！是啊(ra)，画得就像真的一样啊(nga)！

【张果老】

啪！啪！啪！你是谁呀？我是张果老啊！你怎么不进来啊？我怕被狗咬啊！你兜儿里装的是什么啊？装的大酸枣啊！你怎么不吃啊？我怕牙酸倒啊！胳肢窝里夹的什么啊？一件破皮袄啊！你怎么不穿啊？我怕虱子咬啊！怎么不叫你老伴儿拿啊？老伴儿早死了！你怎么不哭啊？盆儿啊！罐儿啊！我的亲老伴儿啊！

第三篇
普通话水平测试应试指南

第一章　单音节字词测试应试指南

第一节　读单音节字词测试指导

一、测查内容

本测试项要求应试人朗读总计 100 个音节的单音节字词，限时 3.5 分钟，共 10 分。

二、测试目的

测查应试人声母、韵母、声调读音的标准程度。

三、测试要求

1. 100 个音节中，70%选自《普通话水平测试用普通话词语表》“表一”，30%选自“表二”。

2. 100 个音节中，每个声母出现次数一般不少于 3 次，每个韵母出现次数一般不少于 2 次，4 个声调出现次数大致均衡。

应试人在任何一个声母发音上存在问题，最少会被扣除 0.3 分；两个声母的发音存在问题，最少会被扣除 0.6 分；以此类推，韵母同理。尤其需要注意的是声调的发音，如果考生在任意一个声调的发音存在问题将会被扣除 2.5 分。）

3. 音节的排列要避免同一测试要素连续出现。例如：不会出现两个上声连在一起（不会出现“韦”与“唯”）；两个相同的声母或韵母连在一起。

四、声、韵、调出现的频次

单音节字词试题的声母平均出现次数

声母	平均出现次数	声母	平均出现次数	声母	平均出现次数
零声母	5.7	sh	5.5	p	2.9
d	5.2	b	4.4	n	3.0

续表

声母	平均出现次数	声母	平均出现次数	声母	平均出现次数
l	5.6	m	4.6	k	3.0
j	5.6	f	4.5	r	2.8
q	5.7	t	4.5	c	3.0
x	5.8	g	4.9	s	3.0
zh	5.4	h	4.9		
ch	5.3	z	4.9		

单音节字词试题的韵母平均出现次数

韵母	出现次数	韵母	出现次数	韵母	出现次数
i	3.1	e	3.6	ɑ	2.6
u	4.0	eng	3.9	ü	2.8
iɑn	3.2	uei	3.9	uo	3.0
ing	3.6	ɑi	3.3	-i(前)	2.0
ɑn	3.4	en	2.8	uen	3.0
-i(后)	3.1	iɑo	2.5	iou	3.0
ong	3.8	uɑn	3.0	ie	2.8
ɑo	3.4	in	2.7	iɑng	2.6
ɑng	3.5	ou	2.0	ei	2.9
uɑng	2.9	o	1.0	ün	1.0
iɑ	2.0	üɑn	1.9	er	1.5
üe	2.0	uɑi	2.0	ueng	1.0
uɑ	1.9	iong	1.3		

单音节字词试题的声调平均出现次数

声　调	阴平	阳平	上声	去声
平均出现次数	25.0	23.7	23.6	27.7

五、评分标准

1.语音错误(含漏读音节),每个音节扣0.1分。

2.语音缺陷,每个音节扣 0.05 分。
3.超时 1 分钟以内扣 0.5 分,超时 1 分钟以上(含 1 分钟)扣 1 分。
(关于语音错误、语音缺陷相关内容,详见附录一)

六、目标设定

如果应试人想达到一级乙等的目标,那么在本项测试中最多可扣 1 分;如果想达到二甲的目标,最多可扣 2 分。

第二节　读单音节字词测试技巧

本测试项是测查应试人的声母、韵母、声调读音的标准程度。测试时需要注意以下问题:

一、朗读音量和速度控制

爹[diē]　怀[huái]　才[cái]　袄[ǎo]　畏[wèi]　衰[shuāi]

要求:朗读时,尽量把音量放大一点,使声音饱满有质感,要将每个字读完整,这样既能保证声母、韵母、调值表达清楚;同时又能兼顾气息的从容度。所以朗读时不要拖也不要赶,字与字之间间隔一秒左右的时间。这样的朗读速度,只要考生不特别紧张,或产生其他意外情况,都不会出现超时的现象。

二、不能把声、韵分开读

比如:八(b-a-ba)　妈(m-a-ma)。

三、第三声(上声)一定要发音完整

比如:"好 hǎo" 214 的调值一定要发完整。

四、韵母的发音问题,需要注意两点

1.元音位置的保持,比如:a 的开口度不能过前、过后或过大、过小。
2.前后鼻音的掌握,比如:an 和 ang、en 和 eng、in 和 ing。

五、关于重读的问题

在本项测试中,一个字词允许应试人读两遍,记评是以第二遍的读音为准,但是隔字词改读无效。这里建议应试人少改读或者不改读。

六、易混淆字

试卷中的陷阱,这些字在我们平时认为的读音和准确的读音是不一样的。

1. 习惯性错误陷阱

韦[wéi]　蹿[cuān]　绺[liǔ]
秸[jiē]　撅[juē]　一蹴[cù]而就

2. 联想朗读陷阱

许[xǔ]　弟[dì]　啮[niè]　均[jūn]　匀[yún]

3. 相似字陷阱

凑［còu］	揍［zòu］	捧［pěng］	棒［bàng］
侯［hóu］	候［hòu］	坯［pī］	胚［pēi］
拔［bá］	拨［bō］	蹬［dēng］	瞪［dèng］
谎［huǎng］	慌［huāng］	禀［bǐng］	凛［lǐn］
揣［chuǎi］	踹［chuài］	湍［tuān］	响［xiǎng］
晌［shǎng］	饷［xiǎng］	恒［héng］	亘［gèn］
垣［yuán］	桓［huán］		

第三节　读单音节字词训练

扫码听范读

读单音节字词练习一

老	腮	洽	恩	曹	刷	恒	踪	夏	拨
闽	建	娶	捉	肥	病	苦	扬	外	子
糠	嫌	略	耳	颇	陈	袜	体	爱	戳
蒋	贼	迅	鳖	日	举	叼	述	习	窦
枝	裙	睬	宾	瑟	仍	苑	推	皱	感
咂	手	汪	寡	浓	羽	雄	劝	丰	幻
滕	盏	怀	广	烦	若	掌	鹿	曰	磁
积	篾	隋	关	嘱	耐	麻	诵	惹	挥
领	瓢	久	兰	靠	团	窘	谜	滚	方
盆	妙	屯	丢	偿	宴	嘴	栓	宝	捏

lǎo	sāi	qià	ēn	cáo	shuā	héng	zōng	xià	bō
mǐn	jiàn	qǔ	zhuō	féi	bìng	kǔ	yáng	wài	zǐ
kāng	xián	lüè	ěr	pō	chén	wà	tǐ	ài	chuō
jiǎng	zéi	xùn	biē	rì	jǔ	diāo	shù	xí	dòu
zhī	qún	cǎi	bīn	sè	réng	yuàn	tuī	zhòu	gǎn
zā	shǒu	wāng	guǎ	nóng	yǔ	xióng	quàn	fēng	huàn
téng	zhǎn	huái	guǎng	fán	ruò	zhǎng	lù	yuē	cí
jī	miè	suí	guān	zhǔ	nài	má	sòng	rě	huī
lǐng	piáo	jiǔ	lán	kào	tuán	jiǒng	mí	gǔn	fāng
pén	miào	tún	diū	cháng	yàn	zuǐ	shuān	bǎo	niē

读单音节字词练习二

扫码听范读

蛇 洼 构 产 败 抿 耗 隔 软 无
册 痴 月 旁 乖 内 癣 恰 袄 香
抖 腊 许 陪 脚 题 翁 鼻 跨 诀
态 栓 气 茧 方 痕 捅 之 臀 江
砸 狱 霞 腮 自 窘 嫩 镭 反 梭
彩 珠 炒 窝 耍 坑 拟 遍 群 孔
疗 椎 堵 霖 捐 死 槐 墓 搓 扭
疮 儿 蔫 用 偶 冰 婆 邓 允 怯
捧 刘 铁 挥 吮 鸣 罪 逢 对 公
让 貂 磐 然 装 虫 摸 靠 蚕 面

shé wā gòu chǎn bài mǐn hào gé ruǎn wú
cè chī yuè páng guāi nèi xuǎn qià ǎo xiāng
dǒu là xǔ péi jiǎo tí wēng bí kuà jué
tài shuān qì jiǎn fāng hén tǒng zhī tún jiāng
zá yù xiá sāi zì jiǒng nèn léi fǎn suō
cǎi zhū chǎo wō shuǎ kēng nǐ biàn qún kǒng
liáo zhuī dǔ lín juān sǐ huái mù cuō niǔ
chuāng ér niān yòng ǒu bīng pó dèng yǔn qiè
pěng liú tiě huī shǔn míng zuì féng duì gōng
ràng diāo pán rán zhuāng chóng mō kào cán miàn

读单音节字词练习三

扫码听范读

粗 昂 栽 远 摧 彼 鳞 汞 灼 睁
嘴 墙 软 框 沉 辣 寒 法 怪 纱
馆 日 而 酱 缫 库 堆 绢 普 迈
吃 话 停 月 许 铜 讽 燃 桑 条
炯 膘 咒 稳 釉 焚 艘 让 兵 螺
钾 涡 要 客 乃 掂 楼 字 兜 仗
雅 胸 米 瞪 蕊 趋 扯 休 找 伴
陶 双 醇 跟 特 瓜 群 摔 砍 害
吴 遣 末 您 怯 北 居 型 裂 诀
纳 巡 短 磁 匹 脓 颇 傲 黑 彭

cū áng zāi yuǎn cuī bǐ lín gǒng zhuó zhēng
zuǐ qiáng ruǎn kuàng chén là hán fǎ guài shā

guǎn rì ér jiàng sāo kù duī juàn pǔ mài
chī huà tíng yuè xǔ tóng fěng rán sāng tiáo
jiǒng biāo zhòu wěn yòu fén sōu ràng bīng luó
jiǎ wō shuǎ kè nǎi diān lóu zì dōu zhàng
yǎ xiōng mǐ dèng ruǐ qū chě xiū zhǎo bàn
táo shuāng chún gēn tè guā qún shuāi kǎn hài
wú qiǎn mò nín qiè běi jū xíng liè jué
nà xún duǎn cí pǐ nóng pō ào hēi péng

扫码听范读

读单音节字词练习四

电 远 日 韦 仄 尖 黄 塌 眉 艘
临 赚 池 憎 饶 促 丝 国 伞 床
觅 丢 裙 匾 庞 恩 俘 拢 醉 劳
肉 萌 倦 准 内 熏 仰 抬 袜 您
黯 虫 篾 朽 糟 并 枪 蠢 羹 不
激 牌 瓜 粤 而 梳 你 块 雄 另
巴 让 条 攥 硫 鸟 瘸 磕 统 驱
我 跤 苟 章 景 瞎 海 搭 女 饭
许 黑 抵 摹 炒 跌 蕊 神 哑 签
甩 蹿 坠 恐 破 磁 圣 法 授 炯

diàn yuǎn rì wéi zè jiān huáng tā méi sōu
lín zhuàn chí zēng ráo cù sī guó sǎn chuáng
mì diū qún biǎn páng ēn fú lǒng zuì láo
ròu méng juàn zhǔn nèi xūn yǎng tái wà nín
àn chóng miè xiǔ zāo bìng qiāng chǔn gēng bù
jī pái guā yuè ér shū nǐ kuài xióng lìng
bā ràng tiáo zuàn liú niǎo qué kē tǒng qū
wǒ jiāo gǒu zhāng jǐng xiā hǎi dā nǚ fàn
xǔ hēi dǐ mó chǎo diē ruǐ shén yǎ qiān
shuǎi cuān zhuì kǒng pò cí shèng fǎ shòu jiǒng

扫码听范读

读单音节字词练习五

耳 持 痒 坯 广 迈 拴 瘸 朽 厘
举 踪 男 润 拿 粗 腺 驴 棵 猛
仓 齐 挺 勤 跃 瓢 审 颇 顶 烈
祥 托 林 倦 房 找 滑 巧 丈 博
保 匀 此 鬓 迁 拜 耸 特 佐 嫁

珠 管 仍 押 苗 窘 黑 捡 雕 配
洒 鸣 忠 四 轨 瓮 恩 潮 暗 楼
钧 攥 坤 谎 税 永 扣 专 受 瞥
渡 戳 袜 牛 歪 入 乖 测 挥 敌
返 蹦 抬 日 开 挡 痕 讽 毛 宣

ěr chí yǎng pī guǎng mài shuān qué xiǔ lí
jǔ zōng nán rùn ná cū xiàn lǘ kē měng
cāng qí tǐng qín yuè piáo shěn pō dǐng liè
xiáng tuō lín juàn fáng zhǎo huá qiǎo zhàng bó
bǎo yún cǐ bìn qiān bài sǒng tè zuǒ jià
zhū guǎn réng yā miáo jiǒng hēi jiǎn diāo pèi
sǎ míng zhōng sì guǐ wèng ēn cháo àn lóu
jūn zuàn kūn huǎng shuì yǒng kòu zhuān shòu piē
dù chuō wà niú wāi rù guāi cè huī dí
fǎn bèng tái rì kāi dǎng hén fěng máo xuān

扫码听范读

读单音节字词练习六

巴 阔 凝 尊 啼 紧 灵 针 饷 瞥
众 傻 而 采 涡 汞 开 爽 链 纷
艳 剖 猛 竖 忙 黑 炯 课 雨 刁
门 子 拿 灶 约 颌 讽 徐 村 条
丑 肥 恰 阶 桃 瞪 群 惨 阁 氮
眨 雏 禀 逛 亩 禽 蛙 涩 歪 候
犬 日 雪 烁 宗 泥 锐 嗤 比 让
团 涌 话 婆 氨 肋 挤 痛 矮 膜
偏 饶 补 壮 坚 狼 攥 家 酿 臣
球 甩 僧 绺 吹 孕 宣 您 张 四

bā kuò níng zūn tí jǐn líng zhēn xiǎng piē
zhòng shǎ ér cǎi wō gǒng kāi shuǎng liàn fēn
yàn pōu měng shù máng hēi jiǒng kè yǔ diāo
mén zǐ ná zào yuē hé fěng xú cūn tiáo
chǒu féi qià jiē táo dèng qún cǎn gé dàn
zhǎ chú bǐng guàng mǔ qín wā sè wāi hòu
quǎn rì xuě shuò zōng ní ruì chī bǐ ràng
tuán yǒng huà pó ān lèi jǐ tòng ǎi mó
piān ráo bǔ zhuàng jiān láng zuàn jiā niàng chén
qiú shuǎi sēng liǔ chuī yùn xuān nín zhāng sì

扫码听范读

读单音节字词练习七

脑　卧　洒　捐　许　失　板　从　寡　赦
闸　爽　叼　下　寝　闭　瞥　末　邻　粗
字　讲　熊　驻　苍　环　枪　澳　厅　二
团　踹　舔　遵　逃　追　锁　汤　裴　状
究　婶　掐　某　君　贼　垦　白　眯　映
征　戏　颌　孙　硫　肿　拳　悔　您　反
冰　奎　禹　谬　果　言　氯　拐　傍　恩
测　逢　略　死　方　也　氦　仍　艘　绕
攻　瞭　阻　蹭　陈　破　淡　衣　巡　花
年　汝　瘸　汪　持　恐　酶　窘　完　对

nǎo　wò　sǎ　juān　xǔ　shī　bǎn　cóng　guǎ　shè
zhá　shuǎng　diāo　xià　qǐn　bì　piē　mò　lín　cū
zì　jiǎng　xióng　zhù　cāng　huán　qiāng　ào　tīng　èr
tuán　chuài　tiǎn　zūn　táo　zhuī　suǒ　tāng　péi　zhuàng
jiū　shěn　qiā　mǒu　jūn　zéi　kěn　bái　mī　yìng
zhēng　xì　hé　sūn　liú　zhǒng　quán　huǐ　nín　fǎn
bīng　kuí　yǔ　miù　guǒ　yán　lǜ　guǎi　bàng　ēn
cè　féng　lüè　sǐ　fāng　yě　hài　réng　sōu　rào
gōng　liào　zǔ　cèng　chén　pò　dàn　yī　xún　huā
nián　rǔ　qué　wāng　chí　kǒng　méi　jiǒng　wán　duì

扫码听范读

读单音节字词练习八

紧　泉　扰　恩　左　溶　坎　木　甩　徐
麦　焚　凑　腔　财　诸　蠢　面　所　成
千　誉　刷　体　羹　瘸　送　癣　棕　白
苍　拐　黄　搭　访　窝　鼠　娘　飘　丸
二　盆　抠　廖　推　月　泼　示　铡　扼
柳　个　袍　仗　邻　耗　虽　怎　逢　广
肩　妙　哑　丢　圣　船　笔　含　窘　循
热　他　喜　窗　窖　肘　位　凝　允　苏
日　垒　宅　猎　叮　末　此　钡　痰　捆
拥　季　碘　丝　恰　瓦　梢　拿　后　劫

jǐn　quán　rǎo　ēn　zuǒ　róng　kǎn　mù　shuǎi　xú
mài　fén　còu　qiāng　cái　zhū　chǔn　miàn　suǒ　chéng

qiān yù shuā tǐ gēng qué sòng xuǎn zōng bái
cāng guǎi huáng dā fǎng wō shǔ niáng piāo wán
èr pén kōu liào tuī yuè pō shì zhá è
liǔ gè páo zhàng lín hào suī zěn féng guǎng
jiān miào yǎ diū shèng chuán bǐ hán jiǒng xún
rè tā xǐ chuāng jiào zhǒu wèi níng yǔn sū
rì lěi zhái liè dīng mò cǐ bèi tán kǔn
yōng jì diǎn sī qià wǎ shāo ná hòu jié

扫码听范读

读单音节字词练习九

法 婚 特 胸 暖 门 黑 瞒 赖 帘
跳 旁 斟 表 安 准 厩 癣 佩 双
冗 握 凝 判 拐 臣 耍 编 柳 酱
口 浪 吃 统 颇 订 搔 扩 墙 酥
娶 摘 炯 室 比 洽 油 方 盆 擦
瘸 允 绝 赏 农 亏 槐 薪 迈 协
某 耕 竖 枣 注 谜 锯 凹 缘 歌
倪 撑 腿 犁 冰 罪 冯 润 德 蕊
拨 演 花 肉 蝶 奢 丸 吊 醇 字
等 二 初 进 惨 巡 哑 王 此 赛

fǎ hūn tè xiōng nuǎn mén hēi mán lài lián
tiào páng zhēn biǎo ān zhǔn jiù xuǎn pèi shuāng
rǒng wò níng pàn guǎi chén shuǎ biān liǔ jiàng
kǒu làng chī tǒng pō dìng sāo kuò qiáng sū
qǔ zhāi jiǒng shì bǐ qià yóu fāng pén cā
qué yǔn jué shǎng nóng kuī huái xīn mài xié
mǒu gēng shù zǎo zhù mí jù āo yuán gē
ní chēng tuǐ lí bīng zuì féng rùn dé ruǐ
bō yǎn huā ròu dié shē wán diào chún zì
děng èr chū jìn cǎn xún yǎ wáng cǐ sài

扫码听范读

读单音节字词练习十

麻 缺 杨 致 捷 谬 尊 凑 刚 炖
临 窘 滑 力 琼 拨 蜷 撞 否 酿
貂 聂 塔 撤 伤 嘴 牢 北 枫 垦
镰 御 稿 四 钓 鼓 掠 甩 呈 准
菊 摊 刑 舀 群 拴 此 让 才 棒
随 鼎 尼 险 抛 残 究 盘 孟 皮

俯 跟 膜 肾 宾 点 烘 阔 挖 火
虫 内 揉 暖 迟 耳 冤 晓 特 芯
舌 恩 并 矮 瓮 瞎 快 枉 桌 悔
松 灶 村 哑 换 冬 辱 扑 仄 前

má quē yáng zhì jié miù zūn còu gāng dùn
lín jiǒng huá lì qióng bō quán zhuàng fǒu niàng
diāo niè tǎ chè shāng zuǐ láo běi fēng kěn
lián yù gǎo sì jūn gǔ lüè shuǎi chéng zhǔn
jú tān xíng yǎo qún shuān cǐ ràng cái bàng
suí dǐng ní xiǎn pāo cán jiū pán mèng pí
fǔ gēn mó shèn bīn diǎn hōng kuò wā huǒ
chóng nèi róu nuǎn chí ěr yuān xiǎo tè xīn
shé ēn bìng ǎi wèng xiā kuài wǎng zhuō huǐ
sōng zào cūn yǎ huàn dōng rǔ pū zè qián

第二章 多音节词语测试应试指南

第一节 读多音节词语测试指导

一、测试内容

本测试项要求应试人朗读总计 100 个音节的多音节词语，限时 2.5 分钟，共 20 分。

二、测试目的

测查应试人的声母、韵母、声调和变调、轻声、儿化读音的标准程度。

三、测试要求

1. 100 个音节中，70%选自《普通话水平测试用普通话词语表》"表一"，30%选自"表二"。

2. 声母、韵母、声调出现的次数与读单音节字词的要求相同。

3. 上声与上声相连的词语不少于 3 个，上声与非上声相连的词语不少于 4 个，轻声不少于 3 个(正常是 4～5 个)，儿化不少于 4 个(应为不同的儿化韵母，没有标注儿化的不要儿化，如果应试人以儿化的方式朗读即被视为错误)。

4. 词语的排列要避免同一测试要素连续出现，例如：两个相同的声母或韵母连在一起。

四、声、韵、调出现的频次

多音节词语试题中声母平均出现次数

声母	平均出现次数	声母	平均出现次数	声母	平均出现次数
零声母	5.6	sh	6.0	p	2.9
d	5.7	b	4.6	n	2.9
l	5.9	m	4.9	k	2.9
j	6.0	f	4.7	r	2.8
q	6.0	t	5.0	c	2.9
x	6.0	g	4.9	s	3.0
zh	5.9	h	4.9		
ch	5.6	z	4.9		

多音节词语试题中韵母平均出现次数

韵母	出现次数	韵母	出现次数	韵母	出现次数
i	3.8	en	2.9	ei	2.7
u	4.0	iao	2.5	uang	2.6
ian	3.7	uan	2.8	ia	2.1
ing	3.7	in	2.4	üe	2.3
an	3.9	ou	2.8	ua	1.6
-i(后)	3.6	a	2.8	o	1.9
ong	3.9	ü	2.3	üan	1.4
ao	3.8	uo	2.9	uai	1.9
ang	3.8	-i(前)	2.8	iong	1.8
e	3.8	uen	2.8	ün	2.0
eng	3.8	iou	2.2	er	1.0
uei	3.9	ie	2.2	ueng	1.0
ai	3.8	iang	2.1		

多音节词语试题中声调平均出现次数

声　　调	阴平	阳平	上声	去声	轻声
平均出现次数	24.8	26.4	22.4	28.3	4.1

五、评分标准

1. 语音错误(含漏读语音),每个音节扣 0.2 分。
2. 语音缺陷,每个音节扣 0.1 分。
3. 超时 1 分钟以内扣 0.5 分,超过 1 分钟以上(含 1 分钟)扣 1 分。

六、目标设定

如果应试人想达到一级乙等的目标,那么在本项测试中最多可扣 1 分;如果想达到二甲的目标,最多可扣 2 分。

第二节　读多音节词语测试技巧

本测试项是测查应试人的声母、韵母、声调和变调、轻声、儿化读音的标准程度。

测试时需要注意以下问题：

一、轻声词语

一般是每套试卷会有 4～5 个，很少有 3 个，读的时候要达到轻、短、柔的目标，例如：为了[wèile]　稀罕[xīhan]　小气[xiǎoqi]　牌楼[páilou]。

二、儿化词语

一般是每套试卷会有 3～4 个，读的时候需要注意以下几点：

1. 没有儿：不要加儿化，如：胡同、大褂。
2. 婴儿：不能儿化。
3. 读好儿化：小瓮儿、做活儿。
4. 要一字成声，不要把词语读断了，例如：玩意儿[wányì er]　饭盒儿[fànhé er]　门洞儿[méndòng er]，这样的读法是错误的！

三、朗读的速度控制

朗读的时候不要着急，心理有一个节奏感就可以。

四、关于重读的问题

在本项测试中，1 个词语允许应试人及时改读 1 次，以改读后的读音为准，但是隔词语改读无效。建议应试人少改读或者不改读。

五、上声变调

1. 单发或者在句尾时不变调
2. 非上声字前边变半上

始终[shǐzhōng]　　老师[lǎoshī]　　语言[yǔyán]

3. 上声字前近阳平

准许[zhǔnxǔ]　　抖擞[dǒusǒu]　　软骨[ruǎngǔ]

友好[yǒuhǎo]　　展览[zhǎnlǎn]　　很好[hěnhǎo]

六、"一""不"变调

1. 去声、轻声前变阳平

一趟[yítàng]　　不去[búqù]　　一个[yígè]

2. 非去声前读去声

一张[yìzhāng]　一年[yìnián]　　不同[bùtóng]　不好[bùhǎo]

3. 三字中间变轻声

看一看[kànyikàn]　　去不去[qùbuqù]

七、轻重音格式

普通话的轻重音表现在词和句子里，词的轻重音是最基本的。普通话的轻重音细分为四个等级，即：重音、中音、次轻音、轻音。绝大多数词语的最后一个音节读为重音。

普通话词的轻重音格式大致如下：

(1)双音节

中·重—国家　伟大　汽车(绝大多数)

重·次轻—艺术　手艺　娇气(次轻词)

重·最轻—耳朵　妈妈　庄稼(必轻词)

(2)三音节

中·次轻·重—炊事员　电视机(绝大多数)

中·重·轻—胡萝卜　同学们(单字＋轻声词)

重·轻·轻—朋友们　姑娘家(轻声＋后缀)

(3)四音节

中·轻·中·重—高高兴兴　曲曲弯弯(绝大多数)

中·轻·重·轻—外甥媳妇　如意算盘(轻＋轻 极少)

八、试卷中的陷阱

癖好［pǐhào］　悄声［qiǎoshēng］　屡见不鲜［lǚjiànbùxiān］

痤疮［cuòchuāng］　应届［yīngjiè］　照片［zhàopiān］

照片儿［zhàopiānr］　秸秆［jiēgǎn］　将军［jiāngjūn］

因为［yīnwèi］　强求［qiǎngqiú］　旋转［xuánzhuǎn］

创伤［chuāngshāng］　烘焙［hōngbèi］　炫耀［xuànyào］

小朋友［xiǎopéngyǒu］　挫折［cuòzhé］　滂沱［pāngtuó］

氛围［fēnwéi］　棕榈［zōnglǘ］

第三节　读多音节词语训练

扫码听范读

读多音节词语练习一

电压	火候	争论	拥有	难怪
被窝儿	维持	跨度	谬误	贫穷
资格	媒人	规律	钢铁	情况
客气	军阀	名称	教师	缺少
从而	好歹	乡村	佛寺	合作社
新娘	上层	跳高儿	更改	撇开

选拔	地质	小瓮儿	云端	头脑
决定性	温柔	诊所	疲倦	水灾
蒜瓣儿	昂然	状态	处理	临终
专家	凉快	潜移默化		

diànyā	huǒhou	zhēnglùn	yōngyǒu	nánguài
bèiwōr	wéichí	kuàdù	miùwù	pínqióng
zīgé	méiren	guīlǜ	gāngtiě	qíngkuàng
kèqi	jūnfá	míngchēng	jiàoshī	quēshǎo
cóngér	hǎodǎi	xiāngcūn	fósì	hézuòshè
xīnniang	shàngcéng	tiàogāor	gēnggǎi	piēkāi
xuǎnbá	dìzhì	xiǎowèngr	yúnduān	tóunǎo
juédìngxìng	wēnróu	zhěnsuǒ	píjuàn	shuǐzāi
suànbànr	ángrán	zhuàngtài	chùlǐ	línzhōng
zhuānjiā	liángkuai	qiányímòhuà		

扫码听范读

读多音节词语练习二

参与	花生	云彩	教训	非常
主人翁	狂笑	千瓦	佛寺	宣布
完全	汗水	虐待	农村	编织
夸耀	挨个儿	荒谬	增多	发现
里头	窘迫	支持	柔和	骨髓
快活	规律	能量	加油儿	例如
聪明	大量	罪恶	转眼	必然性
著作	没准儿	脑筋	存储	收缩
配套	率领	包子	儿童	镇压
顶点	技能	崇尚	茶馆儿	

cānyù	huāshēng	yúncai	jiàoxùn	fēicháng
zhǔrénwēng	kuángxiào	qiānwǎ	fósì	xuānbù
wánquán	hànshuǐ	nüèdài	nóngcūn	biānzhī
kuāyào	āigèr	huāngmiù	zēngduō	fāxiàn
lǐtou	jiǒngpò	zhīchí	róuhé	gǔsuǐ
kuàihuo	guīlǜ	néngliàng	jiāyóur	lìrú
cōngmíng	dàliàng	zuìè	zhuǎnyǎn	bìránxìng
zhùzuò	méizhǔnr	nǎojīn	cúnchǔ	shōusuō
pèitào	shuàilǐng	bāozi	értóng	zhènyā
dǐngdiǎn	jìnéng	chóngshàng	cháguǎnr	

扫码听范读

读多音节词语练习三

贵宾	奶粉	刀背儿	一律	状况
爆炸	存款	盎然	选举	柴火
加入	封锁	咏叹调	放松	热闹
佛像	逃走	亏损	军事	影子
权利	玩耍	怀念	铺盖	奇怪
层次	小偷儿	将来	主人翁	进化
聪明	运行	无穷	偶尔	扇面儿
政治	传播	培育	恰当	牛皮
咖啡	所属	唱歌儿	词汇	禁区
综合	战略	轻描淡写		

guìbīn	nǎifěn	dāobèir	yīlǜ	zhuàngkuàng
bàozhà	cúnkuǎn	àngrán	xuǎnjǔ	cháihuo
jiārù	fēngsuǒ	yǒngtàndiào	fàngsōng	rènao
fóxiàng	táozǒu	kuīsǔn	jūnshì	yǐngzi
quánlì	wánshuǎ	huáiniàn	pūgài	qíguài
céngcì	xiǎotōur	jiānglái	zhǔrénwēng	jìnhuà
cōngmíng	yùnxíng	wúqióng	ǒuěr	shànmiànr
zhèngzhì	chuánbō	péiyù	qiàdàng	niúpí
kāfēi	suǒshǔ	chànggēr	cíhuì	jìnqū
zōnghé	zhànlüè	qīngmiáodànxiě		

扫码听范读

读多音节词语练习四

教训	柔软	思维	语文	接洽
赶趟儿	美好	谋略	因而	表演
谬论	写法	大娘	妇女	拳头
财政	奥秘	火锅儿	红色	同情
上升	抓阄儿	逃窜	和平	飞快
傻子	赛场	割让	衰落	折磨
避雷针	队伍	质量	增产	调令
旷工	穷尽	多寡	片面	佛学
夏天	部分	参议院	看待	创造
包围	怀念	记事儿	胸脯	

jiàoxùn	róuruǎn	sīwéi	yǔwén	jiēqià
gǎntàngr	měihǎo	móulüè	yīnér	biǎoyǎn

miùlùn　xiěfǎ　dàniáng　fùnǚ　quántou
cáizhèng　àomì　huǒguōr　hóngsè　tóngqíng
shàngshēng　zhuājiūr　táocuàn　hépíng　fēikuài
shǎzi　sàichǎng　gēràng　shuāiluò　zhémó
bìléizhēn　duìwu　zhìliàng　zēngchǎn　diàolìng
kuànggōng　qióngjìn　duōguǎ　piànmiàn　fóxué
xiàtiān　bùfen　cānyìyuàn　kàndài　chuàngzào
bāowéi　huáiniàn　jìshìr　xiōngpú

扫码听范读

读多音节词语练习五

荒谬　胸口　走访　迅速　手枪
垫底儿　国民　特征　招牌　小朋友
溶洞　考虑　春天　精确　内在
叫好儿　苍穹　婴儿　语言　富翁
审美　先生　海关　灭亡　快乐
如下　摧毁　人文　玻璃　钢铁
打扮　恩情　战略　难怪　豆芽儿
欢迎　定额　职能　将军　做活儿
冲刷　盘算　来宾　圆舞曲　挎包
疲倦　磁场　自以为是

huāngmiù　xiōngkǒu　zǒufǎng　xùnsù　shǒuqiāng
diàndǐr　guómín　tèzhēng　zhāopai　xiǎopéngyǒu
róngdòng　kǎolǜ　chūntiān　jīngquè　nèizài
jiàohǎor　cāngqióng　yīng’ér　yǔyán　fùwēng
shěnměi　xiānsheng　hǎiguān　mièwáng　kuàilè
rúxià　cuīhuǐ　rénwén　bōli　gāngtiě
dǎban　ēnqíng　zhànlüè　nánguài　dòuyár
huānyíng　dìng’é　zhínéng　jiāngjūn　zuòhuór
chōngshuā　pánsuan　láibīn　yuánwǔqǔ　kuàbāo
píjuàn　cíchǎng　zìyǐwéishì

扫码听范读

读多音节词语练习六

仍旧　花样儿　开会　下去　僧尼
明年　嘟囔　英雄　鬼子　钢铁
状况　舞女　佛经　窈窕　深海
抓获　逗乐儿　目录　涅槃　柔软
福气　差别　懊恼　平均　红外线

疲倦	侵略	职工	顺手	波长
骆驼	干脆	小瓮儿	专门	两边
决心	不快	惨死	盗贼	幼儿园
尊重	亏损	合群儿	吃饭	魅力
国家	拨弄	沙发	逃窜	

réngjiù	huāyàngr	kāihuì	xiàqù	sēngní
míngnián	dūnang	yīngxióng	guǐzi	gāngtiě
zhuàngkuàng	wǔnǚ	fójīng	yǎotiǎo	shēnhǎi
zhuāhuò	dòulèr	mùlù	nièpán	róuruǎn
fúqi	chābié	àonǎo	píngjūn	hóngwàixiàn
píjuàn	qīnlüè	zhígōng	shùnshǒu	bōcháng
luòtuo	gāncuì	xiǎowèngr	zhuānmén	liǎngbiān
juéxīn	bùkuài	cǎnsǐ	dàozéi	yòuéryuán
zūnzhòng	kuīsǔn	héqúnr	chīfàn	mèilì
guójiā	bōnong	shāfā	táocuàn	

扫码听范读

读多音节词语练习七

费用	找茬儿	富翁	南北	佛学
而且	黑夜	挎包	疟疾	孙女
拼命	衰老	憎恨	碎步儿	从中
刚才	牛顿	小伙子	状态	疲倦
墨水儿	无穷	军营	下列	外界
专款	舷窗	拱手	思索	牵制
行走	概率	饭盒儿	全面	回头
马虎	价格	爱国	加以	染色体
未曾	矿产	谬论	确定	日夜
党章	瓜分	漂亮	引导	

fèiyòng	zhǎochár	fùwēng	nánběi	fóxué
érqiě	hēiyè	kuàbāo	nüèji	sūnnǚ
pīnmìng	shuāilǎo	zēnghèn	suìbùr	cóngzhōng
gāngcái	niúdùn	xiǎohuǒzi	zhuàngtài	píjuàn
mòshuǐr	wúqióng	jūnyíng	xiàliè	wàijiè
zhuānkuǎn	xiánchuāng	gǒngshǒu	sīsuǒ	qiānzhì
xíngzǒu	gàilǜ	fànhér	quánmiàn	huítóu
mǎhu	jiàgé	àiguó	jiāyǐ	rǎnsètǐ
wèicéng	kuàngchǎn	miùlùn	quèdìng	rìyè
dǎngzhāng	guāfēn	piàoliang	yǐndǎo	

读多音节词语练习八

扫码听范读

旋律	行当	文明	半道儿	作品
共同	典雅	土匪	而且	虐待
日益	单纯	打盹儿	牛仔裤	民政
雄伟	运用	轻蔑	打杂儿	家眷
赞美	奥妙	海关	另外	男女
热闹	开创	转变	夸张	人影儿
其次	搜刮	悄声	迅速	方法
手势	坚决	破坏	天鹅	佛像
所有	珍贵	恰好	拖拉机	框子
测量	投票	川流不息		

xuánlǜ	hángdang	wénmíng	bàndàor	zuòpǐn
gòngtóng	diǎnyǎ	tǔfěi	érqiě	nüèdài
rìyì	dānchún	dǎdǔnr	niúzǎikù	mínzhèng
xióngwěi	yùnyòng	qīngmiè	dǎzár	jiājuàn
zànměi	àomiào	hǎiguān	lìngwài	nánnǚ
rènao	kāichuàng	zhuǎnbiàn	kuāzhāng	rényǐngr
qícì	sōuguā	qiǎoshēng	xùnsù	fāngfǎ
shǒushì	jiānjué	pòhuài	tiān'é	fóxiàng
suǒyǒu	zhēnguì	qiàhǎo	tuōlājī	kuàngzi
cèliáng	tóupiào	chuānliúbùxī		

读多音节词语练习九

扫码听范读

儿童	热爱	退守	学生	赶快
其次	毒品	屁股	照片儿	内容
专门	老婆	原则	存在	篡夺
恍惚	送信儿	宝贵	电压	围裙
富翁	神奇	烦恼	答案	飞机
帘子	偶然性	卑劣	苟且	平日
家伙	学者	外宾	冲刷	玻璃
三轮车	夸张	之前	小丑儿	选举
衡量	萌发	当局	调解	委员
邮戳儿	作用	命运	衰老	

értóng	rèài	tuìshǒu	xuésheng	gǎnkuài
qícì	dúpǐn	pìgu	zhàopiānr	nèiróng

zhuānmén　lǎopo　yuánzé　cúnzài　cuànduó
huǎnghū　sòngxìnr　bǎoguì　diànyā　wéiqún
fùwēng　shénqí　fánnǎo　dá'àn　fēijī
liánzi　ǒuránxìng　bēiliè　gǒuqiě　píngrì
jiāhuo　xuézhě　wàibīn　chōngshuā　bōli
sānlúnchē　kuāzhāng　zhīqián　xiǎochǒur　xuǎnjǔ
héngliáng　méngfā　dāngjú　tiáojiě　wěiyuán
yóuchuōr　zuòyòng　mìngyùn　shuāilǎo

扫码听范读

读多音节词语练习十

暗中　航空　名牌儿　沙滩　作战
兄弟　全身　未曾　指南针　完美
恰当　期间　均匀　博士　相似
挫折　台子　喷洒　提高　今年
小瓮儿　热闹　黄鼠狼　安稳　解剖
定额　扭转　参考　挎包　规律
拼凑　叫好儿　缺点　遵守　调和
低洼　大伙儿　机构　婴儿　勘探
冷水　繁荣　眼睛　广场　综合
费用　天下　出其不意

ànzhōng　hángkōng　míngpáir　shātān　zuòzhàn
xiōngdi　quánshēn　wèicéng　zhǐnánzhēn　wánměi
qiàdàng　qījiān　jūnyún　bóshì　xiāngsì
cuòzhé　táizi　pēnsǎ　tígāo　jīnnián
xiǎowèngr　rènao　huángshǔláng　ānwěn　jiěpōu
dìng'é　niǔzhuǎn　cānkǎo　kuàbāo　guīlǜ
pīncòu　jiàohǎor　quēdiǎn　zūnshǒu　tiáohé
dīwā　dàhuǒr　jīgòu　yīng'er　kāntàn
lěngshuǐ　fánróng　yǎnjing　guǎngchǎng　zōnghé
fèiyòng　tiānxià　chūqíbùyì

第三章　朗读短文测试应试指南

第一节　朗读短文测试指导

一、测试内容

本测试项要求应试人朗读一段总计为 400 个音节的文章，限时 4 分钟，共 30 分。

二、测试目的

测查应试人使用普通话朗读书面作品的水平。在测查声母、韵母、声调读音标准程度的同时，重点测查连读音变、停连、语调以及流畅程度。

三、测试要求

1. 短文从《普通话水平测试用朗读作品》中选取。

2. 评分以朗读作品的前 400 个音节（不含标点符号和括注的音节）为限（提示：机测时，只读屏幕上出现的内容）。

四、评分标准

1. 语音错误，每个音节扣 0.1 分

（同第二测试项"读多音节词语"的解释是一样的，另外增读、漏读、颠倒都要扣分）。

2. 声母或韵母的系统性语音缺陷，视程度扣 0.5 分、1 分（参见语音缺陷相关内容）。

3. 语调偏误，视程度扣 0.5 分、1 分、2 分。

4. 停连不当，视程度扣 0.5 分、1 分、2 分。

5. 朗读不流畅，视程度扣 0.5 分、1 分、2 分。

五、目标设定

如果应试人想达到一级乙等的目标，那么在本项测试中最多可扣 2 分；如果想达到二甲的目标，最多可扣 3.5 分。

第二节　朗读短文测试技巧

一、仔细阅读、熟悉文章后再开口读

学习备考阶段一定要准确的熟读文章，如果对文章生疏很容易出现如将"横斜逸出"读成"横逸斜出"这样的错误。

二、读文章要控制速度

朗读短文时，特别忌讳快，过快容易吃字，也很容易错漏增读；也不要太慢，过慢容易出停连

不当的问题。

三、回读或增加无故表达内容

考试时杜绝回读。切记：不要在考试过程中发出任何与考试内容无关的语音，说任何无关的话，如："读错了、我要重读。"

四、认真看文章的拼音标注

在备考时考生需要认真仔细看语音提示，并加以标注，例如在作品 9 号《风筝畅想曲》中，扎风筝［zāfēngzhēng］的"扎 zā" 不能读成"zhā"，在本文中"扎 zā"出现 6 次，如果错了，出现次数越多，扣分就越多。

五、关于儿化

在本项测试中没有标出儿化音的词语也可以适当加儿化，例如：一块(儿)糖果。

六、避免角色扮演

朗读不是朗诵，不要有太多的感情投入，不要有角色扮演。

七、连停控制

停连问题，避免停连不当造成扣分。按照标点符号读，保证清楚流畅，有逗号、句号的地方停即可，不要刻意的使用一些外部表达技巧，避免造成不必要的扣分。

八、避免词化

朗读文章避免词化。本测试项朗读的是文章，不是单个的词语，一定要避免词化。

九、避免回读

避免回读，一定不要养成回读的习惯，错了也继续往前表达，避免对后面的测试产生影响。

十、"这""那"如何读?

这两个字相对口语化表达，读成"这［zhè］""那［nà］"或者"这［zhèi］""那［nèi］" 与情景吻合，都不会被扣分。

十一、关于朗读状态

保持积极的朗读状态，尤其是在读韵母的时候，要保持积极饱满的状态，积极的表达状态能够帮助我们更好的朗读。

第三节　朗读要略

一、朗读测试要求

朗读是将书面语言转变为形象生动、发音规范的有声语言的再创作活动。普通话水平测试中的朗读测试，是指应试人在朗读普通话水平测试用60篇作品时，对其发音中声母、韵母、声调、语流音变、停连、重音、语调以及朗读流畅程度等进行的一种测试。在普通话朗读测试中，要求应试人尽量做到以下几点：

1. 准确、熟练地运用普通话，做到字音规范、音变正确。

2. 领会作品内容，正确把握作品思想感情，读出真情实感。

3. 遵从原文，不丢字、不添字、不颠倒字或改字。

4. 语调自然，停连恰当，重音处理正确，语速快慢得当。

二、朗读准备

朗读既不同于日常说话也不同于朗诵。日常说话的口头语是朗读的基础（明白通俗、流畅自然），但与之相比，朗读还要对口头语进行加工，要能比较有效地再现原文的思想和艺术形象。朗诵是一种艺术表演形式，语言形式较为夸张，节律起伏比朗读大，它往往要借助表情、手势等体态语言来强化表达效果，有些还运用灯光、布景、音乐等来渲染，以增强表演的艺术性，而朗读则不需要这些。朗读虽然也讲究语言的艺术性，但它必须接近真实自然的生活语言，它是一种介于日常说话与朗诵艺术之间的口头表达形式。在朗读测试的准备过程中，我们可从以下几个方面进行准备：

1. 熟悉作品内容，把握朗读基调

(1)初读，了解作品内容是什么。

(2)正音并弄懂词、句的含义。

(3)厘清作品结构。

2. 注意语音规范

首先，注意语流音变。上声的变调，“一”“不”的变调，“啊”的变读及轻声词和儿化是在朗读作品中要重点留意的地方。

其次，注意多音字的读音。一字多音是容易产生误读的重要原因之一，必须十分注意。在朗读的篇目中出现较多的多音字包括“为”“似”“倒”“累”“处”等。

再次，注意异读词的读音。普通话词汇中，有一部分词（或词中的语素），意义相同或基本相同，但在习惯上有两个或多个不同的读法，这些词被称为“异读词”。

3. 练习朗读时需要注意克服的几种不正确的朗读样式

(1)念读。单纯地念字，照字读音，有字无词或有词无句，词或词组没有轻重格式的体现。

(2)唱读。以固定的类似于唱歌的调来读作品，这种读法比念读更差，它只有声音的外壳，而表情达意的作用已被大大削弱。

(3)念经式。声音小而速度快，没有顿歇，没有重音，更没有感情和声音的变化。

(4)表演式。特别注意感情表达而把朗读变成朗诵，有表演的趋向。由于过于注重感情表达，朗读时往往会增字、丢字或改字。

三、朗读技巧

要读好一篇作品，我们可以先根据内容确定其感情基调，然后根据其感情基调来确定整篇文章的语速，最后根据上下文文意确定朗读时语音的轻重、停连和语调。朗读时对语音的轻重、停连和语调等的正确处理就形成一定的朗读技巧。

1. 停连

停连是指停顿和连接。在朗读过程中，那些为表情达意所需要的声音的中断和休止就是停顿；那些声音不中断、不休止，特别是作品中有标点符号而在朗读中却不需要中断、休止的地方就是连接。停连一方面是生理的需要，另一方面也是表情达意的需要，通过停连可以更清晰、更有效地表达作品内容，更鲜明、更强烈地体现作品情感。同时，它也是表达上的需要。因为得体的停连可以显示语言的节奏，并增强表达的效果。我们常用以下几种符号来表示停连。停顿：ˊ(停顿时间最短)、/(停顿时间较短)、//(停顿时间较长)、///(停顿时间最长)；连接：⌒。

(1)朗读时如何选择停连位置的四个方面

①准确理解句意和文意。

②正确分析语句结构。

③恰当想象文字所体现的情景。

④合理处理标点符号。

(2)停顿的分类

①语法停顿。即指句子间语法关系的停顿，如句子中主谓之间、述宾之间、修饰限制词与中心词之间的停顿，还有分句之间、句子之间以及段落层次之间的停顿等。语法停顿应与标点、层次、段落相一致。具体来讲，语法停顿的时间长短可通过下列关系进行：顿号＜逗号＜分号，而冒号＜分号＜句间＜层间，如"台湾岛形状狭长，/从东到西，/最宽处只有一百四十多公里；//由南至北，/最长的地方约有三百九十多公里。///地形像一个纺织用的梭子。"(作品 56 号)。

②逻辑停顿。即指为准确表达语意，揭示语言内在联系而形成的语流中声音的顿歇。逻辑停顿不受语法停顿的限制，它没有明确的符号标记，往往是根据表达的内容与语境要求来决定停顿的地方和停顿的时间，如："没有ˊ一片绿叶，没有ˊ一缕炊烟。"(作品 22 号)。

③感情停顿。感情停顿是为了突出某种感情而作出的间歇，这种停顿通常出现在感情强烈处，诸如悲痛欲绝、恼怒至极、兴奋异常等。

2. 重音

重音是指在朗读过程中为了更好地体现语句目的，在表达时着意强调的词或词组。重音常和停连一起，使语意表达更加清楚准确，使感情色彩更加鲜明。重音可分为词重音和语句重音，但在朗读部分我们着重讲语句重音。语句重音一般用"·"表示。

(1)语句重音的选择标准

①重音应该是突出语句目的的中心词。

②重音应该是体现逻辑关系的对应词。

③重音应该是点染感情色彩的关键词。

(2)语句重音的分类

①语法重音。语法重音是根据语法结构特点表现出来的重音，它由语法结构本身决定，位置一般是固定的，像短句中的谓语动词以及句子中的修饰成分和限制成分；补语、疑问代词、数量结构、拟声词；并列关系、对比关系、转折关系语句中的关键词等，如："大雪整整下了一夜。"(作品 5 号)，"'噗啦'一声落到了船上。"(作品 22 号)，"什么是永远不会回来的呢?"(作品 14 号)。

②逻辑重音。这是根据上下文内容的提示决定的，如："谁能把花生的好处说出来?"(作品 26 号)，该句应该强调的是"好处"二字，而不是"谁"或"花生"。表达目的不一样，逻辑重音也不一样。

③感情重音。感情重音就是指为了表达强烈的感情而着重强调的部分，它大多出现在情绪激动、表达感情强烈的地方，如："品位这东西为气为魂为筋骨为神韵，只可意会。"（作品30号）。

3. 语调

语调即语句声音的抑扬或升降。这种抑扬或升降是准确传达句子思想感情的需要，它是语气的外在表现形式。对于语调，人们通常有一种误解，即把语调仅仅理解成句末一个音节的字调，其实这是不对的。语调是情感的产物，具有明显的感情色彩，语调是整个语句甚至是语段感情色彩的起伏变化，语调与语速、重音、停连等技巧结合，显示着朗读的节奏。

语调通常有以下四种形式：

(1)上扬调

即指语流状态由低向高升起，句尾音强且向上扬起，一般表示疑问、激动、号召、呼唤等感情。上扬调一般用"↗"表示，如："难道你就只觉得树只是树，↗难道你就不想到它的朴质，严肃，坚强不屈，至少也象征了北方的农民。↗"（作品1号）。

(2)下抑调

即指语流状态由高向低运动，句尾音下降，一般表现感叹、请求、痛苦、愤怒等语气。下抑调一般用"↘"表示，如："外祖母永远不会回来了。↘"（作品14号）。

(3)平直调

即指语流运动状态是平稳直线型的，一般表现庄严、冷漠、麻木等感情。平直调一般用"→"表示，如："三百多年前，建筑设计师莱伊恩受命设计了英国温泽市政府大厅。→"（作品19号）。

(4)曲折调

即指语流运动状态是起伏曲折的，由高而低再扬起，或由低而高再降下，全句表现为上升和下降的曲折变化，用来表示讽刺、暗示、双关、反语等感情。曲折调一般用"↗ ↘"表示，如："你以为这是什么车？旅游车？↗"（作品10号）。

在朗读时，语调不是一成不变的，而是有变化的。粗略地可以分为：轻度、重度、中度三种。轻度语调即停顿较短，重音较清楚，色彩一般化，一般来讲，作品中的次要语句属此类；重度语调是停顿较长，有较重的重音，色彩显示鲜明，通常作品中的主要语句、核心句属此类；而中度语调的停顿稍长，重音稍突出，色彩较鲜明，通常作品中比较重要的语句属此类。

4. 节奏

朗读是讲究速度的。朗读速度受作品内容和形式影响，也受朗读者心境的影响，也就是说，朗读节奏是由作品展示出来的，表现出了朗读者思想感情的起伏所形成的抑扬顿挫、轻重缓急的声音形式的回环。

节奏不能和语调混淆。语调是以语句为单位，节奏是以全篇为单位；节奏一定要有某种声音形式的回环往复，而不是毫无规律可循的各种声音形式的拼合。

常见的节奏有以下几种：

(1)轻快型

要求多连少停、多轻少重、多扬少抑，朗读时语调舒展柔和，语流显得轻快，如：作品《绿》、《紫藤萝瀑布》。

(2)凝重型

要求多停少连、多重少轻、多抑少扬，语流平衡凝重，语言表达强而有力，如：作品《丑石》、《西部文化和西部开发》。

(3)低沉型

要求停顿多而长、语调多抑、节拍较长,朗读时声音偏暗,句尾沉重,语流沉缓,如:作品《牡丹的拒绝》、《世间最美的坟墓》。

(4)高亢型

要求多连少停、多重少轻、扬而不抑,朗读时语气高昂,语流畅达,语速稍快,节奏较紧,如:作品《白杨礼赞》、《站在历史的枝头微笑》。

(5)舒缓型

要求多连少停、声音清亮,语流声音较高但不着力,气长音清,语气舒展开阔,如:作品《海滨仲夏夜》、《住的梦》。

(6)紧张型

要求多连少停、多重少轻、多扬少抑,朗读时节奏拖长,语气紧张,如:作品《麻雀》、《迷途笛音》。

第四节　朗读作品

一、朗读作品说明

1.60 篇朗读作品供普通话水平测试第四项——朗读短文测试使用。为适应测试需要,必要时对原作品做了部分更动。

2.朗读作品的顺序,按篇名的汉语拼音字母顺序排列。

3.每篇作品采用汉字和汉语拼音对照的方式编排。

4.每篇作品在第 400 个音节后用"//"标注。

5.为适应朗读的需要,作品中的数字一律采用汉字的书写方式书写,如:"1998 年"写作"一九九八年","23%"写作"百分之二十三"。

6.加注的汉语拼音原则依据《汉语拼音正词法基本规则》拼写。

7.注音一般只标本调,不标变调。

8.作品中的必读轻声音节,拼音不标调号。一般轻读,间或重读的音节,拼音加注调号,并在拼音前加圆点提示,如:"因为"拼音写作"yīn·wèi","差不多"拼音写作"chà·bùduō"。

9.作品中的儿化音节分两种情况:一是书面上加"儿",拼音时在基本形式后加 r,如:"小孩儿"拼音写作"xiǎoháir";二是书面上没有加"儿",但口语里一般儿化的音节,拼音时也在基本形式后加 r,如:"胡同"拼音写作"hútòngr"。

朗读作品目录

二、朗读作品及注音

作品1号

[朗读提示]这篇文章是一篇托物言意之作,也是一曲献给根据地抗日军民的赞歌,通过对白杨树不平凡形象的赞美,歌颂了中国共产党领导下的抗日军民和整个中华民族的紧密团结、力求上进、坚强不屈的革命精神和斗争意志。所以,朗读时语气要热情奔放,气势要雄浑、铿锵有力,但不乏浓浓的诗意和质朴的情感。

那是力争上游的一种树,笔直的干,笔直的枝。它的干呢,通常是丈把高,像是加以人工似的,一丈以内,绝无旁枝;它所有的丫枝呢,一律向上,而且紧紧靠拢,也像是加以人工似的,成为一束,绝无横斜逸出;它的宽大的叶子也是片片向上,几乎没有斜生的,更不用说倒垂了;它的皮,光滑而有银色的晕圈,微微泛出淡青色。这是虽在北方的风雪的压迫下却保持着倔强挺立的一种树!哪怕只有碗来粗细罢,它却努力向上发展,高到丈许,两丈,参天耸立,不折不挠,对抗着西北风。

这就是白杨树,西北极普通的一种树,然而决不是平凡的树!

它没有婆娑的姿态，没有屈曲盘旋的虬枝，也许你要说它不美丽，——如果美是专指“婆娑”或“横斜逸出”之类而言，那么，白杨树算不得树中的好女子；但是它却是伟岸，正直，朴质，严肃，也不缺乏温和，更不用提它的坚强不屈与挺拔，它是树中的伟丈夫！当你在积雪初融的高原上走过，看见平坦的大地上傲然挺立这么一株或一排白杨树，难道你就只觉得树只是树，难道你就不想到它的朴质，严肃，坚强不屈，至少也象征了北方的农民；难道你竟一点儿也不联想到，在敌后的广大//土地上，到处有坚强不屈，就像这白杨树一样傲然挺立的守卫他们家乡的哨兵！难道你又不更远一点想到这样枝枝叶叶靠紧团结，力求上进的白杨树，宛然象征了今天在华北平原纵横决荡用血写出新中国历史的那种精神和意志。

——节选自茅盾《白杨礼赞》

Zuòpǐn 1 Hào

Nà shì lìzhēng shàngyóu de yī zhǒng shù，bǐzhí de gàn，bǐzhí de zhī. Tā de gàn ne，tōngcháng shì zhàng bǎ gāo，xiàngshì jiāyǐ réngōng shìde，yī zhàng yǐnèi，juéwú pángzhī；tā suǒyǒu de yāzhī ne，yīlǜ xiàngshàng，érqiě jǐnjǐn kàolǒng，yě xiàngshì jiāyǐ réngōng shìde，chéngwéi yī shù，juéwú héng xié yì chū；tā de kuāndà de yèzi yě shì piànpiàn xiàngshàng，jīhū méi•yǒu xié shēng de，gèng bùyòng shuō dàochuí le；tā de pí，guānghuá ér yǒu yínsè de yùnquān，wēiwēi fànchū dànqīngsè. Zhè shì suī zài běifāng de fēngxuě de yāpò xià què bǎochízhe juéjiàng tǐnglì de yī zhǒng shù！Nǎpà zhǐyǒu wǎn lái cūxì ba，tā què nǔlì xiàngshàng fāzhǎn，gāo dào zhàng xǔ，liǎng zhàng，cāntiān sǒnglì，bùzhébùnáo，duìkàngzhe xīběifēng.

Zhè jiùshì báiyángshù，xīběi jí pǔtōng de yī zhǒng shù，rán’ér jué bù shì píngfán de shù！

Tā méi•yǒu pósuō de zītài，méi•yǒu qūqū pánxuán de qiúzhī，yěxǔ nǐ yào shuō tā bù měilì，——rúguǒ měi shì zhuān zhǐ “pósuō” huò “héng xié yì chū” zhīlèi ér yán，nàme，báiyángshù suàn•bù•dé shù zhōng de hǎo nǚzǐ；dànshì tā què shì wěi’àn，zhèngzhí，pǔzhì，yánsù，yě bù quēfá wēnhé，gèng bùyòng tí tā de jiānqiáng bùqū yǔ tǐngbá，tā shì shù zhōng de wěizhàngfū！Dāng nǐ zài jīxuě chū róng de gāoyuán•shàng zǒuguò，kàn•jiàn píngtǎn de dàdì•shàng àorán tǐnglì zhème yī zhū huò yī pái báiyángshù，nándào nǐ jiù zhǐ jué•dé shù zhǐshì shù，nándào nǐ jiù bù xiǎngdào tā de pǔzhì，yánsù，jiānqiáng bùqū，zhìshǎo yě xiàngzhēngle běifāng de nóngmín；nándào nǐ jìng yīdiǎnr yě bù liánxiǎng dào，zài díhòu de guǎngdà// tǔdì•shàng，dàochù yǒu jiānqiáng bùqū，jiù xiàng zhè báiyángshù yīyàng àorán tǐnglì de shǒuwèi tāmen jiāxiāng de shàobīng！Nándào nǐ yòu bù gèng yuǎn yīdiǎnr xiǎngdào zhèyàng zhīzhī-yèyè kàojǐn tuánjié，lìqiú shàngjìn de báiyángshù，wǎnrán xiàngzhēngle jīntiān zài Huáběi Píngyuán zònghéng juédàng yòng xuè xiěchū xīn Zhōngguó lìshǐ de nà zhǒng jīngshén hé yìzhì.

——Jiéxuǎn zì Máo Dùn《Báiyáng Lǐzàn》

作品 2 号

[朗读提示]注意老板话语的朗读，但语气不要太夸张。同时也要注意对比布鲁诺和阿诺德的行为，朗读布鲁诺的行为时语气要略显责备之情，朗读阿诺德的行为时语气要带赞扬之情。

两个同龄的年轻人同时受雇于一家店铺，并且拿同样的薪水。

可是一段时间后，叫阿诺德的那个小伙子青云直上，而那个叫布鲁诺的小伙子却仍在原地踏步。布鲁诺很不满意老板的不公正待遇。终于有一天他到老板那儿发牢骚了。老板一边耐心地听着他的抱怨，一边在心里盘算着怎样向他解释清楚他和阿诺德之间的差别。

“布鲁诺先生，”老板开口说话了，“您现在到集市上去一下，看看今天早上有什么卖的。”

布鲁诺从集市上回来向老板汇报说，今早集市上只有一个农民拉了一车土豆在卖。

“有多少？”老板问。

布鲁诺赶快戴上帽子又跑到集上，然后回来告诉老板一共四十袋土豆。

“价格是多少？”

布鲁诺又第三次跑到集上问来了价格。

“好吧，”老板对他说，“现在请您坐到这把椅子上一句话也不要说，看看阿诺德怎么说。”

阿诺德很快就从集市上回来了。向老板汇报说到现在为止只有一个农民在卖土豆，一共四十口袋，价格是多少多少；土豆质量很不错，他带回来一个让老板看看。这个农民一个钟头以后还会弄来几箱西红柿，据他看价格非常公道。昨天他们铺子的西红柿卖得很快，库存已经不//多了。他想这么便宜的西红柿，老板肯定会要进一些的，所以他不仅带回了一个西红柿做样品，而且把那个农民也带来了，他现在正在外面等回话呢。

此时老板转向了布鲁诺，说：“现在您肯定知道为什么阿诺德的薪水比您高了吧！”

——节选自张健鹏、胡足青主编《故事时代》中《差别》

Zuòpǐn 2 Hào

Liǎng gè tónglíng de niánqīngrén tóngshí shòugù yú yī jiā diànpù, bìngqiě ná tóngyàng de xīn•shuǐ.

Kěshì yī duàn shíjiān hòu, jiào Ānuòdé de nàge xiǎohuǒzi qīngyún zhíshàng, ér nàge jiào Bùlǔnuò de xiǎohuǒzi què réng zài yuándì tàbù. Bùlǔnuò hěn bù mǎnyì lǎobǎn de bù gōngzhèng dàiyù. Zhōngyú yǒu yī tiān tā dào lǎobǎn nàr fā láo•sāo le. Lǎobǎn yībiān nàixīn de tīngzhe tā de bào•yuàn, yībiān zài xīn•lǐ pánsuanzhe zěnyàng xiàng tā jiěshì qīngchu tā hé Ānuòdé zhījiān de chābié.

“Bùlǔnuò xiānsheng,” Lǎobǎn kāikǒu shuōhuà le, “Nín xiànzài dào jíshì•shàng qù yīxià, kànkan jīntiān zǎoshang yǒu shénme mài de.”

Bùlǔnuò cóng jíshì•shàng huí•lái xiàng lǎobǎn huìbào shuō, jīnzǎo jíshì•shàng zhǐyǒu yī gè nóngmín lāle yī chē tǔdòu zài mài.

“Yǒu duō•shǎo?” Lǎobǎn wèn.

Bùlǔnuò gǎnkuài dài•shàng màozi yòu pǎodào jí•shàng, ránhòu huí•lái gàosu lǎobǎn yīgòng sìshí dài tǔdòu.

“Jiàgé shì duō•shǎo?”

Bùlǔnuò yòu dì-sān cì pǎodào jí•shàng wènláile jiàgé.

“Hǎo ba,” Lǎobǎn duì tā shuō,“Xiànzài qǐng nín zuòdào zhè bǎ yǐzi•shàng yī jù huà yě bùyào shuō，kànkan Ānuòdé zěnme shuō.”

Ānuòdé hěn kuài jiù cóng jíshì•shàng huí•lái le. Xiàng lǎobǎn huìbào shuō dào xiànzài wéizhǐ zhǐyǒu yī gè nóngmín zài mài tǔdòu，yīgòng sìshí kǒudai，jiàgé shì duō•shǎo duō•shǎo；tǔdòu zhìliàng hěn bùcuò，tā dài huí•lái yī gè ràng lǎobǎn kànkan. Zhège nóngmín yī gè zhōngtóu yǐhòu hái huì nònglái jǐ xiāng xīhóngshì，jù tā kàn jiàgé fēicháng gōng•dào. Zuótiān tāmen pùzi de xīhóngshì mài de hěn kuài，kùcún yǐ•jīng bù // duō le. Tā xiǎng zhème piányi de xīhóngshì，lǎobǎn kěndìng huì yào jìn yīxiē de，suǒyǐ tā bùjǐn dàihuíle yī ge xīhóngshì zuò yàngpǐn，érqiě bǎ nàge nóngmín yě dài•lái le，tā xiànzài zhèngzài wài•miàn děng huíhuà ne.

Cǐshí lǎobǎn zhuǎnxiàngle Bùlǔnuò，shuō：“Xiànzài nín kěndìng zhī•dào wèishénme Ānuòdé de xīn•shuǐ bǐ nín gāo le ba!”

——Jiéxuǎn zì Zhāng Jiànpéng、Hú Zúqīng zhǔbiān

《Gùshi Shídài》zhōng《Chābié》

作品 3 号

［朗读提示］注意作者前后态度的变化，在知道丑石是陨石之前，朗读时语气要略带不屑，但不能太露骨，朗读到那块丑石原来是陨石时，要带有惊奇而又遗憾的心情。

我常常遗憾我家门前那块丑石：它黑黝黝地卧在那里，牛似的模样；谁也不知道是什么时候留在这里的，谁也不去理会它。只是麦收时节，门前摊了麦子，奶奶总是说：这块丑石，多占地面呀，抽空把它搬走吧。

它不像汉白玉那样的细腻，可以刻字雕花，也不像大青石那样的光滑，可以供来浣纱捶布。它静静地卧在那里，院边的槐阴没有庇覆它，花儿也不再在它身边生长。荒草便繁衍出来，枝蔓上下，慢慢地，它竟锈上了绿苔、黑斑。我们这些做孩子的，也讨厌起它来，曾合伙要搬走它，但力气又不足；虽时时咒骂它，嫌弃它，也无可奈何，只好任它留在那里了。

终有一日，村子里来了一个天文学家。他在我家门前路过，突然发现了这块石头，眼光立即就拉直了。他再没有离开，就住了下来；以后又来了好些人，都说这是一块陨石，从天上落下来已经有二三百年了，是一件了不起的东西。不久便来了车，小心翼翼地将它运走了。

这使我们都很惊奇，这又怪又丑的石头，原来是天上的啊！它补过天，在天上发过热、闪过光，我们的先祖或许仰望过它，它给了他们光明、向往、憧憬；而它落下来了，在污土里，荒草里，一躺就 // 是几百年了！

我感到自己的无知，也感到了丑石的伟大，我甚至怨恨它这么多年竟会默默地忍受着这一切！而我又立即深深地感到它那种不屈于误解、寂寞的生存的伟大。

——节选自贾平凹《丑石》

Zuòpǐn 3 Hào

Wǒ chángcháng yíhàn wǒ jiā mén qián nà kuài chǒu shí: Tā hēiyǒuyǒu de wò zài nà•lǐ, niú shìde múyàng; shéi yě bù zhī•dào shì shénme shíhou liú zài zhè•lǐ de, shéi yě bù qù lǐhuì tā. Zhǐshì màishōu shíjié, mén qián tānle màizi, nǎinai zǒngshì shuō: Zhè kuài chǒu shí, duō zhàn dìmiàn ya, chōukòng bǎ tā bānzǒu ba.

Tā bù xiàng hànbáiyù nàyàng de xìnì, kěyǐ kèzì diāohuā, yě bù xiàng dà qīngshí nàyàng de guānghuá, kěyǐ gōng lái huànshā chuíbù. Tā jìngjìng de wò zài nà•lǐ, yuàn biān de huáiyīn méi•yǒu bìfù tā, huā'•ér yě bùzài zài tā shēnbiān shēngzhǎng. Huāngcǎo biàn fányǎn chū•lái, zhīmàn shàngxià, mànmàn de, tā jìng xiùshàngle lǜtái、hēibān. Wǒmen zhèxiē zuò háizi de, yě tǎoyàn•qǐ tā•lái, céng héhuǒ yào bānzǒu tā, dàn lìqi yòu bùzú; suī shíshí zhòumà tā, xiánqì tā, yě wúkě-nàihé, zhǐ hǎo rèn tā liú zài nà•lǐ le.

Zhōng yǒu yī rì, cūnzi•lǐ láile yī gè tiānwénxuéjiā. Tā zài wǒ jiā mén qián lùguò, tūrán fāxiànle zhè kuài shítou, yǎnguāng lìjí jiù lāzhí le. Tā zài méi•yǒu líkāi, jiù zhùle xià•lái; yǐhòu yòu láile hǎoxiē rén, dōu shuō zhè shì yī kuài yǔnshí, cóng tiān•shàng luò xià•lái yǐ•jīng yǒu èr-sānbǎi nián le, shì yī jiàn liǎo•bùqǐ de dōngxi. Bùjiǔ biàn láile chē, xiǎoxīn-yìyì de jiāng tā yùnzǒu le.

Zhè shǐ wǒmen dōu hěn jīngqí, zhè yòu guài yòu chǒu de shítou, yuánlái shì tiān•shàng de a! Tā bǔguo tiān, zài tiān•shàng fāguo rè、shǎnguo guāng, wǒmen de xiānzǔ huòxǔ yǎngwàngguo tā, tā gěile tāmen guāngmíng、xiàngwǎng、chōngjǐng; ér tā luò xià•lái le, zài wūtǔ•lǐ, huāngcǎo•lǐ, yī tǎng jiù// shì jǐbǎi nián le!

Wǒ gǎndào zìjǐ de wúzhī, yě gǎndàole chǒu shí de wěidà, wǒ shènzhì yuànhèn tā zhème duō nián jìng huì mòmò de rěnshòuzhe zhè yīqiè! Ér wǒ yòu lìjí shēnshēn de gǎndào tā nà zhǒng bùqū yú wùjiě、jìmò de shēngcún de wěidà.

——Jiéxuǎn zì Jiǎ Píngwā《Chǒu Shí》

作品 4 号

[朗读提示]这虽然是一篇叙事文章，但富有哲理，启发人们发现自我，创造机会，可采用自然、深沉的感情基调，并用平实、质朴的声音表达出作者的感受来。

在达瑞八岁的时候，有一天他想去看电影。因为没有钱，他想是向爸妈要钱，还是自己挣钱。最后他选择了后者。他自己调制了一种汽水，向过路的行人出售。可那时正是寒冷的冬天，没有人买，只有两个人例外——他的爸爸和妈妈。

他偶然有一个和非常成功的商人谈话的机会。当他对商人讲述了自己的“破产史”后，商人给了他两个重要的建议：一是尝试为别人解决一个难题；二是把精力集中在你知道的、你会的和你拥有的东西上。

这两个建议很关键。因为对于一个八岁的孩子而言，他不会做的事情很多。于是他穿过大街小巷，不停地思考：人们会有什么难题，他又如何利用这个机会？

一天，吃早饭时父亲让达瑞去取报纸。美国的送报员总是把报纸从花园篱笆的一个特制的管子里塞进来。假如你想穿着睡衣舒舒服服地吃早饭和看报纸，就必须离开温暖的房间，冒着寒风，到花园去取。虽然路短，但十分麻烦。

当达瑞为父亲取报纸的时候，一个主意诞生了。当天他就按响邻居的门铃，对他们说，每个月只需付给他一美元，他就每天早上把报纸塞到他们的房门底下。大多数人都同意了，很快他有//了七十多个顾客。一个月后，当他拿到自己赚的钱时，觉得自己简直是飞上了天。

很快他又有了新的机会，他让他的顾客每天把垃圾袋放在门前，然后由他早上运到垃圾桶里，每个月加一美元。之后他还想出了许多孩子赚钱的办法，并把它集结成书，书名为《儿童挣钱的二百五十个主意》。为此，达瑞十二岁时就成了畅销书作家，十五岁有了自己的谈话节目，十七岁就拥有了几百万美元。

——节选自[德]博多·舍费尔《达瑞的故事》，刘志明译

Zuòpǐn 4 Hào

Zài Dáruì bā suì de shíhou, yǒu yī tiān tā xiǎng qù kàn diànyǐng. Yīn•wèi méi•yǒu qián, tā xiǎng shì xiàng bà mā yào qián, háishì zìjǐ zhèngqián. Zuìhòu tā xuǎnzéle hòuzhě. Tā zìjǐ tiáozhìle yī zhǒng qìshuǐr, xiàng guòlù de xíngrén chūshòu. Kě nàshí zhèngshì hánlěng de dōngtiān, méi•yǒu rén mǎi, zhǐyǒu liǎng gè rén lìwài——tā de bàba hé māma.

Tā ǒurán yǒu yī gè hé fēicháng chénggōng de shāngrén tánhuà de jī•huì. Dāng tā duì shāngrén jiǎngshùle zìjǐ de “pòchǎnshǐ” hòu, shāngrén gěile tā liǎng gè zhòngyào de jiànyì: yī shì chángshì wèi bié•rén jiějué yī gè nántí; èr shì bǎ jīnglì jízhōng zài nǐ zhī•dào de、nǐ huì de hé nǐ yōngyǒu de dōngxi•shàng.

Zhè liǎng gè jiànyì hěn guānjiàn. Yīn•wèi duìyú yī gè bā suì de háizi ér yán, tā bù huì zuò de shìqing hěn duō. Yúshì tā chuānguo dàjiē xiǎoxiàng, bùtíng de sīkǎo: Rénmen huì yǒu shénme nántí, tā yòu rúhé lìyòng zhège jī•huì?

Yī tiān, chī zǎofàn shí fù•qīn ràng Dáruì qù qǔ bàozhǐ. Měiguó de sòngbàoyuán zǒngshì bǎ bàozhǐ cóng huāyuán líba de yī gè tèzhì de guǎnzi•lǐ sāi jìn•lái. Jiǎrú nǐ xiǎng chuānzhe shuìyī shūshū-fúfú de chī zǎofàn hé kàn bàozhǐ, jiù bìxū líkāi wēnnuǎn de fángjiān, màozhe hánfēng, dào huāyuán qù qǔ. Suīrán lù duǎn, dàn shífēn máfan.

Dāng Dáruì wèi fù•qīn qǔ bàozhǐ de shíhou, yī gè zhǔyi dànshēng le. Dàngtiān tā jiù ànxiǎng lín•jū de ménlíng, duì tāmen shuō, měi gè yuè zhǐ xū fùgěi tā yī měiyuán, tā jiù měitiān zǎoshang bǎ bàozhǐ sāidào tāmen de fángmén dǐ•xià. Dàduōshù rén dōu tóngyì le, hěn kuài tā yǒu// le qīshí duō gè gùkè. Yī gè yuè hòu, dāng tā nádào zìjǐ zhuàn de qián shí, jué•dé zìjǐ jiǎnzhí shì fēi•shàngle tiān.

Hěn kuài tā yòu yǒule xīn de jī•huì, tā ràng tā de gùkè měitiān bǎ lājīdài fàng zài mén qián, ránhòu yóu tā zǎoshang yùndào lājītǒng•lǐ, měi gè yuè jiā yī měiyuán. Zhīhòu tā hái xiǎngchūle xǔduō háizi zhuànqián de bànfǎ, bìng bǎ tā jíjié chéng shū, shūmíng wéi《Értóng Zhèngqián de Èrbǎi Wǔshí gè Zhǔyi》. Wèicǐ, Dáruì shí'èr suì shí jiù chéngle chàngxiāoshū zuòjiā, shíwǔ suì yǒule zìjǐ de tánhuà jiémù, shíqī suì jiù yōngyǒule jǐ bǎiwàn měiyuán.

——Jiéxuǎn zì [Dé] Bóduō Shěfèi'ěr《Dáruì de Gùshi》Liú Zhìmíng yì

作品 5 号

[朗读提示]这篇文章前一部分主要描写了雪景，朗读时要把作者对美丽雪景的喜爱之情和雪地里孩子们打闹的欢乐情景表现出来，后一部分则主要写了大雪对农作物的益处，朗读时要客观、朴素、自然。

这是入冬以来，胶东半岛上第一场雪。

雪纷纷扬扬，下得很大。开始还伴着一阵儿小雨，不久就只见大片大片的雪花，从彤云密布的天空中飘落下来。地面上一会儿就白了。冬天的山村，到了夜里就万籁俱寂，只听得雪花簌簌地不断往下落，树木的枯枝被雪压断了，偶尔咯吱一声响。

大雪整整下了一夜。今天早晨，天放晴了，太阳出来了。推开门一看，嗬！好大的雪啊！山川、河流、树木、房屋，全都罩上了一层厚厚的雪，万里江山，变成了粉妆玉砌的世界。落光了叶子的柳树上挂满了毛茸茸亮晶晶的银条儿；而那些冬夏常青的松树和柏树上，则挂满了蓬松松沉甸甸的雪球儿。一阵风吹来，树枝轻轻地摇晃，美丽的银条儿和雪球儿簌簌地落下来，玉屑似的雪末儿随风飘扬，映着清晨的阳光，显出一道道五光十色的彩虹。

大街上的积雪足有一尺多深，人踩上去，脚底下发出咯吱咯吱的响声。一群群孩子在雪地里堆雪人，掷雪球儿。那欢乐的叫喊声，把树枝上的雪都震落下来了。

俗话说，“瑞雪兆丰年”。这个话有充分的科学根据，并不是一句迷信的成语。寒冬大雪，可以冻死一部分越冬的害虫；融化了的水渗进土层深处，又能供应∥庄稼生长的需要。我相信这一场十分及时的大雪，一定会促进明年春季作物，尤其是小麦的丰收。有经验的老农把雪比做是“麦子的棉被”。冬天“棉被”盖得越厚，明春麦子就长得越好，所以又有这样一句谚语：“冬天麦盖三层被，来年枕着馒头睡。”

我想，这就是人们为什么把及时的大雪称为“瑞雪”的道理吧。

——节选自峻青《第一场雪》

Zuòpǐn 5 Hào

Zhè shì rùdōng yǐlái, Jiāodōng Bàndǎo•shàng dì-yī cháng xuě.

Xuě fēnfēn-yángyáng, xià de hěn dà. Kāishǐ hái bànzhe yīzhènr xiǎoyǔ, bùjiǔ jiù zhǐ jiàn dàpiàn dàpiàn de xuěhuā, cóng tóngyún-mìbù de tiānkōng zhōng piāoluò xià•lái. Dìmiàn•shàng yīhuìr jiù bái le. Dōngtiān de shāncūn, dàole yè•lǐ jiù wànlài-jùjì, zhǐ tīng de xuěhuā sùsù de bùduàn wǎngxià luò, shùmù de kūzhī bèi xuě yāduàn le, ǒu'ěr gēzhī yī shēng xiǎng.

Dàxuě zhěngzhěng xiàle yī yè. Jīntiān zǎo•chén, tiān fàngqíng le, tài•yáng chū•lái le. Tuīkāi mén yī kàn, hē! Hǎo dà de xuě a! Shānchuān、héliú、shùmù、fángwū, quán dōu zhào•shàngle yī céng hòuhòu de xuě, wànlǐ jiāngshān, biànchéngle fěnzhuāng-yùqì de shìjiè. Luòguāngle yèzi de liǔshù•shàng guàmǎnle máoróngróng liàngjīngjīng de yíntiáor; ér nàxiē dōng-xià chángqīng de sōngshù hé bǎishù•shàng, zé guàmǎnle péngsōngsōng chéndiàndiàn de xuěqiúr. Yī zhèn fēng chuīlái, shùzhī qīngqīng de yáo•huàng, měilì de yíntiáor hé xuěqiúr sùsù de luò xià•lái, yùxiè shìde xuěmòr suí fēng piāoyáng, yìngzhe qīngchén de yángguāng，xiǎnchū yī dàodào wǔguāng-shísè de cǎihóng.

Dàjiē•shàng de jīxuě zú yǒu yī chǐ duō shēn，rén cǎi shàng•qù，jiǎo dǐ•xià fā chū gēzhī gēzhī de xiǎngshēng. Yī qúnqún háizi zài xuědì•lǐ duī xuěrén，zhì xuěqiúr. Nà huānlè de jiàohǎnshēng，bǎ shùzhī•shàng de xuě dōu zhènluò xià•lái le.

Súhuà shuō，"Ruìxuě zhào fēngnián". Zhège huà yǒu chōngfèn de kēxué gēnjù，bìng bù shì yī jù míxìn de chéngyǔ. Hándōng dàxuě，kěyǐ dòngsǐ yī bùfen yuèdōng de hàichóng；rónghuàle de shuǐ shènjìn tǔcéng shēnchù，yòu néng gōngyìng // zhuāngjia shēngzhǎng de xūyào. Wǒ xiāngxìn zhè yī cháng shífēn jíshí de dàxuě，yīdìng huì cùjìn míngnián chūnjì zuòwù，yóuqí shì xiǎomài de fēngshōu. Yǒu jīngyàn de lǎonóng bǎ xuě bǐzuò shì "màizi de miánbèi". Dōngtiān "miánbèi" gài de yuè hòu，míngchūn màizi jiù zhǎng de yuè hǎo，suǒyǐ yòu yǒu zhèyàng yī jù yànyǔ："Dōngtiān mài gài sān céng bèi，láinián zhěnzhe mántou shuì."

Wǒ xiǎng，zhè jiùshì rénmen wèishénme bǎ jíshí de dàxuě chēngwéi "ruìxuě" de dào•lǐ ba.

——Jiéxuǎn zì Jùn Qīng《Dì-yī Cháng Xuě》

作品 6 号

[朗读提示]这是一篇对读书充满深情厚意的议论文，所以朗读时要把作者语重心长、耐人寻味的心声表述出来，语气要厚重、坚实。

我常想读书人是世间幸福人，因为他除了拥有现实的世界之外，还拥有另一个更为浩瀚也更为丰富的世界。现实的世界是人人都有的，而后一个世界却为读书人所独有。由此我想，那些失去或不能阅读的人是多么的不幸，他们的丧失是不可补偿的。世间有诸多的不平等，财富的不平等，权力的不平等，而阅读能力的拥有或丧失却体现为精神的不平等。

一个人的一生，只能经历自己拥有的那一份欣悦，那一份苦难，也许再加上他亲自闻知的那一些关于自身以外的经历和经验。然而，人们通过阅读，却能进入不同时空的诸多他人的世界。这样，具有阅读能力的人，无形间获得了超越有限生命的无限可能性。阅读不仅使他多识了草木虫鱼之名，而且可以上溯远古下及未来，饱览存在的与非存在的奇风异俗。

更为重要的是，读书加惠于人们的不仅是知识的增广，而且还在于精神的感化与陶冶。人们从读书学做人，从那些往哲先贤以及当代才俊的著述中学得他们的人格。人们从《论语》中学得智慧的思考，从《史记》中学得严肃的历史精神，从《正气歌》中学得人格的刚烈，从马克思学得人世 // 的激情，从鲁迅学得批判精神，从托尔斯泰学得道德的执着。歌德的诗句刻写着睿智的人生，拜伦的诗句呼唤着奋斗的热情。一个读书人，一个有机会拥有超乎个人生命体验的幸运人。

——节选自谢冕《读书人是幸福人》

Zuòpǐn 6 Hào

Wǒ cháng xiǎng dúshūrén shì shìjiān xìngfú rén，yīn•wèi tā chúle yōngyǒu xiànshí de shìjiè zhīwài, hái yōngyǒu lìng yī gè gèng wéi hàohàn yě gèng wéi fēngfù de shìjiè. Xiànshí de shìjiè shì rénrén dōu yǒu de, ér hòu yī gè shìjiè què wéi dúshūrén suǒ dúyǒu. Yóu cǐ wǒ xiǎng, nàxiē shīqù huò bùnéng yuèdú de rén shì duōme de bùxìng, tāmen de sàngshī shì bùkě bǔcháng de. Shìjiān yǒu zhūduō de bù píngděng, cáifù de bù píngděng, quánlì de bù píngděng, ér yuèdú nénglì de yōngyǒu huò sàngshī què tǐxiàn wéi jīngshén de bù píngděng.

Yī gè rén de yīshēng, zhǐnéng jīnglì zìjǐ yōngyǒu de nà yī fèn xīnyuè, nà yī fèn kǔnàn, yě xǔ zài jiā•shàng tā qīnzì wén zhī de nà yīxiē guānyú zìshēn yǐwài de jīnglì hé jīngyàn. Rán'ér, rénmen tōngguò yuèdú, què néng jìnrù bùtóng shíkōng de zhūduō tārén de shìjiè. Zhèyàng, jùyǒu yuèdú nénglì de rén, wúxíng jiān huòdéle chāoyuè yǒuxiàn shēngmìng de wúxiàn kěnéngxìng. Yuèdú bùjǐn shǐ tā duō shíle cǎo-mù-chóng-yú zhī míng, érqiě kěyǐ shàngsù yuǎngǔ xià jí wèilái, bǎolǎn cúnzài de yǔ fēicúnzài de qífēng-yìsú.

Gèng wéi zhòngyào de shì, dúshū jiāhuì yú rénmen de bùjǐn shì zhīshi de zēngguǎng, érqiě hái zàiyú jīngshén de gǎnhuà yǔ táoyě. Rénmen cóng dúshū xué zuò rén, cóng nàxiē wǎngzhé xiānxián yǐjí dāngdài cáijùn de zhùshù zhōng xuédé tāmen de réngé. Rénmen cóng《Lúnyǔ》zhōng xuédé zhìhuì de sīkǎo, cóng《Shǐjì》zhōng xuédé yánsù de lìshǐ jīngshén, cóng《Zhèngqìgē》zhōng xuédé réngé de gāngliè, cóng Mǎkèsī xuédé rénshì// de jīqíng, cóng Lǔ Xùn xuédé pīpàn jīngshén, cóng Tuō'ěrsītài xuédé dàodé de zhízhuó. Gēdé de shījù kèxiězhe ruìzhì de rénshēng, Bàilún de shījù hūhuànzhe fèndòu de rèqíng. Yī gè dúshūrén, yī gè yǒu jī•huì yōngyǒu chāohū gèrén shēngmìng tǐyàn de xìngyùn rén.

——Jiéxuǎn zì Xiè Miǎn《Dúshūrén Shì Xìngfú Rén》

作品 7 号

[朗读提示]这篇文章的角色对话很多,朗读时要注意把孩子稚嫩和渴望的语言与父亲疲惫、不耐烦的语言进行对比,同时也要注意区分父亲发怒时和平静之后语言的鲜明不同。

一天,爸爸下班回到家已经很晚了,他很累也有点儿烦,他发现五岁的儿子靠在门旁正等着他。

"爸,我可以问您一个问题吗?"

"什么问题?""爸,您一小时可以赚多少钱?""这与你无关,你为什么问这个问题?"父亲生气地说。

"我只是想知道,请告诉我,您一小时赚多少钱?"小孩儿哀求道。"假如你一定要知道的话,我一小时赚二十美金。"

"哦,"小孩儿低下了头,接着又说,"爸,可以借我十美金吗?"父亲发怒了:"如果你只是要借钱去买毫无意义的玩具的话,给我回到你的房间睡觉去。好好想想为什么你会那么自私。我每天辛苦工作,没时间和你玩儿小孩子的游戏。"

小孩儿默默地回到自己的房间关上门。

父亲坐下来还在生气。后来,他平静下来了。心想他可能对孩子太凶了——或许孩子真的很想买什么东西，再说他平时很少要过钱。

父亲走进孩子的房间："你睡了吗？""爸，还没有，我还醒着。"孩子回答。

"我刚才可能对你太凶了，"父亲说，"我不应该发那么大的火儿——这是你要的十美金。""爸，谢谢您。"孩子高兴地从枕头下拿出一些被弄皱的钞票，慢慢地数着。

"为什么你已经有钱了还要？"父亲不解地问。

"因为原来不够，但现在凑够了。"孩子回答："爸，我现在有//二十美金了，我可以向您买一个小时的时间吗？明天请早一点儿回家——我想和您一起吃晚餐。"

——节选自唐继柳编译《二十美金的价值》

Zuòpǐn 7 Hào

Yī tiān, bàba xiàbān huídào jiā yǐ•jīng hěn wǎn le, tā hěn lèi yě yǒu diǎnr fán, tā fāxiàn wǔ suì de érzi kào zài mén páng zhèng děngzhe tā.

"Bà, wǒ kěyǐ wèn nín yī gè wèntí ma?"

"Shénme wèntí?" "Bà, nín yī xiǎoshí kěyǐ zhuàn duō•shǎo qián?" "Zhè yǔ nǐ wúguān, nǐ wèishénme wèn zhège wèntí?" Fù•qīn shēngqì de shuō.

"Wǒ zhǐshì xiǎng zhī•dào, qǐng gàosu wǒ, nín yī xiǎoshí zhuàn duō•shǎo qián?" Xiǎoháir āiqiú dào. "Jiǎrú nǐ yīdìng yào zhī•dào de huà, wǒ yī xiǎoshí zhuàn èrshí měijīn."

"Ò," Xiǎoháir dīxiàle tóu, jiēzhe yòu shuō, "Bà, kěyǐ jiè wǒ shí měijīn ma?" Fù•qīn fānù le: "Rúguǒ nǐ zhǐshì yào jiè qián qù mǎi háowú yìyì de wánjù de huà, gěi wǒ huídào nǐ de fángjiān shuìjiào•qù. Hǎohǎo xiǎngxiang wèishénme nǐ huì nàme zìsī. Wǒ měitiān xīnkǔ gōngzuò, méi shíjiān hé nǐ wánr xiǎoháizi de yóuxì."

Xiǎoháir mòmò de huídào zìjǐ de fángjiān guān•shàng mén.

Fù•qīn zuò xià•lái hái zài shēngqì. Hòulái, tā píngjìng xià•lái le. Xīnxiǎng tā kěnéng duì háizi tài xiōng le——huòxǔ háizi zhēnde hěn xiǎng mǎi shénme dōngxi, zài shuō tā píngshí hěn shǎo yàoguo qián.

Fù•qīn zǒujìn háizi de fángjiān: "Nǐ shuìle ma?" "Bà, hái méi•yǒu, wǒ hái xǐngzhe." Háizi huídá.

"Wǒ gāngcái kěnéng duì nǐ tài xiōng le," Fù•qīn shuō, "Wǒ bù yīnggāi fā nàme dà de huǒr——zhè shì nǐ yào de shí měijīn." "Bà, xièxie nín." Háizi gāoxìng de cóng zhěntou•xià náchū yīxiē bèi nòngzhòu de chāopiào, mànmàn de shǔzhe.

"Wèishénme nǐ yǐ•jīng yǒu qián le hái yào?" Fù•qīn bùjiě de wèn.

"Yīn•wèi yuánlái bùgòu, dàn xiànzài còugòu le." Háizi huídá: "Bà, wǒ xiànzài yǒu// èrshí měijīn le, wǒ kěyǐ xiàng nín mǎi yī gè xiǎoshí de shíjiān ma? Míngtiān qǐng zǎo yīdiǎnr huíjiā——wǒ xiǎng hé nín yīqǐ chī wǎncān."

——Jiéxuǎn zì Táng Jìliǔ biānyì《Èrshí Měijīn de Jiàzhí》

作品 8 号

[朗读提示]作品中三次写繁星，由于年龄、阅历、心情和时间、地点、氛围的不同，表现出的意境和感受也就不同。朗读时要注意三次写繁星时行文感情处理的不同：第一次是在自家院子，卧看时，所见的天空有限，显得深而且远，因此有回到母亲怀里的感觉。第二次是在南京的菜园地，作者当时挣脱出了封建家庭的樊笼，因此觉得星星很亲切，光明无所不在。第三次是在海上，船动星移。

我爱月夜，但我也爱星天。从前在家乡七八月的夜晚在庭院里纳凉的时候，我最爱看天上密密麻麻的繁星。望着星天，我就会忘记一切，仿佛回到了母亲的怀里似的。

三年前在南京我住的地方有一道后门，每晚我打开后门，便看见一个静寂的夜。下面是一片菜园，上面是星群密布的蓝天。星光在我们的肉眼里虽然微小，然而它使我们觉得光明无处不在。那时候我正在读一些天文学的书，也认得一些星星，好像它们就是我的朋友，它们常常在和我谈话一样。

如今在海上，每晚和繁星相对，我把它们认得很熟了。我躺在舱面上，仰望天空。深蓝色的天空里悬着无数半明半昧的星。船在动，星也在动，它们是这样低，真是摇摇欲坠呢！渐渐地我的眼睛模糊了，我好像看见无数萤火虫在我的周围飞舞。海上的夜是柔和的，是静寂的，是梦幻的。我望着许多认识的星，我仿佛看见它们在对我眨眼，我仿佛听见它们在小声说话。这时我忘记了一切。在星的怀抱中我微笑着，我沉睡着。我觉得自己是一个小孩子，现在睡在母亲的怀里了。

有一夜，那个在哥伦波上船的英国人指给我看天上的巨人。他用手指着：// 那四颗明亮的星是头，下面的几颗是身子，这几颗是手，那几颗是腿和脚，还有三颗星算是腰带。经他这一番指点，我果然看清楚了那个天上的巨人。看，那个巨人还在跑呢！

——节选自巴金《繁星》

Zuòpǐn 8 Hào

Wǒ ài yuèyè, dàn wǒ yě ài xīngtiān. Cóngqián zài jiāxiāng qī-bāyuè de yèwǎn zài tíngyuàn•lǐ nàliáng de shíhou, wǒ zuì ài kàn tiān•shàng mìmì-mámá de fánxīng. Wàngzhe xīngtiān, wǒ jiù huì wàngjì yīqiè, fǎngfú huídàole mǔ•qīn de huái•lǐ shìde.

Sān nián qián zài Nánjīng wǒ zhù de dìfang yǒu yī dào hòumén, měi wǎn wǒ dǎkāi hòumén, biàn kàn•jiàn yī gè jìngjì de yè. Xià•miàn shì yī piàn càiyuán, shàng•miàn shì xīngqún mìbù de lántiān. Xīngguāng zài wǒmen de ròuyǎn•lǐ suīrán wēixiǎo, rán'ér tā shǐ wǒmen jué•dé guāngmíng wúchù-bùzài. Nà shíhou wǒ zhèngzài dú yīxiē tiānwénxué de shū, yě rènde yīxiē xīngxing, hǎoxiàng tāmen jiùshì wǒ de péngyou, tāmen chángcháng zài hé wǒ tánhuà yīyàng.

Rújīn zài hǎi•shàng, měi wǎn hé fánxīng xiāngduì, wǒ bǎ tāmen rènde hěn shú le. Wǒ tǎng zài cāngmiàn•shàng, yǎngwàng tiānkōng. Shēnlánsè de tiānkōng•lǐ xuánzhe wúshù bànmíng-bànmèi de xīng. Chuán zài dòng, xīng yě zài dòng, tāmen shì zhèyàng dī, zhēn shì yáoyáo-yùzhuì ne! Jiànjiàn de wǒ de yǎnjing móhu le, wǒ hǎoxiàng kàn•jiàn wúshù yínghuǒchóng zài wǒ de zhōuwéi fēiwǔ. Hǎi·shàng de yè shì róuhé de, shì jìngjì de, shì mènghuàn de. Wǒ wàngzhe xǔduō rènshi de xīng, wǒ fǎngfú kàn·jiàn tāmen zài duì wǒ zhǎyǎn, wǒ fǎngfú tīng·jiàn tāmen zài xiǎoshēng shuōhuà. Zhèshí wǒ wàngjìle yīqiè. Zài xīng de huáibào zhōng wǒ wēixiàozhe, wǒ chénshuìzhe. Wǒ jué·dé zìjǐ shì yī gè xiǎoháizi, xiànzài shuì zài mǔ·qīn de huái·lǐ le.

Yǒu yī yè, nàge zài Gēlúnbō shàng chuán de Yīngguórén zhǐ gěi wǒ kàn tiān·shàng de jùrén. Tā yòng shǒu zhǐzhe: // Nà sì kē míngliàng de xīng shì tóu, xià·miàn de jǐ kē shì shēnzi, zhè jǐ kē shì shǒu, nà jǐ kē shì tuǐ hé jiǎo, háiyǒu sān kē xīng suànshì yāodài. Jīng tā zhè yīfān zhǐdiǎn, wǒ guǒrán kàn qīngchule nàge tiān·shàng de jùrén. Kàn, nàge jùrén hái zài pǎo ne!

——Jiéxuǎn zì Bā jīn《Fánxīng》

作品 9 号

[朗读提示]这是一篇关于童年美好回忆的作品,语言自然清新。朗读时可以使用甜美的声音,把作者的童趣勾勒出来。最后一个自然段和倒数第二自然段的最后一句话是全文的画龙点睛之笔,朗读时应饱含着深深的思乡之情和爱国之情。

假日到河滩上转转,看见许多孩子在放风筝。一根根长长的引线,一头系在天上一头系在地上,孩子同风筝都在天与地之间悠荡,连心也被悠荡得恍恍惚惚了,好像又回到了童年。

儿时放的风筝,大多是自己的长辈或家人编扎的,几根削得很薄的篾,用细纱线扎成各种鸟兽的造型,糊上雪白的纸片,再用彩笔勾勒出面孔与翅膀的图案。通常扎得最多的是"老雕""美人儿""花蝴蝶"等。

我们家前院就有位叔叔,擅扎风筝,远近闻名。他扎得风筝不只体形好看,色彩艳丽,放飞得高远,还在风筝上绷一叶用蒲苇削成的膜片,经风一吹,发出"嗡嗡"的声响,仿佛是风筝的歌唱,在蓝天下播扬,给开阔的天地增添了无尽的韵味,给驰荡的童心带来几分疯狂。

我们那条胡同的左邻右舍的孩子们放的风筝几乎都是叔叔编扎的。他的风筝不卖钱,谁上门去要,就给谁,他乐意自己贴钱买材料。

后来,这位叔叔去了海外,放风筝也渐与孩子们远离了。不过年年叔叔给家乡写信,总不忘提起儿时的放风筝。香港回归之后,他在家信中说到,他这只被故乡放飞到海外的风筝,尽管飘荡游弋,经沐风雨,可那线头儿一直在故乡和 // 亲人手中牵着,如今飘得太累了,也该要回归到家乡和亲人身边来了。

是的。我想,不光是叔叔,我们每个人都是风筝,在妈妈手中牵着,从小放到大,再从家乡放到祖国最需要的地方去啊!

——节选自李恒瑞《风筝畅想曲》

Zuòpǐn 9 Hào

Jiàrì dào hétān·shàng zhuànzhuan, kàn·jiàn xǔduō háizi zài fàng fēngzheng. Yīgēn-gēn chángcháng de yǐnxiàn, yītóur jì zài tiān·shàng yī tóur jì zài dì·shàng, háizi tóng fēngzheng dōu zài tiān yǔ dì zhījiān yōudàng, lián xīn yě bèi yōudàng de huǎnghuǎng-hūhū le, hǎoxiàng yòu huídàole tóngnián.

Érshí fàng de fēngzheng, dàduō shì zìjǐ de zhǎngbèi huò jiārén biānzā de, jǐ gēn xiāo de hěn báo de miè, yòng xì shāxiàn zāchéng gè zhǒng niǎo shòu de zàoxíng, hú·shàng xuěbái de zhǐpiàn, zài yòng cǎibǐ gōulè chū miànkǒng yǔ chìbǎng de tú'àn. Tōngcháng zā de zuì duō de shì "lǎodiāo" "měirénr" "huā húdié" děng.

Wǒmen jiā qiányuàn jiù yǒu wèi shūshu, shàn zā fēngzheng, yuǎn-jìn wénmíng. Tā zā de fēngzheng bùzhǐ tǐxíng hǎokàn, sècǎi yànlì, fàngfēi de gāo yuǎn, hái zài fēngzheng·shàng bēng yī yè yòng púwěi xiāochéng de mópiàn, jīng fēng yī chuī, fāchū "wēngwēng" de shēngxiǎng, fǎngfú shì fēngzheng de gēchàng, zài lántiān·xià bō yáng, gěi kāikuò de tiāndì zēngtiānle wújìn de yùnwèi, gěi chídàng de tóngxīn dàilái jǐ fēn fēngkuáng.

Wǒmen nà tiáo hútòngr de zuǒlín-yòushè de háizimen fàng de fēngzheng jīhū dōu shì shūshu biānzā de. Tā de fēngzheng bù mài qián, shéi shàngmén qù yào, jiù gěi shéi, tā lèyì zìjǐ tiē qián mǎi cáiliào.

Hòulái, zhèwèi shūshu qùle hǎiwài, fàng fēngzheng yě jiàn yǔ háizimen yuǎnlí le. Bùguò niánnián shūshu gěi jiāxiāng xiěxìn, zǒng bù wàng tíqǐ érshí de fàng fēngzheng. Xiānggǎng huíguī zhīhòu, tā zài jiāxìn zhōng shuōdào, tā zhè zhī bèi gùxiāng fàngfēi dào hǎiwài de fēngzheng, jǐnguǎn piāodàng yóuyì, jīng mù fēngyǔ, kě nà xiàntóur yīzhí zài gùxiāng hé// qīnrén shǒu zhōng qiānzhe, rújīn piāo de tài lèi le, yě gāi yào huíguī dào jiāxiāng hé qīnrén shēnbiān lái le.

Shìde. Wǒ xiǎng, bùguāng shì shūshu, wǒmen měi gè rén dōu shì fēngzheng, zài māma shǒu zhōng qiānzhe, cóngxiǎo fàngdào dà, zài cóng jiāxiāng fàngdào zǔguó zuì xūyào de dìfang qù a!

——Jiéxuǎn zì Lǐ Héngruì《Fēngzhēng Chàngxiǎngqǔ》

作品 10 号

[朗读提示]区分朗读爸爸的行为和妈妈的行为。在朗读爸爸的行为时要表现出责备中带有理解和含蓄，以及最后对爸爸深沉的爱的眷顾，不能大声地斥责。

爸不懂得怎样表达爱，使我们一家人融洽相处的是我妈。他只是每天上班下班，而妈则把我们做过的错事开列清单，然后由他来责骂我们。

有一次我偷了一块糖果，他要我把它送回去，告诉卖糖的说是我偷来的，说我愿意替他拆箱卸货作为赔偿。但妈妈却明白我只是个孩子。

我在运动场打秋千跌断了腿，在前往医院途中一直抱着我的，是我妈。爸把汽车停在急诊室门口，他们叫他驶开，说那空位是留给紧急车辆停放的。爸听了便叫嚷道："你以为这是什么车？旅游车？"

在我生日会上，爸总是显得有些不大相称。他只是忙于吹气球，布置餐桌，做杂务。把插着蜡烛的蛋糕推过来让我吹的，是我妈。

我翻阅照相册时，人们总是问："你爸爸是什么样子的？"天晓得！他老是忙着替别人拍照。妈和我笑容可掬地一起拍的照片，多得不可胜数。

我记得妈有一次叫他教我骑自行车。我叫他别放手，但他却说是应该放手的时候了。我摔倒之后，妈跑过来扶我，爸却挥手要她走开。我当时生气极了，决心要给他点儿颜色看。于是我马上爬上自行车，而且自己骑给他看。他只是微笑。

我念大学时，所有的家信都是妈写的。他//除了寄支票外，还寄过一封短柬给我，说因为我不在草坪上踢足球了，所以他的草坪长得很美。

每次我打电话回家，他似乎都想跟我说话，但结果总是说："我叫你妈来接。"

我结婚时，掉眼泪的是我妈。他只是大声擤了一下鼻子，便走出房间。

我从小到大都听他说："你到哪里去？什么时候回家？汽车有没有汽油？不，不准去。"爸完全不知道怎样表达爱。除非……

会不会是他已经表达了，而我却未能察觉？

——节选自[美]艾尔玛·邦贝克《父亲的爱》

Zuòpǐn 10 Hào

Bà bù dǒng·dé zěnyàng biǎodá ài, shǐ wǒmen yī jiā rén róngqià xiāngchǔ de shì wǒ mā. Tā zhǐshì měi tiān shàngbān xiàbān, ér mā zé bǎ wǒmen zuòguo de cuòshì kāiliè qīngdān, ránhòu yóu tā lái zémà wǒmen.

Yǒu yī cì wǒ tōule yī kuài tángguǒ, tā yào wǒ bǎ tā sòng huí·qù, gàosu mài táng de shuō shì wǒ tōu·lái de, shuō wǒ yuàn·yì tì tā chāi xiāng xièhuò zuòwéi péicháng. Dàn māma què míngbai wǒ zhǐshì gè háizi.

Wǒ zài yùndòngchǎng dǎ qiūqiān diēduànle tuǐ, zài qiánwǎng yīyuàn túzhōng yīzhí bàozhe wǒ de, shì wǒ mā. Bà bǎ qìchē tíng zài jízhěnshì ménkǒu, tāmen jiào tā shǐkāi, shuō nà kòngwèi shì liúgěi jǐnjí chēliàng tíngfàng de. Bà tīngle biàn jiàorǎng dào: "Nǐ yǐwéi zhè shì shénme chē? Lǚyóuchē?"

Zài wǒ shēngri huì·shàng, bà zǒngshì xiǎn·dé yǒuxiē bùdà xiāngchèn. Tā zhǐshì máng yú chuī qìqiú, bùzhì cānzhuō, zuò záwù. Bǎ chāzhe làzhú de dàngāo tuī guò·lái ràng wǒ chuī de, shì wǒ mā.

Wǒ fānyuè zhàoxiàngcè shí, rénmen zǒngshì wèn: "Nǐ bàba shì shénme yàngzi de?" Tiān xiǎo·dé! Tā lǎoshì mángzhe tì bié·rén pāizhào. Mā hé wǒ xiàoróng-kějū de yīqǐ pāi de zhàopiàn, duō de bùkě-shèngshǔ.

Wǒ jì·dé mā yǒu yī cì jiào tā jiāo wǒ qí zìxíngchē. Wǒ jiào tā bié fàngshǒu, dàn tā què shuō shì yīnggāi fàngshǒu de shíhou le. Wǒ shuāidǎo zhīhòu, mā pǎo guò·lái fú wǒ, bà què huīshǒu yào tā zǒukāi. Wǒ dāngshí shēngqì jí le, juéxīn yào gěi tā diǎnr yánsè kàn. Yúshì wǒ mǎshàng pá·shàng zìxíngchē, érqiě zìjǐ qí gěi tā kàn. Tā zhǐshì wēixiào.

Wǒ niàn dàxué shí, suǒyǒu de jiāxìn dōu shì mā xiě de. Tā//chúle jì zhīpiào wài, hái jìguo yī fēng duǎn jiǎn gěi wǒ, shuō yīn·wèi wǒ bù zài cǎopíng·shàng tī zúqiú le, suǒyǐ tā de cǎopíng zhǎng de hěn měi.

Měi cì wǒ dǎ diànhuà huíjiā, tā sìhū dōu xiǎng gēn wǒ shuōhuà, dàn jiéguǒ zǒngshì shuō："Wǒ jiào nǐ mā lái jiē."

Wǒ jiéhūn shí, diào yǎnlèi de shì wǒ mā. Tā zhǐshì dàshēng xǐngle yīxià bízi, biàn zǒuchū fángjiān.

Wǒ cóng xiǎo dào dà dōu tīng tā shuō: "Nǐ dào nǎ·lǐ qù? Shénme shíhou huíjiā? Qìchē yǒu méi·yǒu qìyóu? Bù, bùzhǔn qù." Bà wánquán bù zhī·dào zěnyàng biǎodá ài. Chú fēi……

Huì bù huì shì tā yǐ·jīng biǎodá le, ér wǒ què wèi néng chájué?

——Jiéxuǎn zì [Měi] Ài'ěrmǎ Bāngbèikè《Fù·qīn de Ài》

作品 11 号

[朗读提示]本篇写了作者从足球比赛领悟出的感受,朗读时应该注意语调自然,感情真切,节奏明朗适中。

一个大问题一直盘踞在我脑袋里:

世界杯怎么会有如此巨大的吸引力?除去足球本身的魅力之外,还有什么超乎其上而更伟大的东西?

近来观看世界杯,忽然从中得到了答案:是由于一种无上崇高的精神情感——国家荣誉感!

地球上的人都会有国家的概念,但未必时时都有国家的感情。往往人到异国,思念家乡,心怀故国,这国家概念就变得有血有肉,爱国之情来得非常具体。而现代社会,科技昌达,信息快捷,事事上网,世界真是太小太小,国家的界限似乎也不那么清晰了。再说足球正在快速世界化,平日里各国球员频繁转会,往来随意,致使越来越多的国家联赛都具有国际的因素。球员们不论国籍,只效力于自己的俱乐部,他们比赛时的激情中完全没有爱国主义的因子。

然而,到了世界杯大赛,天下大变。各国球员都回国效力,穿上与光荣的国旗同样色彩的服装。在每一场比赛前,还高唱国歌以宣誓对自己祖国的挚爱与忠诚。一种血缘情感开始在全身的血管里燃烧起来,而且立刻热血沸腾。

在历史时代,国家间经常发生对抗,好男儿戎装卫国。国家的荣誉往往需要以自己的生命去换//取。但在和平时代,惟有这种国家之间大规模对抗性的大赛,才可以唤起那种遥远而神圣的情感,那就是:为祖国而战!

——节选自冯骥才《国家荣誉感》

Zuòpǐn 11 Hào

Yī gè dà wèntí yīzhí pánjù zài wǒ nǎodai·lǐ:

Shìjièbēi zěnme huì yǒu rúcǐ jùdà de xīyǐnlì? Chúqù zúqiú běnshēn de mèilì zhīwài, hái yǒu shénme chāohūqíshàng ér gèng wěidà de dōngxi?

Jìnlái guānkàn shìjièbēi, hūrán cóngzhōng dédàole dá'àn: Shì yóuyú yī zhǒng wúshàng chónggāo de jīngshén qínggǎn——guójiā róngyùgǎn!

Dìqiú·shàng de rén dōu huì yǒu guójiā de gàiniàn, dàn wèibì shíshí dōu yǒu guójiā de gǎnqíng. Wǎngwǎng rén dào yìguó, sīniàn jiāxiāng, xīn huái gùguó, zhè guójiā gàiniàn jiù biànde yǒuxiěyǒuròu, àiguó zhī qíng lái de fēicháng jùtǐ. Ér xiàndài shèhuì, kējì chāngdá, xìnxī kuàijié, shìshì shàngwǎng, shìjiè zhēn shì tài xiǎo tài xiǎo, guójiā de jiè-xiàn sìhū yě bù nàme qīngxī le. Zàishuō zúqiú zhèngzài kuàisù shìjièhuà, píngrì•lǐ gè guó qiúyuán pínfán zhuǎn huì, wǎnglái suíyì, zhìshǐ yuèláiyuè duō de guójiā liánsài dōu jùyǒu guójì de yīnsù. Qiúyuánmen bùlùn guójí, zhǐ xiàolì yú zìjǐ de jùlèbù, tāmen bǐsài shí de jī-qíng zhōng wánquán méi•yǒu àiguózhǔyì de yīnzǐ.

Rán'ér, dàole shìjièbēi dàsài, tiānxià dàbiàn. Gè guó qiúyuán dōu huíguó xiàolì, chuān•shàng yǔ guāngróng de guóqí tóngyàng sècǎi de fúzhuāng. Zài měi yī chǎng bǐsài qián, hái gāochàng guógē yǐ xuānshì duì zìjǐ zǔguó de zhì'ài yǔ zhōngchéng. Yī zhǒng xuèyuán qínggǎn kāishǐ zài quánshēn de xuèguǎn•lǐ ránshāo qǐ•lái, érqiě lìkè rèxuè fèiténg.

Zài lìshǐ shídài, guójiā jiān jīngcháng fāshēng duìkàng, hǎo nán'ér róngzhuāng wèi-guó. Guójiā de róngyù wǎngwǎng xūyào yǐ zìjǐ de shēngmìng qù huàn// qǔ. Dàn zài hépíng shídài, wéiyǒu zhè zhǒng guójiā zhījiān dàguīmó duìkàngxìng de dàsài, cái kěyǐ huànqǐ nà zhǒng yáoyuǎn ér shénshèng de qínggǎn, nà jiùshì: Wèi zǔguó ér zhàn!

——Jiéxuǎn zì Féng Jìcái《Guójiā Róngyùgǎn》

作品 12 号

[朗读提示]本篇是优美的写景散文。作者抓住夕阳落山不久——月到中天这段时间的光线和色彩的变化,描绘了夏夜海滨特有的景色和劳动者的闲适、欢愉的休憩场面,抒发了对美好生活的赞美之情。所以,朗读时要热情、真切,让听者从你的声音里感受到大自然的多彩多姿和生活之美。

夕阳落山不久,西方的天空,还燃烧着一片橘红色的晚霞。大海,也被这霞光染成了红色,而且比天空的景色更要壮观。因为它是活动的,每当一排排波浪涌起的时候,那映照在浪峰上的霞光,又红又亮,简直就像一片片霍霍燃烧着的火焰,闪烁着,消失了。而后面的一排,又闪烁着,滚动着,涌了过来。

天空的霞光渐渐地淡下去了,深红的颜色变成了绯红,绯红又变为浅红。最后,当这一切红光都消失了的时候,那突然显得高而远了的天空,则呈现出一片肃穆的神色。最早出现的启明星,在这蓝色的天幕上闪烁起来了。它是那么大,那么亮,整个广漠的天幕上只有它在那里放射着令人注目的光辉,活像一盏悬挂在高空的明灯。

夜色加浓,苍空中的"明灯"越来越多了。而城市各处的真的灯火也次第亮了起来,尤其是围绕在海港周围山坡上的那一片灯光,从半空倒映在乌蓝的海面上,随着波浪,晃动着,闪烁着,像一串流动着的珍珠,和那一片片密布在苍穹里的星斗互相辉映,煞是好看。

在这幽美的夜色中,我踏着软绵绵的沙滩,沿着海边,慢慢地向前走去。海水,轻轻地抚摸着细软的沙滩,发出温柔的//刷刷声。晚来的海风,清新而又凉爽。我的心里,有着说不出的兴奋和愉快。

夜风轻飘飘地吹拂着,空气中飘荡着一种大海和田禾相混合的香味儿,柔软的沙滩上还残留着白天太阳炙晒的余温。那些在各个工作岗位上劳动了一天的人们,三三两两地来到这软绵绵的沙滩上，他们浴着凉爽的海风，望着那缀满了星星的夜空，尽情地说笑，尽情地休憩。

——节选自峻青《海滨仲夏夜》

Zuòpǐn 12 Hào

Xīyáng luòshān bùjiǔ, xīfāng de tiānkōng, hái ránshāozhe yī piàn júhóngsè de wǎnxiá. Dàhǎi, yě bèi zhè xiáguāng rǎnchéngle hóngsè, érqiě bǐ tiānkōng de jǐngsè gèng yào zhuàngguān. Yīn•wèi tā shì huó•dòng de, měidāng yīpáipái bōlàng yǒngqǐ de shíhou, nà yìngzhào zài làngfēng•shàng de xiáguāng, yòu hóng yòu liàng, jiǎnzhí jiù xiàng yīpiànpiàn huòhuò ránshāozhe de huǒyàn, shǎnshuò zhe, xiāoshī le. Ér hòu•miàn de yī pái, yòu shǎnshuòzhe, gǔndòngzhe, yǒngle guò•lái.

Tiānkōng de xiáguāng jiànjiàn de dàn xià•qù le, shēnhóng de yánsè biànchéngle fēihóng, fēihóng yòu biànwéi qiǎnhóng. Zuìhòu, dāng zhè yīqiè hóngguāng dōu xiāoshīle de shíhou, nà tūrán xiǎn•dé gāo ér yuǎn le de tiānkōng, zé chéngxiàn chū yī piàn sùmù de shénsè. Zuì zǎo chūxiàn de qǐmíngxīng, zài zhè lánsè de tiānmù•shàng shǎnshuò qǐ•lái le. Tā shì nàme dà, nàme liàng, zhěnggè guǎngmò de tiānmù•shàng zhǐyǒu tā zài nà•lǐ fàngshèzhe lìng rén zhùmù de guānghuī, huóxiàng yī zhǎn xuánguà zài gāokōng de míngdēng.

Yèsè jiā nóng, cāngkōng zhōng de “míngdēng” yuèláiyuè duō le. Ér chéngshì gè chù de zhēn de dēnghuǒ yě cìdì liàngle qǐ•lái, yóuqí shì wéirào zài hǎigǎng zhōuwéi shānpō•shàng de nà yī piàn dēngguāng, cóng bànkōng dàoyìng zài wūlán de hǎimiàn•shàng, suízhe bōlàng, huàngdòngzhe, shǎnshuòzhe, xiàng yī chuàn liúdòngzhe de zhēnzhū, hé nà yīpiànpiàn mìbù zài cāngqióng•lǐ de xīngdǒu hùxiāng huīyìng, shà shì hǎokàn.

Zài zhè yōuměi de yèsè zhōng, wǒ tàzhe ruǎnmiánmián de shātān, yánzhe hǎibiān, mànmàn de xiàngqián zǒu•qù. Hǎishuǐ, qīngqīng de fǔmōzhe xìruǎn de shātān, fāchū wēnróu de // shuāshuā shēng. Wǎnlái de hǎifēng, qīngxīn ér yòu liángshuǎng. Wǒ de xīn•lǐ, yǒuzhe shuō•bùchū de xīngfèn hé yúkuài.

Yèfēng qīngpiāopiāo de chuīfúzhe, kōngqì zhōng piāodàngzhe yī zhǒng dàhǎi hé tiánhé xiāng hùnhé de xiāngwèir, róuruǎn de shātān•shàng hái cánliúzhe bái•tiān tài•yáng zhìshài de yúwēn. Nàxiē zài gè gè gōngzuò gǎngwèi•shàng láodòngle yī tiān de rénmen, sānsān-liǎngliǎng de láidào zhè ruǎnmiánmián de shātān•shàng, tāmen yùzhe liángshuǎng de hǎifēng, wàngzhe nà zhuìmǎnle xīngxing de yèkōng, jìnqíng de shuōxiào, jìnqíng de xiūqì.

——Jiéxuǎn zì Jùn Qīng《Hǎibīn Zhòngxià Yè》

作品 13 号

[朗读提示]这是一篇说明文，但字里行间又充满了对生命之源——水的赞美之情，朗读时注意融入这种情感，做到客观说明和情感表达的有机结合。

生命在海洋里诞生绝不是偶然的，海洋的物理和化学性质，使它成为孕育原始生命的摇篮。

我们知道，水是生物的重要组成部分，许多动物组织的含水量在百分之八十以上，而一些海洋生物的含水量高达百分之九十五。水是新陈代谢的重要媒介，没有它，体内的一系列生理和生物化学反应就无法进行，生命也就停止。因此，在短时期内动物缺水要比缺少食物更加危险。水对今天的生命是如此重要，它对脆弱的原始生命，更是举足轻重了。生命在海洋里诞生，就不会有缺水之忧。

水是一种良好的溶剂。海洋中含有许多生命所必需的无机盐，如氯化钠、氯化钾、碳酸盐、磷酸盐，还有溶解氧，原始生命可以毫不费力地从中吸取它所需要的元素。

水具有很高的热容量，加之海洋浩大，任凭夏季烈日曝晒，冬季寒风扫荡，它的温度变化却比较小。因此，巨大的海洋就像是天然的“温箱”，是孕育原始生命的温床。

阳光虽然为生命所必需，但是阳光中的紫外线却有扼杀原始生命的危险。水能有效地吸收紫外线，因而又为原始生命提供了天然的“屏障”。

这一切都是原始生命得以产生和发展的必要条件。//

——节选自童裳亮《海洋与生命》

Zuòpǐn 13 Hào

Shēngmìng zài hǎiyáng•lǐ dànshēng jué bù shì ǒurán de, hǎiyáng de wùlǐ hé huàxué xìngzhì, shǐ tā chéngwéi yùnyù yuánshǐ shēngmìng de yáolán.

Wǒmen zhī•dào, shuǐ shì shēngwù de zhòngyào zǔchéng bùfen, xǔduō dòngwù zǔzhī de hánshuǐliàng zài bǎi fēn zhī bāshí yǐshàng, ér yīxiē hǎiyáng shēngwù de hánshuǐliàng gāodá bǎi fēn zhī jiǔshíwǔ. Shuǐ shì xīnchén-dàixiè de zhòngyào méijiè, méi•yǒu tā, tǐnèi de yīxìliè shēnglǐ hé shēngwù huàxué fǎnyìng jiù wúfǎ jìnxíng, shēngmìng yě jiù tíngzhǐ. Yīncǐ, zài duǎn shíqī nèi dòngwù quē shuǐ yào bǐ quēshǎo shíwù gèngjiā wēixiǎn. Shuǐ duì jīntiān de shēngmìng shì rúcǐ zhòngyào, tā duì cuìruò de yuánshǐ shēngmìng, gèng shì jǔzú-qīngzhòng le. Shēngmìng zài hǎiyáng•lǐ dànshēng, jiù bù huì yǒu quē shuǐ zhī yōu.

Shuǐ shì yī zhǒng liánghǎo de róngjì. Hǎiyáng zhōng hányǒu xǔduō shēngmìng suǒ bìxū de wújīyán, rú lǜhuànà、lǜhuàjiǎ、tànsuānyán、línsuānyán, háiyǒu róngjiěyǎng, yuánshǐ shēngmìng kěyǐ háobù fèilì de cóngzhōng xīqǔ tā suǒ xūyào de yuánsù.

Shuǐ jùyǒu hěn gāo de rè róngliàng, jiāzhī hǎiyáng hàodà, rènpíng xiàjì lièrì pùshài, dōngjì hánfēng sǎodàng, tā de wēndù biànhuà què bǐjiào xiǎo. Yīncǐ, jùdà de hǎiyáng jiù xiàng shì tiānrán de “wēnxiāng”, shì yùnyù yuánshǐ shēngmìng de wēnchuáng.

Yángguāng suīrán wéi shēngmìng suǒ bìxū, dànshì yángguāng zhōng de zǐwàixiàn què yǒu èshā yuánshǐ shēngmìng de wēixiǎn. Shuǐ néng yǒuxiào de xīshōu zǐwàixiàn, yīn'ér yòu wèi yuánshǐ shēngmìng tígōngle tiānrán de “píngzhàng”.

Zhè yīqiè dōu shì yuánshǐ shēngmìng déyǐ chǎnshēng hé fāzhǎn de bìyào tiáojiàn. //

——Jiéxuǎn zì Tóng Chángliàng《Hǎiyáng yǔ Shēngmìng》

作品 14 号

[朗读提示]朗读这篇文章注意前半部分和后半部分要作不同的处理，朗读前半部分时语速缓慢，表现悲痛、不解、低沉的心情；朗读后半部分时要带有坚定、沉稳的心情，语速稍快。

读小学的时候，我的外祖母去世了。外祖母生前最疼爱我，我无法排除自己的忧伤，每天在学校的操场上一圈儿又一圈儿地跑着，跑得累倒在地上，扑在草坪上痛哭。

那哀痛的日子，断断续续地持续了很久，爸爸妈妈也不知道如何安慰我。他们知道与其骗我说外祖母睡着了，还不如对我说实话：外祖母永远不会回来了。

“什么是永远不会回来呢？”我问着。

“所有时间里的事物，都永远不会回来。你的昨天过去，它就永远变成昨天，你不能再回到昨天。爸爸以前也和你一样小，现在也不能回到你这么小的童年了；有一天你会长大，你会像外祖母一样老；有一天你度过了你的时间，就永远不会回来了。”爸爸说。

爸爸等于给我一个谜语，这谜语比课本上的“日历挂在墙壁，一天撕去一页，使我心里着急”和“一寸光阴一寸金，寸金难买寸光阴”还让我感到可怕；也比作文本上的“光阴似箭，日月如梭”更让我觉得有一种说不出的滋味。

时间过得那么飞快，使我的小心眼儿里不只是着急，还有悲伤。有一天我放学回家，看到太阳快落山了，就下决心说：“我要比太阳更快地回家。”我狂奔回去，站在庭院前喘气的时候，看到太阳//还露着半边脸，我高兴地跳跃起来，那一天我跑赢了太阳。以后我就时常做那样的游戏，有时和太阳赛跑，有时和西北风比快，有时一个暑假才能做完的作业，我十天就做完了；那时我三年级，常常把哥哥五年级的作业拿来做。每一次比赛胜过时间，我就快乐得不知道怎么形容。

如果将来我有什么要教给我的孩子，我会告诉他：假若你一直和时间比赛，你就可以成功！

——节选自林清玄《和时间赛跑》

Zuòpǐn 14 Hào

Dú xiǎoxué de shíhou, wǒ de wàizǔmǔ qùshì le. Wàizǔmǔ shēngqián zuì téng'ài wǒ, wǒ wúfǎ páichú zìjǐ de yōushāng, měi tiān zài xuéxiào de cāochǎng•shàng yīquānr yòu yīquānr de pǎozhe, pǎo de lèidǎo zài dì•shàng, pū zài cǎopíng•shàng tòngkū.

Nà āitòng de rìzi, duànduàn-xùxù de chíxùle hěn jiǔ, bàba māma yě bù zhī•dào rúhé ānwèi wǒ. Tāmen zhī•dào yǔqí piàn wǒ shuō wàizǔmǔ shuìzháole, hái bùrú duì wǒ shuō shíhuà: Wàizǔmǔ yǒngyuǎn bù huì huí•lái le.

“Shénme shì yǒngyuǎn bù huì huí•lái ne?” Wǒ wènzhe.

“Suǒyǒu shíjiān•lǐ de shìwù, dōu yǒngyuǎn bù huì huí•lái. Nǐ de zuótiān guò•qù, tā jiù yǒngyuǎn biànchéng zuótiān, nǐ bùnéng zài huídào zuótiān. Bàba yǐqián yě hé nǐ yīyàng xiǎo, xiànzài yě bùnéng huídào nǐ zhème xiǎo de tóngnián le; yǒu yī tiān nǐ huì zhǎngdà, nǐ huì xiàng wàizǔmǔ yīyàng lǎo; yǒu yī tiān nǐ dùguò le nǐ de shíjiān, jiù yǒngyuǎn bù huì huí•lái le.” Bàba shuō.

Bàba děngyú gěi wǒ yī gè míyǔ, zhè míyǔ bǐ kèběn•shàng de “Rìlì guà zài qiángbì, yī tiān sī•qù yī yè, shǐ wǒ xīn•lǐ zháojí” hé “Yīcùn guāngyīn yī cùn jīn, cùn jīn nán mǎi cùn guāngyīn” hái ràng wǒ gǎndào kěpà；yě bǐ zuòwénběn•shàng de “Guāngyīn sì jiàn，rìyuè rú suō” gèng ràng wǒ jué•dé yǒu yī zhǒng shuō•bùchū de zīwèi.

Shíjiān guò de nàme fēikuài，shǐ wǒ de xiǎo xīnyǎnr•lǐ bù zhǐshì zháojí，háiyǒu bēishāng. Yǒu yī tiān wǒ fàngxué huíjiā，kàndào tài•yáng kuài luòshān le，jiù xià juéxīn shuō：“Wǒ yào bǐ tài•yáng gèng kuài de huíjiā.” Wǒ kuángbēn huí•qù，zhànzài tíngyuàn qián chuǎnqì de shíhou，kàndào tài•yáng// hái lòuzhe bànbiān liǎn，wǒ gāoxìng de tiàoyuè qǐ•lái，nà yī tiān wǒ pǎoyíngle tài•yáng. Yǐhòu wǒ jiù shícháng zuò nàyàng de yóuxì，yǒushí hé tài•yáng sàipǎo，yǒushí hé xīběifēng bǐ kuài，yǒushí yī gè shǔjià cái néng zuòwán de zuòyè，wǒ shí tiān jiù zuòwánle；nà shí wǒ sān niánjí，chángcháng bǎ gēge wǔ niánjí de zuòyè ná•lái zuò. Měi yī cì bǐsài shèngguo shíjiān，wǒ jiù kuàilè de bù zhī•dào zěnme xíngróng.

Rúguǒ jiānglái wǒ yǒu shénme yào jiāogěi wǒ de háizi，wǒ huì gàosu tā：Jiǎruò nǐ yīzhí hé shíjiān bǐsài，nǐ jiù kěyǐ chénggōng!

——Jiéxuǎn zì Lín Qīngxuán《Hé Shíjiān Sàipǎo》

作品 15 号

[朗读提示]本篇文章的对话比较多，特别要注意学生和胡适两种角色语言的区别，朗读时稍作夸张，把两者截然不同的观点通过自己的声音鲜明地突出出来。

三十年代初，胡适在北京大学任教授。讲课时他常常对白话文大加称赞，引起一些只喜欢文言文而不喜欢白话文的学生的不满。

一次，胡适正讲得得意的时候，一位姓魏的学生突然站了起来，生气地问：“胡先生，难道说白话文就毫无缺点吗?”胡适微笑着回答说：“没有。”那位学生更加激动了：“肯定有！白话文废话太多，打电报用字多，花钱多。”胡适的目光顿时变亮了。轻声地解释说：“不一定吧！前几天有位朋友给我打来电报，请我去政府部门工作，我决定不去，就回电拒绝了。复电是用白话写的，看来也很省字。请同学们根据我这个意思，用文言文写一个回电，看看究竟是白话文省字，还是文言文省字?”胡教授刚说完，同学们立刻认真地写了起来。

十五分钟过去，胡适让同学举手，报告用字的数目，然后挑了一份用字最少的文言电报稿，电文是这样写的：

“才疏学浅，恐难胜任，不堪从命。”白话文的意思是：学问不深，恐怕很难担任这个工作，不能服从安排。

胡适说，这份写得确实不错，仅用了十二个字。但我的白话电报却只用了五个字：

“干不了，谢谢!”

胡适又解释说：“干不了”就有才疏学浅、恐难胜任的意思；“谢谢”既//对朋友的介绍表示感谢，又有拒绝的意思。所以，废话多不多，并不看它是文言文还是白话文，只要注意选用字词，白话文是可以比文言文更省字的。

——节选自陈灼主编《实用汉语中级教程》(上)中《胡适的白话电报》

Zuòpǐn 15 Hào

Sānshí niándài chū, Hú Shì zài Běijīng Dàxué rèn jiàoshòu. Jiǎngkè shí tā chángcháng duì báihuàwén dàjiā chēngzàn, yǐnqǐ yīxiē zhǐ xǐhuan wényánwén ér bù xǐhuan báihuàwén de xuésheng de bùmǎn.

Yī cì, Hú Shì zhèng jiǎng de déyì de shíhou, yī wèi xìng Wèi de xuésheng tūrán zhànle qǐ•lái, shēngqì de wèn: "Hú xiānsheng, nándào shuō báihuàwén jiù háowú quēdiǎn ma?" Hú Shì wēixiàozhe huídá shuō: "Méi•yǒu." Nà wèi xuésheng gèngjiā jīdòng le: "Kěndìng yǒu! Báihuàwén fèihuà tài duō, dǎ diànbào yòng zì duō, huāqián duō." Hú Shì de mùguāng dùnshí biànliàng le. Qīngshēng de jiěshì shuō: "Bù yīdìng ba! Qián jǐ tiān yǒu wèi péngyou gěi wǒ dǎ•lái diànbào, qǐng wǒ qù zhèngfǔ bùmén gōngzuò, wǒ juédìng bù qù, jiù huídiàn jùjué le. Fùdiàn shì yòng báihuà xiě de, kànlái yě hěn shěng zì. Qǐng tóng-xuémen gēnjù wǒ zhège yìsi, yòng wényánwén xiě yī gè huídiàn, kànkan jiūjìng shì báihuàwén shěng zì, háishì wényánwén shěng zì?" Hú jiàoshòu gāng shuōwán, tóngxuémen lìkè rènzhēn de xiěle qǐ•lái.

Shíwǔ fēnzhōng guò•qù, Hú Shì ràng tóngxué jǔshǒu, bàogào yòng zì de shùmù, ránhòu tiāole yī fèn yòng zì zuì shǎo de wényán diànbàogǎo, diànwén shì zhèyàng xiě de:

"Cáishū-xuéqiǎn, kǒng nán shèngrèn, bùkān cóngmìng." Báihuàwén de yìsi shì: Xuéwen bù shēn, kǒngpà hěn nán dānrèn zhège gōngzuò, bùnéng fúcóng ānpái.

Hú Shì shuō, zhè fèn xiě de quèshí bùcuò, jǐn yòngle shí'èr gè zì. Dàn wǒ de báihuà diànbào què zhǐ yòngle wǔ gè zì:

"Gàn•bùliǎo, xièxie!"

Hú Shì yòu jiěshì shuō: "Gàn•bùliǎo" jiù yǒu cáishū-xuéqiǎn、kǒng nán shèngrèn de yì-si; "Xièxie" jì // duì péngyou de jièshào biǎoshì gǎnxiè, yòu yǒu jùjué de yìsi. Suǒyǐ, fèihuà duō•bù duō, bìng bù kàn tā shì wényánwén háishì báihuàwén, zhǐyào zhùyì xuǎnyòng zìcí, báihuàwén shì kěyǐ bǐ wényánwén gèng shěng zì de.

——Jiéxuǎn zì Chén Zhuó Zhǔbiān《Shíyòng Hànyǔ Zhōngjí Jiàochéng》(shàng) zhōng《Hú Shì de Báihuà Diànbào》

作品 16 号

[朗读提示]文章展现了黑暗中的火光,可以冲破朦胧的夜色,闪闪发亮,令人神往。尽管它很远,但却能给人以希望,给人以力量,指引人们走向光明。朗读时要表达出文中体现的对火光的敬意。

很久以前,在一个漆黑的秋天的夜晚,我泛舟在西伯利亚一条阴森森的河上。船到一个转弯处,只见前面黑黢黢的山峰下面一星火光蓦地一闪。

火光又明又亮,好像就在眼前……

"好啦,谢天谢地!"我高兴地说,"马上就到过夜的地方啦!"

船夫扭头朝身后的火光望了一眼，又不以为然地划起桨来。

“远着呢！”

我不相信他的话，因为火光冲破朦胧的夜色，明明在那儿闪烁。不过船夫是对的，事实上，火光的确还远着呢。

这些黑夜的火光的特点是：驱散黑暗，闪闪发亮，近在眼前，令人神往。乍一看，再划几下就到了……其实却还远着呢！……

我们在漆黑如墨的河上又划了很久。一个个峡谷和悬崖，迎面驶来，又向后移去，仿佛消失在茫茫的远方，而火光却依然停在前头，闪闪发亮，令人神往——依然是这么近，又依然是那么远……

现在，无论是这条被悬崖峭壁的阴影笼罩的漆黑的河流，还是那一星明亮的火光，都经常浮现在我的脑际，在这以前和在这以后，曾有许多火光，似乎近在咫尺，不止使我一人心驰神往。可是生活之河却仍然在那阴森森的两岸之间流着，而火光也依旧非常遥远。因此，必须加劲划桨……

然而，火光啊……毕竟……毕竟就//在前头！……

——节选自［俄］柯罗连科《火光》，张铁夫译

Zuòpǐn 16 Hào

Hěn jiǔ yǐqián，zài yī gè qīhēi de qiūtiān de yèwǎn，wǒ fàn zhōu zài Xībólìyà yī tiáo yīnsēnsēn de hé•shàng. Chuán dào yī gè zhuǎnwān chù，zhǐ jiàn qián•miàn hēiqūqū de shānfēng xià•miàn yī xīng huǒguāng mò•dì yī shǎn.

Huǒguāng yòu míng yòu liàng，hǎoxiàng jiù zài yǎnqián……

“Hǎo la，xiètiān-xièdì!” Wǒ gāoxìng de shuō，“Mǎshàng jiù dào guòyè de dìfang la!”

Chuánfū niǔtóu cháo shēnhòu de huǒguāng wàng le yī yǎn，yòu bùyǐwéirán de huá•qǐ jiǎng•lái.

“Yuǎnzhe ne!”

Wǒ bù xiāngxìn tā de huà，yīn•wèi huǒguāng chōngpò ménglóng de yèsè，míngmíng zài nàr shǎnshuò. Bùguò chuánfū shì duì de，shìshí•shàng，huǒguāng díquè hái yuǎnzhe ne.

Zhèxiē hēiyè de huǒguāng de tèdiǎn shì：Qūsàn hēi’àn，shǎnshǎn fāliàng，jìn zài yǎnqián，lìng rén shénwǎng. Zhà yī kàn，zài huá jǐ xià jiù dào le……Qíshí què hái yuǎnzhe ne！……

Wǒmen zài qīhēi rú mò de hé•shàng yòu huále hěn jiǔ. Yīgègè xiágǔ hé xuányá，yíngmiàn shǐ•lái，yòu xiàng hòu yí•qù，fǎngfú xiāoshī zài mángmáng de yuǎnfāng，ér huǒguāng què yīrán tíng zài qiántou，shǎnshǎn fāliàng，lìng rén shénwǎng——yīrán shì zhème jìn，yòu yīrán shì nàme yuǎn……

Xiànzài，wúlùn shì zhè tiáo bèi xuányá-qiàobì de yīnyǐng lǒngzhào de qīhēi de héliú，háishì nà yī xīng míngliàng de huǒguāng，dōu jīngcháng fúxiàn zài wǒ de nǎojì，zài zhè yǐqián hé zài zhè yǐhòu，céng yǒu xǔduō huǒguāng，sìhū jìn zài zhǐchǐ，bùzhǐ shǐ wǒ yī rén xīnchí-shénwǎng. Kěshì shēnghuó zhī hé què réngrán zài nà yīnsēnsēn de liǎng’àn zhījiān liúzhe, ér huǒguāng yě yījiù fēicháng yáoyuǎn. Yīncǐ, bìxū jiājìn huá jiǎng……

Rán'ér, huǒguāng a……bìjìng……bìjìng jiù∥zài qiántou! ……

——Jiéxuǎn zì [É] Kēluóliánkē《Huǒguāng》, Zhāng Tiěfū yì

作品 17 号

[朗读提示]这是一篇充满诗情画意的散文，作者紧紧抓住济南冬天的与众不同之处——温晴这一特点，表达了对济南冬天的赞美喜爱之情。朗读时把这种情感融汇到自己的声音中。

对于一个在北平住惯的人，像我，冬天要是不刮风，便觉得是奇迹；济南的冬天是没有风声的。对于一个刚由伦敦回来的人，像我，冬天要能看得见日光，便觉得是怪事；济南的冬天是响晴的。自然，在热带的地方，日光永远是那么毒，响亮的天气，反有点儿叫人害怕。可是，在北方的冬天，而能有温晴的天气，济南真得算个宝地。

设若单单是有阳光，那也算不了出奇。请闭上眼睛想：一个老城，有山有水，全在天底下晒着阳光，暖和安适地睡着，只等春风来把它们唤醒，这是不是理想的境界？小山整把济南围了个圈儿，只有北边缺着点口儿。这一圈小山在冬天特别可爱，好像是把济南放在一个小摇篮里，它们安静不动地低声地说："你们放心吧，这儿准保暖和。"真的，济南的人们在冬天是面上含笑的。他们一看那些小山，心中便觉得有了着落，有了依靠。他们由天上看到山上，便不知不觉地想起：明天也许就是春天了吧？这样的温暖，今天夜里山草也许就绿起来了吧？就是这点儿幻想不能一时实现，他们也并不着急，因为这样慈善的冬天，干什么还希望别的呢！

最妙的是下点儿小雪呀。看吧，山上的矮松越发的青黑，树尖儿上∥顶着一髻儿白花，好像日本看护妇。山尖儿全白了，给蓝天镶上一道银边。山坡上，有的地方雪厚点儿，有的地方草色还露着；这样，一道儿白，一道儿暗黄，给山们穿上一件带水纹儿的花衣；看着看着，这件花衣好像被风儿吹动，叫你希望看见一点儿更美的山的肌肤。等到快日落的时候，微黄的阳光斜射在山腰上，那点儿薄雪好像忽然害羞，微微露出点儿粉色。就是下小雪吧，济南是受不住大雪的，那些小山太秀气。

——节选自老舍《济南的冬天》

Zuòpǐn 17 Hào

Duìyú yī gè zài Běipíng zhùguàn de rén, xiàng wǒ, dōngtiān yàoshì bù guāfēng, biàn jué·dé shì qíjì; Jǐnán de dōngtiān shì méi·yǒu fēngshēng de. Duìyú yī gè gāng yóu Lúndūn huí·lái de rén, xiàng wǒ, dōngtiān yào néng kàn de jiàn rìguāng, biàn jué·dé shì guàishì; Jǐnán de dōngtiān shì xiǎngqíng de. Zìrán, zài rèdài de dìfang, rìguāng yǒngyuǎn shì nàme dú, xiǎngliàng de tiānqì, fǎn yǒudiǎnr jiào rén hàipà. Kěshì, zài běifāng de dōngtiān, ér néng yǒu wēnqíng de tiānqì, Jǐnán zhēn děi suàn gè bǎodì.

Shèruò dāndān shì yǒu yángguāng, nà yě suàn·bùliǎo chūqí. Qǐng bì·shàng yǎnjing xiǎng: Yī gè lǎochéng, yǒu shān yǒu shuǐ, quán zài tiān dǐ·xià shàizhe yángguāng, nuǎnhuo ānshì de shuìzhe, zhǐ děng chūnfēng lái bǎ tāmen huànxǐng, zhè shì·bùshì lǐxiǎng de jìngjiè? Xiǎoshān zhěng bǎ Jǐnán wéile gè quānr, zhǐyǒu běi·biān quēzhe diǎnr kǒur. Zhè yī quān xiǎoshān zài dōngtiān tèbié kě'ài, hǎoxiàng shì bǎ Jǐnán fàng zài yī gè xiǎo yáolán •lǐ, tāmen ānjìng bù dòng de dīshēng de shuō: "Nǐmen fàngxīn ba, zhèr zhǔnbǎo nuǎnhuo." zhēn de, Jǐnán de rénmen zài dōngtiān shì miàn•shàng hánxiào de. Tāmen yī kàn nàxiē xiǎoshān, xīnzhōng biàn jué•dé yǒule zhuóluò, yǒule yīkào. Tāmen yóu tiān•shàng kàndào shān•shàng, biàn bùzhī-bùjué de xiǎngqǐ: Míngtiān yěxǔ jiùshì chūntiān le ba? Zhèyàng de wēnnuǎn, jīntiān yè•lǐ shāncǎo yěxǔ jiù lǜqǐ•lái le ba? Jiùshì zhè diǎnr huànxiǎng bùnéng yīshí shíxiàn, tāmen yě bìng bù zháojí, yīn•wèi zhèyàng císhàn de dōngtiān, gànshénme hái xīwàng biéde ne!

Zuì miào de shì xià diǎnr xiǎoxuě ya. Kàn ba, shān•shàng de ǎisōng yuèfā de qīnghēi, shùjiānr•shàng // dǐngzhe yī jìr báihuā, hǎoxiàng Rìběn kānhùfù. Shānjiānr quán bái le, gěi lántiān xiāng•shàng yī dào yínbiānr. Shānpō•shàng, yǒude dìfang xuě hòu diǎnr, yǒude dìfang cǎosè hái lòuzhe; zhèyàng, yī dàor bái, yī dàor ànhuáng, gěi shānmen chuān•shàng yī jiàn dài shuǐwénr de huāyī; kànzhe kànzhe, zhè jiàn huāyī hǎoxiàng bèi fēng'•ér chuīdòng, jiào nǐ xīwàng kàn•jiàn yīdiǎnr gèng měi de shān de jīfū. Děngdào kuài rìluò de shíhou, wēihuáng de yángguāng xié shè zài shānyāo•shàng, nà diǎnr báo xuě hǎoxiàng hūrán hàixiū, wēiwēi lòuchū diǎnr fěnsè. Jiùshì xià xiǎoxuě ba, Jǐnán shì shòu•bùzhù dàxuě de, nàxiē xiǎoshān tài xiùqi.

——Jiéxuǎn zì Lǎo Shě《Jǐnán de Dōngtiān》

作品 18 号

[朗读提示]这是一篇抒发浓浓乡情的散文,朗读时声音要轻柔、甜美,充满了对故乡的赞美之情,节奏要鲜明、舒缓。

纯朴的家乡村边有一条河,曲曲弯弯,河中架一弯石桥,弓样的小桥横跨两岸。

每天,不管是鸡鸣晓月,日丽中天,还是月华泻地,小桥都印下串串足迹,洒落串串汗珠。那是乡亲为了追求多棱的希望,兑现美好的遐想。弯弯小桥,不时荡过轻吟低唱,不时露出舒心的笑容。

因而,我稚小的心灵,曾将心声献给小桥:你是一弯银色的新月,给人间普照光辉;你是一把闪亮的镰刀,割刈着欢笑的花果;你是一根晃悠悠的扁担,挑起了彩色的明天!哦,小桥走进我的梦中。

我在漂泊他乡的岁月,心中总涌动着故乡的河水,梦中总看到弓样的小桥。当我访南疆探北国,眼帘闯进座座雄伟的长桥时,我的梦变得丰满了,增添了赤橙黄绿青蓝紫。

三十多年过去,我带着满头霜花回到故乡,第一紧要的便是去看望小桥。

啊!小桥呢?它躲起来了?河中一道长虹,浴着朝霞熠熠闪光。哦,雄浑的大桥敞开胸怀,汽车的呼啸、摩托的笛音、自行车的叮铃,合奏着进行交响乐;南来的钢筋、花布,北往的柑橙、家禽,绘出交流欢悦图……

啊!蜕变的桥,传递了家乡进步的消息,透露了家乡富裕的声音。时代的春风,美好的追求,我蓦地记起儿时唱//给小桥的歌,哦,明艳艳的太阳照耀了,芳香甜蜜的花果捧来了,五彩斑斓的岁月拉开了!

我心中涌动的河水，激荡起甜美的浪花。我仰望一碧蓝天，心底轻声呼喊：家乡的桥啊，我梦中的桥！

——节选自郑莹《家乡的桥》

Zuòpǐn 18 Hào

Chúnpǔ de jiāxiāng cūnbiān yǒu yī tiáo hé，qūqū-wānwān，hé zhōng jià yī wān shíqiáo，gōng yàng de xiǎoqiáo héngkuà liǎng'àn.

Měi tiān，bùguǎn shì jī míng xiǎo yuè，rì lì zhōng tiān，háishì yuèhuá xiè dì，xiǎoqiáo dōu yìnxià chuànchuàn zújì，sǎluò chuànchuàn hànzhū. Nà shì xiāngqīn wèile zhuīqiú duōléng de xīwàng，duìxiàn měihǎo de xiáxiǎng. Wānwān xiǎoqiáo，bùshí dàngguò qīngyín-dīchàng，bùshí lùchū shūxīn de xiàoróng.

Yīn'ér，wǒ zhìxiǎo de xīnlíng，céng jiāng xīnshēng xiàngěi xiǎoqiáo：Nǐ shì yī wān yínsè de xīnyuè，gěi rénjiān pǔzhào guānghuī；nǐ shì yī bǎ shǎnliàng de liándāo，gēyìzhe huānxiào de huāguǒ；nǐ shì yī gēn huàngyōuyōu de biǎndan，tiāoqǐle cǎisè de míngtiān! Ò，xiǎoqiáo zǒujìn wǒ de mèng zhōng.

Wǒ zài piāobó tāxiāng de suìyuè，xīnzhōng zǒng yǒngdòngzhe gùxiāng de héshuǐ，mèng zhōng zǒng kàndào gōng yàng de xiǎoqiáo. Dāng wǒ fǎng nánjiāng tàn běiguó，yǎnlián chuǎngjìn zuòzuò xióngwěi de chángqiáo shí，wǒ de mèng biàn de fēngmǎn le，zēngtiānle chì-chéng-huáng-lǜ-qīng-lán-zǐ.

Sānshí duō nián guò•qù，wǒ dàizhe mǎntóu shuānghuā huídào gùxiāng，dì-yī jǐnyào de biànshì qù kànwàng xiǎoqiáo.

À! Xiǎoqiáo ne? Tā duǒ qǐ•lái le? Hé zhōng yī dào chánghóng，yùzhe zhāoxiá yìyì shǎnguāng. Ò，xiónghún de dàqiáo chǎngkāi xiōnghuái，qìchē de hūxiào、mótuō de díyīn、zìxíngchē de dīnglíng，hézòuzhe jìnxíng jiāoxiǎngyuè；nán lái de gāngjīn、huābù，běi wǎng de gānchéng、jiāqín，huìchū jiāoliú huānyuètú……

À! Tuìbiàn de qiáo，chuándìle jiāxiāng jìnbù de xiāoxi，tòulùle jiāxiāng fùyù de shēngyīn. Shídài de chūnfēng，měihǎo de zhuīqiú，wǒ mòdì jìqǐ érshí chàng// gěi xiǎoqiáo de gē，ò，míngyànyàn de tài•yáng zhàoyào le，fāngxiāng tiánmì de huāguǒ pěnglái le，wǔcǎibānlán de suì yuè lākāi le!

Wǒ xīnzhōng yǒngdòng de héshuǐ，jīdàng qǐ tiánměi de lànghuā. Wǒ yǎngwàng yī bì lántiān，xīndǐ qīngshēng hūhǎn：Jiāxiāng de qiáo a，wǒ mèng zhōng de qiáo!

——Jiéxuǎn zì Zhèng Yíng《Jiāxiāng de Qiáo》

作品 19 号

扫码听范读

[朗读提示]本文以建筑设计师莱伊恩的故事向读者讲述了一个深刻的哲理："恪守着自己的原则，哪怕遭遇到最大的阻力，也要想办法抵达胜利。"朗读时要分成两部分，前一部分是叙事部分，朗读时要平和自然，不必过于夸张。第二部分是最后一个自然段，要使用平稳、沉着的情

感基调，不紧不慢地道出哲理来。

三百多年前，建筑设计师莱伊恩受命设计了英国温泽市政府大厅。他运用工程力学的知识，依据自己多年的实践，巧妙地设计了只用一根柱子支撑的大厅天花板。一年以后，市政府权威人士进行工程验收时，却说只用一根柱子支撑天花板太危险，要求莱伊恩再多加几根柱子。

莱伊恩自信只要一根坚固的柱子足以保证大厅安全，他的"固执"惹恼了市政官员，险些被送上法庭。他非常苦恼，坚持自己原先的主张吧，市政官员肯定会另找人修改设计；不坚持吧，又有悖自己为人的准则。矛盾了很长一段时间，莱伊恩终于想出了一条妙计，他在大厅里增加了四根柱子，不过这些柱子并未与天花板接触，只不过是装装样子。

三百多年过去了，这个秘密始终没有被人发现。直到前两年，市政府准备修缮大厅的天花板，才发现莱伊恩当年的"弄虚作假"。消息传出后，世界各国的建筑专家和游客云集，当地政府对此也不加掩饰，在新世纪到来之际，特意将大厅作为一个旅游景点对外开放，旨在引导人们崇尚和相信科学。

作为一名建筑师，莱伊恩并不是最出色的。但作为一个人，他无疑非常伟大，这种//伟大表现在他始终恪守着自己的原则，给高贵的心灵一个美丽的住所，哪怕是遭遇到最大的阻力，也要想办法抵达胜利。

——节选自游宇明《坚守你的高贵》

Zuòpǐn 19 Hào

Sānbǎi duō nián qián, jiànzhù shèjìshī Láiyī'ēn shòumìng shèjìle Yīngguó Wēnzé shìzhèngfǔ dàtīng. Tā yùnyòng gōngchéng lìxué de zhīshi, yījù zìjǐ duōnián de shíjiàn, qiǎomiào de shèjìle zhǐ yòng yī gēn zhùzi zhīchēng de dàtīng tiānhuābǎn. Yī nián yǐhòu, shìzhèngfǔ quánwēi rénshì jìnxíng gōngchéng yànshōu shí, què shuō zhǐ yòng yī gēn zhùzi zhīchēng tiānhuābǎn tài wēixiǎn, yāoqiú Láiyī'ēn zài duō jiā jǐ gēn zhùzi.

Láiyī'ēn zìxìn zhǐyào yī gēn jiāngù de zhùzi zúyǐ bǎozhèng dàtīng ānquán, tā de "gù•zhí" rěnǎole shìzhèng guānyuán, xiǎnxiē bèi sòng•shàng fǎtíng. Tā fēicháng kǔnǎo, jiānchí zìjǐ yuánxiān de zhǔzhāng ba, shìzhèng guānyuán kěndìng huì lìng zhǎo rén xiūgǎi shèjì; bù jiānchí ba, yòu yǒu bèi zìjǐ wéirén de zhǔnzé. Máodùnle hěn cháng yīduàn shíjiān, Láiyī'ēn zhōngyú xiǎngchūle yī tiáo miàojì, tā zài dàtīng•lǐ zēngjiāle sì gēn zhùzi, bùguò zhèxiē zhùzi bìng wèi yǔ tiānhuābǎn jiēchù, zhǐ•bùguò shì zhuāngzhuang yàngzi.

Sānbǎi duō nián guò•qù le, zhège mìmì shǐzhōng méi•yǒu bèi rén fāxiàn. Zhídào qián liǎng nián, shìzhèngfǔ zhǔnbèi xiūshàn dàtīng de tiānhuābǎn, cái fā xiàn Láiyī'ēn dāngnián de "nòngxū-zuòjiǎ". Xiāoxi chuánchū hòu, shìjiè gè guó de jiànzhù zhuānjiā hé yóukè yúnjí, dāngdì zhèngfǔ duìcǐ yě bù jiā yǎnshì, zài xīn shìjì dàolái zhī jì, tèyì jiāng dàtīng zuòwéi yī gè lǚyóu jǐngdiǎn duìwài kāifàng, zhǐ zài yǐndǎo rénmen chóngshàng hé xiāngxìn kēxué.

Zuòwéi yī míng jiànzhùshī, Láiyī'ēn bìng bù shì zuì chūsè de. Dàn zuòwéi yī gè rén, tā wúyí fēicháng wěidà, zhè zhǒng // wěidà biǎoxiàn zài tā shǐzhōng kèshǒuzhe zìjǐ de yuánzé, gěi gāoguì de xīnlíng yī gè měilì de zhùsuǒ, nǎpà shì zāoyù dào zuì dà de zǔlì, yě yào xiǎng bànfǎ dǐdá shènglì.

——Jiéxuǎn zì Yóu Yǔmíng《Jiānshǒu Nǐ de Gāoguì》

作品 20 号

[**朗读提示**]本文讲了淘金者彼得•弗雷特以自己的勤劳和诚实获得"真金"的小故事。朗读前一部分时语气要略带失望之情,朗读后一部分时要通过声音把主人公顿悟后的欣喜表现出来。

自从传言有人在萨文河畔散步时无意发现了金子后,这里便常有来自四面八方的淘金者。他们都想成为富翁,于是寻遍了整个河床,还在河床上挖出很多大坑,希望借助它们找到更多的金子。的确,有一些人找到了,但另外一些人因为一无所得而只好扫兴归去。

也有不甘心落空的,便驻扎在这里,继续寻找。彼得•弗雷特就是其中一员。他在河床附近买了一块没人要的土地,一个人默默地工作。他为了找金子,已把所有的钱都押在这块土地上。他埋头苦干了几个月,直到土地全变成了坑坑洼洼,他失望了——他翻遍了整块土地,但连一丁点儿金子都没看见。

六个月后,他连买面包的钱都没有了。于是他准备离开这儿到别处去谋生。

就在他即将离去的前一个晚上,天下起了倾盆大雨,并且一下就是三天三夜。雨终于停了,彼得走出小木屋,发现眼前的土地看上去好像和以前不一样:坑坑洼洼已被大水冲刷平整,松软的土地上长出一层绿茸茸的小草。

"这里没找到金子,"彼得忽有所悟地说,"但这土地很肥沃,我可以用来种花,并且拿到镇上去卖给那些富人,他们一定会买些花装扮他们华丽的客厅。//如果真是这样的话,那么我一定会赚许多钱,有朝一日我也会成为富人……"

于是他留了下来。彼得花了不少精力培育花苗,不久田地里长满了美丽娇艳的各色鲜花。

五年以后,彼得终于实现了他的梦想——成了一个富翁。"我是唯一的一个找到真金的人!"他时常不无骄傲地告诉别人,"别人在这儿找不到金子后便远远地离开,而我的'金子'是在这块土地里,只有诚实的人用勤劳才能采集到。"

——节选自陶猛译《金子》

Zuòpǐn 20 Hào

Zìcóng chuányán yǒu rén zài Sàwén hépàn sànbù shí wúyì fāxiànle jīnzi hòu, zhè•lǐ biàn cháng yǒu láizì sìmiàn-bāfāng de táojīnzhě. Tāmen dōu xiǎng chéngwéi fùwēng, yúshì xúnbiànle zhěnggè héchuáng, hái zài héchuáng•shàng wāchū hěnduō dàkēng, xīwàng jièzhù tāmen zhǎodào gèng duō de jīnzi. Díquè, yǒu yīxiē rén zhǎodào le, dàn lìngwài yīxiē rén yīn•wèi yīwú-suǒdé ér zhǐhǎo sǎoxìng guīqù.

Yě yǒu bù gānxīn luòkōng de, biàn zhùzhā zài zhè•lǐ, jìxù xúnzhǎo. Bǐdé Fúléitè jiùshì qízhōng yī yuán. Tā zài héchuáng fùjìn mǎile yī kuài méi rén yào de tǔdì, yī gè rén mòmò de gōngzuò. Tā wèile zhǎo jīnzi, yǐ bǎ suǒyǒu de qián dōu yā zài zhè kuài tǔdì•shàng. Tā máitóu-kǔgànle jǐ gè yuè, zhídào tǔdì quán biànchéngle Kēngkeng-wāwā, tā shīwàng le——tā fānbiànle zhěng kuài tǔdì, dàn lián yīdīngdiǎnr jīnzi dōu méi kàn•jiàn.

Liù gè yuè hòu, tā lián mǎi miànbāo de qián dōu méi•yǒu le. Yúshì tā zhǔnbèi líkāi zhèr dào biéchù qù móushēng.

Jiù zài tā jíjiāng líqù de qián yī gè wǎnshang, tiān xiàqǐle qīngpén-dàyǔ, bìngqiě yī-xià jiùshì sān tiān sān yè. Yǔ zhōngyú tíng le, Bǐdé zǒuchū xiǎo mùwū, fāxiàn yǎnqián de tǔdì kàn shàng•qù hǎoxiàng hé yǐqián bù yīyàng: Kēngkeng-wāwā yǐ bèi dàshuǐ chōngshuā píngzhěng, sōngruǎn de tǔdì•shàng zhǎngchū yī céng lùróngróng de xiǎocǎo.

"Zhè•lǐ méi zhǎodào jīnzi," Bǐdé hū yǒu suǒ wù de shuō, "Dàn zhè tǔdì hěn féiwò, wǒ kěyǐ yònglái zhòng huā, bìngqiě nádào zhèn•shàng qù màigěi nàxiē fùrén, tāmen yīdìng huì mǎi xiē huā zhuāngbàn tāmen huálì de kètīng. //Rúguǒ zhēn shì zhèyàng de huà, nàme wǒ yīdìng huì zhuàn xǔduō qián, yǒuzhāo-yīrì wǒ yě huì chéngwéi fùrén……"

Yúshì tā liúle xià•lái. Bǐdé huāle bù shǎo jīnglì péiyù huāmiáo, bùjiǔ tiándì•lǐ zhǎngmǎnle měilì jiāoyàn de gè sè xiānhuā.

Wǔ nián yǐhòu, Bǐdé zhōngyú shíxiànle tā de mèngxiǎng——chéngle yī gè fùwēng. "Wǒ shì wéiyī de yī gè zhǎodào zhēnjīn de rén!" Tā shícháng bùwú jiāo'ào de gàosu bié•rén, "Bié•rén zài zhèr zhǎo•bùdào jīnzi hòu biàn yuǎnyuǎn de líkāi, ér wǒ de 'jīnzi' shì zài zhè kuài tǔdì•lǐ, zhǐyǒu chéng•shí de rén yòng qínláo cáinéng cǎijí dào."

——Jiéxuǎn zì Táo Měng yì《Jīnzi》

作品21号

扫码听范读

[朗读提示]本篇叙述了作者在加拿大遇到过的两次募捐，行文质朴，感人至深。朗读时要把这种感人至深、令人难以忘怀的情感，融到娓娓道来的讲述之中。

我在加拿大学习期间遇到过两次募捐，那情景至今使我难以忘怀。

一天，我在渥太华的街上被两个男孩子拦住去路。他们十来岁，穿得整整齐齐，每人头上戴着个做工精巧、色彩鲜艳的纸帽，上面写着"为帮助患小儿麻痹的伙伴募捐。"其中的一个，不由分说就坐在小凳上给我擦起皮鞋来，另一个则彬彬有礼地发问："小姐，您是哪国人？喜欢渥太华吗？""小姐，在你们国家有没有小孩儿患小儿麻痹？谁给他们医疗费？"一连串的问题，使我这个有生以来头一次在众目睽睽之下让别人擦鞋的异乡人，从近乎狼狈的窘态中解脱出来。我们像朋友一样聊起天儿来……

几个月之后，也是在街上。一些十字路口处或车站坐着几位老人。他们满头银发，身穿各种老式军装，上面布满了大大小小形形色色的徽章、奖章，每人手捧一大束鲜花，有水仙、石竹、玫瑰及叫不出名字的，一色雪白。匆匆过往的行人纷纷止步，把钱投进这些老人身旁的白色木箱内，然后向他们微微鞠躬，从他们手中接过一朵花。我看了一会儿，有人投一两元，有人投几百元，还有人掏出支票填好后投进木箱。那些老军人毫不注意人们捐多少钱，一直不//停地向人们低声道谢。同行的朋友告诉我，这是为纪念二次大战中参战的勇士，募捐救济残废军人和烈士遗孀，每年一次；认捐的人可谓踊跃，而且秩序井然，气氛庄严。有些地方，人们还耐心地排着队。我想，这是因为他们都知道：正是这些老人们的流血牺牲换来了包括他们信仰自由在内的许许多多。

我两次把那微不足道的一点儿钱捧给他们，只想对他们说声"谢谢"。

——节选自青白《捐诚》

Zuòpǐn 21 Hào

Wǒ zài Jiānádà xuéxí qījiān yùdàoguo liǎng cì mùjuān，nà qíngjǐng zhìjīn shǐ wǒ nányǐwànghuái.

Yī tiān，wǒ zài Wòtàihuá de jiē·shàng bèi liǎng gè nánháizi lánzhù qùlù. Tāmen shí lái suì，chuān de zhěngzhěng-qíqí，měi rén tóu·shàng dàizhe gè zuògōng jīngqiǎo、sècǎi xiānyàn de zhǐ mào，shàng·miàn xiězhe "Wèi bāngzhù huàn xiǎo'ér mábì de huǒbàn mùjuān." Qízhōng de yī gè，bùyóu-fēnshuō jiù zuò zài xiǎodèng·shàng gěi wǒ cā·qǐ píxié·lái，lìng yī gè zé bīnbīn-yǒulǐ de fāwèn："Xiǎo·jiě，nín shì nǎ guó rén? Xǐhuan Wòtàihuá ma?" "Xiǎo·jiě，zài nǐmen guójiā yǒu méi·yǒu xiǎoháir huàn xiǎo'ér mábì? Shéi gěi tāmen yīliáofèi?" Yīliánchuàn de wèntí，shǐ wǒ zhège yǒushēng-yǐlái tóu yī cì zài zhòngmù-kuíkuí zhīxià ràng bié·rén cā xié de yìxiāngrén，cóng jìnhū lángbèi de jiǒngtài zhōng jiětuō chū·lái. Wǒmen xiàng péngyou yīyàng liáo·qǐ tiānr·lái……

Jǐ gè yuè zhīhòu，yě shì zài jiē·shàng. Yīxiē shízì lùkǒuchù huò chēzhàn zuòzhe jǐ wèi lǎorén. Tāmen mǎntóu yínfà，shēn chuān gè zhǒng lǎoshì jūnzhuāng，shàng·miàn bùmǎnle dàdà-xiǎoxiǎo xíngxíng-sèsè de huīzhāng、jiǎngzhāng，měi rén shǒu pěng yī dà shù xiānhuā，yǒu shuǐxiān、shízhú、méi·guī jí jiào·bùchū míngzi de，yīsè xuěbái. Cōngcōng guòwǎng de xíngrén fēnfēn zhǐbù，bǎ qián tóujìn zhèxiē lǎorén shēnpáng de báisè mùxiāng nèi，ránhòu xiàng tāmen wēiwēi jūgōng，cóng tāmen shǒu zhōng jiēguo yī duǒ huā. Wǒ kànle yīhuìr，yǒu rén tóu yī-liǎng yuán，yǒu rén tóu jǐbǎi yuán，hái yǒu rén tāochū zhīpiào tiánhǎo hòu tóujìn mùxiāng. Nàxiē lǎojūnrén háobù zhùyì rénmen juān duō·shǎo qián，yīzhí bù// tíng de xiàng rénmen dīshēng dàoxiè. Tóngxíng de péngyou gàosu wǒ，zhè shì wèi jìniàn Èr Cì Dàzhàn zhōng cānzhàn de yǒngshì，mùjuān jiùjì cánfèi jūnrén hé lièshì yíshuāng，měinián yī cì；rèn juān de rén kěwèi yǒngyuè，érqiě zhìxù jǐngrán，qì·fēn zhuāngyán. Yǒuxiē dìfang，rénmen hái nàixīn de páizhe duì. Wǒ xiǎng，zhè shì yīn·wèi tāmen dōu zhī·dào：Zhèng shì zhèxiē lǎorénmen de liúxuè xīshēng huànláile bāokuò tāmen xìn-yǎng zìyóu zài nèi de xǔxǔ-duōduō.

Wǒ liǎng cì bǎ nà wēibù-zúdào de yīdiǎnr qián pěnggěi tāmen，zhǐ xiǎng duì tāmen shuō shēng "xièxie".

——Jiéxuǎn zì Qīng Bái《Juān Chéng》

作品 22 号

扫码听范读

[朗读提示]这是一篇描绘人与小鸟和谐共存且感情日趋笃厚的抒情散文，朗读时要以声传情，以情感人。

没有一片绿叶，没有一缕炊烟，没有一粒泥土，没有一丝花香，只有水的世界，云的海洋。

一阵台风袭过，一只孤单的小鸟无家可归，落到被卷到洋里的木板上，乘流而下，姗姗而来，近了，近了！……

忽然，小鸟张开翅膀，在人们头顶盘旋了几圈儿，"噗啦"一声落到了船上。许是累了？还是发现了"新大陆"？水手撵它它不走，抓它，它乖乖地落在掌心。可爱的小鸟和善良的水手结成了朋友。

瞧，它多美丽，娇巧的小嘴，啄理着绿色的羽毛，鸭子样的扁脚，呈现出春草的鹅黄。水手们把它带到舱里，给它"搭铺"，让它在船上安家落户，每天，把分到的一塑料筒淡水匀给它喝，把从祖国带来的鲜美的鱼肉分给它吃，天长日久，小鸟和水手的感情日趋笃厚。清晨，当第一束阳光射进舷窗时，它便敞开美丽的歌喉，唱啊唱，嘤嘤有韵，宛如春水淙淙。人类给它以生命，它毫不悭吝地把自己的艺术青春奉献给了哺育它的人。可能都是这样？艺术家们的青春只会献给尊敬他们的人。

小鸟给远航生活蒙上了一层浪漫色调。返航时，人们爱不释手，恋恋不舍地想把它带到异乡。可小鸟憔悴了，给水，不喝！喂肉，不吃！油亮的羽毛失去了光泽。是啊，我//们有自己的祖国，小鸟也有它的归宿，人和动物都是一样啊，哪儿也不如故乡好！

慈爱的水手们决定放开它，让它回到大海的摇篮去，回到蓝色的故乡去。离别前，这个大自然的朋友与水手们留影纪念。它站在许多人的头上，肩上，掌上，胳膊上，与喂养过它的人们，一起融进那蓝色的画面……

——节选自王文杰《可爱的小鸟》

Zuòpǐn 22 Hào

Méi•yǒu yī piàn lǜyè, méi•yǒu yī lǚ chuīyān, méi•yǒu yī lì nítǔ, méi•yǒu yī sī huāxiāng, zhǐyǒu shuǐ de shìjiè, yún de hǎiyáng.

Yī zhèn táifēng xíguò, yī zhī gūdān de xiǎoniǎo wújiā-kěguī, luòdào bèi juǎndào yáng•lǐ de mùbǎn•shàng, chéng liú ér xià, shānshān ér lái, jìn le, jìn le! ……

Hūrán, xiǎoniǎo zhāngkāi chìbǎng, zài rénmen tóudǐng pánxuánle jǐ quānr, "pūlā" yī shēng luòdàole chuán•shàng. Xǔ shì lèi le? Háishì fāxiànle "xīn dàlù"? Shuǐshǒu niǎn tā tā bù zǒu, zhuā tā, tā guāiguāi de luò zài zhǎngxīn. Kě'ài de xiǎoniǎo hé shànliáng de shuǐshǒu jiéchéngle péngyou.

Qiáo, tā duō měilì, jiāoqiǎo de xiǎozuǐ, zhuólǐzhe lǜsè de yǔmáo, yāzi yàng de biǎnjiǎo, chéngxiàn chū chūncǎo de éhuáng. Shuǐshǒumen bǎ tā dàidào cāng•lǐ, gěi tā "dā pù", ràng tā zài chuán•shàng ānjiā-luòhù, měi tiān, bǎ fēndào de yī sùliàotǒng dànshuǐ yúngěi tā hē, bǎ cóng zǔguó dài•lái de xiānměi de yúròu fēngěi tā chī, tiāncháng-rìjiǔ, xiǎoniǎo hé shuǐshǒu de gǎnqíng rìqū dǔhòu. Qīngchén, dāng dì-yī shù yángguāng shèjìn xiánchuāng shí, tā biàn chǎngkāi měilì de gēhóu, chàng a chàng, yīngyīng-yǒuyùn, wǎnrú chūnshuǐ cóngcóng. Rénlèi gěi tā yǐ shēngmìng, tā háobù qiānlìn de bǎ zìjǐ de yìshù qīngchūn fèngxiàn gěile bǔyù tā de rén. Kěnéng dōu shì zhèyàng? Yìshùjiāmen de qīngchūn zhǐ huì xiàngěi zūnjìng tāmen de rén.

Xiǎoniǎo gěi yuǎnháng shēnghuó méng•shàngle yī céng làngmàn sèdiào. Fǎnháng shí, rénmen àibùshìshǒu, liànliàn-bùshě de xiǎng bǎ tā dàidào yìxiāng. Kě xiǎoniǎo qiáocuì le, gěi shuǐ, bù hē! Wèi ròu, bù chī! Yóuliàng de yǔmáo shīqùle guāngzé. Shì a, wǒ// men yǒu zìjǐ de zǔguó, xiǎoniǎo yě yǒu tā de guīsù, rén hé dòngwù dōu shì yīyàng a, nǎr yě bùrú gùxiāng hǎo!

Cí'ài de shuǐshǒumen juédìng fàngkāi tā, ràng tā huídào dàhǎi de yáolán·qù, huídào lánsè de gùxiāng·qù. Líbié qián, zhège dàzìrán de péngyou yǔ shuǐshǒumen liúyǐng jìniàn. Tā zhàn zài xǔduō rén de tóu·shàng, jiān·shàng, zhǎng·shàng, gēbo·shàng, yǔ wèiyǎngguo tā de rénmen, yīqǐ róngjìn nà lánsè de huàmiàn……

——Jiéxuǎn zì Wáng Wénjié《Kě'ài de Xiǎoniǎo》

作品 23 号

[朗读提示]这篇文章通过"课不能停"这件事情，表达了主题：施舍的最高原则是保持受施者的尊严。朗读时要体会学校的良苦用心，节奏应是不紧不慢的，语调应是凝重深沉的。

纽约的冬天常有大风雪，扑面的雪花不但令人难以睁开眼睛，甚至呼吸都会吸入冰冷的雪花。有时前一天晚上还是一片晴朗，第二天拉开窗帘，却已经积雪盈尺，连门都推不开了。

遇到这样的情况，公司、商店常会停止上班，学校也通过广播，宣布停课。但令人不解的是，惟有公立小学，仍然开放。只见黄色的校车，艰难地在路边接孩子，老师则一大早就口中喷着热气，铲去车子前后的积雪，小心翼翼地开车去学校。

据统计，十年来纽约的公立小学只因为超级暴风雪停过七次课。这是多么令人惊讶的事。犯得着在大人都无须上班的时候让孩子去学校吗？小学的老师也太倒霉了吧？

于是，每逢大雪而小学不停课时，都有家长打电话去骂。妙的是，每个打电话的人，反应全一样——先是怒气冲冲地责问，然后满口道歉，最后笑容满面地挂上电话。原因是，学校告诉家长：

在纽约有许多百万富翁，但也有不少贫困的家庭。后者白天开不起暖气，供不起午餐，孩子的营养全靠学校里免费的中饭，甚至可以多拿些回家当晚餐。学校停课一天，穷孩子就受一天冻，挨一天饿，所以老师们宁愿自己苦一点儿，也不能停//课。

或许有家长会说：何不让富裕的孩子在家里，让贫穷的孩子去学校享受暖气和营养午餐呢？

学校的答复是：我们不愿让那些穷苦的孩子感到他们是在接受救济，因为施舍的最高原则是保持受施者的尊严。

——节选自刘墉《课不能停》

Zuòpǐn 23 Hào

Niǔyuē de dōngtiān cháng yǒu dà fēngxuě, pūmiàn de xuěhuā bùdàn lìng rén nányǐ zhēngkāi yǎnjing, shènzhì hūxī dōu huì xīrù bīnglěng de xuěhuā. Yǒushí qián yī tiān wǎnshang háishì yī piàn qínglǎng, dì-èr tiān lākāi chuānglián, què yǐ·jīng jīxuě yíng chǐ, lián mén dōu tuī·bùkāi le.

Yùdào zhèyàng de qíngkuàng, gōngsī、shāngdiàn cháng huì tíngzhǐ shàngbān, xuéxiào yě tōngguò guǎngbō, xuānbù tíngkè. Dàn lìng rén bùjiě de shì, wéiyǒu gōnglì xiǎoxué, réngrán kāifàng. Zhǐ jiàn huángsè de xiàochē, jiānnán de zài lùbiān jiē háizi, lǎoshī zé yīdàzǎo jiù kǒuzhōng pēnzhe rèqì, chǎnqù chēzi qiánhòu de jīxuě, xiǎoxīn-yìyì de kāichē qù xuéxiào.

Jù tǒngjì, shí nián lái Niǔyuē de gōnglì xiǎoxué zhǐ yīn•wèi chāojí bàofēngxuě tíngguo qī cì kè. Zhè shì duōme lìng rén jīngyà de shì. Fàndezháo zài dà•rén dōu wúxū shàngbān de shíhou ràng háizi qù xuéxiào ma? Xiǎoxué de lǎoshī yě tài dǎoméi le ba?

Yúshì, měiféng dàxuě ér xiǎoxué bù tíngkè shí, dōu yǒu jiāzhǎng dǎ diànhuà qù mà. Miào de shì, měi gè dǎ diànhuà de rén, fǎnyìng quán yīyàng——xiān shì nùqì-chōngchōng de zéwèn, ránhòu mǎnkǒu dàoqiàn, zuìhòu xiàoróng mǎnmiàn de guà•shàng diànhuà. Yuányīn shì, xuéxiào gàosu jiāzhǎng:

Zài Niǔyuē yǒu xǔduō bǎiwàn fùwēng, dàn yě yǒu bùshǎo pínkùn de jiātíng. Hòuzhě bái•tiān kāi•bùqǐ nuǎnqì, gōng•bùqǐ wǔcān, háizi de yíngyǎng quán kào xuéxiào•lǐ miǎnfèi de zhōngfàn, shènzhì kěyǐ duō ná xiē huíjiā dàng wǎncān. Xuéxiào tíngkè yī tiān, qióng háizi jiù shòu yī tiān dòng, ái yī tiān è, suǒyǐ lǎoshīmen nìngyuàn zìjǐ kǔ yīdiǎnr, yě bù néng tíng//kè.

Huòxǔ yǒu jiāzhǎng huì shuō: Hé bù ràng fùyù de háizi zài jiā•lǐ, ràng pínqióng de háizi qù xuéxiào xiǎngshòu nuǎnqì hé yíngyǎng wǔcān ne?

Xuéxiào de dá•fù shì: Wǒmen bùyuàn ràng nàxiē qióngkǔ de háizi gǎndào tāmen shì zài jiēshòu jiùjì, yīn•wèi shīshě de zuìgāo yuánzé shì bǎochí shòushīzhě de zūnyán.

——Jiéxuǎn zì Liú Yōng《Kě Bùnéng Tíng》

作品 24 号

[朗读提示]本文是一篇表达中日人民友好的文章，语言通俗易懂，没有抽象的高谈阔论，所以朗读时声音要松弛，语气要自然亲切。

十年，在历史上不过是一瞬间。只要稍加注意，人们就会发现：在这一瞬间里，各种事物都悄悄经历了自己的千变万化。

这次重新访日，我处处感到亲切和熟悉，也在许多方面发觉了日本的变化。就拿奈良的一个角落来说吧，我重游了为之感受很深的唐招提寺，在寺内各处匆匆走了一遍，庭院依旧，但意想不到还看到了一些新的东西。其中之一，就是近几年从中国移植来的“友谊之莲”。

在存放鉴真遗像的那个院子里，几株中国莲昂然挺立，翠绿的宽大荷叶正迎风而舞，显得十分愉快。开花的季节已过，荷花朵朵已变为莲蓬累累。莲子的颜色正在由青转紫，看来已经成熟了。

我禁不住想：“因”已转化为“果”。

中国的莲花开在日本，日本的樱花开在中国，这不是偶然。我希望这样一种盛况延续不衰。可能有人不欣赏花，但决不会有人欣赏落在自己面前的炮弹。

在这些日子里，我看到了不少多年不见的老朋友，又结识了一些新朋友。大家喜欢涉及的话题之一，就是古长安和古奈良。那还用得着问吗，朋友们缅怀过去，正是瞩望未来。瞩目于未来的人们必将获得未来。

我不例外，也希望一个美好的未来。

为//了中日人民之间的友谊，我将不浪费今后生命的每一瞬间。

——节选自严文井《莲花和樱花》

Zuòpǐn 24 Hào

Shí nián, zài lìshǐ·shàng bùguò shì yī shùnjiān. Zhǐyào shāo jiā zhùyì, rénmen jiù huì fāxiàn: Zài zhè yī shùnjiān·lǐ, gè zhǒng shìwù dōu qiāoqiāo jīnglìle zìjǐ de qiānbiàn-wànhuà.

Zhè cì chóngxīn fǎng Rì, wǒ chùchù gǎndào qīnqiè hé shú·xī, yě zài xǔduō fāngmiàn fājuéle Rìběn de biànhuà. Jiù ná Nàiliáng de yī gè jiǎoluò lái shuō ba, wǒ chóngyóule wèi zhī gǎnshòu hěn shēn de Táng Zhāotísì, zài sìnèi gè chù cōngcōng zǒule yī biàn, tíngyuàn yījiù, dàn yìxiǎng-bùdào hái kàndàole yīxiē xīn de dōngxi. Qízhōng zhīyī, jiùshì jìn jǐ nián cóng Zhōngguó yízhí lái de "yǒuyì zhī lián".

Zài cúnfàng Jiànzhēn yíxiàng de nàge yuànzi·lǐ, jǐ zhū Zhōngguó lián ángrán-tǐnglì, cuìlǜ de kuāndà héyè zhèng yíngfēng ér wǔ, xiǎn·dé shífēn yúkuài. Kāihuā de jìjié yǐ guò, héhuā duǒduǒ yǐ biànwéi liánpeng léiléi. Liánzǐ de yánsè zhèngzài yóu qīng zhuǎn zǐ, kàn·lái yǐ·jīng chéngshú le.

Wǒ jīn·bùzhù xiǎng: "Yīn" yǐ zhuǎnhuà wéi "guǒ".

Zhōngguó de liánhuā kāi zài Rìběn, Rìběn de yīnghuā kāi zài Zhōngguó, zhè bù shì ǒurán. Wǒ xīwàng zhèyàng yī zhǒng shèngkuàng yánxù bù shuāi. Kěnéng yǒu rén bù xīnshǎng huā, dàn jué bùhuì yǒu rén xīnshǎng luò zài zìjǐ miànqián de pàodàn.

Zài zhèxiē rìzi·lǐ, wǒ kàndàole bùshǎo duō nián bù jiàn de lǎopéngyou, yòu jiéshíle yīxiē xīn péngyou. Dàjiā xǐhuān shèjí de huàtí zhīyī, jiùshì gǔ Cháng'ān hé gǔ Nàiliáng. Nà hái yòngdezháo wèn ma, péngyoumen miǎnhuái guòqù, zhèngshì zhǔwàng wèilái. Zhǔmù yú wèilái de rénmen bìjiāng huòdé wèilái.

Wǒ bù lìwài, yě xīwàng yī gè měihǎo de wèilái.

Wèi// le Zhōng-Rì rénmín zhījiān de yǒuyì, wǒ jiāng bù làngfèi jīnhòu shēngmìng de měi yī shùnjiān.

——Jiéxuǎn zì Yán Wénjǐng《Liánhuā hé Yīnghuā》

作品 25 号

[朗读提示]本文描绘了梅雨潭"奇异"、"醉人"的绿，字里行间洋溢着一种浓郁的诗味——诗的情感、诗的意境、诗的语言，所以朗读时语调要舒展柔和，饱含着诗情画意。

梅雨潭闪闪的绿色招引着我们，我们开始追捉她那离合的神光了。揪着草，攀着乱石，小心探身下去，又鞠躬过了一个石穹门，便到了汪汪一碧的潭边了。

瀑布在襟袖之间，但是我的心中已没有瀑布了。我的心随潭水的绿而摇荡。那醉人的绿呀！仿佛一张极大极大的荷叶铺着，满是奇异的绿呀。我想张开两臂抱住她，但这是怎样一个妄想啊。

站在水边，望到那面，居然觉着有些远呢！这平铺着、厚积着的绿，着实可爱。她松松地皱缬着，像少妇拖着的裙幅；她滑滑的明亮着，像涂了"明油"一般，有鸡蛋清那样软，那样嫩；她又不杂些尘滓，宛然一块温润的碧玉，只清清的一色——但你却看不透她！

我曾见过北京什刹海拂地的绿杨，脱不了鹅黄的底子，似乎太淡了。我又曾见过杭州虎跑寺近旁高峻而深密的"绿壁"，丛叠着无穷的碧草与绿叶的，那又似乎太浓了。其余呢，西湖的波太明了，秦淮河的也太暗了。可爱的，我将什么来比拟你呢？我怎么比拟得出呢？大约潭是很深的，故能蕴蓄着这样奇异的绿；仿佛蔚蓝的天融了一块在里面似的，这才这般的鲜润啊。

那醉人的绿呀！我若能裁你以为带，我将赠给那轻盈的//舞女，她必能临风飘举了。我若能挹你以为眼，我将赠给那善歌的盲妹，她必明眸善睐了。我舍不得你，我怎舍得你呢？我用手拍着你，抚摩着你，如同一个十二三岁的小姑娘。我又掬你入口，便是吻着她了。我送你一个名字，我从此叫你"女儿绿"，好吗？

第二次到仙岩的时候，我不禁惊诧于梅雨潭的绿了。

——节选自朱自清《绿》

Zuòpǐn 25 Hào

Méiyǔtán shǎnshǎn de lǜsè zhāoyǐnzhe wǒmen，wǒmen kāishǐ zhuīzhuō tā nà líhé de shénguāng le. Jiūzhe cǎo，pānzhe luànshí，xiǎo•xīn tànshēn xià•qù，yòu jūgōng guòle yī gè shíqióngmén，biàn dàole wāngwāng yī bì de tán biān le.

Pùbù zài jīnxiù zhījiān，dànshì wǒ de xīnzhōng yǐ méi•yǒu pùbù le. Wǒ de xīn suí tánshuǐ de lǜ ér yáodàng. Nà zuìrén de lǜ ya! Fǎngfú yī zhāng jí dà jí dà de héyè pūzhe，mǎnshì qíyì de lǜ ya. Wǒ xiǎng zhāngkāi liǎngbì bàozhù tā，dàn zhè shì zěnyàng yī gè wàngxiǎng a.

Zhàn zài shuǐbiān，wàngdào nà•miàn，jūrán juézhe yǒu xiē yuǎn ne! Zhè píngpūzhe、hòujīzhe de lǜ，zhuóshí kě'ài. Tā sōngsōng de zhòuxiézhe，xiàng shàofù tuōzhe de qúnfú；tā huáhuá de míngliàngzhe，xiàng túle "míngyóu" yībān，yǒu jīdànqīng nàyàng ruǎn，nàyàng nèn；tā yòu bù zá xiē chénzǐ，wǎnrán yī kuài wēnrùn de bìyù，zhǐ qīngqīng de yī sè——dàn nǐ què kàn•bùtòu tā!

Wǒ céng jiànguo Běijīng Shíchàhǎi fúdì de lǜyáng，tuō•bùliǎo éhuáng de dǐzi，sìhū tài dàn le. Wǒ yòu céng jiànguo Hángzhōu Hǔpáosì jìnpáng gāojùn ér shēnmì de "lǜbì"，cóngdiézhe wúqióng de bìcǎo yǔ lǜyè de，nà yòu sìhū tài nóng le. Qíyú ne，Xīhú de bō tài míng le，Qínhuái Hé de yě tài àn le. Kě'ài de，wǒ jiāng shénme lái bǐnǐ nǐ ne? Wǒ zěnme bǐnǐ de chū ne? Dàyuē tán shì hěn shēn de，gù néng yùnxùzhe zhèyàng qíyì de lǜ；fǎngfú wèilán de tiān róngle yī kuài zài lǐ•miàn shìde，zhè cái zhèbān de xiānrùn a.

Nà zuìrén de lǜ ya! Wǒ ruò néng cái nǐ yǐ wéi dài，wǒ jiāng zènggěi nà qīngyíng de// wǔnǚ，tā bìnéng línfēng piāojǔ le. Wǒ ruò néng yì nǐ yǐ wéi yǎn，wǒ jiāng zènggěi nà shàn gē de mángmèi，tā bì míngmóu-shànlài le. Wǒ shě•bù•dé nǐ，wǒ zěn shě•dé nǐ ne? Wǒ yòng shǒu pāizhe nǐ，fǔmózhe nǐ，rútóng yī gè shí'èr-sān suì de xiǎogūniang. Wǒ yòu jū nǐ rùkǒu，biànshì wěnzhe tā le. Wǒ sòng nǐ yī gè míngzi，wǒ cóngcǐ jiào nǐ "nǚ'érlǜ"，hǎo ma?

Dì-èr cì dào Xiānyán de shíhou, wǒ bùjīn jīngchà yú Méiyǔtán de lǜ le.

——Jiéxuǎn zì Zhū Zìqīng《Lǜ》

作品 26 号

[朗读提示]这篇文章用落花生质朴的外表但有丰硕的果实来喻征着做人要学花生，不哗众取宠，老老实实、本分地做一个有用的人。朗读时要注意角色的区分，父亲的话语重心长，孩子的话语质朴、活泼。

我们家的后园有半亩空地，母亲说："让它荒着怪可惜的，你们那么爱吃花生，就开辟出来种花生吧。"我们姐弟几个都很高兴，买种，翻地，播种，浇水，没过几个月，居然收获了。

母亲说："今晚我们过一个收获节，请你们父亲也来尝尝我们的新花生，好不好？"我们都说好。母亲把花生做成了好几样食品，还吩咐就在后园的茅亭里过这个节。

晚上天色不太好，可是父亲也来了，实在很难得。

父亲说："你们爱吃花生吗？"

我们争着答应："爱！"

"谁能把花生的好处说出来？"

姐姐说："花生的味美。"

哥哥说："花生可以榨油。"

我说："花生的价钱便宜，谁都可以买来吃，都喜欢吃。这就是它的好处。"

父亲说："花生的好处很多，有一样最可贵：它的果实埋在地里，不像桃子、石榴、苹果那样，把鲜红嫩绿的果实高高地挂在枝头上，使人一见就生爱慕之心。你们看它矮矮地长在地上，等到成熟了，也不能立刻分辨出来它有没有果实，必须挖出来才知道。"

我们都说是，母亲也点点头。

父亲接下去说："所以你们要像花生，它虽然不好看，可是很有用，不是外表好看而没有实用的东西。"

我说："那么，人要做有用的人，不要做只讲体面，而对别人没有好处的人了。"//

父亲说："对。这是我对你们的希望。"

我们谈到夜深才散。花生做的食品都吃完了，父亲的话却深深地印在我的心上。

——节选自许地山《落花生》

Zuòpǐn 26 Hào

Wǒmen jiā de hòuyuán yǒu bàn mǔ kòngdì, mǔ•qīn shuō: "Ràng tā huāngzhe guài kěxī de, nǐmen nàme ài chī huāshēng, jiù kāipì chū•lái zhòng huāshēng ba." Wǒmen jiě-dì jǐ gè dōu hěn gāoxìng, mǎizhǒng, fāndì, bōzhǒng, jiāoshuǐ, méi guò jǐ gè yuè, jūrán shōuhuò le.

Mǔ•qīn shuō: "Jīnwǎn wǒmen guò yī gè shōuhuòjié, qǐng nǐmen fù•qīn yě lái chángchang wǒmen de xīn huāshēng, hǎo•bù hǎo?" Wǒmen dōu shuō hǎo. Mǔ•qīn bǎ huāshēng zuòchéngle hǎo jǐ yàng shípǐn, hái fēn•fù jiù zài hòuyuán de máotíng•lǐ guò zhège jié.

Wǎnshang tiānsè bù tài hǎo, kěshì fù·qīn yě lái le, shízài hěn nándé.

Fù·qīn shuō: "Nǐmen ài chī huāshēng ma?"

Wǒmen zhēngzhe dāying: "Ài!"

"Shéi néng bǎ huāshēng de hǎo·chù shuō chū·lái?"

Jiějie shuō: "Huāshēng de wèir měi."

Gēge shuō: "Huāshēng kěyǐ zhàyóu."

Wǒ shuō: "Huāshēng de jià·qián piányi, shéi dōu kěyǐ mǎi·lái chī, dōu xǐhuan chī. Zhè jiùshì tā de hǎo·chù."

Fù·qīn shuō: "Huāshēng de hǎo·chù hěn duō, yǒu yī yàng zuì kěguì: Tā de guǒshí mái zài dì·lǐ, bù xiàng táozi、shíliu、píngguǒ nàyàng, bǎ xiānhóng nènlǜ de guǒshí gāogāo de guà zài zhītóu·shàng, shǐ rén yī jiàn jiù shēng àimù zhī xīn. Nǐmen kàn tā ǎi'ǎi de zhǎng zài dì·shàng, děngdào chéngshú le, yě bùnéng lìkè fēnbiàn chū·lái tā yǒu méi·yǒu guǒshí, bìxū wā chū·lái cái zhī·dào."

Wǒmen dōu shuō shì, mǔ·qīn yě diǎndiǎn tóu.

Fù·qīn jiē xià·qù shuō: "Suǒyǐ nǐmen yào xiàng huāshēng, tā suīrán bù hǎokàn, kěshì hěn yǒuyòng, bù shì wàibiǎo hǎokàn ér méi·yǒu shíyòng de dōngxi."

Wǒ shuō: "Nàme, rén yào zuò yǒuyòng de rén, bùyào zuò zhǐ jiǎng tǐ·miàn, ér duì bié·rén méi·yǒu hǎochù de rén le." //

Fù·qīn shuō: "Duì. Zhè shì wǒ duì nǐmen de xīwàng."

Wǒmen tándào yè shēn cái sàn. Huāshēng zuò de shípǐn dōu chīwán le, fù·qīn de huà què shēnshēn de yìn zài wǒ de xīn·shàng.

——Jiéxuǎn zì Xǔ Dìshān《Luòhuāshēng》

作品 27 号

[朗读提示]这篇文章通过老麻雀拯救小麻雀的故事,歌颂了一种伟大的力量——母爱,事情的经过写得细致入微,生动形象。朗读时要使用略显夸张的语气表现这场搏斗,从而渲染出伟大的母爱。最后两个自然段是作者的感受,要使用崇敬、沉着的语气读出来。

我打猎归来,沿着花园的林阴路走着。狗跑在我前边。

突然,狗放慢脚步,蹑足潜行,好像嗅到了前边有什么野物。

我顺着林阴路望去,看见了一只嘴边还带黄色、头上生着柔毛的小麻雀。风猛烈地吹打着林阴路上的白桦树,麻雀从巢里跌落下来,呆呆地伏在地上,孤立无援地张开两只羽毛还未丰满的小翅膀。

我的狗慢慢向它靠近。忽然,从附近一棵树上飞下一只黑胸脯的老麻雀,像一颗石子似的落到狗的跟前。老麻雀全身倒竖着羽毛,惊恐万状,发出绝望、凄惨的叫声,接着向露出牙齿、大张着的狗嘴扑去。

老麻雀是猛扑下来救护幼雀的。它用身体掩护着自己的幼儿……但它整个小小的身体因恐怖而战栗着,它小小的声音也变得粗暴嘶哑,它在牺牲自己!

在它看来，狗该是多么庞大的怪物啊！然而，它还是不能站在自己高高的、安全的树枝上……一种比它的理智更强烈的力量，使它从那儿扑下身来。

我的狗站住了，向后退了退……看来，它也感到了这种力量。

我赶紧唤住惊慌失措的狗，然后我怀着崇敬的心情，走开了。

是啊，请不要见笑。我崇敬那只小小的、英勇的鸟儿，我崇敬它那种爱的冲动和力量。

爱，我//想，比死和死的恐惧更强大。只有依靠它，依靠这种爱，生命才能维持下去，发展下去。

——节选自[俄]屠格涅夫《麻雀》，巴金译

Zuòpǐn 27 Hào

Wǒ dǎliè guīlái，yánzhe huāyuán de línyīnlù zǒuzhe. Gǒu pǎo zài wǒ qián•biān.

Tūrán，gǒu fàngmàn jiǎobù，nièzú-qiánxíng，hǎoxiàng xiùdàole qián•biān yǒu shénme yěwù.

Wǒ shùnzhe línyīnlù wàng•qù，kàn•jiànle yī zhī zuǐ biān hái dài huángsè、tóu•shàng shēngzhe róumáo de xiǎo máquè. Fēng měngliè de chuīdǎzhe línyīnlù•shàng de báihuàshù，máquè cóng cháo•lǐ diēluò xià•lái，dāidāi de fú zài dì•shàng，gūlì wúyuán de zhāngkāi liǎng zhī yǔmáo hái wèi fēngmǎn de xiǎo chìbǎng.

Wǒ de gǒu mànmàn xiàng tā kàojìn. Hūrán，cóng fùjìn yī kē shù•shàng fēi•xià yī zhī hēi xiōngpú de lǎo máquè，xiàng yī kē shízǐ shìde luòdào gǒu de gēn•qián. Lǎo máquè quánshēn dàoshùzhe yǔmáo，jīngkǒng-wànzhuàng，fāchū juéwàng、qīcǎn de jiàoshēng，jiēzhe xiàng lòuchū yáchǐ、dà zhāngzhe de gǒuzuǐ pū•qù.

Lǎo máquè shì měng pū xià•lái jiùhù yòuquè de. Tā yòng shēntǐ yǎnhùzhe zìjǐ de yòu’ér……Dàn tā zhěnggè xiǎoxiǎo de shēntǐ yīn kǒngbù ér zhànlìzhe，tā xiǎoxiǎo de shēngyīn yě biànde cūbào sīyǎ，tā zài xīshēng zìjǐ!

Zài tā kànlái，gǒu gāi shì duōme pángdà de guàiwu a! Rán’ér，tā háishì bùnéng zhàn zài zìjǐ gāogāo de、ānquán de shùzhī•shàng……Yī zhǒng bǐ tā de lǐzhì gèng qiángliè de lì•liàng，shǐ tā cóng nàr pū•xià shēn•lái.

Wǒ de gǒu zhànzhù le，xiàng hòu tuìle tuì……kànlái，tā yě gǎndàole zhè zhǒng lì•liàng.

Wǒ gǎnjǐn huànzhù jīnghuāng-shīcuò de gǒu，ránhòu wǒ huáizhe chóngjìng de xīnqíng，zǒukāi le.

Shì a，qǐng bùyào jiànxiào. Wǒ chóngjìng nà zhī xiǎoxiǎo de、yīngyǒng de niǎo’•ér，wǒ chóngjìng tā nà zhǒng ài de chōngdòng hé lì•liàng.

Ài，wǒ//xiǎng，bǐ sǐ hé sǐ de kǒngjù gèng qiángdà. Zhǐyǒu yīkào tā，yīkào zhè zhǒng ài，shēngmìng cái néng wéichí xià•qù，fāzhǎn xià•qù.

——Jiéxuǎn zì［É］Túgénièfū《Máquè》，Bā Jīn yì

作品 28 号

[朗读提示]朗读这篇文章时可分为两部分：前三个自然段为一部分，描写了迷路的小孩惊慌失措的样子，朗读时节奏要紧凑，基调要略带惊慌之情；后面为一部分，描写了听到笛音的孩子好像找到了救星，朗读基调是欢快的。

那年我六岁。离我家仅一箭之遥的小山坡旁，有一个早已被废弃的采石场，双亲从来不准我去那儿，其实那儿风景十分迷人。

一个夏季的下午，我随着一群小伙伴偷偷上那儿去了。就在我们穿越了一条孤寂的小路后，他们却把我一个人留在原地，然后奔向"更危险的地带"了。

等他们走后，我惊慌失措地发现，再也找不到要回家的那条孤寂的小道了。像只无头的苍蝇，我到处乱钻，衣裤上挂满了芒刺。太阳已经落山，而此时此刻，家里一定开始吃晚餐了，双亲正盼着我回家……想着想着，我不由得背靠着一棵树，伤心地呜呜大哭起来……

突然，不远处传来了声声柳笛。我像找到了救星，急忙循声走去。一条小道边的树桩上坐着一位吹笛人，手里还正削着什么。走近细看，他不就是被大家称为"乡巴佬儿"的卡廷吗？

"你好，小家伙儿，"卡廷说，"看天气多美，你是出来散步的吧？"

我怯生生地点点头，答道："我要回家了。"

"请耐心等上几分钟"，卡廷说，"瞧，我正在削一支柳笛，差不多就要做好了，完工后就送给你吧！"

卡廷边削边不时把尚未成形的柳笛放在嘴里试吹一下。没过多久，一支柳笛便递到我手中。我俩在一阵阵清脆悦耳的笛音//中，踏上了归途……

当时，我心中只充满感激，而今天，当我自己也成了祖父时，却突然领悟到他用心之良苦！那天当他听到我的哭声时，便判定我一定迷了路，但他并不想在孩子面前扮演"救星"的角色，于是吹响柳笛以便让我能发现他，并跟着他走出困境！就这样，卡廷先生以乡下人的纯朴，保护了一个小男孩儿强烈的自尊。

——节选自唐若水译《迷途笛音》

Zuòpǐn 28 Hào

Nà nián wǒ liù suì. Lí wǒ jiā jǐn yī jiàn zhī yáo de xiǎo shānpō páng, yǒu yī gè zǎo yǐ bèi fèiqì de cǎishíchǎng, shuāngqīn cónglái bùzhǔn wǒ qù nàr, qíshí nàr fēngjǐng shífēn mírén.

Yī gè xiàjì de xiàwǔ, wǒ suízhe yī qún xiǎohuǒbànr tōutōu shàng nàr qù le. Jiù zài wǒmen chuānyuèle yī tiáo gūjì de xiǎolù hòu, tāmen què bǎ wǒ yī gè rén liú zài yuán dì, ránhòu bēnxiàng "gèng wēixiǎn de dìdài" le.

Děng tāmen zǒuhòu, wǒ jīnghuāng-shīcuò de fāxiàn, zài yě zhǎo·bùdào yào huíjiā de nà tiáo gūjì de xiǎodào le. Xiàng zhī wú tóu de cāngying, wǒ dàochù luàn zuān, yīkù·shàng guàmǎnle mángcì. Tài·yáng yǐ·jīng luòshān, ér cǐshí cǐkè, jiā·lǐ yīdìng kāishǐ chī wǎncān le, shuāngqīn zhèng pànzhe wǒ huíjiā……Xiǎngzhe xiǎngzhe, wǒ bùyóude bèi kàozhe yī kē shù，shāngxīn de wūwū dàkū qǐ·lái……

Tūrán，bù yuǎn chù chuán·láile shēngshēng liǔdí. Wǒ xiàng zhǎodàole jiùxīng，jímáng xúnshēng zǒuqù. Yī tiáo xiǎodào biān de shùzhuāng·shàng zuòzhe yī wèi chuīdí rén，shǒu·lǐ hái zhèng xiāozhe shénme. Zǒujìn xì kàn，tā bù jiùshì bèi dàjiā chēngwei “xiāngbalǎor” de Kǎtíng ma?

“Nǐ hǎo，xiǎojiāhuor，” Kǎtíng shuō，“Kàn tiānqì duō měi，nǐ shì chū·lái sànbù de ba?”

Wǒ qièshēngshēng de diǎndiǎn tóu，dádào：“Wǒ yào huíjiā le.”

“Qǐng nàixīn děng·shàng jǐ fēnzhōng，” Kǎtíng shuō，“Qiáo，wǒ zhèngzài xiāo yī zhī liǔdí，chà·bùduō jiù yào zuòhǎo le，wángōng hòu jiù sònggěi nǐ ba!”

Kǎtíng biān xiāo biān bùshí bǎ shàng wèi chéngxíng de liǔdí fàng zài zuǐ·lǐ shì chuī yīxià. Méi guò duōjiǔ，yī zhī liǔdí biàn dìdào wǒ shǒu zhōng. Wǒ liǎ zài yī zhènzhèn qīngcuì yuè’ěr de díyīn//zhōng，tà·shàngle guītú……

Dāngshí，wǒ xīnzhōng zhǐ chōngmǎn gǎn·jī，ér jīntiān，dāng wǒ zìjǐ yě chéngle zǔfù shí，què tūrán lǐngwù dào tā yòngxīn zhī liángkǔ! Nà tiān dāng tā tīngdào wǒ de kūshēng shí，biàn pàndìng wǒ yīdìng míle lù，dàn tā bìng bù xiǎng zài háizi miànqián bànyǎn “jiùxīng” de juésè，yúshì chuīxiǎng liǔdí yǐbiàn ràng wǒ néng fāxiàn tā，bìng gēnzhe tā zǒuchū kùnjìng! Jiù zhèyàng，Kǎtíng xiānsheng yǐ xiāngxiàrén de chúnpǔ，bǎohùle yī gè xiǎonánháir qiángliè de zìzūn.

——Jiéxuǎn zì Táng Ruòshuǐ yì《Mítú Díyīn》

作品 29 号

[朗读提示]本文是一篇介绍我国文化遗产——莫高窟的文章，作品中除了客观的介绍，还融入了赞美惊叹之情，所以在朗读时应该略带惊奇的语气、赞叹欣赏的口吻。

在浩瀚无垠的沙漠里，有一片美丽的绿洲，绿洲里藏着一颗闪光的珍珠。这颗珍珠就是敦煌莫高窟。它坐落在我国甘肃省敦煌市三危山和鸣沙山的怀抱中。

鸣沙山东麓是平均高度为十七米的崖壁。在一千六百多米长的崖壁上，凿有大小洞窟七百余个，形成了规模宏伟的石窟群。其中四百九十二个洞窟中，共有彩色塑像两千一百余尊，各种壁画共四万五千多平方米。莫高窟是我国古代无数艺术匠师留给人类的珍贵文化遗产。

莫高窟的彩塑，每一尊都是一件精美的艺术品。最大的有九层楼那么高，最小的还不如一个手掌大。这些彩塑个性鲜明，神态各异。有慈眉善目的菩萨，有威风凛凛的天王，还有强壮勇猛的力士……

莫高窟壁画的内容丰富多彩，有的是描绘古代劳动人民打猎、捕鱼、耕田、收割的情景，有的是描绘人们奏乐、舞蹈、演杂技的场面，还有的是描绘大自然的美丽风光。其中最引人注目的是飞天。壁画上的飞天，有的臂挎花篮，采摘鲜花；有的反弹琵琶，轻拨银弦；有的倒悬身子，自天而降；有的彩带飘拂，漫天遨游；有的舒展着双臂，翩翩起舞。看着这些精美动人的壁画，就像走进了//灿烂辉煌的艺术殿堂。

莫高窟里还有一个面积不大的洞窟——藏经洞。洞里曾藏有我国古代的各种经卷、文书、帛画、刺绣、铜像等共六万多件。由于清朝政府腐败无能，大量珍贵的文物被外国强盗掠走。仅存的部分经卷，现在陈列于北京故宫等处。

莫高窟是举世闻名的艺术宝库。这里的每一尊彩塑、每一幅壁画、每一件文物，都是中国古代人民智慧的结晶。

——节选自小学《语文》第六册中《莫高窟》

Zuòpǐn 29 Hào

Zài hàohàn wúyín de shāmò•lǐ，yǒu yī piàn měilì de lǜzhōu，lǜzhōu•lǐ cángzhe yī kē shǎnguāng de zhēnzhū. Zhè kē zhēnzhū jiùshì Dūnhuáng Mògāokū. Tā zuòluò zài wǒguó Gānsù Shěng Dūnhuáng Shì Sānwēi Shān hé Míngshā Shān de huáibào zhōng.

Míngshā Shān dōnglù shì píngjūn gāodù wéi shíqī mǐ de yábì. Zài yīqiān liùbǎi duō mǐ cháng de yábì•shàng，záo yǒu dàxiǎo dòngkū qībǎi yú gè，xíngchéngle guīmó hóngwěi de shíkūqún. Qízhōng sìbǎi jiǔshí'èr gè dòngkū zhōng，gòng yǒu cǎisè sùxiàng liǎngqiān yībǎi yú zūn，gè zhǒng bìhuà gòng sìwàn wǔqiān duō píngfāngmǐ. Mògāokū shì wǒguó gǔdài wúshù yìshù jiàngshī liúgěi rénlèi de zhēnguì wénhuà yíchǎn.

Mògāokū de cǎisù，měi yī zūn dōu shì yī jiàn jīngměi de yìshù pǐn. Zuì dà de yǒu jiǔ céng lóu nàme gāo，zuì xiǎo de hái bùrú yī gè shǒuzhǎng dà. Zhèxiē cǎisù gèxìng xiānmíng，shéntài-gèyì. Yǒu címéi-shànmù de pú•sà，yǒu wēifēng-lǐnlǐn de tiānwáng，háiyǒu qiángzhuàng yǒngměng de lìshì……

Mògāokū bìhuà de nèiróng fēngfù-duōcǎi，yǒude shì miáohuì gǔdài láodòng rénmín dǎliè、bǔyú、gēngtián、shōugē de qíngjǐng，yǒude shì miáohuì rénmen zòuyuè、wǔdǎo、yǎn zájì de chǎngmiàn，háiyǒude shì miáohuì dàzìrán de měilì fēngguāng. Qízhōng zuì yǐnrén-zhùmù de shì fēitiān. Bìhuà•shàng de fēitiān，yǒu de bì kuà huālán，cǎizhāi xiānhuā；yǒude fǎn tán pí•pá，qīng bō yínxián；yǒude dào xuán shēnzi，zì tiān ér jiàng；yǒude cǎidài piāofú，màntiān áoyóu；yǒude shūzhǎnzhe shuāngbì，piānpiān-qǐwǔ. Kànzhe zhèxiē jīngměi dòngrén de bìhuà，jiù xiàng zǒujìnle // cànlàn huīhuáng de yìshù diàntáng.

Mògāokū•lǐ háiyǒu yī gè miànjī bù dà de dòngkū——cángjīngdòng. Dòng•lǐ céng cángyǒu wǒguó gǔdài de gè zhǒng jīngjuàn、wénshū、bóhuà、cìxiù、tóngxiàng děng gòng liùwàn duō jiàn. Yóuyú Qīngcháo zhèngfǔ fǔbài wúnéng，dàliàng zhēnguì de wénwù bèi wàiguó qiángdào lüèzǒu. Jǐncún de bùfēn jīngjuàn，xiànzài chénliè yú Běijīng Gùgōng děng chù.

Mògāokū shì jǔshì-wénmíng de yìshù bǎokù. Zhè•lǐ de měi yī zūn cǎisù、měi yī fú bìhuà、měi yī jiàn wénwù，dōu shì Zhōngguó gǔdài rénmín zhìhuì de jiéjīng.

——Jiéxuǎn zì Xiǎoxué《Yǔwén》dì-liù cè zhōng《Mògāokū》

作品 30 号

[朗读提示]这篇文章让我们感受到牡丹除了雍容华贵外,还有另一面:不随波逐流,以及对生命执着的追求。作品文笔细腻,感情真挚,富有哲理,耐人寻味。朗读时语气要自然,声音要坚实厚重,节奏明朗,语速要始终如一,以便读出哲理来。

其实你在很久以前并不喜欢牡丹,因为它总被人作为富贵膜拜。后来你目睹了一次牡丹的落花,你相信所有的人都会为之感动:一阵清风徐来,娇艳鲜嫩的盛期牡丹忽然整朵整朵地坠落,铺撒一地绚丽的花瓣。那花瓣落地时依然鲜艳夺目,如同一只奉上祭坛的大鸟脱落的羽毛,低吟着壮烈的悲歌离去。

牡丹没有花谢花败之时,要么烁于枝头,要么归于泥土,它跨越萎顿和衰老,由青春而死亡,由美丽而消遁。它虽美却不吝惜生命,即使告别也要展示给人最后一次的惊心动魄。

所以在这阴冷的四月里,奇迹不会发生。任凭游人扫兴和诅咒,牡丹依然安之若素。它不苟且、不俯就、不妥协、不媚俗,甘愿自己冷落自己。它遵循自己的花期自己的规律,它有权利为自己选择每年一度的盛大节日。它为什么不拒绝寒冷?

天南海北的看花人,依然络绎不绝地涌入洛阳城。人们不会因牡丹的拒绝而拒绝它的美。如果它再被贬谪十次,也许它就会繁衍出十个洛阳牡丹城。

于是你在无言的遗憾中感悟到,富贵与高贵只是一字之差。同人一样,花儿也是有灵性的,更有品位之高低。品位这东西为气为魂为//筋骨为神韵,只可意会。你叹服牡丹卓尔不群之姿,方知品位是多么容易被世人忽略或是漠视的美。

——节选自张抗抗《牡丹的拒绝》

Zuòpǐn 30 Hào

Qíshí nǐ zài hěn jiǔ yǐqián bìng bù xǐhuan mǔ·dān, yīn·wèi tā zǒng bèi rén zuòwéi fùguì móbài. Hòulái nǐ mùdǔle yī cì mǔ·dān de luòhuā, nǐ xiāngxìn suǒyǒu de rén dōu huì wéi zhī gǎndòng: Yī zhèn qīngfēng xúlái, jiāoyàn xiānnèn de shèngqī mǔ·dān hūrán zhěng duǒ zhěng duǒ de zhuìluò, pūsǎ yīdì xuànlì de huābàn. Nà huābàn luòdì shí yīrán xiānyàn duómù, rútóng yī zhī fèng·shàng jìtán de dàniǎo tuōluò de yǔmáo, dīyínzhe zhuànglìè de bēigē líqù.

Mǔ·dān méi·yǒu huāxiè-huābài zhī shí, yàome shuòyú zhītóu, yàome guīyú nítǔ, tā kuàyuè wěidùn hé shuāilǎo, yóu qīngchūn ér sǐwáng, yóu měilì ér xiāodùn. Tā suī měi què bù lìnxī shēngmìng, jíshǐ gàobié yě yào zhǎnshì gěi rén zuìhòu yī cì de jīngxīn-dòngpò.

Suǒyǐ zài zhè yīnlěng de sìyuè·lǐ, qíjì bù huì fāshēng. Rènpíng yóurén sǎoxìng hé zǔzhòu, mǔ·dān yīrán ānzhī-ruòsù. Tā bù gǒuqiě、bù fǔjiù、bù tuǒxié、bù mèisú, gānyuàn zìjǐ lěngluò zìjǐ. Tā zūnxún zìjǐ de huāqī zìjǐ de guīlǜ, tā yǒu quánlì wèi zìjǐ xuǎnzé měinián yī dù de shèngdà jiérì. Tā wèishénme bù jùjué hánlěng?

Tiānnán-hǎiběi de kàn huā rén, yīrán luòyì-bùjué de yǒngrù Luòyáng Chéng. Rénmen bù huì yīn mǔ·dān de jùjué ér jùjué tā de měi. Rúguǒ tā zài bèi biǎnzhé shí cì, yěxǔ tā jiùhuì fányǎn chū shí gè Luòyáng mǔ·dān chéng.

Yúshì nǐ zài wúyán de yíhàn zhōng gǎnwù dào, fùguì yǔ gāoguì zhǐshì yī zì zhī chā. Tóng rén yīyàng, huā'ér yě shì yǒu língxìng de, gèng yǒu pǐnwèi zhī gāodī. Pǐnwèi zhè dōngxi wéi qì wéi hún wéi // jīngǔ wéi shényùn, zhǐ kě yìhuì. Nǐ tànfú mǔ•dān zhuó'ěr-bùqún zhī zī, fāng zhī pǐnwèi shì duōme róng•yì bèi shìrén hūlüè huò shì mòshì de měi.

——Jiéxuǎn zì Zhāng Kàngkàng《Mǔ•dān de Jùjué》

作品 31 号

[朗读提示]此文为说明文,朗读时要使用质朴连贯的语气、不紧不慢的语速,力求声音清晰明白,不宜有任何夸张的情感。

森林涵养水源,保持水土,防止水旱灾害的作用非常大。据专家测算,一片十万亩面积的森林,相当于一个两百万立方米的水库,这正如农谚所说的:"山上多栽树,等于修水库。雨多它能吞,雨少它能吐。"

说起森林的功劳,那还多得很。它除了为人类提供木材及许多种生产、生活的原料之外,在维护生态环境方面也是功劳卓著。它用另一种"能吞能吐"的特殊功能孕育了人类。因为地球在形成之初,大气中的二氧化碳含量很高,氧气很少,气温也高,生物是难以生存的。大约在四亿年之前,陆地才产生了森林。森林慢慢将大气中的二氧化碳吸收,同时吐出新鲜氧气,调节气温:这才具备了人类生存的条件,地球上才最终有了人类。

森林,是地球生态系统的主体,是大自然的总调度室,是地球的绿色之肺。森林维护地球生态环境的这种"能吞能吐"的特殊功能是其他任何物体都不能取代的。然而,由于地球上的燃烧物增多,二氧化碳的排放量急剧增加,使得地球生态环境急剧恶化,主要表现为全球气候变暖,水分蒸发加快,改变了气流的循环,使气候变化加剧,从而引发热浪、飓风、暴雨、洪涝及干旱。

为了//使地球的这个"能吞能吐"的绿色之肺恢复健壮,以改善生态环境,抑制全球变暖,减少水旱等自然灾害,我们应该大力造林、护林,使每一座荒山都绿起来。

——节选自《中考语文课外阅读试题精选》中《"能吞能吐"的森林》

Zuòpǐn 31 Hào

Sēnlín hányǎng shuǐyuán, bǎochí shuǐtǔ, fángzhǐ shuǐhàn zāihài de zuòyòng fēicháng dà. Jù zhuānjiā cèsuàn, yī piàn shíwàn mǔ miànjī de sēnlín, xiāngdāngyú yī gè liǎngbǎi wàn lìfāngmǐ de shuǐkù, zhè zhèng rú nóngyàn suǒ shuō de: "Shān•shàng duō zāi shù, děngyú xiū shuǐkù. Yǔ duō tā néng tūn, yǔ shǎo tā néng tǔ."

Shuōqǐ sēnlín de gōng•láo, nà hái duō de hěn. Tā chúle wèi rénlèi tígōng mùcái jí xǔduō zhǒng shēngchǎn、shēnghuó de yuánliào zhīwài, zài wéihù shēngtài huánjìng fāngmiàn yě shì gōng•láo zhuózhù. Tā yòng lìng yī zhǒng "néngtūn-néngtǔ" de tèshū gōng-néng yùnyùle rénlèi. Yīn•wèi dìqiú zài xíngchéng zhīchū, dàqì zhōng de èryǎng-huàtàn hánliàng hěn gāo, yǎngqì hěn shǎo, qìwēn yě gāo, shēngwù shì nányǐ shēngcún de. Dàyuē zài sìyì nián zhīqián, lùdì cái chǎnshēngle sēnlín. Sēnlín mànmàn jiāng dàqì zhōng de èryǎnghuàtàn xīshōu, tóngshí tǔ•chū xīn•xiān yǎngqì, tiáojié qìwēn: Zhè cái jùbèile rénlèi shēngcún de tiáojiàn，dìqiú·shàng cái zuìzhōng yǒule rénlèi.

Sēnlín，shì dìqiú shēngtài xìtǒng de zhǔtǐ，shì dàzìrán de zǒng diàodùshì，shì dìqiú de lǜsè zhī fèi. Sēnlín wéihù dìqiú shēngtài huánjìng de zhè zhǒng “néngtūn-néngtǔ” de tèshū gōngnéng shì qítā rènhé wùtǐ dōu bùnéng qǔdài de. Rán’ér，yóuyú dìqiú·shàng de ránshāowù zēngduō，èryǎnghuàtàn de páifàngliàng jíjù zēngjiā，shǐ·dé dìqiú shēngtài huánjìng jíjù èhuà，zhǔyào biǎoxiàn wéi quánqiú qìhòu biàn nuǎn，shuǐfèn zhēngfā jiākuài，gǎibiànle qìliú de xúnhuán，shǐ qìhòu biànhuà jiājù，cóng’ér yǐnfā rèlàng、jùfēng、bàoyǔ、hónglào jí gānhàn.

Wèile // shǐ dìqiú de zhège “néngtūn-néngtǔ” de lǜsè zhī fèi huīfù jiànzhuàng，yǐ gǎishàn shēngtài huánjìng，yìzhì quánqiú biàn nuǎn，jiǎnshǎo shuǐhàn děng zìrán zāihài，wǒmen yīnggāi dàlì zàolín、hùlín，shǐ měi yī zuò huāngshān dōu lǜ qǐ·lái.

——Jiéxuǎn zì《Zhōngkǎo Yǔwén Kèwài Yuèdú Shìtí Jīngxuǎn》zhōng《“Néngtūn-néngtǔ” de Sēnlín》

作品 32 号

[朗读提示]这是一篇带有作者感情的杂文，既有叙事，又有议论，叙事部分要读得自然朴实，议论部分要读得富有哲理，语调舒缓，声音沉稳。

朋友即将远行。

暮春时节，又邀了几位朋友在家小聚。虽然都是极熟的朋友，却是终年难得一见，偶尔电话里相遇，也无非是几句寻常话。一锅小米稀饭，一碟大头菜，一盘自家酿制的泡菜，一只巷口买回的烤鸭，简简单单，不像请客，倒像家人团聚。

其实，友情也好，爱情也好，久而久之都会转化为亲情。

说也奇怪，和新朋友会谈文学、谈哲学、谈人生道理等等，和老朋友却只话家常，柴米油盐，细细碎碎，种种琐事。很多时候，心灵的契合已经不需要太多的言语来表达。

朋友新烫了个头，不敢回家见母亲，恐怕惊骇了老人家，却欢天喜地来见我们，老朋友颇能以一种趣味性的眼光欣赏这个改变。

年少的时候，我们差不多都在为别人而活，为苦口婆心的父母活，为循循善诱的师长活，为许多观念、许多传统的约束力而活。年岁逐增，渐渐挣脱外在的限制与束缚，开始懂得为自己活，照自己的方式做一些自己喜欢的事，不在乎别人的批评意见，不在乎别人的诋毁流言，只在乎那一份随心所欲的舒坦自然。偶尔，也能够纵容自己放浪一下，并且有一种恶作剧的窃喜。

就让生命顺其自然，水到渠成吧，犹如窗前的 // 乌桕，自生自落之间，自有一份圆融丰满的喜悦。春雨轻轻落着，没有诗，没有酒，有的只是一份相知相属的自在自得。

夜色在笑语中渐渐沉落，朋友起身告辞，没有挽留，没有送别，甚至也没有问归期。

已经过了大喜大悲的岁月，已经过了伤感流泪的年华，知道了聚散原来是这样的自然和顺理成章，懂得这点，便懂得珍惜每一次相聚的温馨，离别便也欢喜。

——节选自杏林子《朋友和其他》

Zuòpǐn 32 Hào

Péngyou jíjiāng yuǎnxíng.

Mùchūn shíjié，yòu yāole jǐ wèi péngyou zài jiā xiǎojù. Suīrán dōu shì jí shú de péngyou，què shì zhōngnián nándé yī jiàn，ǒu'ěr diànhuà·lǐ xiāngyù，yě wúfēi shì jǐ jù xúnchánghuà. Yī guō xiǎomǐ xīfàn，yī dié dàtóucài，yī pán zìjiā niàngzhì de pàocài，yī zhī xiàngkǒu mǎihuí de kǎoyā，jiǎnjiǎn-dāndān，bù xiàng qǐngkè，dǎoxiàng jiārén tuánjù.

Qíshí，yǒuqíng yě hǎo，àiqíng yě hǎo，jiǔ'érjiǔzhī dōu huì zhuǎnhuà wéi qīnqíng.

Shuō yě qíguài，hé xīn péngyou huì tán wénxué、tán zhéxué、tán rénshēng dào·lǐ děngděng，hé lǎo péngyou què zhǐ huà jiācháng，chái-mǐ-yóu-yán，xìxì-suìsuì，zhǒngzhǒng suǒshì. Hěn duō shíhou，xīnlíng de qìhé yǐ·jīng bù xūyào tài duō de yányǔ lái biǎodá.

Péngyou xīn tàngle gè tóu，bùgǎn huíjiā jiàn mǔ·qīn，kǒngpà jīnghàile lǎo·rén·jiā，què huāntiān-xǐdì lái jiàn wǒmen，lǎo péngyou pō néng yǐ yī zhǒng qùwèixìng de yǎnguāng xīnshǎng zhège gǎibiàn.

Niánshào de shíhou，wǒmen chà·bùduō dōu zài wèi bié·rén ér huó，wèi kǔkǒu-póxīn de fùmǔ huó，wèi xúnxún-shànyòu de shīzhǎng huó，wèi xǔduō guānniàn，xǔduō chuántǒng de yuēshùlì ér huó. Niánsuì zhú zēng，jiànjiàn zhèngtuō wàizài de xiànzhì yǔ shùfù，kāishǐ dǒng·dé wèi zìjǐ huó，zhào zìjǐ de fāngshì zuò yīxiē zìjǐ xǐhuan de shì，bù zàihu bié·rén de pīpíng yì·jiàn，bù zàihu bié·rén de dǐhuǐ liúyán，zhǐ zàihu nà yī fèn suíxīn-suǒyù de shūtan zìrán. Ou'ěr，yě nénggòu zòngróng zìjǐ fànglàng yīxià，bìngqiě yǒu yī zhǒng è-zuòjù de qièxǐ.

Jiù ràng shēngmìng shùnqízìrán，shuǐdào-qúchéng ba，yóurú chuāng qián de// wūjiù，zìshēng-zìluò zhījiān，zì yǒu yī fèn yuánróng fēngmǎn de xǐyuè. Chūnyǔ qīngqīng luòzhe，méi·yǒu shī，méi·yǒu jiǔ，yǒude zhǐshì yī fèn xiāng zhī xiāng zhǔ de zìzài zìdé.

Yèsè zài xiàoyǔ zhōng jiànjiàn chénluò，péngyou qǐshēn gàocí，méi·yǒu wǎnliú，méi·yǒu sòngbié，shènzhì yě méi·yǒu wèn guīqī.

Yǐ·jīng guòle dàxǐ-dàbēi de suìyuè，yǐ·jīng guòle shānggǎn liúlèi de niánhuá，zhī·dàole jù-sàn yuánlái shì zhèyàng de zìrán hé shùnlǐ-chéngzhāng，dǒng·dé zhè diǎn，biàn dǒng·dé zhēnxī měi yī cì xiāngjù de wēnxīn，líbié biàn yě huānxǐ.

——Jiéxuǎn zì Xìng Línzǐ《Péngyǒu hé Qítā》

作品 33 号

[朗读提示]这篇文章质朴清新，朗读时不必在声音上大加渲染，只需要用娓娓道来的口吻，稳健地读出来。

我们在田野散步：我，我的母亲，我的妻子和儿子。

母亲本不愿出来的。她老了，身体不好，走远一点儿就觉得很累。我说，正因为如此，才应该多走走。母亲信服地点点头，便去拿外套。她现在很听我的话，就像我小时候很听她的话一样。

这南方初春的田野，大块小块的新绿随意地铺着，有的浓，有的淡，树上的嫩芽也密了，田里的冬水也咕咕地起着水泡。这一切都使人想着一样东西——生命。

我和母亲走在前面，我的妻子和儿子走在后面。小家伙突然叫起来："前面是妈妈和儿子，后面也是妈妈和儿子。"我们都笑了。

后来发生了分歧：母亲要走大路，大路平顺；我的儿子要走小路，小路有意思。不过，一切都取决于我。我的母亲老了，她早已习惯听从她强壮的儿子；我的儿子还小，他还习惯听从他高大的父亲；妻子呢，在外面，她总是听我的。一霎时我感到了责任的重大。我想找一个两全的办法，找不出；我想拆散一家人，分成两路，各得其所，终不愿意。我决定委屈儿子，因为我伴同他的时日还长。我说："走大路。"

但是母亲摸摸孙儿的小脑瓜儿，变了主意："还是走小路吧。"她的眼随小路望去：那里有金色的菜花，两行整齐的桑树，//尽头一口水波粼粼的鱼塘。"我走不过去的地方，你就背着我。"母亲对我说。

这样，我们在阳光下，向着那菜花、桑树和鱼塘走去。到了一处，我蹲下来，背起了母亲；妻子也蹲下来，背起了儿子。我和妻子都是慢慢地，稳稳地，走得很仔细，好像我背上的同她背上的加起来，就是整个世界。

——节选自莫怀戚《散步》

Zuòpǐn 33 Hào

Wǒmen zài tiányě sànbù：Wǒ，wǒ de mǔ•qīn，wǒ de qī•zǐ hé érzi.

Mǔ•qīn běn bùyuàn chū•lái de. Tā lǎo le，shēntǐ bù hǎo，zǒu yuǎn yīdiǎnr jiù jué•dé hěn lèi. Wǒ shuō，zhèng yīn•wèi rúcǐ，cái yīnggāi duō zǒuzou. Mǔ•qīn xìnfú de diǎndiǎn tóu，biàn qù ná wàitào. Tā xiànzài hěn tīng wǒ de huà，jiù xiàng wǒ xiǎoshíhou hěn tīng tā de huà yīyàng.

Zhè nánfāng chūchūn de tiányě，dàkuài xiǎokuài de xīnlǜ suíyì de pūzhe，yǒude nóng，yǒude dàn，shù•shàng de nènyá yě mì le，tián•lǐ de dōngshuǐ yě gūgū de qǐzhe shuǐpào. Zhè yīqiè dōu shǐ rén xiǎngzhe yī yàng dōngxi——shēngmìng.

Wǒ hé mǔ•qīn zǒu zài qián•miàn，wǒ de qī•zǐ hé érzi zǒu zài hòu•miàn. Xiǎojiāhuo tūrán jiào qǐ•lái："Qián•miàn shì māma hé érzi，hòu•miàn yě shì māma hé érzi." Wǒmen dōu xiào le.

Hòulái fāshēngle fēnqí：Mǔ•qīn yào zǒu dàlù，dàlù píngshùn；wǒ de érzǐ yào zǒu xiǎolù，xiǎolù yǒu yìsi. Bùguò，yīqiè dōu qǔjuéyú wǒ. Wǒ de mǔ•qīn lǎo le，tā zǎoyǐ xíguàn tīngcóng tā qiángzhuàng de érzi；wǒ de érzi hái xiǎo，tā hái xíguàn tīngcóng tā gāodà de fù•qīn；qī•zǐ ne，zài wàimiàn，tā zǒngshì tīng wǒ de. Yīshàshí wǒ gǎndàole zérèn de zhòngdà. Wǒ xiǎng zhǎo yī gè liǎngquán de bànfǎ，zhǎo bù chū；wǒ xiǎng chāisàn yī jiā rén，fēnchéng liǎng lù，gèdé-qísuǒ，zhōng bù yuàn•yì. Wǒ juédìng wěiqu érzǐ，yīn•wèi wǒ bàntóng tā de shírì hái cháng. Wǒ shuō："Zǒu dàlù."

Dànshì mǔ•qīn mōmo sūn'ér de xiǎo nǎoguār，biànle zhǔyi："Háishì zǒu xiǎolù ba."

Tā de yǎn suí xiǎolù wàng•qù：Nà•lǐ yǒu jīnsè de càihuā，liǎng háng zhěngqí de sāngshù，// jìntóu yī kǒu shuǐbō línlín de yútáng. “Wǒ zǒu bù guò•qù de dìfang，nǐ jiù bēizhe wǒ.” Mǔ•qīn duì wǒ shuō.

Zhèyàng，wǒmen zài yángguāng•xià，xiàngzhe nà càihuā、sāngshù hé yútáng zǒu•qù. Dàole yī chù，wǒ dūn xià•lái，bēiqǐle mǔ•qīn；qī•zǐ yě dūn xià•lái，bēiqǐle érzi. Wǒ hé qī•zǐ dōu shì mànmàn de，wěnwěn de，zǒu de hěn zǐxì，hǎoxiàng wǒ bèi•shàng de tóng tā bèi•shàng de jiā qǐ•lái，jiùshì zhěnggè shìjiè.

——Jiéxuǎn zì Mò Huáiqī《Sànbù》

作品 34 号

[朗读提示]本文是说明文，朗读时要带有惊奇疑惑而又饶有兴趣的口吻。

地球上是否真的存在“无底洞”？按说地球是圆的，由地壳、地幔和地核三层组成，真正的“无底洞”是不应存在的，我们所看到的各种山洞、裂口、裂缝，甚至火山口也都只是地壳浅部的一种现象。然而中国一些古籍却多次提到海外有个深奥莫测的无底洞。事实上地球上确实有这样一个“无底洞”。

它位于希腊亚各斯古城的海滨。由于濒临大海，大涨潮时，汹涌的海水便会排山倒海般地涌入洞中，形成一股湍湍的急流。据测，每天流入洞内的海水量达三万多吨。奇怪的是，如此大量的海水灌入洞中，却从来没有把洞灌满。曾有人怀疑，这个“无底洞”，会不会就像石灰岩地区的漏斗、竖井、落水洞一类的地形。然而从二十世纪三十年代以来，人们就做了多种努力企图寻找它的出口，却都是枉费心机。

为了揭开这个秘密，一九五八年美国地理学会派出一支考察队，他们把一种经久不变的带色染料溶解在海水中，观察染料是如何随着海水一起沉下去。接着又察看了附近海面以及岛上的各条河、湖，满怀希望地寻找这种带颜色的水，结果令人失望。难道是海水量太大把有色水稀释得太淡，以致无法发现？//

至今谁也不知道为什么这里的海水会没完没了地“漏”下去，这个“无底洞”的出口又在哪里，每天大量的海水究竟都流到哪里去了？

——节选自罗伯特•罗威尔《神秘的“无底洞”》

Zuòpǐn 34 Hào

Dìqiú•shàng shìfǒu zhēn de cúnzài “wúdǐdòng”？Ànshuō dìqiú shì yuán de，yóu dìqiào、dìmàn hé dìhé sān céng zǔchéng，zhēnzhèng de “wúdǐdòng” shì bù yīng cúnzài de，wǒmen suǒ kàndào de gè zhǒng shāndòng、lièkǒu、lièfèng，shènzhì huǒshānkǒu yě dōu zhǐshì dì-qiào qiǎnbù de yī zhǒng xiànxiàng. Rán'ér zhōngguó yīxiē gǔjí què duō cì tídào hǎiwài yǒu gè shēn'ào-mòcè de wúdǐdòng. Shìshí•shàng dìqiú•shàng quèshí yǒu zhèyàng yī gè “wúdǐdòng”.

Tā wèiyú Xīlà Yàgèsī gǔchéng de hǎibīn. Yóuyú bīnlín dàhǎi，dà zhǎngcháo shí，xiōngyǒng de hǎishuǐ biàn huì páishān-dǎohǎi bān de yǒngrù dòng zhōng，xíngchéng yī gǔ tuāntuān de jíliú. Jù cè, měi tiān liúrù dòng nèi de hǎishuǐliàng dá sānwàn duō dūn. Qíguài de shì, rúcǐ dàliàng de hǎishuǐ guànrù dòng zhōng, què cónglái méi•yǒu bǎ dòng guànmǎn. Céng yǒu rén huáiyí, zhège "wúdǐdòng", huì•bùhuì jiù xiàng shíhuīyán dìqū de lòudǒu、shùjǐng、luòshuǐdòng yīlèi de dìxíng. Rán'ér cóng èrshí shìjì sānshí niándài yǐlái, rénmen jiù zuòle duō zhǒng nǔlì qǐtú xúnzhǎo tā de chūkǒu, què dōu shì wǎngfèi-xīnjī.

Wèile jiēkāi zhège mìmì, yī jiǔ wǔ bā nián Měiguó Dìlǐ Xuéhuì pàichū yī zhī kǎochádùi, tāmen bǎ yī zhǒng jīngjiǔ-bùbiàn de dài sè rǎnliào róngjiě zài hǎishuǐ zhōng, guānchá rǎnliào shì rúhé suízhe hǎishuǐ yīqǐ chén xià•qù. Jiēzhe yòu chákànle fùjìn hǎimiàn yǐjí dǎo•shàng de gè tiáo hé、hú, mǎnhuái xīwàng de xúnzhǎo zhè zhǒng dài yánsè de shuǐ, jiéguǒ lìng rén shīwàng. Nándào shì hǎishuǐliàng tài dà bǎ yǒusèshuǐ xīshì de tài dàn, yǐzhì wúfǎ fāxiàn? //

Zhìjīn shéi yě bù zhī•dào wèishénme zhè•lǐ de hǎishuǐ huì méiwán-méiliǎo de "lòu" xià•qù, zhège "wúdǐdòng" de chūkǒu yòu zài nǎ•lǐ, měi tiān dàliàng de hǎishuǐ jiūjìng dōu liúdào nǎ•lǐ qù le?

——Jiéxuǎn zì Luóbótè Luówēi'ěr《Shénmì de "Wúdǐdòng"》

作品 35 号

扫码听范读 

[朗读提示]这篇文章中作者把坟墓的朴素与坟墓主人的伟大进行强烈的对比,从而衬托出托尔斯泰伟大的人格魅力,朗读时要把作者的崇敬之情融入其中。

我在俄国见到的景物再没有比托尔斯泰墓更宏伟、更感人的。

完全按照托尔斯泰的愿望,他的坟墓成了世间最美的,给人印象最深刻的坟墓。它只是树林中的一个小小的长方形土丘,上面开满鲜花——没有十字架,没有墓碑,没有墓志铭,连托尔斯泰这个名字也没有。

这位比谁都感到受自己的声名所累的伟人,却像偶尔被发现的流浪汉,不为人知的士兵,不留名姓地被人埋葬了。谁都可以踏进他最后的安息地,围在四周稀疏的木栅栏是不关闭的——保护列夫•托尔斯泰得以安息的没有任何别的东西,惟有人们的敬意;而通常,人们却总是怀着好奇,去破坏伟人墓地的宁静。

这里,逼人的朴素禁锢住任何一种观赏的闲情,并且不容许你大声说话。风儿俯临,在这座无名者之墓的树木之间飒飒响着,和暖的阳光在坟头嬉戏;冬天,白雪温柔地覆盖这片幽暗的土地。无论你在夏天或冬天经过这儿,你都想象不到,这个小小的、隆起的长方体里安放着一位当代最伟大的人物。

然而,恰恰是这座不留姓名的坟墓,比所有挖空心思用大理石和奢华装饰建造的坟墓更扣人心弦。在今天这个特殊的日子里,//到他的安息地来的成百上千人中间,没有一个有勇气,哪怕仅仅从这幽暗的土丘上摘下一朵花留作纪念。人们重新感到,世界上再没有比托尔斯泰最后留下的、这座纪念碑式的朴素坟墓,更打动人心的了。

——节选自[奥]茨威格《世间最美的坟墓》,张厚仁译

Zuòpǐn 35 Hào

Wǒ zài Éguó jiàndào de jǐngwù zài méi•yǒu bǐ Tuō'ěrsītài mù gèng hóngwěi、gèng gǎnrén de.

Wánquán ànzhào Tuō'ěrsītài de yuànwàng, tā de fénmù chéngle shìjiān zuì měi de, gěi rén yìnxiàng zuì shēnkè de fénmù. Tā zhǐshì shùlín zhōng de yī gè xiǎoxiǎo de chángfāngxíng tǔqiū, shàng•miàn kāimǎn xiānhuā——méi•yǒu shízìjià, méi•yǒu mùbēi, méi•yǒu mùzhìmíng, lián Tuō'ěrsītài zhège míngzi yě méi•yǒu.

Zhè wèi bǐ shéi dōu gǎndào shòu zìjǐ de shēngmíng suǒ lěi de wěirén, què xiàng ǒu'ěr bèi fāxiàn de liúlànghàn, bù wéi rén zhī de shìbīng, bù liú míngxìng de bèi rén máizàng le. Shéi dōu kěyǐ tàjìn tā zuìhòu de ānxīdì, wéi zài sìzhōu xīshū de mù zhàlan shì bù guānbì de——bǎohù Lièfū Tuō'ěrsītài déyǐ ānxī de méi•yǒu rènhé biéde dōngxi, wéiyǒu rénmen de jìngyì; ér tōngcháng, rénmen què zǒngshì huáizhe hàoqí, qù pòhuài wěirén mùdì de níngjìng.

Zhè•lǐ, bīrén de pǔsù jìngù zhù rènhé yī zhǒng guānshǎng de xiánqíng, bìngqiě bù róngxǔ nǐ dàshēng shuōhuà. Fēng'•ér fǔ lín, zài zhè zuò wúmíngzhě zhī mù de shùmù zhījiān sàsà xiǎngzhe, hénuǎn de yángguāng zài féntóur xīxì; dōngtiān, báixuě wēnróu de fùgài zhè piàn yōu'àn de tǔdì. Wúlùn nǐ zài xiàtiān huò dōngtiān jīngguò zhèr, nǐ dōu xiǎngxiàng bù dào, zhège xiǎoxiǎo de、lóngqǐ de chángfāngtǐ•lǐ ānfàngzhe yī wèi dāngdài zuì wěidà de rénwù.

Rán'ér, qiàqià shì zhè zuò bù liú xìngmíng de fénmù, bǐ suǒyǒu wākōng xīnsi yòng dàlǐshí hé shēhuá zhuāngshì jiànzào de fénmù gèng kòurénxīnxián. Zài jīntiān zhège tèshū de rìzi•lǐ, // dào tā de ānxīdì lái de chéng bǎi shàng qiān rén zhōngjiān, méi•yǒu yī gè yǒu yǒngqì, nǎpà jǐnjǐn cóng zhè yōu'àn de tǔqiū•shàng zhāixià yī duǒ huā liúzuò jìniàn. Rénmen chóngxīn gǎndào, shìjiè•shàng zài méi•yǒu bǐ Tuō'ěrsītài zuìhòu liúxià de、zhè zuò jìniànbēi shì de pǔsù fénmù, gèng dǎdòng rénxīn de le.

——Jiéxuǎn zì [Ào] Cíwēigé《Shìjiān Zuì Měi de Fénmù》, Zhāng Hòurén yì

作品 36 号

[朗读提示]这是一篇写景说明文,表达了作者对苏州园林的眷恋和欣赏之情。朗读时语调要自然、明快,通过自己的声音把听者带入如诗如画的景色中。

我国的建筑,从古代的宫殿到近代的一般住房,绝大部分是对称的,左边怎么样,右边怎么样。苏州园林可绝不讲究对称,好像故意避免似的。东边有了一个亭子或者一道回廊,西边决不会来一个同样的亭子或者一道同样的回廊。这是为什么?我想,用图画来比方,对称的建筑是图案画,不是美术画,而园林是美术画,美术画要求自然之趣,是不讲究对称的。

苏州园林里都有假山和池沼。

假山的堆叠,可以说是一项艺术而不仅是技术。或者是重峦叠嶂,或者是几座小山配合着竹子花木，全在乎设计者和匠师们生平多阅历，胸中有丘壑，才能使游览者攀登的时候忘却苏州城市，只觉得身在山间。

至于池沼，大多引用活水。有些园林池沼宽敞，就把池沼作为全园的中心，其他景物配合着布置。水面假如成河道模样，往往安排桥梁。假如安排两座以上的桥梁，那就一座一个样，决不雷同。

池沼或河道的边沿很少砌齐整的石岸，总是高低屈曲任其自然。还在那儿布置几块玲珑的石头，或者种些花草。这也是为了取得从各个角度看都成一幅画的效果。池沼里养着金鱼或各色鲤鱼，夏秋季节荷花或睡莲开//放，游览者看"鱼戏莲叶间"，又是入画的一景。

——节选自叶圣陶《苏州园林》

Zuòpǐn 36 Hào

Wǒguó de jiànzhù, cóng gǔdài de gōngdiàn dào jìndài de yībān zhùfáng, jué dà bùfen shì duìchèn de, zuǒ·biān zěnmeyàng, yòu·biān zěnmeyàng. Sūzhōu yuánlín kě juébù jiǎng·jiū duìchèn, hǎoxiàng gùyì bìmiǎn shìde. Dōng·biān yǒule yī gè tíngzi huòzhě yī dào huíláng, xī·biān jué bù huì lái yī gè tóngyàng de tíngzi huòzhě yī dào tóngyàng de huíláng. Zhè shì wèishénme? Wǒ xiǎng, yòng túhuà lái bǐfang, duìchèn de jiànzhù shì tú'ànhuà, bù shì měishùhuà, ér yuánlín shì měishùhuà, měishùhuà yāoqiú zìrán zhī qù, shì bù jiǎng·jiū duìchèn de.

Sūzhōu yuánlín·lǐ dōu yǒu jiǎshān hé chízhǎo.

Jiǎshān de duīdié, kěyǐ shuō shì yī xiàng yìshù ér bùjǐn shì jìshù. Huòzhě shì chóngluán-diézhàng, huòzhě shì jǐ zuò xiǎoshān pèihézhe zhúzi huāmù, quán zàihu shèjìzhě hé jiàngshīmen shēngpíng duō yuèlì, xiōng zhōng yǒu qiūhè, cái néng shǐ yóulǎnzhě pāndēng de shíhou wàngquè Sūzhōu chéngshì, zhǐ jué·dé shēn zài shān jiān.

Zhìyú chízhǎo, dàduō yǐnyòng huóshuǐ. Yǒuxiē yuánlín chízhǎo kuān·chǎng, jiù bǎ chízhǎo zuòwéi quán yuán de zhōngxīn, qítā jǐngwù pèihézhe bùzhì. Shuǐmiàn jiǎrú chéng hédào múyàng, wǎngwǎng ānpái qiáoliáng. Jiǎrú ānpái liǎng zuò yǐshàng de qiáoliáng, nà jiù yī zuò yī gè yàng, jué bù léitóng.

Chízhǎo huò hédào de biānyán hěn shǎo qì qízhěng de shí'àn, zǒngshì gāodī qūqū rèn qí zìrán. Hái zài nàr bùzhì jǐ kuài línglóng de shítou, huòzhě zhòng xiē huācǎo. Zhè yě shì wèile qǔdé cóng gègè jiǎodù kàn dōu chéng yī fú huà de xiàoguǒ. Chízhǎo·lǐ yǎngzhe jīnyú huò gè sè lǐyú, xià-qiū jìjié héhuā huò shuìlián kāi// fàng, yóulǎnzhě kàn "yú xì liányè jiān", yòu shì rù huà de yī jǐng.

——Jiéxuǎn zì Yè Shèngtáo《Sūzhōu Yuánlín》

作品 37 号

扫码听范读

[朗读提示]本文主要写了作者从老太太的言语中领悟出的人生哲理：态度创造快乐。朗读时要娓娓道来，语调要深沉、平稳。

一位访美中国女作家，在纽约遇到一位卖花的老太太。老太太穿着破旧，身体虚弱，但脸上的神情却是那样祥和兴奋。女作家挑了一朵花说："看起来，你很高兴。"老太太面带微笑地说："是的，一切都这么美好，我为什么不高兴呢？""对烦恼，你倒真能看得开。"女作家又说了一句。没料到，老太太的回答更令女作家大吃一惊："耶稣在星期五被钉上十字架时，是全世界最糟糕的一天，可三天后就是复活节。所以，当我遇到不幸时，就会等待三天，这样一切就恢复正常了。"

"等待三天"，多么富于哲理的话语，多么乐观的生活方式。它把烦恼和痛苦抛下，全力去收获快乐。

沈从文在"文革"期间，陷入了非人的境地。可他毫不在意，他在咸宁时给他的表侄、画家黄永玉写信说："这里的荷花真好，你若来……"身陷苦难却仍为荷花的盛开欣喜赞叹不已，这是一种趋于澄明的境界，一种旷达洒脱的胸襟，一种面临磨难坦荡从容的气度，一种对生活童子般的热爱和对美好事物无限向往的生命情感。

由此可见，影响一个人快乐的，有时并不是困境及磨难，而是一个人的心态。如果把自己浸泡在积极、乐观、向上的心态中，快乐必然会//占据你的每一天。

——节选自《态度创造快乐》

Zuòpǐn 37 Hào

Yī wèi fǎng Měi Zhōngguó nǚzuòjiā, zài Niǔyuē yùdào yī wèi mài huā de lǎotàitai. Lǎotàitai chuānzhuó pòjiù, shēntǐ xūruò, dàn liǎn·shàng de shénqíng què shì nàyàng xiánghé xīngfèn. Nǚzuòjiā tiāole yī duǒ huā shuō: "Kàn qǐ·lái, nǐ hěn gāoxìng." Lǎotàitai miàn dài wēixiào de shuō: "Shìde, yīqiè dōu zhème měihǎo, wǒ wèishénme bù gāoxìng ne?" "Duì fánnǎo, nǐ dào zhēn néng kàndekāi." Nǚzuòjiā yòu shuōle yī jù. Méi liàodào, lǎotàitai de huídá gèng lìng nǚzuòjiā dàchī-yījīng: "Yēsū zài xīngqīwǔ bèi dìng·shàng shízìjià shí, shì quán shìjiè zuì zāogāo de yī tiān, kě sān tiān hòu jiùshì Fùhuójié. Suǒyǐ, dāng wǒ yùdào bùxìng shí, jiù huì děngdài sān tiān, zhèyàng yīqiè jiù huīfù zhèngcháng le."

"Děngdài sān tiān", duōme fùyú zhélǐ de huàyǔ, duōme lèguān de shēnghuó fāngshì. Tā bǎ fánnǎo hé tòngkǔ pāo·xià, quánlì qù shōuhuò kuàilè.

Shěn Cóngwén zài "wén-gé" qījiān, xiànrùle fēirén de jìngdì. Kě tā háobù zàiyì, tā zài Xiánníng shí gěi tā de biǎozhí、huàjiā Huáng Yǒngyù xiě xìn shuō: "Zhè·lǐ de héhuā zhēn hǎo, nǐ ruò lái……" Shēn xiàn kǔnàn què réng wèi héhuā de shèngkāi xīnxǐ zàntàn bùyǐ, zhè shì yī zhǒng qūyú chéngmíng de jìngjiè, yī zhǒng kuàngdá sǎ·tuō de xiōngjīn, yī zhǒng miànlín mónàn tǎndàng cóngróng de qìdù, yī zhǒng duì shēnghuó tóngzǐ bān de rè'ài hé duì měihǎo shìwù wúxiàn xiàngwǎng de shēngmìng qínggǎn.

Yóucǐ-kějiàn, yǐngxiǎng yī gè rén kuàilè de, yǒushí bìng bù shì kùnjìng jí mónàn, ér shì yī gè rén de xīntài. Rúguǒ bǎ zìjǐ jìnpào zài jījí、lèguān、xiàngshàng de xīntài zhōng, kuàilè bìrán huì// zhànjù nǐ de měi yī tiān.

——Jiéxuǎn zì《Tài·dù Chuàngzào Kuàilè》

作品 38 号

[朗读提示]这是一篇写景文章,描写了泰山的自然景观和人文景观的美丽。朗读时语气要朴实流畅,感情要饱满、真挚。

泰山极顶看日出,历来被描绘成十分壮观的奇景。有人说:登泰山而看不到日出,就像一出大戏没有戏眼,味儿终究有点儿寡淡。

我去爬山那天,正赶上个难得的好天,万里长空,云彩丝儿都不见。素常,烟雾腾腾的山头,显得眉目分明。同伴们都欣喜地说:"明天早晨准可以看见日出了。"我也是抱着这种想头,爬上山去。

一路从山脚往上爬,细看山景,我觉得挂在眼前的不是五岳独尊的泰山,却像一幅规模惊人的青绿山水画,从下面倒展开来。在画卷中最先露出的是山根底那座明朝建筑岱宗坊,慢慢地便现出王母池、斗母宫、经石峪。山是一层比一层深,一叠比一叠奇,层层叠叠,不知还会有多深多奇。万山丛中,时而点染着极其工细的人物。王母池旁的吕祖殿里有不少尊明塑,塑着吕洞宾等一些人,姿态神情是那样有生气,你看了,不禁会脱口赞叹说:"活啦。"

画卷继续展开,绿阴森森的柏洞露面不太久,便来到对松山。两面奇峰对峙着,满山峰都是奇形怪状的老松,年纪怕都有上千岁了,颜色竟那么浓,浓得好像要流下来似的。来到这儿,你不妨权当一次画里的写意人物,坐在路旁的对松亭里,看看山色,听听流//水和松涛。

一时间,我又觉得自己不仅是在看画卷,却又像是在零零乱乱翻着一卷历史稿本。

——节选自杨朔《泰山极顶》

Zuòpǐn 38 Hào

Tài Shān jí dǐng kàn rìchū, lìlái bèi miáohuì chéng shífēn zhuàngguān de qíjǐng. Yǒu rén shuō: Dēng Tài Shān ér kàn•bùdào rìchū, jiù xiàng yī chū dàxì méi•yǒu xìyǎn, wèir zhōngjiū yǒu diǎnr guǎdàn.

Wǒ qù páshān nà tiān, zhèng gǎn•shàng gè nándé de hǎotiān, wànlǐ chángkōng, yúncaisir dōu bù jiàn. Sùcháng, yānwù téngténg de shāntóu, xiǎn•dé méimù fēnmíng. Tóngbànmen dōu xīnxǐ de shuō: "Míngtiān zǎo•chén zhǔn kěyǐ kàn•jiàn rìchū le." Wǒ yě shì bàozhe zhè zhǒng xiǎngtou, pá•shàng shān•qù.

Yīlù cóng shānjiǎo wǎngshàng pá, xì kàn shānjǐng, wǒ jué•dé guà zài yǎnqián de bù shì Wǔ Yuè dú zūn de Tài Shān, què xiàng yī fú guīmó jīngrén de qīnglǜ shānshuǐhuà, cóng xià•miàn dào zhǎn kāi•lái. Zài huàjuàn zhōng zuì xiān lòuchū de shì shāngēnr dǐ nà zuò Míngcháo jiànzhù Dàizōngfāng, mànmàn de biàn xiànchū Wángmǔchí、Dǒumǔgōng、Jīngshíyù. Shān shì yī céng bǐ yī céng shēn, yī dié bǐ yī dié qí, céngcéng-diédié, bù zhī hái huì yǒu duō shēn duō qí. Wàn shān cóng zhōng, shí'ér diǎnrǎnzhe jíqí gōngxì de rénwù. Wángmǔchí páng de Lǚzǔdiàn•lǐ yǒu bùshǎo zūn míngsù, sùzhe Lǚ Dòngbīn děng yīxiē rén, zītài shénqíng shì nàyàng yǒu shēngqì, nǐ kàn le, bùjīn huì tuōkǒu zàntàn shuō: "Huó la."

Huàjuàn jìxù zhǎnkāi, lǜyīn sēnsēn de Bǎidòng lòumiàn bù tài jiǔ, biàn láidào Duìsōngshān. Liǎngmiàn qífēng duìzhìzhe, mǎn shānfēng dōu shì qíxíng-guàizhuàng de lǎosōng, niánjì pà dōu yǒu shàng qiān suì le, yánsè jìng nàme nóng, nóng dé hǎoxiàng yào liú xià•lái shìde. Láidào zhèr, nǐ bùfáng quándàng yī cì huà•lǐ de xiěyì rénwù, zuò zài lùpáng de Duìsōngtíng•lǐ, kànkan shānsè, tīngting liú// shuǐ hé sōngtāo.

Yīshíjiān, wǒ yòu jué•dé zìjǐ bùjǐn shì zài kàn huàjuàn, què yòu xiàng shì zài línglíng-luànluàn fānzhe yī juàn lìshǐ gǎoběn.

——Jiéxuǎn zì Yáng Shuò《Tàishān Jí Dǐng》

作品 39 号

[朗读提示]本文记叙了陶行知利用四块糖果教育学生的故事，朗读时注意陶行知的言语，没有任何说教，亲切、友好、平等。

育才小学校长陶行知在校园看到学生王友用泥块砸自己班上的同学，陶行知当即喝止了他，并令他放学后到校长室去。无疑，陶行知是要好好教育这个“顽皮”的学生。那么他是如何教育的呢？

放学后，陶行知来到校长室，王友已经等在门口准备挨训了。可一见面，陶行知却掏出一块糖果送给王友，并说：“这是奖给你的，因为你按时来到这里，而我却迟到了。”王友惊疑地接过糖果。

随后，陶行知又掏出一块糖果放到他手里，说：“这第二块糖果也是奖给你的，因为当我不让你再打人时，你立即就住手了，这说明你很尊重我，我应该奖你。”王友更惊疑了，他眼睛睁得大大的。

陶行知又掏出第三块糖果塞到王友手里，说：“我调查过了，你用泥块砸那些男生，是因为他们不守游戏规则，欺负女生；你砸他们，说明你很正直善良，且有批评不良行为的勇气，应该奖励你啊！”王友感动极了，他流着眼泪后悔地喊道：“陶……陶校长你打我两下吧！我砸的不是坏人，而是自己的同学啊……”

陶行知满意地笑了，他随即掏出第四块糖果递给王友，说：“为你正确地认识错误，我再奖给你一块糖果，只可惜我只有这一块糖果了。我的糖果//没有了，我看我们的谈话也该结束了吧！”说完，就走出了校长室。

——节选自《教师博览·百期精华》中《陶行知的“四块糖果”》

Zuòpǐn 39 Hào

Yùcái Xiǎoxué xiàozhǎng Táo Xíngzhī zài xiàoyuán kàndào xuésheng Wáng Yǒu yòng níkuài zá zìjǐ bān•shàng de tóngxué, Táo Xíngzhī dāngjí hèzhǐle tā, bìng lìng tā fàngxué hòu dào xiàozhǎngshì qù. Wúyí, Táo Xíngzhī shì yào hǎohǎo jiàoyù zhège “wánpí” de xuésheng. Nàme tā shì rúhé jiàoyù de ne?

Fàngxué hòu, Táo Xíngzhī láidào xiàozhǎngshì, Wáng Yǒu yǐ•jīng děng zài ménkǒu zhǔnbèi ái xùn le. Kě yī jiànmiàn, Táo Xíngzhī què tāochū yī kuài tángguǒ sònggěi Wáng Yǒu, bìng shuō: “Zhè shì jiǎnggěi nǐ de, yīn•wèi nǐ ànshí láidào zhè•lǐ, ér wǒ què chídào le.”

Wáng Yǒu jīngyí de jiēguo tángguǒ.

Suíhòu, Táo Xíngzhī yòu tāochū yī kuài tángguǒ fàngdào tā shǒu•lǐ, shuō: "Zhè dì-èr kuài tángguǒ yě shì jiǎnggěi nǐ de, yīn•wèi dāng wǒ bùràng nǐ zài dǎrén shí, nǐ lìjí jiù zhùshǒu le, zhè shuōmíng nǐ hěn zūnzhòng wǒ, wǒ yīnggāi jiǎng nǐ." Wáng Yǒu gèng jīngyí le, tā yǎnjing zhēng de dàdà de.

Táo Xíngzhī yòu tāochū dì-sān kuài tángguǒ sāidào Wáng Yǒu shǒu•lǐ, shuō: "Wǒ diàocháguo le, nǐ yòng níkuài zá nàxiē nánshēng, shì yīn•wèi tāmen bù shǒu yóuxì guīzé, qīfu nǚshēng; nǐ zá tāmen, shuōmíng nǐ hěn zhèngzhí shànliáng, qiě yǒu pīpíng bùliáng xíngwéi de yǒngqì, yīnggāi jiǎnglì nǐ a!" Wáng Yǒu gǎndòng jí le, tā liúzhe yǎnlèi hòuhuǐ de hǎndào: "Táo……Táo xiàozhǎng nǐ dǎ wǒ liǎng xià ba! Wǒ zá de bù shì huàirén, ér shì zìjǐ de tóngxué a……"

Táo Xíngzhī mǎnyì de xiào le, tā suíjí tāochū dì-sì kuài tángguǒ dìgěi Wáng Yǒu, shuō: "Wèi nǐ zhèngquè de rènshi cuò•wù, wǒ zài jiǎnggěi nǐ yī kuài tángguǒ, zhǐ kěxī wǒ zhǐyǒu zhè yī kuài tángguǒ le. Wǒ de tángguǒ // méi•yǒu le, wǒ kàn wǒmen de tánhuà yě gāi jiéshù le ba!" Shuōwán, jiù zǒuchūle xiàozhǎngshì.

——Jiéxuǎn zì《Jiàoshī Bólǎn•Bǎiqī Jīnghuá》
zhōng《Táo Xíngzhī de "Sì Kuài Tángguǒ"》

作品 40 号

[朗读提示]本文用清新而又富有哲理的语言向我们娓娓道来幸福的含义。朗读时语调自然，语速稍缓，语气中带有几分感慨和醒悟。

享受幸福是需要学习的，当它即将来临的时刻需要提醒。人可以自然而然地学会感官的享乐，却无法天生地掌握幸福的韵律。灵魂的快意同器官的舒适像一对孪生兄弟，时而相傍相依，时而南辕北辙。

幸福是一种心灵的震颤。它像会倾听音乐的耳朵一样，需要不断地训练。

简而言之，幸福就是没有痛苦的时刻。它出现的频率并不像我们想象的那样少。人们常常只是在幸福的金马车已经驶过去很远时，才拣起地上的金鬃毛说，原来我见过它。

人们喜爱回味幸福的标本，却忽略它披着露水散发清香的时刻。那时候我们往往步履匆匆，瞻前顾后不知在忙着什么。

世上有预报台风的，有预报蝗灾的，有预报瘟疫的，有预报地震的。没有人预报幸福。

其实幸福和世界万物一样，有它的征兆。

幸福常常是朦胧的，很有节制地向我们喷洒甘霖。你不要总希望轰轰烈烈的幸福，它多半只是悄悄地扑面而来。你也不要企图把水龙头拧得更大，那样它会很快地流失。你需要静静地以平和之心，体验它的真谛。

幸福绝大多数是朴素的。它不会像信号弹似的，在很高的天际闪烁红色的光芒。它披着本色的外//衣，亲切温暖地包裹起我们。

幸福不喜欢喧嚣浮华，它常常在暗淡中降临。贫困中相濡以沫的一块糕饼，患难中心心相印的一个眼神，父亲一次粗糙的抚摸，女友一张温馨的字条……这都是千金难买的幸福啊。像一粒粒缀在旧绸子上的红宝石，在凄凉中愈发熠熠夺目。

——节选自毕淑敏《提醒幸福》

Zuòpǐn 40 Hào

Xiǎngshòu xìngfú shì xūyào xuéxí de，dāng tā jíjiāng láilín de shíkè xūyào tíxǐng. Rén kěyǐ zìrán-érrán de xuéhuì gǎnguān de xiǎnglè，què wúfǎ tiānshēng de zhǎngwò xìngfú de yùnlǜ. Línghún de kuàiyì tóng qìguān de shūshì xiàng yī duì luánshēng xiōngdì，shí'ér xiāngbàng-xiāngyī，shí'ér nányuán-běizhé.

Xìngfú shì yī zhǒng xīnlíng de zhènchàn. Tā xiàng huì qīngtīng yīnyuè de ěrduo yīyàng，xūyào bùduàn de xùnliàn.

Jiǎn'éryánzhī，xìngfú jiùshì méi•yǒu tòngkǔ de shíkè. Tā chūxiàn de pínlǜ bìng bù xiàng wǒmen xiǎngxiàng de nàyàng shǎo. Rénmen chángcháng zhǐshì zài xìngfú de jīn mǎchē yǐ•jīng shǐ guò•qù hěn yuǎn shí，cái jiǎnqǐ dì•shàng de jīn zōngmáo shuō，yuánlái wǒ jiànguo tā.

Rénmen xǐ'ài huíwèi xìngfú de biāoběn，què hūlüè tā pīzhe lù•shuǐ sànfā qīngxiāng de shíkè. Nà shíhou wǒmen wǎngwǎng bùlǚ cōngcōng，zhānqián-gùhòu bù zhī zài mángzhe shénme.

Shì•shàng yǒu yùbào táifēng de，yǒu yùbào huángzāi de，yǒu yùbào wēnyì de，yǒu yùbào dìzhèn de. Méi•yǒu rén yùbào xìngfú.

Qíshí xìngfú hé shìjiè wànwù yīyàng，yǒu tā de zhēngzhào.

Xìngfú chángcháng shì ménglóng de，hěn yǒu jiézhì de xiàng wǒmen pēnsǎ gānlín. Nǐ bùyào zǒng xīwàng hōnghōng-lièliè de xìngfú，tā duōbàn zhǐshì qiāoqiāo de pūmiàn ér lái. Nǐ yě bùyào qǐtú bǎ shuǐlóngtóu nǐng de gèng dà，nàyàng tā huì hěn kuài de liúshī. Nǐ xūyào jìngjìng de yǐ pínghé zhī xīn，tǐyàn tā de zhēndì.

Xìngfú jué dà duōshù shì pǔsù de. Tā bù huì xiàng xìnhàodàn shìde，zài hěn gāo de tiānjì shǎnshuò hóngsè de guāngmáng. Tā pīzhe běnsè de wài // yī，qīnqiè wēnnuǎn de bāoguǒqǐ wǒmen.

Xìngfú bù xǐhuan xuānxiāo fúhuá，tā chángcháng zài àndàn zhōng jiànglín. Pínkùn zhōng xiāngrúyǐmò de yī kuài gāobǐng，huànnàn zhōng xīnxīn-xiāngyìn de yī gè yǎnshén，fù•qīn yī cì cūcāo de fǔmō，nǚyǒu yī zhāng wēnxīn de zìtiáo……Zhè dōu shì qiānjīn nán mǎi de xìngfú a. Xiàng yī lìlì zhuì zài jiù chóuzi•shàng de hóngbǎoshí，zài qīliáng zhōng yùfā yìyì duómù.

——Jiéxuǎn zì Bì Shūmǐn《Tíxǐng Xìngfú》

作品 41 号

扫码听范读

［朗读提示］本文记叙了贝利小时候对足球执着追求的故事，叙述极为自然、朴实。朗读时要把小贝利的执着劲和为了报答教练而挖坑的感人至深的情感读出来。

在里约热内卢的一个贫民窟里，有一个男孩子，他非常喜欢足球，可是又买不起，于是就踢塑料盒，踢汽水瓶，踢从垃圾箱里拣来的椰子壳。他在胡同里踢，在能找到的任何一片空地上踢。

有一天，当他在一处干涸的水塘里猛踢一个猪膀胱时，被一位足球教练看见了。他发现这个男孩儿踢得很像是那么回事，就主动提出要送给他一个足球。小男孩儿得到足球后踢得更卖劲了。不久，他就能准确地把球踢进远处随意摆放的一个水桶里。

圣诞节到了，孩子的妈妈说："我们没有钱买圣诞礼物送给我们的恩人，就让我们为他祈祷吧。"

小男孩儿跟随妈妈祈祷完毕，向妈妈要了一把铲子便跑了出去。他来到一座别墅前的花园里，开始挖坑。

就在他快要挖好坑的时候，从别墅里走出一个人来，问小孩儿在干什么，孩子抬起满是汗珠的脸蛋儿，说："教练，圣诞节到了，我没有礼物送给您，我愿给您的圣诞树挖一个树坑。"

教练把小男孩儿从树坑里拉上来，说，我今天得到了世界上最好的礼物。明天你就到我的训练场去吧。

三年后，这位十七岁的男孩儿在第六届足球锦标赛上独进二十一球，为巴西第一次捧回了金杯。一个原//来不为世人所知的名字——贝利，随之传遍世界。

——节选自刘燕敏《天才的造就》

Zuòpǐn 41 Hào

Zài Lǐyuērènèilú de yī gè pínmínkū•lǐ, yǒu yī gè nánháizi, tā fēicháng xǐhuan zúqiú, kěshì yòu mǎi•bùqǐ, yúshì jiù tī sùliàohér, tī qìshuǐpíng, tī cóng lājīxiāng•lǐ jiǎnlái de yēzikér. Tā zài hútòngr•lǐ tī, zài néng zhǎodào de rènhé yī piàn kòngdì•shàng tī.

Yǒu yī tiān, dāng tā zài yī chù gānhé de shuǐtáng•lǐ měng tī yī gè zhū pángguāng shí, bèi yī wèi zúqiú jiàoliàn kàn•jiàn le. Tā fāxiàn zhège nánháir tī de hěn xiàng shì nàme huí shì, jiù zhǔdòng tíchū yào sònggěi tā yī gè zúqiú. Xiǎonánháir dédào zúqiú hòu tī de gèng màijìnr le. Bùjiǔ, tā jiù néng zhǔnquè de bǎ qiú tījìn yuǎnchù suíyì bǎifàng de yī gè shuǐtǒng•lǐ.

Shèngdànjié dào le, háizi de māma shuō: "Wǒmen méi•yǒu qián mǎi shèngdàn lǐwù sònggěi wǒmen de ēnrén, jiù ràng wǒmen wèi tā qídǎo ba."

Xiǎonánháir gēnsuí māma qídǎo wánbì, xiàng māma yàole yī bǎ chǎnzi biàn pǎole chū•qù. Tā láidào yī zuò biéshù qián de huāyuán•lǐ, kāishǐ wā kēng.

Jiù zài tā kuài yào wāhǎo kēng de shíhou, cóng biéshù•lǐ zǒuchū yī gè rén•lái, wèn xiǎoháir zài gàn shénme, háizi táiqǐ mǎn shì hànzhū de liǎndànr, shuō: "Jiàoliàn, Shèngdànjié dào le, wǒ méi•yǒu lǐwù sònggěi nín, wǒ yuàn gěi nín de shèngdànshù wā yī gè shùkēng."

Jiàoliàn bǎ xiǎonánháir cóng shùkēng•lǐ lā shàng•lái, shuō, wǒ jīntiān dédàole shìjiè•shàng zuì hǎo de lǐwù. Míngtiān nǐ jiù dào wǒ de xùnliànchǎng qù ba.

Sān nián hòu, zhè wèi shíqī suì de nánháir zài dì-liù jiè zúqiú Jǐnbiāosài•shàng dú jìn èrshíyī qiú, wèi Bāxī dì-yī cì pěnghuíle jīnbēi. Yī gè yuán// lái bù wéi shìrén suǒ zhī de míngzi——Bèilì, suí zhī chuánbiàn shìjiè.

——Jiéxuǎn zì Liú Yànmǐn《Tiāncái de Zàojiù》

作品 42 号

[朗读提示]本文赞扬了伟大的母爱，朗读时语气是凝重的、沉缓的，语调略带悲伤，并充满了对母爱的由衷赞美之情。

记得我十三岁时，和母亲住在法国东南部的耐斯城。母亲没有丈夫，也没有亲戚，够清苦的，但她经常能拿出令人吃惊的东西，摆在我面前。她从来不吃肉，一再说自己是素食者。然而有一天，我发现母亲正仔细地用一小块碎面包擦那给我煎牛排用的油锅。我明白了她称自己为素食者的真正原因。

我十六岁时，母亲成了耐斯市美蒙旅馆的女经理。这时，她更忙碌了。一天，她瘫在椅子上，脸色苍白，嘴唇发灰。马上找来医生，做出诊断：她摄取了过多的胰岛素。直到这时我才知道母亲多年一直对我隐瞒的疾痛——糖尿病。

她的头歪向枕头一边，痛苦地用手抓挠胸口。床架上方，则挂着一枚我一九三二年赢得耐斯市少年乒乓球冠军的银质奖章。

啊，是对我的美好前途的憧憬支撑着她活下去，为了给她那荒唐的梦至少加一点真实的色彩，我只能继续努力，与时间竞争，直至一九三八年我被征入空军。巴黎很快失陷，我辗转调到英国皇家空军。刚到英国就接到了母亲的来信。这些信是由在瑞士的一个朋友秘密地转到伦敦，送到我手中的。

现在我要回家了，胸前佩戴着醒目的绿黑两色的解放十字绶//带，上面挂着五六枚我终身难忘的勋章，肩上还佩戴着军官肩章。到达旅馆时，没有一个人跟我打招呼。原来，我母亲在三年半以前就已经离开人间了。

在她死前的几天中，她写了近二百五十封信，把这些信交给她在瑞士的朋友，请这个朋友定时寄给我。就这样，在母亲死后的三年半的时间里，我一直从她身上吸取着力量和勇气——这使我能够继续战斗到胜利那一天。

——节选自[法]罗曼·加里《我的母亲独一无二》

Zuòpǐn 42 Hào

Jì·dé wǒ shísān suì shí, hé mǔ·qīn zhù zài Fǎguó dōngnánbù de Nàisī Chéng. Mǔ·qīn méi·yǒu zhàngfu, yě méi·yǒu qīnqi, gòu qīngkǔ de, dàn tā jīngcháng néng ná·chū lìng rén chīgjīng de dōngxi, bǎi zài wǒ miànqián. Tā cónglái bù chī ròu, yīzài shuō zìjǐ shì sùshízhě. Rán'ér yǒu yī tiān, wǒ fāxiàn mǔ·qīn zhèng zǐxì de yòng yī xiǎo kuàir suì miànbāo cā nà gěi wǒ jiān niúpái yòng de yóuguō. Wǒ míngbaile tā chēng zìjǐ wéi sùshízhě de zhēnzhèng yuányīn.

Wǒ shíliù suì shí, mǔ·qīn chéngle Nàisī Shì Měiméng lǚguǎn de nǚ jīnglǐ. Zhèshí, tā gèng mánglù le. Yī tiān, tā tān zài yǐzi·shàng, liǎnsè cāngbái, zuǐchún fā huī. Mǎshàng zhǎo lái yīshēng, zuò·chū zhěnduàn: Tā shèqǔle guòduō de yídǎosù. Zhídào zhèshí wǒ cái zhī·dào mǔ·qīn duōnián yīzhí duì wǒ yǐnmán de jítòng——tángniàobìng.

Tā de tóu wāixiàng zhěntou yībiān, tòngkǔ de yòng shǒu zhuānao xiōngkǒu. Chuángjià shàngfāng, zé guàzhe yī méi wǒ yī jiǔ sān èr nián yíngdé Nàisī Shì shàonián pīngpāng qiú guànjūn de yínzhì jiǎngzhāng.

À, shì duì wǒ de měihǎo qiántú de chōngjǐng zhīchēngzhe tā huó xià·qù, wèile gěi tā nà huāng·táng de mèng zhìshǎo jiā yīdiǎnr zhēnshí de sècǎi, wǒ zhǐnéng jìxù nǔlì, yǔ shíjiān jìngzhēng, zhízhì yī jiǔ sān bā nián wǒ bèi zhēng rù kōngjūn. Bālí hěn kuài shīxiàn, wǒ zhǎnzhuǎn diàodào Yīngguó Huángjiā Kōngjūn. Gāng dào Yīngguó jiù jiēdàole mǔ·qīn de láixìn. Zhèxiē xìn shì yóu zài Ruìshì de yī gè péngyou mìmì de zhuǎndào Lúndūn, sòngdào wǒ shǒuzhōng de.

Xiànzài wǒ yào huíjiā le, xiōngqián pèidàizhe xǐngmù de lǜ-hēi liǎng sè de jiěfàng shízì shòu// dài, shàng·miàn guàzhe wǔ-liù méi wǒ zhōngshēn nánwàng de xūnzhāng, jiān·shàng hái pèidàizhe jūnguān jiānzhāng. Dàodá lǚguǎn shí, méi·yǒu yī gè rén gēn wǒ dǎ zhāohu. Yuánlái, wǒ mǔ·qīn zài sān nián bàn yǐqián jiù yǐ·jīng líkāi rénjiān le.

Zài tā sǐ qián de jǐ tiān zhōng, tā xiěle jìn èrbǎi wǔshí fēng xìn, bǎ zhèxiē xìn jiāogěi tā zài Ruìshì de péngyou, qǐng zhège péngyou dìngshí jì gěi wǒ. Jiù zhèyàng, zài mǔ·qīn sǐ hòu de sān nián bàn de shíjiān·lǐ, wǒ yīzhí cóng tā shēn·shàng xīqǔzhe lì·liàng hé yǒngqì——zhè shì wǒ nénggòu jìxù zhàndòu dào shènglì nà yītiān.

——Jiéxuǎn zì [Fǎ] Luómàn Jiālǐ《Wǒ de Mǔ·qīn Dúyīwú'èr》

作品 43 号

[朗读提示]本文是以第一人称的口吻写的,表现了玛丽·居里对生活、事业坚韧不拔的信心。朗读时语调自信、坚定。

生活对于任何人都非易事,我们必须有坚韧不拔的精神。最要紧的,还是我们自己要有信心。我们必须相信,我们对每一件事情都具有天赋的才能,并且,无论付出任何代价,都要把这件事完成。当事情结束的时候,你要能问心无愧地说:"我已经尽我所能了。"

有一年的春天,我因病被迫在家里休息数周。我注视着我的女儿们所养的蚕正在结茧,这使我很感兴趣。望着这些蚕执著地、勤奋地工作,我感到我和它们非常相似。像它们一样,我总是耐心地把自己的努力集中在一个目标上。我之所以如此,或许是因为有某种力量在鞭策着我——正如蚕被鞭策着去结茧一般。

近五十年来,我致力于科学研究,而研究,就是对真理的探讨。我有许多美好快乐的记忆。少女时期我在巴黎大学,孤独地过着求学的岁月;在后来献身科学的整个时期,我丈夫和我专心致志,像在梦幻中一般,坐在简陋的书房里艰辛地研究,后来我们就在那里发现了镭。

我永远追求安静的工作和简单的家庭生活。为了实现这个理想,我竭力保持宁静的环境,以免受人事的干扰和盛名的拖累。

我深信,在科学方面我们有对事业而不//是对财富的兴趣。我的惟一奢望是在一个自由国家中,以一个自由学者的身份从事研究工作。

我一直沉醉于世界的优美之中,我所热爱的科学也不断增加它崭新的远景。我认定科学本身就具有伟大的美。

——节选自[波兰]玛丽·居里《我的信念》,剑捷译

Zuòpǐn 43 Hào

Shēnghuó duìyú rènhé rén dōu fēi yì shì, wǒmen bìxū yǒu jiānrèn-bùbá de jīngshén. Zuì yàojǐn de, háishì wǒmen zìjǐ yào yǒu xìnxīn. Wǒmen bìxū xiāngxìn, wǒmen duì měi yī jiàn shìqing dōu jùyǒu tiānfù de cáinéng, bìngqiě, wúlùn fùchū rènhé dàijià, dōu yào bǎ zhè jiàn shì wánchéng. Dāng shìqing jiéshù de shíhou, nǐ yào néng wènxīn-wúkuì de shuō: "Wǒ yǐ•jīng jìn wǒ suǒ néng le."

Yǒu yī nián de chūntiān, wǒ yīn bìng bèipò zài jiā•lǐ xiūxi shù zhōu. Wǒ zhùshìzhe wǒ de nǚ'érmen suǒ yǎng de cán zhèngzài jié jiǎn, zhè shǐ wǒ hěn gǎn xìngqù. Wàngzhe zhèxiē cán zhízhuó de、qínfèn de gōngzuò, wǒ gǎndào wǒ hé tāmen fēicháng xiāngsì. Xiàng tāmen yīyàng, wǒ zǒngshì nàixīn de bǎ zìjǐ de nǔlì jízhōng zài yī gè mùbiāo•shàng. Wǒ zhīsuǒyǐ rúcǐ, huòxǔ shì yīn•wèi yǒu mǒu zhǒng lì•liàng zài biāncèzhe wǒ——zhèng rú cán bèi biāncèzhe qù jié jiǎn yībān.

Jìn wǔshí nián lái, wǒ zhìlìyú kēxué yánjiū, ér yánjiū, jiùshì duì zhēnlǐ de tàntǎo. Wǒ yǒu xǔduō měihǎo kuàilè de jìyì. Shàonǚ shíqī wǒ zài Bālí Dàxué, gūdú de guòzhe qiúxué de suìyuè; zài hòulái xiànshēn kēxué de zhěnggè shíqī, wǒ zhàngfu hé wǒ zhuānxīn-zhìzhì, xiàng zài mènghuàn zhōng yībān, zuò zài jiǎnlòu de shūfáng•lǐ jiānxīn de yánjiū, hòulái wǒmen jiù zài nà•lǐ fāxiànle léi.

Wǒ yǒngyuǎn zhuīqiú ānjìng de gōngzuò hé jiǎndān de jiātíng shēnghuó. Wèile shíxiàn zhège lǐxiǎng, wǒ jiélì bǎochí níngjìng de huánjìng, yǐmiǎn shòu rénshì de gānrǎo hé shèngmíng de tuōlěi.

Wǒ shēnxìn, zài kēxué fāngmiàn wǒmen yǒu duì shìyè ér bù// shì duì cáifù de xìngqù. Wǒ de wéiyī shēwàng shì zài yī gè zìyóu guójiā zhōng, yǐ yī gè zìyóu xuézhě de shēn•fèn cóngshì yánjiū gōngzuò.

Wǒ yīzhí chénzuì yú shìjiè de yōuměi zhīzhōng, wǒ suǒ rè'ài de kēxué yě bùduàn zēngjiā tā zhǎnxīn de yuǎnjǐng. Wǒ rèndìng kēxué běnshēn jiù jùyǒu wěidà de měi.

——Jiéxuǎn zì [Bōlán] Mǎlì Jūlǐ《Wǒ de Xìnniàn》, Jiàn Jié yì

作品 44 号

[朗读提示]本文充满感情地阐述了"我"喜欢当教师的理由,语言质朴清新,毫无夸夸其谈之态,所以在朗读时宜娓娓道来,感情起伏不宜过于强烈。同时,语调自然之中要饱含对教师职业的热爱之情,这样才能把作者的感悟和心情淋漓尽致地表现出来。

我为什么非要教书不可?是因为我喜欢当教师的时间安排表和生活节奏。七、八、九三个月给我提供了进行回顾、研究、写作的良机,并将三者有机融合,而善于回顾、研究和总结正是优秀教师素质中不可缺少的成分。

干这行给了我多种多样的"甘泉"去品尝,找优秀的书籍去研读,到"象牙塔"和实际世界里去发现。教学工作给我提供了继续学习的时间保证,以及多种途径、机遇和挑战。

然而,我爱这一行的真正原因,是爱我的学生。学生们在我的眼前成长、变化。当教师意味着亲历“创造”过程的发生——恰似亲手赋予一团泥土以生命，没有什么比目睹它开始呼吸更激动人心的了。

权利我也有了：我有权利去启发诱导，去激发智慧的火花，去问费心思考的问题，去赞扬回答的尝试，去推荐书籍，去指点迷津。还有什么别的权利能与之相比呢？

而且，教书还给我金钱和权利之外的东西，那就是爱心。不仅有对学生的爱，对书籍的爱，对知识的爱，还有教师才能感受到的对“特别”学生的爱。这些学生，有如冥顽不灵的泥块，由于接受了老师的炽爱才勃发了生机。

所以，我爱教书，还因为，在那些勃发生机的“特别”学//生身上，我有时发现自己和他们呼吸相通，忧乐与共。

——节选自[美]彼得·基·贝得勒《我为什么当教师》

Zuòpǐn 44 Hào

Wǒ wèishénme fēi yào jiāoshū bùkě? Shì yīn·wèi wǒ xǐhuan dāng jiàoshī de shíjiān ānpáibiǎo hé shēnghuó jiézòu. Qī、bā、jiǔ sān gè yuè gěi wǒ tígōngle jìnxíng huígù、yánjiū、xiězuò de liángjī, bìng jiāng sānzhě yǒujī rónghé, ér shànyú huígù、yánjiū hé zǒngjié zhèngshì yōuxiù jiàoshī sùzhì zhōng bùkě quēshǎo de chéng·fèn.

Gàn zhè háng gěile wǒ duōzhǒng-duōyàng de “gānquán” qù pǐncháng, zhǎo yōuxiù de shūjí qù yándú, dào “xiàngyátǎ” hé shíjì shìjiè·lǐ qù fāxiàn. Jiàoxué gōngzuò gěi wǒ tígōngle jìxù xuéxí de shíjiān bǎozhèng, yǐjí duōzhǒng tújìng、jīyù hé tiǎozhàn.

Rán'ér, wǒ ài zhè yī háng de zhēnzhèng yuányīn, shì ài wǒ de xuésheng. Xuéshengmen zài wǒ de yǎnqián chéngzhǎng、biànhuà. Dāng jiàoshī yìwèizhe qīnlì “chuàngzào” guòchéng de fāshēng——qiàsì qīnshǒu fùyǔ yī tuán nítǔ yǐ shēngmìng, méi·yǒu shénme bǐ mùdǔ tā kāishǐ hūxī gèng jīdòng rénxīn de le.

Quánlì wǒ yě yǒu le: Wǒ yǒu quánlì qù qǐfā yòudǎo, qù jīfā zhìhuì de huǒhuā, qù wèn fèixīn sīkǎo de wèntí, qù zànyáng huídá de chángshì, qù tuījiàn shūjí, qù zhǐdiǎn míjīn. Háiyǒu shénme biéde quánlì néng yǔ zhī xiāng bǐ ne?

Érqiě, jiāoshū hái gěi wǒ jīnqián hé quánlì zhīwài de dōngxi, nà jiùshì àixīn. Bùjǐn yǒu duì xuésheng de ài, duì shūjí de ài, duì zhīshi de ài, háiyǒu jiàoshī cái néng gǎnshòudào de duì “tèbié” xuésheng de ài. Zhèxiē xuésheng, yǒurú míngwán-bùlíng de níkuài, yóuyú jiēshòule lǎoshī de chì'ài cái bófāle shēngjī.

Suǒyǐ, wǒ ài jiāoshū, hái yīn·wèi, zài nàxiē bófā shēngjī de “tèbié” xué// sheng shēn·shàng, wǒ yǒushí fāxiàn zìjǐ hé tāmen hūxī xiāngtōng, yōulè yǔ gòng.

——Jiéxuǎn zì [Měi] Bǐdé Jī Bèidélè《Wǒ Wèishénme Dāng Jiàoshī》

作品 45 号

[朗读提示]本文以说明文的形式介绍了西部的文化和西部的开发。朗读时客观、沉稳，感情抑扬不明显。

中国西部我们通常是指黄河与秦岭相连一线以西，包括西北和西南的十二个省、市、自治区。这块广袤的土地面积为五百四十六万平方公里，占国土总面积的百分之五十七；人口二点八亿，占全国总人口的百分之二十三。

西部是华夏文明的源头。华夏祖先的脚步是顺着水边走的：长江上游出土过元谋人牙齿化石，距今约一百七十万年；黄河中游出土过蓝田人头盖骨，距今约七十万年。这两处古人类都比距今约五十万年的北京猿人资格更老。

西部地区是华夏文明的重要发源地。秦皇汉武以后，东西方文化在这里交汇融合，从而有了丝绸之路的驼铃声声，佛院深寺的暮鼓晨钟。敦煌莫高窟是世界文化史上的一个奇迹，它在继承汉晋艺术传统的基础上，形成了自己兼收并蓄的恢宏气度，展现出精美绝伦的艺术形式和博大精深的文化内涵。秦始皇兵马俑、西夏王陵、楼兰古国、布达拉宫、三星堆、大足石刻等历史文化遗产，同样为世界所瞩目，成为中华文化重要的象征。

西部地区又是少数民族及其文化的集萃地，几乎包括了我国所有的少数民族。在一些偏远的少数民族地区，仍保留//了一些久远时代的艺术品种，成为珍贵的"活化石"，如纳西古乐、戏曲、剪纸、刺绣、岩画等民间艺术和宗教艺术。特色鲜明、丰富多彩，犹如一个巨大的民族民间文化艺术宝库。

我们要充分重视和利用这些得天独厚的资源优势，建立良好的民族民间文化生态环境，为西部大开发做出贡献。

——节选自《中考语文课外阅读试题精选》中《西部文化和西部开发》

Zuòpǐn 45 Hào

Zhōngguó xībù wǒmen tōngcháng shì zhǐ Huáng Hé yǔ Qín Lǐng xiānglián yī xiàn yǐ xī, bāokuò xīběi hé xīnán de shí'èr gè shěng、shì、zìzhìqū. Zhè kuài guǎngmào de tǔdì miànjī wéi wǔbǎi sìshíliù wàn píngfāng gōnglǐ, zhàn guótǔ zǒng miànjī de bǎi fēn zhī wǔshíqī; rénkǒu èr diǎn bā yì, zhàn quánguó zǒng rénkǒu de bǎi fēn zhī èrshísān.

Xībù shì Huáxià wénmíng de yuántóu. Huáxià zǔxiān de jiǎobù shì shùnzhe shuǐbiān zǒu de: Cháng Jiāng shàngyóu chūtǔguo Yuánmóurén yáchǐ huàshí, jù jīn yuē yībǎi qīshí wàn nián; Huáng Hé zhōngyóu chūtǔguo Lántiánrén tóugàigǔ, jù jīn yuē qīshí wàn nián. Zhè liǎng chù gǔ rénlèi dōu bǐ jù jīn yuē wǔshí wàn nián de Běijīng yuánrén zī•gé gèng lǎo.

Xībù dìqū shì Huáxià wénmíng de zhòngyào fāyuándì. Qínhuáng Hànwǔ yǐhòu, dōngxīfāng wénhuà zài zhè•lǐ jiāohuì rónghé, cóng'ér yǒule sīchóu zhī lù de tuólíng shēngshēng, fó yuàn shēn sì de mùgǔ-chénzhōng. Dūnhuáng Mògāokū shì shìjiè wénhuàshǐ•shàng de yī gè qíjì, tā zài jìchéng Hàn Jìn yìshù chuántǒng de jīchǔ•shàng, xíngchéngle zìjǐ jiānshōubìngxù de huīhóng qìdù, zhǎnxiànchū jīngměi-juélún de yìshù xíngshì hé bódà-jīngshēn de wénhuà nèihán. Qínshǐhuáng Bīngmǎyǒng、Xīxià wánglíng、Lóulán gǔguó、Bùdálāgōng、Sānxīngduī、Dàzú shíkè děng lìshǐ wénhuà yíchǎn, tóngyàng wéi shìjiè suǒ zhǔmù, chéngwéi zhōnghuá wénhuà zhòngyào de xiàngzhēng.

Xībù dìqū yòu shì shǎoshù mínzú jíqí wénhuà de jícuìdì, jīhū bāokuòle wǒguó suǒyǒu de shǎoshù mínzú. Zài yīxiē piānyuǎn de shǎoshù mínzú dìqū, réng bǎoliú // le yīxiē jiǔyuǎn shídài de yìshù pǐnzhǒng, chéngwéi zhēnguì de "huó huàshí", rú Nàxī gǔyuè、xìqǔ、jiǎnzhǐ、cìxiù、yánhuà děng mínjiān yìshù hé zōngjiào yìshù. Tèsè xiānmíng、fēngfù-duōcǎi, yóurú yī gè jùdà de mínzú mínjiān wénhuà yìshù bǎokù.

Wǒmen yào chōngfèn zhòngshì hé lìyòng zhèxiē détiān-dúhòu de zīyuán yōushì, jiànlì liánghǎo de mínzú mínjiān wénhuà shēngtài huánjìng, wèi xībù dà kāifā zuòchū gòngxiàn.

——Jiéxuǎnzì《Zhōngkǎo Yǔwén Kèwài Yuèdú Shìtí Jīngxuǎn》
zhōng《Xībù Wénhuà hé Xībù Kāifā》

作品 46 号

[朗读提示]本文写的是人生感悟，富有哲理和诗意。朗读时语调沉稳中要有感情的起伏，把作者的感悟通过自己的声音渲染出来。

高兴，这是一种具体的被看得到摸得着的事物所唤起的情绪。它是心理的，更是生理的。它容易来也容易去，谁也不应该对它视而不见失之交臂，谁也不应该总是做那些使自己不高兴也使旁人不高兴的事。让我们说一件最容易做也最令人高兴的事吧，尊重你自己，也尊重别人，这是每一个人的权利，我还要说这是每一个人的义务。

快乐，它是一种富有概括性的生存状态、工作状态。它几乎是先验的，它来自生命本身的活力，来自宇宙、地球和人间的吸引，它是世界的丰富、绚丽、阔大、悠久的体现。快乐还是一种力量，是埋在地下的根脉。消灭一个人的快乐比挖掘掉一棵大树的根要难得多。

欢欣，这是一种青春的、诗意的情感。它来自面向着未来伸开双臂奔跑的冲力，它来自一种轻松而又神秘、朦胧而又隐秘的激动，它是激情即将到来的预兆，它又是大雨过后的比下雨还要美妙得多也久远得多的回味……

喜悦，它是一种带有形而上色彩的修养和境界。与其说它是一种情绪，不如说它是一种智慧、一种超拔、一种悲天悯人的宽容和理解，一种饱经沧桑的充实和自信，一种光明的理性，一种坚定//的成熟，一种战胜了烦恼和庸俗的清明澄澈。它是一潭清水，它是一抹朝霞，它是无边的平原，它是沉默的地平线。多一点儿、再多一点儿喜悦吧，它是翅膀，也是归巢。它是一杯美酒，也是一朵永远开不败的莲花。

——节选自王蒙《喜悦》

Zuòpǐn 46 Hào

Gāoxìng, zhè shì yī zhǒng jùtǐ de bèi kàndedào mōdezháo de shìwù suǒ huànqǐ de qíng•xù. Tā shì xīnlǐ de, gèng shì shēnglǐ de. Tā róng•yì lái yě róng•yì qù, shéi yě bù yīnggāi duì tā shì'érbùjiàn shīzhījiāobì, shéi yě bù yīnggāi zǒngshì zuò nàxiē shǐ zìjǐ bù gāoxìng yě shǐ pángrén bù gāoxìng de shì. Ràng wǒmen shuō yī jiàn zuì róng•yì zuò yě zuì lìng rén gāoxìng de shì ba, zūnzhòng nǐ zìjǐ, yě zūnzhòng bié•rén, zhè shì měi yī gè rén de quánlì, wǒ háiyào shuō zhè shì měi yī gè rén de yìwù.

Kuàilè, tā shì yī zhǒng fùyǒu gàikuòxìng de shēngcún zhuàngtài、gōngzuò zhuàngtài. Tā jīhū shì xiānyàn de, tā láizì shēngmìng běnshēn de huólì, láizì yǔzhòu、dìqiú hé rénjiān de xīyǐn, tā shì shìjiè de fēngfù、xuànlì、kuòdà、yōujiǔ de tǐxiàn. Kuàilè háishì yī zhǒng lì•liàng, shì mái zài dìxià de gēnmài. Xiāomiè yī gè rén de kuàilè bǐ wājué diào yī kē dàshù de gēn yào nán de duō.

Huānxīn, zhè shì yī zhǒng qīngchūn de、shīyì de qínggǎn. Tā láizì miànxiàngzhe wèilái shēnkāi shuāngbì bēnpǎo de chōnglì, tā láizì yī zhǒng qīngsōng ér yòu shénmì、ménglóng ér yòu yǐnmì de jīdòng, tā shì jīqíng jíjiāng dàolái de yùzhào, tā yòu shì dàyǔ guòhòu de bǐ xiàyǔ háiyào měimiào de duō yě jiǔyuǎn de duō de huíwèi……

Xǐyuè, tā shì yī zhǒng dàiyǒu xíng ér shàng sècǎi de xiūyǎng hé jìngjiè. Yǔqí shuō tā shì yī zhǒng qíng•xù, bùrú shuō tā shì yī zhǒng zhìhuì、yī zhǒng chāobá、yī zhǒng bēitiān-mǐnrén de kuānróng hé lǐjiě, yī zhǒng bǎojīng-cāngsāng de chōngshí hé zìxìn, yī zhǒng guāngmíng de lǐxìng, yī zhǒng jiāndìng // de chéngshú, yī zhǒng zhànshèngle fánnǎo hé yōngsú de qīngmíng chéngchè. Tā shì yī tán qīngshuǐ, tā shì yī mǒ zhāoxiá, tā shì wúbiān de píngyuán, tā shì chénmò de dìpíngxiàn. Duō yīdiǎnr、zài duō yīdiǎnr xǐyuè ba, tā shì chìbǎng, yě shì guīcháo. Tā shì yī bēi měijiǔ, yě shì yī duǒ yǒngyuǎn kāi bù bài de liánhuā.

——Jiéxuǎn zì Wáng Méng《Xǐyuè》

作品 47 号

[朗读提示]本文描写了香港最贵的一棵树，文章一开头就给了读者一个悬念，朗读时，语调要有起伏，语势可稍作夸张，然后一步步地揭示答案让读者明白其中的缘由，朗读这一部分，语调要平稳而不失惊奇。

在湾仔，香港最热闹的地方，有一棵榕树，它是最贵的一棵树，不光在香港，在全世界，都是最贵的。

树，活的树，又不卖何言其贵？只因它老，它粗，是香港百年沧桑的活见证，香港人不忍看着它被砍伐，或者被移走，便跟要占用这片山坡的建筑者谈条件：可以在这儿建大楼盖商厦，但一不准砍树，二不准挪树，必须把它原地精心养起来，成为香港闹市中的一景。太古大厦的建设者最后签了合同，占用这个大山坡建豪华商厦的先决条件是同意保护这棵老树。

树长在半山坡上，计划将树下面的成千上万吨山石全部掏空取走，腾出地方来盖楼，把树架在大楼上面，仿佛它原本是长在楼顶上似的。建设者就地造了一个直径十八米、深十米的大花盆，先固定好这棵老树，再在大花盆底下盖楼。光这一项就花了两千三百八十九万港币，堪称是最昂贵的保护措施了。

太古大厦落成之后，人们可以乘滚动扶梯一次到位，来到太古大厦的顶层，出后门，那儿是一片自然景色。一棵大树出现在人们面前，树干有一米半粗，树冠直径足有二十多米，独木成林，非常壮观，形成一座以它为中心的小公园，取名叫“榕圃”。树前面 // 插着铜牌，说明原由。此情此景，如不看铜牌的说明，绝对想不到巨树根底下还有一座宏伟的现代大楼。

——节选自舒乙《香港：最贵的一棵树》

Zuòpǐn 47 Hào

Zài Wānzǎi, Xiānggǎng zuì rènao de dìfang, yǒu yī kē róngshù, tā shì zuì guì de yī kē shù, bùguāng zài Xiānggǎng, zài quánshìjiè, dōu shì zuì guì de.

Shù, huó de shù, yòu bù mài hé yán qí guì? Zhǐ yīn tā lǎo, tā cū, shì Xiānggǎng bǎinián cāngsāng de huó jiànzhèng, xiānggǎngrén bùrěn kànzhe tā bèi kǎnfá, huòzhě bèi yízǒu, biàn gēn yào zhànyòng zhè piàn shānpō de jiànzhùzhě tán tiáojiàn: Kěyǐ zài zhèr jiàn dàlóu gài shāngshà, dàn yī bùzhǔn kǎn shù, èr bùzhǔn nuó shù, bìxū bǎ tā yuándì jīngxīn yǎng qǐ·lái, chéngwéi Xiānggǎng nàoshì zhōng de yī jǐng. Tàigǔ Dàshà de jiànshèzhě zuìhòu qiānle hétong, zhànyòng zhège dà shānpō jiàn háohuá shāngshà de xiānjué tiáojiàn shì tóngyì bǎohù zhè kē lǎoshù.

Shù zhǎng zài bànshānpō·shàng, jìhuà jiāng shù xià·miàn de chéngqiān-shàngwàn dūn shānshí quánbù tāokōng qǔzǒu, téngchū dìfang·lái gài lóu, bǎ shù jià zài dàlóu shàng·miàn, fǎngfú tā yuánběn shì zhǎng zài lóudǐng·shàng shìde. Jiànshèzhě jiùdì zàole yī gè zhíjìng shíbā mǐ、shēn shí mǐ de dà huāpén, xiān gùdìng hǎo zhè kē lǎoshù, zài zài dà huāpén dǐ·xià gài lóu. Guāng zhè yī xiàng jiù huāle liǎngqiān sānbǎi bāshíjiǔ wàn gǎngbì, kānchēng shì zuì ánggui de bǎohù cuòshī le.

Tàigǔ Dàshà luòchéng zhīhòu, rénmen kěyǐ chéng gǔndòng fútī yī cì dàowèi, láidào Tàigǔ Dàshà de dǐngcéng, chū hòumén, nàr shì yī piàn zìrán jǐngsè. Yī kē dàshù chūxiàn zài rénmen miànqián, shùgàn yǒu yī mǐ bàn cū, shùguān zhíjìng zú yǒu èrshí duō mǐ, dúmùchénglín, fēicháng zhuàngguān, xíngchéng yī zuò yǐ tā wéi zhōngxīn de xiǎo gōngyuán, qǔ míng jiào "Róngpǔ". Shù qián·miàn// chāzhe tóngpái, shuōmíng yuányóu. Cǐqíng cǐjǐng, rú bù kàn tóngpái de shuōmíng, juéduì xiǎng·bùdào jùshùgēn dǐ·xià háiyǒu yī zuò hóngwěi de xiàndài dàlóu.

——Jiéxuǎn zì Shū Yǐ《Xiānggǎng: Zuì Guì de Yī Kē Shù》

作品 48 号

扫码听范读

[朗读提示]本文写了作者两次观赏大榕树的情景，而且两次的印象有些不同，朗读时要区别对待，朗读前一部分时要用欣喜的语调、舒缓的节奏表现出对大榕树的赞美之情，朗读中间过渡时语调要略含失望、遗憾，朗读后一部分时语调要畅快欣喜——终于看到鸟啦！

我们的船渐渐地逼近榕树了。我有机会看清它的真面目：是一棵大树，有数不清的丫枝，枝上又生根，有许多根一直垂到地上，伸进泥土里。一部分树枝垂到水面，从远处看，就像一棵大树斜躺在水面上一样。

现在正是枝繁叶茂的时节。这棵榕树好像在把它的全部生命力展示给我们看。那么多的绿叶，一簇堆在另一簇的上面，不留一点儿缝隙。翠绿的颜色明亮地在我们的眼前闪耀，似乎每一片树叶上都有一个新的生命在颤动，这美丽的南国的树！

船在树下泊了片刻，岸上很湿，我们没有上去。朋友说这里是"鸟的天堂"，有许多鸟在这棵树上做窝，农民不许人去捉它们。我仿佛听见几只鸟扑翅的声音，但是等到我的眼睛注意地看那里时，我却看不见一只鸟的影子，只有无数的树根立在地上，像许多根木桩。地是湿的，大概涨潮时河水常常冲上岸去。"鸟的天堂"里没有一只鸟，我这样想到。船开了，一个朋友拨着船，缓缓地流到河中间去。

第二天，我们划着船到一个朋友的家乡去，就是那个有山有塔的地方。从学校出发，我们又经过那“鸟的天堂”。

这一次是在早晨，阳光照在水面上，也照在树梢上。一切都//显得非常光明。我们的船也在树下泊了片刻。

起初四周围非常清静。后来忽然起了一声鸟叫。我们把手一拍，便看见一只大鸟飞了起来，接着又看见第二只，第三只。我们继续拍掌，很快地这个树林就变得很热闹了。到处都是鸟声，到处都是鸟影。大的，小的，花的，黑的，有的站在枝上叫，有的飞起来，在扑翅膀。

——节选自巴金《小鸟的天堂》

Zuòpǐn 48 Hào

Wǒmen de chuán jiànjiàn de bījìn róngshù le. Wǒ yǒu jī•huì kànqīng tā de zhēn miànmù：Shì yī kē dàshù，yǒu shǔ•bùqīng de yāzhī，zhī•shàng yòu shēng gēn，yǒu xǔduō gēn yīzhí chuídào dì•shàng，shēnjìn nítǔ•lǐ. Yī bùfen shùzhī chuídào shuǐmiàn，cóng yuǎnchù kàn，jiù xiàng yī kē dàshù xié tǎng zài shuǐmiàn•shàng yīyàng.

Xiànzài zhèngshì zhīfán-yèmào de shíjié. Zhè kē róngshù hǎoxiàng zài bǎ tā de quánbù shēngmìnglì zhǎnshì gěi wǒmen kàn. Nàme duō de lǜyè，yī cù duī zài lìng yī cù de shàng•miàn，bù liú yīdiǎnr fèngxì. Cuìlǜ de yánsè míngliàng de zài wǒmen de yǎnqián shǎnyào，sìhū měi yī piàn shùyè•shàng dōu yǒu yī gè xīn de shēngmìng zài chàndòng，zhè měilì de nánguó de shù!

Chuán zài shù•xià bóle piànkè，àn•shàng hěn shī，wǒmen méi•yǒu shàng•qù. Péngyou shuō zhè•lǐ shì “niǎo de tiāntáng”，yǒu xǔduō niǎo zài zhè kē shù•shàng zuò wō，nóngmín bùxǔ rén qù zhuō tāmen. Wǒ fǎngfú tīng•jiàn jǐ zhī niǎo pū chì de shēngyīn，dànshì děngdào wǒ de yǎnjing zhùyì de kàn nà•lǐ shí，wǒ què kàn•bùjiàn yī zhī niǎo de yǐngzi，zhǐyǒu wúshù de shùgēn lì zài dì•shàng，xiàng xǔduō gēn mùzhuāng. Dì shì shī de，dàgài zhǎngcháo shí héshuǐ chángcháng chōng•shàng àn•qù. “Niǎo de tiāntáng”•lǐ méi•yǒu yī zhī niǎo，wǒ zhèyàng xiǎngdào. Chuán kāi le，yī gè péngyou bōzhe chuán，huǎnhuǎn de liúdào hé zhōngjiān qù.

Dì-èr tiān，wǒmen huázhe chuán dào yī gè péngyou de jiāxiāng qù，jiùshì nàgè yǒu shān yǒu tǎ de dìfang. Cóng xuéxiào chūfā，wǒmen yòu jīngguò nà “niǎo de tiāntáng”.

Zhè yī cì shì zài zǎo•chén，yángguāng zhào zài shuǐmiàn•shàng，yě zhào zài shùshāo•shàng. Yīqiè dōu//xiǎn•dé fēicháng guāngmíng. Wǒmen de chuán yě zài shù•xià bóle piànkè.

Qǐchū sìzhōuwéi fēicháng qīngjìng. Hòulái hūrán qǐle yī shēng niǎojiào. Wǒmen bǎ shǒu yī pāi，biàn kàn•jiàn yī zhī dàniǎo fēile qǐ•lái，jiēzhe yòu kàn•jiàn dì-èr zhī，dì-sān zhī. Wǒmen jìxù pāizhǎng，hěn kuài de zhège shùlín jiù biàn de hěn rènao le. Dàochù dōu shì niǎo shēng，dàochù dōu shì niǎo yǐng. Dà de，xiǎo de，huā de，hēi de，yǒude zhàn zài zhī•shàng jiào，yǒude fēi qǐ•lái，zài pū chìbǎng.

——Jiéxuǎn zì Bā Jīn《Xiǎoniǎo de Tiāntáng》

作品 49 号

[朗读提示]本文饱含激情地描写了小草种子的力量，开头便留有悬念，朗读时语气要自然轻松而不失好奇；接着文中又具体描写了小草种子力量之大，朗读时要洋溢着新奇和对种子顽强不息力量的赞美之情。

有这样一个故事。

有人问：世界上什么东西的气力最大？回答纷纭得很，有的说"象"，有的说"狮"，有人开玩笑似的说：是"金刚"，金刚有多少气力，当然大家全不知道。

结果，这一切答案完全不对，世界上气力最大的，是植物的种子。一粒种子所可以显现出来的力，简直是超越一切。

人的头盖骨，结合得非常致密与坚固，生理学家和解剖学者用尽了一切的方法，要把它完整地分出来，都没有这种力气。后来忽然有人发明了一个方法，就是把一些植物的种子放在要剖析的头盖骨里，给它以温度与湿度，使它发芽。一发芽，这些种子便以可怕的力量，将一切机械力所不能分开的骨骼，完整地分开了。植物种子的力量之大，如此如此。

这，也许特殊了一点儿，常人不容易理解。那么，你看见过笋的成长吗？你看见过被压在瓦砾和石块下面的一棵小草的生长吗？它为着向往阳光，为着达成它的生之意志，不管上面的石块如何重，石与石之间如何狭，它必定要曲曲折折地，但是顽强不屈地透到地面上来。它的根往土壤钻，它的芽往地面挺，这是一种不可抗拒的力，阻止它的石块，结果也被它掀翻，一粒种子的力量之大，如//此如此。

没有一个人将小草叫做"大力士"，但是它的力量之大的确是世界无比。这种力是一般人看不见的生命力。只要生命存在，这种力就要显现。上面的石块，丝毫不足以阻挡。因为它是一种"长期抗战"的力；有弹性，能屈能伸的力；有韧性，不达目的不止的力。

——节选自夏衍《野草》

Zuòpǐn 49 Hào

Yǒu zhèyàng yī gè gùshi.

Yǒu rén wèn：Shìjiè•shàng shénme dōngxi de qìlì zuì dà? Huídá fēnyún de hěn，yǒude shuō "xiàng"，yǒude shuō "shī"，yǒu rén kāi wánxiào shìde shuō：Shì "Jīngāng"，Jīngāng yǒu duō•shǎo qìlì，dāngrán dàjiā quán bù zhī•dào.

Jiéguǒ，zhè yīqiè dá'àn wánquán bù duì，shìjiè•shàng qìlì zuì dà de，shì zhíwù de zhǒngzi. Yī lì zhǒngzi suǒ kěyǐ xiǎnxiàn chū•lái de lì，jiǎnzhí shì chāoyuè yīqiè.

Rén de tóugàigǔ，jiéhé de fēicháng zhìmì yǔ jiāngù，shēnglǐxuéjiā hé jiěpōuxuézhě yòngjìnle yīqiè de fāngfǎ，yào bǎ tā wánzhěng de fēn chū•lái，dōu méi•yǒu zhè zhǒng lìqì. Hòulái hūrán yǒu rén fāmíngle yī gè fāngfǎ，jiùshì bǎ yīxiē zhíwù de zhǒngzi fàng zài yào pōuxī de tóugàigǔ•lǐ，gěi tā yǐ wēndù yǔ shīdù，shǐ tā fāyá. Yī fāyá，zhèxiē zhǒngzi biàn yǐ kěpà de lì•liàng，jiāng yīqiè jīxièlì suǒ bùnéng fēnkāi de gǔgé，wánzhěng de fēnkāi le. Zhíwù zhǒngzi de lì•liàng zhī dà，rúcǐ rúcǐ.

Zhè，yěxǔ tèshūle yīdiǎnr，chángrén bù róng•yì lǐjiě. Nàme，nǐ kàn•jiànguo sǔn de chéngzhǎng ma? Nǐ kàn·jiànguo bèi yā zài wǎlì hé shíkuài xià·miàn de yī kē xiǎocǎo de shēngzhǎng ma? Tā wèizhe xiàngwǎng yángguāng，wèizhe dáchéng tā de shēng zhī yìzhì，bùguǎn shàng·miàn de shíkuài rúhé zhòng，shí yǔ shí zhījiān rúhé xiá，tā bìdìng yào qūqū-zhézhé de，dànshì wánqiáng-bùqū de tòudào dìmiàn shàng·lái. Tā de gēn wǎng tǔrǎng zuān，tā de yá wàng dìmiàn tǐng，zhèshì yī zhǒng bùkě kàngjù de lì，zǔzhǐ tā de shíkuài，jiéguǒ yě bèi tā xiānfān，yī lì zhǒngzi de lì·liàng zhī dà，rú// cǐ rúcǐ.

Méi·yǒu yī gè rén jiāng xiǎo cǎo jiàozuò "dàlìshì"，dànshì tā de lì·liàng zhī dà，díquè shì shìjiè wúbǐ. Zhè zhǒng lì shì yībān rén kàn·bùjiàn de shēngmìnglì. Zhǐyào shēngmìng cúnzài，zhè zhǒng lì jiù yào xiǎnxiàn. Shàng·miàn de shíkuài，sīháo bù zúyǐ zǔdǎng. Yīn·wèi tā shì yī zhǒng "chángqī kàngzhàn" de lì；yǒu tánxìng，néngqū-néngshēn delì；yǒu rènxìng，bù dá mùdì bù zhǐ de lì.

——Jiéxuǎn zì Xià Yǎn《Yěcǎo》

作品 50 号

[朗读提示]本文是一篇描述时间匆匆的经典散文，朗读时注意体会作者对时间匆匆而逝的无奈、焦急和惋惜之情。语速稍慢，特别把握语句之间的停顿和连接，感受到朗读时的节奏。

燕子去了，有再来的时候；杨柳枯了，有再青的时候；桃花谢了，有再开的时候。但是，聪明的，你告诉我，我们的日子为什么一去不复返呢？——是有人偷了他们罢：那是谁？又藏在何处呢？是他们自己逃走了罢：现在又到了哪里呢？

去的尽管去了，来的尽管来着；去来的中间，又怎样地匆匆呢？早上我起来的时候，小屋里射进两三方斜斜的太阳。太阳他有脚啊，轻轻悄悄地挪移了；我也茫茫然跟着旋转。于是——洗手的时候，日子从水盆里过去；吃饭的时候，日子从饭碗里过去；默默时，便从凝然的双眼前过去。我觉察他去的匆匆了，伸出手遮挽时，他又从遮挽着的手边过去；天黑时，我躺在床上，他便伶伶俐俐地从我身上跨过，从我脚边飞去了。等我睁开眼和太阳再见，这算又溜走了一日。我掩着面叹息。但是新来的日子的影儿又开始在叹息里闪过了。

在逃去如飞的日子里，在千门万户的世界里的我能做些什么呢？只有徘徊罢了，只有匆匆罢了；在八千多日的匆匆里，除徘徊外，又剩些什么呢？过去的日子如轻烟，被微风吹散了，如薄雾，被初阳蒸融了；我留着些什么痕迹呢？我何曾留着像游丝样的痕迹呢？我赤裸裸来//到这世界，转眼间也将赤裸裸的回去罢？但不能平的，为什么偏白白走这一遭啊？

你聪明的，告诉我，我们的日子为什么一去不复返呢？

——节选自朱自清《匆匆》

Zuòpǐn 50 Hào

Yànzi qù le，yǒu zài lái de shíhou；yángliǔ kū le，yǒu zài qīng de shíhou；táohuā xiè le，yǒu zài kāi de shíhou. Dànshì，cōng·míng de，nǐ gàosu wǒ，wǒmen de rìzi wèishénme yī qù bù fùfǎn ne? ——Shì yǒu rén tōule tāmen ba：nà shì shuí? Yòu cáng zài héchù ne? Shì tāmen zìjǐ táozǒule ba：xiànzài yòu dàole nǎ·lǐ ne?

Qù de jǐnguǎn qù le, lái de jǐnguǎn láizhe; qù lái de zhōngjiān, yòu zěnyàng de cōngcōng ne? Zǎoshang wǒ qǐ•lái de shíhou, xiǎowū•lǐ shèjìn liǎng-sān fāng xiéxié de tài•yáng. Tài•yáng tā yǒu jiǎo a, qīngqīngqiāoqiāo de nuóyí le; wǒ yě mángmángrán gēnzhe xuánzhuǎn. Yúshì——xǐshǒu de shíhou, rìzi cóng shuǐpén•lǐ guò•qù; chīfàn de shíhou, rìzi cóng fànwǎn•lǐ guò•qù; mòmò shí, biàn cóng níngrán de shuāngyǎn qián guò•qù. Wǒ juéchá tā qù de cōngcōng le, shēnchū shǒu zhēwǎn shí, tā yòu cóng zhēwǎnzhe de shǒu biān guò•qù; tiānhēishí, wǒ tǎng zài chuáng•shàng, tā biàn línglínglìlì de cóng wǒ shēn•shàng kuàguò, cóng wǒ jiǎobiān fēiqù le. Děng wǒ zhēngkāi yǎn hé tài•yáng zài jiàn, zhè suàn yòu liūzǒule yīrì. Wǒ yǎnzhe miàn tànxī. Dànshì xīn lái de rìzi de yǐng'•ér yòu kāishǐ zài tànxī•lǐ shǎnguòle.

Zài táo qù rú fēi de rìzi•lǐ, zài qiānmén-wànhù de shìjiè•lǐ de wǒ néng zuò xiē shénme ne? Zhǐyǒu páihuái bàle, zhǐyǒu cōngcōng bàle; zài bāqiān duō rì de cōngcōng•lǐ, chú páihuái wài, yòu shèng xiē shénme ne? Guò•qù de rìzi rú qīngyān, bèi wēifēng chuīsànle, rú bówù, bèi chūyáng zhēngrónglé; wǒ liúzhe xiē shénme hénjì ne? Wǒ hécéng liúzhe xiàng yóusī yàng de hénjì ne? Wǒ chìluǒluǒ lái // dào zhè shìjiè, zhuǎnyǎnjiān yě jiāng chìluǒluǒ de huí•qù ba? Dàn bù néng píng de, wèishénme piān báibái zǒu zhè yīzāo a?

Nǐ cōng•míng de, gàosu wǒ, wǒmen de rìzi wèishénme yī qù bù fùfǎn ne?

——Jiéxuǎn zì Zhū Zìqīng《Cōngcōng》

作品 51 号

[朗读提示]本文讲述了一个感人而又美丽的故事，朗读时，声音要柔和甜润，把整篇文章浓浓的爱意表现出来。最后一句为画龙点睛之笔，读时语气舒缓，语调稳健，让人耐人寻味，感人至深。

有个塌鼻子的小男孩儿，因为两岁时得过脑炎，智力受损，学习起来很吃力。打个比方，别人写作文能写二三百字，他却只能写三五行。但即便这样的作文，他同样能写得很动人。

那是一次作文课，题目是《愿望》。他极其认真地想了半天，然后极认真地写，那作文极短。只有三句话：我有两个愿望，第一个是，妈妈天天笑眯眯地看着我说："你真聪明，"第二个是，老师天天笑眯眯地看着我说："你一点儿也不笨。"

于是，就是这篇作文，深深地打动了他的老师，那位妈妈式的老师不仅给了他最高分，在班上带感情地朗读了这篇作文，还一笔一画地批道：你很聪明，你的作文写得非常感人，请放心，妈妈肯定会格外喜欢你的，老师肯定会格外喜欢你的，大家肯定会格外喜欢你的。

捧着作文本，他笑了，蹦蹦跳跳地回家了，像只喜鹊。但他并没有把作文本拿给妈妈看，他是在等待，等待着一个美好的时刻。

那个时刻终于到了，是妈妈的生日——一个阳光灿烂的星期天：那天，他起得特别早，把作文本装在一个亲手做的美丽的大信封里，等着妈妈醒来。妈妈刚刚睁眼醒来，他就笑眯眯地走到妈妈跟前说："妈妈，今天是您的生日，我要 // 送给您一件礼物。"

果然，看着这篇作文，妈妈甜甜地涌出了两行热泪，一把搂住小男孩儿，搂得很紧很紧。

是的，智力可以受损，但爱永远不会。

——节选自张玉庭《一个美丽的故事》

Zuòpǐn 51 Hào

Yǒu gè tā bízi de xiǎonánháir，yīn•wèi liǎng suì shí déguo nǎoyán，zhìlì shòusǔn，xuéxí qǐ•lái hěn chīlì. Dǎ gè bǐfang，bié•rén xiě zuòwén néng xiě èr-sānbǎi zì，tā què zhǐnéng xiě sān-wǔ háng. Dàn jíbiàn zhèyàng de zuòwén，tā tóngyàng néng xiě de hěn dòngrén.

Nà shì yī cì zuòwénkè，tímù shì《Yuànwàng》. Tā jíqí rènzhēn de xiǎngle bàntiān，ránhòu jí rènzhēn de xiě，nà zuòwén jí duǎn. Zhǐyǒu sān jù huà：Wǒ yǒu liǎng gè yuànwàng，dì-yī gè shì，māma tiāntiān xiàomīmī de kànzhe wǒ shuō：“Nǐ zhēn cōng•míng，”dì-èr gè shì，lǎoshī tiāntiān xiàomīmī de kànzhe wǒ shuō：“Nǐ yīdiǎnr yě bù bèn.”

Yúshì，jiùshì zhè piān zuòwén，shēnshēn de dǎdòngle tā de lǎoshī，nà wèi māma shì de lǎoshī bùjǐn gěile tā zuì gāo fēn，zài bān•shàng dài gǎnqíng de lǎngdúle zhè piān zuòwén，hái yībǐ-yīhuà de pīdào：Nǐ hěn cōng•míng，nǐ de zuòwén xiě de fēicháng gǎnrén，qǐng fàngxīn，māma kěndìng huì géwài xǐhuan nǐ de，lǎoshī kěndìng huì géwài xǐhuan nǐ de，dàjiā kěndìng huì géwài xǐhuan nǐ de.

Pěngzhe zuòwénběn，tā xiào le，bèngbèng-tiàotiào de huíjiā le，xiàng zhī xǐ•què. Dàn tā bìng méi•yǒu bǎ zuòwénběn nágěi māma kàn，tā shì zài děngdài，děngdàizhe yī gè měihǎo de shíkè.

Nàge shíkè zhōngyú dào le，shì māma de shēng•rì——yī gè yángguāng cànlàn de xīngqītiān：Nà tiān，tā qǐ de tèbié zǎo，bǎ zuòwénběn zhuāng zài yī gè qīnshǒu zuò de měilì de dà xìnfēng•lǐ，děngzhe māma xǐng•lái. Māma gānggāng zhēng yǎn xǐng•lái，tā jiù xiàomīmī de zǒudào māma gēn•qián shuō：“Māma，jīntiān shì nín de shēng•rì，wǒ yào //sònggěi nín yī jiàn lǐwù.”

Guǒrán，kànzhe zhè piān zuòwén，māma tiántián de yǒngchūle liǎng háng rèlèi，yī bǎ lǒuzhù xiǎonánháir，lǒu dé hěn jǐn hěn jǐn.

Shìde，zhìlì kěyǐ shòu sǔn，dàn ài yǒngyuǎn bù huì.

——Jiéxuǎn zì Zhāng Yùtíng《Yī Gè Měilì de Gùshi》

作品 52 号

［朗读提示］这是一篇充满浓浓怀念之情的回忆录，语言清新自然，没有大起大落的感情起伏，所以朗读时语气要舒缓，声音要柔婉，仿佛回到那令人回味无穷、难以忘怀的情景之中了。

小学的时候，有一次我们去海边远足，妈妈没有做便饭，给了我十块钱买午餐。好像走了很久，很久，终于到海边了，大家坐下来便吃饭，荒凉的海边没有商店，我一个人跑到防风林外面去，级任老师要大家把吃剩的饭菜分给我一点儿。有两三个男生留下一点儿给我，还有一个女生，她的米饭拌了酱油，很香。我吃完的时候，她笑眯眯地看着我，短头发，脸圆圆的。

她的名字叫翁香玉。

每天放学的时候，她走的是经过我们家的一条小路，带着一位比她小的男孩儿，可能是弟弟。小路边是一条清澈见底的小溪，两旁竹阴覆盖，我总是远远地跟在她后面，夏日的午后特别炎热，走到半路她会停下来，拿手帕在溪水里浸湿，为小男孩儿擦脸。我也在后面停下来，把肮脏的手帕弄湿了擦脸，再一路远远跟着她回家。

后来我们家搬到镇上去了，过几年我也上了中学。有一天放学回家，在火车上，看见斜对面一位短头发、圆圆脸的女孩儿，一身素净的白衣黑裙。我想她一定不认识我了。火车很快到站了，我随着人群挤向门口，她也走近了，叫我的名字。这是她第一次和我说话。

她笑眯眯的，和我一起走过月台。以后就没有再见过//她了。

这篇文章收在我出版的《少年心事》这本书里。

书出版后半年，有一天我忽然收到出版社转来的一封信，信封上是陌生的字迹，但清楚地写着我的本名。

信里面说她看到了这篇文章心里非常激动，没想到在离开家乡，漂泊异地这么久之后，会看见自己仍然在一个人的记忆里，她自己也深深记得这其中的每一幕，只是没想到越过遥远的时空，竟然另一个人也深深记得。

——节选自苦伶《永远的记忆》

Zuòpǐn 52 Hào

Xiǎoxué de shíhou, yǒu yī cì wǒmen qù hǎibiān yuǎnzú, māma méi•yǒu zuò biànfàn, gěile wǒ shí kuài qián mǎi wǔcān. Hǎoxiàng zǒule hěn jiǔ, hěn jiǔ, zhōngyú dào hǎibiān le, dàjiā zuò xià•lái biàn chīfàn, huāngliáng de hǎibiān méi•yǒu shāngdiàn, wǒ yī gè rén pǎodào fángfēnglín wài•miàn qù, jírèn lǎoshī yào dàjiā bǎ chīshèng de fàncài fēngěi wǒ yīdiǎnr. Yǒu liǎng-sān gè nánshēng liú•xià yīdiǎnr gěi wǒ, háiyǒu yī gè nǚshēng, tā de mǐfàn bànle jiàngyóu, hěn xiāng. Wǒ chīwán de shíhou, tā xiàomīmī de kànzhe wǒ, duǎn tóufa, liǎn yuányuán de.

Tā de míngzi jiào Wēng Xiāngyù.

Měi tiān fàngxué de shíhou, tā zǒu de shì jīngguò wǒmen jiā de yī tiáo xiǎolù, dàizhe yī wèi bǐ tā xiǎo de nánháir, kěnéng shì dìdi. Xiǎolù biān shì yī tiáo qīngchè jiàn dǐ de xiǎoxī, liǎngpáng zhúyīn fùgài, wǒ zǒngshì yuǎnyuǎn de gēn zài tā hòu•miàn, xiàrì de wǔhòu tèbié yánrè, zǒudào bànlù tā huì tíng xià•lái, ná shǒupà zài xīshuǐ•lǐ jìnshī, wèi xiǎonánháir cā liǎn. Wǒ yě zài hòu•miàn tíng xià•lái, bǎ āngzāng de shǒupà nòngshīle cā liǎn, zài yīlù yuǎnyuǎn gēnzhe tā huíjiā.

Hòulái wǒmen jiā bāndào zhèn•shàng qù le, guò jǐ nián wǒ yě shàngle zhōngxué. Yǒu yī tiān fàngxué huíjiā, zài huǒchē•shàng, kàn•jiàn xiéduìmiàn yī wèi duǎn tóufa、yuányuán liǎn de nǚháir, yī shēn sùjing de bái yī hēi qún. Wǒ xiǎng tā yīdìng bù rènshi wǒ le. Huǒchē hěn kuài dào zhàn le, wǒ suízhe rénqún jǐ xiàng ménkǒu, tā yě zǒujìn le, jiào wǒ de míngzi. Zhè shì tā dì-yī cì hé wǒ shuōhuà.

Tā xiàomīmī de, hé wǒ yīqǐ zǒuguò yuètái. Yǐhòu jiù méi•yǒu zài jiànguo//tā le.

Zhè piān wénzhāng shōu zài wǒ chūbǎn de《Shàonián Xīnshì》zhè běn shū•lǐ.

Shū chūbǎn hòu bàn nián, yǒu yī tiān wǒ hūrán shōudào chūbǎnshè zhuǎnlái de yī fēng xìn, xìnfēng•shàng shì mòshēng de zìjì, dàn qīngchu de xiězhe wǒ de běnmíng.

Xìn lǐ•miàn shuō tā kàndàole zhè piān wénzhāng xīn•lǐ fēicháng jīdòng, méi xiǎngdào zài líkāi jiāxiāng, piāobó yìdì zhème jiǔ zhīhòu, huì kàn•jiàn zìjǐ réngrán zài yī gè rén de jìyì·lǐ, tā zìjǐ yě shēnshēn jì·dé zhè qízhōng de měi yī mù, zhǐshì méi xiǎngdào yuèguò yáoyuǎn de shíkōng, jìngrán lìng yī gè rén yě shēnshēn jì·dé.

——Jiéxuǎn zì Kǔ Líng《Yǒngyuǎn de Jìyì》

作品 53 号

[朗读提示]本文通过一件小事,让我们感受到语言的魅力,朗读时可以分成两部分:一部分是叙事,用沉着稳健的语调把故事娓娓动听地讲述出来;另一部分是最后一个自然段的抒情,要用感叹的语调读出来。

在繁华的巴黎大街的路旁,站着一个衣衫褴褛、头发斑白、双目失明的老人。他不像其他乞丐那样伸手向过路行人乞讨,而是在身旁立一块木牌,上面写着:"我什么也看不见!"街上过往的行人很多,看了木牌上的字都无动于衷,有的还淡淡一笑,便姗姗而去了。

这天中午,法国著名诗人让·彼浩勒也经过这里。他看看木牌上的字,问盲老人:"老人家,今天上午有人给你钱吗?"

盲老人叹息着回答:"我,我什么也没有得到。"说着,脸上的神情非常悲伤。

让·彼浩勒听了,拿起笔悄悄地在那行字的前面添上了"春天到了,可是"几个字,就匆匆地离开了。

晚上,让·彼浩勒又经过这里,问那个盲老人下午的情况。盲老人笑着回答说:"先生,不知为什么,下午给我钱的人多极了!"让·彼浩勒听了,摸着胡子满意地笑了。

"春天到了,可是我什么也看不见!"这富有诗意的语言,产生这么大的作用,就在于它有非常浓厚的感情色彩。是的,春天是美好的,那蓝天白云,那绿树红花,那莺歌燕舞,那流水人家,怎么不叫人陶醉呢?但这良辰美景,对于一个双目失明的人来说,只是一片漆黑。当人们想到这个盲老人,一生中竟连万紫千红的春天//都不曾看到,怎能不对他产生同情之心呢?

——节选自小学《语文》第六册中《语言的魅力》

Zuòpǐn 53 Hào

Zài fánhuá de Bālí dàjiē de lùpáng, zhànzhe yī gè yīshān lánlǚ、tóufa bānbái、shuāngmù shīmíng de lǎorén. Tā bù xiàng qítā qǐgài nàyàng shēnshǒu xiàng guòlù xíngrén qǐtǎo, ér shì zài shēnpáng lì yī kuài mùpái, shàng·miàn xiězhe: "Wǒ shénme yě kàn·bùjiàn!" Jiē·shàng guòwǎng de xíngrén hěn duō, kànle mùpái·shàng de zì dōu wúdòngyúzhōng, yǒude hái dàndàn yī xiào, biàn shānshān ér qù le.

Zhè tiān zhōngwǔ, Fǎguó zhùmíng shīrén Ràng Bǐhàolè yě jīngguò zhè·lǐ. Tā kànkan mùpái·shàng de zì, wèn máng lǎorén: "Lǎo·rén·jiā, jīntiān shàngwǔ yǒu rén gěi nǐ qián ma?"

Máng lǎorén tànxīzhe huídá: "Wǒ, wǒ shénme yě méi·yǒu dédào." Shuōzhe, liǎn·shàng de shénqíng fēicháng bēishāng.

Ràng Bǐhàolè tīng le, náqǐ bǐ qiāoqiāo de zài nà háng zì de qián·miàn tiān·shàngle "chūntiān dào le, kěshì" jǐ gè zì, jiù cōngcōng de líkāi le.

Wǎnshang, Ràng Bǐhàolè yòu jīngguò zhè·lǐ, wèn nàge máng lǎorén xiàwǔ de qíngkuàng. Máng lǎorén xiàozhe huídá shuō: "Xiānsheng, bù zhī wèishénme, xiàwǔ gěi wǒ qián de rén duō jí le!" Ràng Bǐhàolè tīng le, mōzhe húzi mǎnyì de xiào le.

"Chūntiān dào le, kěshì wǒ shénme yě kàn·bùjiàn!" Zhè fùyǒu shīyì de yǔyán, chǎnshēng zhème dà de zuòyòng, jiù zàiyú tā yǒu fēicháng nónghòu de gǎnqíng sècǎi. Shìde, chūntiān shì měihǎo de, nà lántiān báiyún, nà lǜshù hónghuā, nà yīnggē-yànwǔ, nà liúshuǐ rénjiā, zěnme bù jiào rén táozuì ne? Dàn zhè liángchén měijǐng, duìyú yī gè shuāngmù shīmíng de rén lái shuō, zhǐshì yī piàn qīhēi. Dāng rénmen xiǎngdào zhège máng lǎorén, yīshēng zhōng jìng lián wànzǐ-qiānhóng de chūntiān // dōu bùcéng kàndào, zěn néng bù duì tā chǎnshēng tóngqíng zhī xīn ne?

——Jiéxuǎn zì Xiǎoxué《Yǔwén》dì-liù cè zhōng《Yǔyán de Mèilì》

作品 54 号

[朗读提示]本文是一篇关于养生之道的小杂文，朗读时使用平稳、深沉的基调，不紧不慢地娓娓道出养生四味长寿药的内涵和实质。

有一次，苏东坡的朋友张鹗拿着一张宣纸来求他写一幅字，而且希望他写一点儿关于养生方面的内容。苏东坡思索了一会儿，点点头说："我得到了一个养生长寿古方，药只有四味，今天就赠给你吧。"于是，东坡的狼毫在纸上挥洒起来，上面写着："一曰无事以当贵，二曰早寝以当富，三曰安步以当车，四曰晚食以当肉。"

这哪里有药？张鹗一脸茫然地问。苏东坡笑着解释说，养生长寿的要诀，全在这四句里面。

所谓"无事以当贵"，是指人不要把功名利禄、荣辱过失考虑得太多，如能在情志上潇洒大度，随遇而安，无事以求，这比富贵更能使人终其天年。

"早寝以当富"，指吃好穿好、财货充足，并非就能使你长寿。对老年人来说，养成良好的起居习惯，尤其是早睡早起，比获得任何财富更加宝贵。

"安步以当车"，指人不要过于讲求安逸、肢体不劳，而应多以步行来替代骑马乘车，多运动才可以强健体魄，通畅气血。

"晚食以当肉"，意思是人应该用已饥方食、未饱先止代替对美味佳肴的贪吃无厌。他进一步解释，饿了以后才进食，虽然是粗茶淡饭，但其香甜可口会胜过山珍；如果饱了还要勉强吃，即使美味佳肴摆在眼前也难以 // 下咽。

苏东坡的四味"长寿药"，实际上是强调了情志、睡眠、运动、饮食四个方面对养生长寿的重要性，这种养生观点即使在今天仍然值得借鉴。

——节选自蒲昭和《赠你四味长寿药》

Zuòpǐn 54 Hào

Yǒu yī cì, Sū Dōngpō de péngyou Zhāng È názhe yī zhāng xuānzhǐ lái qiú tā xiě yī fú zì, érqiě xīwàng tā xiě yīdiǎnr guānyú yǎngshēng fāngmiàn de nèiróng. Sū Dōngpō sīsuǒle yīhuìr, diǎndiǎn tóu shuō: "Wǒ dédàole yī gè yǎngshēng chángshòu gǔfāng, yào zhǐyǒu sì wèi, jīntiān jiù zènggěi nǐ ba." Yúshì, Dōngpō de lángháo zài zhǐ·shàng huīsǎ qǐ·lái, shàng·miàn xiězhe: "Yī yuē wú shì yǐ dàng guì, èr yuē zǎo qǐn yǐ dàng fù, sān yuē ān bù yǐ dàng chē, sì yuē wǎn shí yǐ dàng ròu."

Zhè nǎ•lǐ yǒu yào? Zhāng È yīliǎn mángrán de wèn. Sū Dōngpō xiàozhe jiěshì shuō, yǎngshēng chángshòu de yàojué, quán zài zhè sì jù lǐ•miàn.

Suǒwèi "wú shì yǐ dàng guì", shì zhǐ rén bùyào bǎ gōngmíng lìlù、róngrǔ guòshī kǎolǜ de tài duō, rú néng zài qíngzhì•shàng xiāosǎ dàdù, suíyù'ér'ān, wú shì yǐ qiú, zhè bǐ fùguì gèng néng shǐ rén zhōng qí tiānnián.

"Zǎo qǐn yǐ dàng fù", zhǐ chīhǎo chuānhǎo、cáihuò chōngzú, bìngfēi jiù néng shǐ nǐ cháng•shòu. Duì lǎoniánrén lái shuō, yǎngchéng liánghǎo de qǐjū xíguàn, yóuqí shì zǎo shuì zǎo qǐ, bǐ huòdé rènhé cáifù gèngjiā bǎoguì.

"Ān bù yǐ dàng chē", zhǐ rén bùyào guòyú jiǎngqiú ānyì、zhītǐ bù láo, ér yīng duō yǐ bùxíng lái tìdài qímǎ chéngchē, duō yùndòng cái kěyǐ qiángjiàn tǐpò, tōngchàng qìxuè.

"Wǎn shí yǐ dàng ròu", yìsi shì rén yīnggāi yòng yǐ jī fāng shí、wèi bǎo xiān zhǐ dàitì duì měiwèi jiāyáo de tānchī wú yàn. Tā jìnyībù jiěshì, èle yǐhòu cái jìnshí, suīrán shì cūchádànfàn, dàn qí xiāngtián kěkǒu huì shèngguò shānzhēn; rúguǒ bǎole háiyào miǎnqiǎng chī, jíshǐ měiwèi jiāyáo bǎi zài yǎnqián yě nányǐ // xiàyàn.

Sū Dōngpō de sì wèi "chángshòuyào", shíjì•shàng shì qiángdiàole qíngzhì、shuìmián、yùndòng、yǐnshí sì gè fāngmiàn duì yǎngshēng chángshòu de zhòngyàoxìng, zhè zhǒng yǎngshēng guāndiǎn jíshǐ zài jīntiān réngrán zhí•dé jièjiàn.

——Jiéxuǎn zì Pú Zhāohé《Zèng Nǐ Sì Wèi Chángshòuyào》

作品 55 号

[朗读提示]本文是关于人生哲理的小品文，朗读时语气坚实、从容，语调要平稳、诚恳。

人活着，最要紧的是寻觅到那片代表着生命绿色和人类希望的丛林，然后选一高高的枝头站在那里观览人生，消化痛苦，孕育歌声，愉悦世界！

这可真是一种潇洒的人生态度，这可真是一种心境爽朗的情感风貌。

站在历史的枝头微笑，可以减免许多烦恼。在那里，你可以从众生相所包含的甜酸苦辣、百味人生中寻找你自己；你境遇中的那点儿苦痛，也许相比之下，再也难以占据一席之地；你会较容易地获得从不悦中解脱灵魂的力量，使之不致变得灰色。

人站得高些，不但能有幸早些领略到希望的曙光，还能有幸发现生命的立体的诗篇。每一个人的人生，都是这诗篇中的一个词、一个句子或者一个标点。你可能没有成为一个美丽的词，一个引人注目的句子，一个惊叹号，但你依然是这生命的立体诗篇中的一个音节、一个停顿、一个必不可少的组成部分。这足以使你放弃前嫌，萌生为人类孕育新的歌声的兴致，为世界带来更多的诗意。

最可怕的人生见解，是把多维的生存图景看成平面。因为那平面上刻下的大多是凝固了的历史——过去的遗迹；但活着的人们，活得却是充满着新生智慧的，由 // 不断逝去的"现在"组成的未来。人生不能像某些鱼类躺着游，人生也不能像某些兽类爬着走，而应该站着向前行，这才是人类应有的生存姿态。

——节选自[美]本杰明·拉什《站在历史的枝头微笑》

Zuòpǐn 55 Hào

Rén huózhe, zuì yàojǐn de shì xúnmì dào nà piàn dàibiǎozhe shēngmìng lǜsè hé rénlèi xīwàng de cónglín, ránhòu xuǎn yī gāogāo de zhītóu zhàn zài nà•lǐ guānlǎn rénshēng, xiāohuà tòngkǔ, yùnyù gēshēng, yúyuè shìjiè!

Zhè kě zhēn shì yī zhǒng xiāosǎ de rénshēng tài•dù, zhè kě zhēn shì yī zhǒng xīnjìng shuǎnglǎng de qínggǎn fēngmào.

Zhàn zài lìshǐ de zhītóu wēixiào, kěyǐ jiǎnmiǎn xǔduō fánnǎo. Zài nà•lǐ, nǐ kěyǐ cóng zhòngshēngxiàng suǒ bāohán de tián-suān-kǔ-là、bǎiwèi rénshēng zhōng xúnzhǎo nǐ zìjǐ; nǐ jìngyù zhōng de nà diǎnr kǔtòng, yěxǔ xiāngbǐ zhīxià, zài yě nányǐ zhànjù yī xí zhī dì; nǐ huì jiào róng•yì de huòdé cóng bùyuè zhōng jiětuō línghún de lì•liàng, shǐ zhī bùzhì biàn de huīsè.

Rén zhàn de gāo xiē, bùdàn néng yǒuxìng zǎo xiē lǐnglüè dào xīwàng de shǔguāng, hái néng yǒuxìng fāxiàn shēngmìng de lìtǐ de shīpiān. Měi yī gè rén de rénshēng, dōu shì zhè shīpiān zhōng de yī gè cí、yī gè jùzi huòzhě yī gè biāodiǎn. Nǐ kěnéng méi•yǒu chéngwéi yī gè měilì de cí, yī gè yǐnrén-zhùmù de jùzi, yī gè jīngtànhào, dàn nǐ yīrán shì zhè shēngmìng de lìtǐ shīpiān zhōng de yī gè yīnjié、yī gè tíngdùn、yī gè bìbùkěshǎo de zǔchéng bùfen. Zhè zúyǐ shǐ nǐ fàngqì qiánxián, méngshēng wèi rénlèi yùnyù xīn de gēshēng de xìngzhì, wèi shìjiè dài•lái gèng duō de shīyì.

Zuì kěpà de rénshēng jiànjiě, shì bǎ duōwéi de shēngcún tújǐng kànchéng píngmiàn. Yīn•wèi nà píngmiàn•shàng kèxià de dàduō shì nínggùle de lìshǐ——guòqù de yíjì; dàn huózhe de rénmen, huó dé què shì chōngmǎnzhe xīnshēng zhìhuì de, yóu// bùduàn shìqù de "xiànzài" zǔchéng de wèilái. Rénshēng bùnéng xiàng mǒu xiē yúlèi tǎngzhe yóu, rénshēng yě bùnéng xiàng mǒu xiē shòulèi pázhe zǒu, ér yīnggāi zhànzhe xiàngqián xíng, zhè cái shì rénlèi yīngyǒu de shēngcún zītài.

——Jiéxuǎn zì [Měi] Běnjiémíng Lāshí《Zhàn Zài Lìshǐ de Zhītóu Wēixiào》

作品 56 号

[朗读提示]本文介绍了中国宝岛——台湾的概貌，具有客观性，但又融入了作者对宝岛台湾的赞美热爱之情，在朗读时要使用稳健的语调，同时又饱含着热爱的感情。

中国的第一大岛、台湾省的主岛台湾，位于中国大陆架的东南方，地处东海和南海之间，隔着台湾海峡和大陆相望。天气晴朗的时候，站在福建沿海较高的地方，就可以隐隐约约地望见岛上的高山和云朵。

台湾岛形状狭长，从东到西，最宽处只有一百四十多公里；由南至北，最长的地方约有三百九十多公里。地形像一个纺织用的梭子。

台湾岛上的山脉纵贯南北，中间的中央山脉犹如全岛的脊梁。西部为海拔近四千米的玉山山脉，是中国东部的最高峰。全岛约有三分之一的地方是平地，其余为山地。岛内有缎带般的瀑布，蓝宝石似的湖泊，四季常青的森林和果园，自然景色十分优美。西南部的阿里山和日月潭，台北市郊的大屯山风景区，都是闻名世界的游览胜地。

台湾岛地处热带和温带之间，四面环海，雨水充足，气温受到海洋的调剂，冬暖夏凉，四季如春，这给水稻和果木生长提供了优越的条件。水稻、甘蔗、樟脑是台湾的“三宝”。岛上还盛产鲜果和鱼虾。

台湾岛还是一个闻名世界的“蝴蝶王国”。岛上的蝴蝶共有四百多个品种，其中有不少是世界稀有的珍贵品种。岛上还有不少鸟语花香的蝴//蝶谷，岛上居民利用蝴蝶制作的标本和艺术品，远销许多国家。

——节选自《中国的宝岛——台湾》

Zuòpǐn 56 Hào

Zhōngguó de dì-yī dàdǎo、Táiwān Shěng de zhǔdǎo Táiwān，wèiyú Zhōngguó dàlùjià de dōngnánfāng，dìchǔ Dōng Hǎi hé Nán Hǎi zhījiān，gézhe Táiwān Hǎixiá hé Dàlù xiāngwàng. Tiānqì qínglǎng de shíhou，zhàn zài Fújiàn yánhǎi jiào gāo de dìfang，jiù kěyǐ yǐnyǐn-yuēyuē de wàng•jiàn dǎo•shàng de gāoshān hé yúnduǒ.

Táiwān Dǎo xíngzhuàng xiácháng，cóng dōng dào xī，zuì kuān chù zhǐyǒu yībǎi sìshí duō gōnglǐ；yóu nán zhì běi，zuì cháng de dìfang yuē yǒu sānbǎi jiǔshí duō gōnglǐ. Dìxíng xiàng yī gè fǎngzhī yòng de suōzi.

Táiwān Dǎo•shàng de shānmài zòngguàn nánběi，zhōngjiān de zhōngyāng shānmài yóurú quándǎo de jǐliang. Xībù wéi hǎibá jìn sìqiān mǐ de Yù Shān shānmài，shì Zhōng-guó dōngbù de zuì gāo fēng. Quándǎo yuē yǒu sān fēn zhī yī de dìfang shì píngdì，qíyú wéi shāndì. Dǎonèi yǒu duàndài bān de pùbù，lánbǎoshí shìde húpō，sìjì chángqīng de sēnlín hé guǒyuán，zìrán jǐngsè shífēn yōuměi. Xīnánbù de Ālǐ Shān hé Rìyuè Tán，Táiběi shìjiāo de Dàtúnshān fēngjǐngqū，dōu shì wénmíng shìjiè de yóulǎn shèngdì.

Táiwān Dǎo dìchǔ rèdài hé wēndài zhījiān，sìmiàn huán hǎi，yǔshuǐ chōngzú，qìwēn shòudào hǎiyáng de tiáojì，dōng nuǎn xià liáng，sìjì rú chūn，zhè gěi shuǐdào hé guǒmù shēngzhǎng tígōngle yōuyuè de tiáojiàn. Shuǐdào、gānzhe、zhāngnǎo shì Táiwān de “sān bǎo”. Dǎo•shàng hái shèngchǎn xiānguǒ hé yúxiā.

Táiwān Dǎo háishì yī gè wénmíng shìjiè de “húdié wángguó”. Dǎo•shàng de húdié gòng yǒu sìbǎi duō gè pǐnzhǒng，qízhōng yǒu bùshǎo shì shìjiè xīyǒu de zhēnguì pǐnzhǒng. Dǎo•shàng háiyǒu bùshǎo niǎoyǔ-huāxiāng de hú//diégǔ，dǎo•shàng jūmín lìyòng húdié zhìzuò de biāoběn hé yìshùpǐn，yuǎnxiāo xǔduō guójiā.

——Jiéxuǎn zì《Zhōngguó de Bǎodǎo——Táiwān》

作品 57 号

扫码听范读

［朗读提示］本文赞美了牛的品格：永远沉沉实实的，默默地工作，平心静气。朗读时要让声音散发出浓郁的生活气息，并充满对牛的赞美、尊敬之情，但不能太夸张，要把握好分寸，做到恰到好处。

对于中国的牛，我有着一种特别尊敬的感情。

留给我印象最深的，要算在田垄上的一次“相遇”。

一群朋友郊游，我领头在狭窄的阡陌上走，怎料迎面来了几头耕牛，狭道容不下人和牛，终有一方要让路。它们还没有走近，我们已经预计斗不过畜牲，恐怕难免踩到田地泥水里，弄得鞋袜又泥又湿了。正踟蹰的时候，带头的一头牛，在离我们不远的地方停下来，抬起头看看，稍迟疑一下，就自动走下田去。一队耕牛，全跟着它离开阡陌，从我们身边经过。

我们都呆了，回过头来，看着深褐色的牛队，在路的尽头消失，忽然觉得自己受了很大的恩惠。

中国的牛，永远沉默地为人做着沉重的工作。在大地上，在晨光或烈日下，它拖着沉重的犁，低头一步又一步，拖出了身后一列又一列松土，好让人们下种。等到满地金黄或农闲时候，它可能还得担当搬运负重的工作；或终日绕着石磨，朝同一方向，走不计程的路。

在它沉默的劳动中，人便得到应得的收成。

那时候，也许，它可以松一肩重担，站在树下，吃几口嫩草。偶尔摇摇尾巴，摆摆耳朵，赶走飞附身上的苍蝇，已经算是它最闲适的生活了。

中国的牛，没有成群奔跑的习//惯，永远沉沉实实的，默默地工作，平心静气。这就是中国的牛！

——节选自小思《中国的牛》

Zuòpǐn 57 Hào

Duìyú Zhōngguó de niú, wǒ yǒuzhe yī zhǒng tèbié zūnjìng de gǎnqíng.

Liúgěi wǒ yìnxiàng zuì shēn de, yào suàn zài tiánlǒng•shàng de yī cì “xiāngyù”.

Yī qún péngyou jiāoyóu, wǒ lǐngtóu zài xiázhǎi de qiānmò•shàng zǒu, zěnliào yíngmiàn láile jǐ tóu gēngniú, xiádào róng•bùxià rén hé niú, zhōng yǒu yīfāng yào rànglù. Tāmen hái méi•yǒu zǒujìn, wǒmen yǐ•jīng yùjì dòu•bù•guò chùsheng, kǒngpà nánmiǎn cǎidào tiándìníshuǐ•lǐ, nòng de xiéwà yòu ní yòu shī le. Zhèng chíchú de shíhou, dàitóu de yī tóu niú, zài lí wǒmen bùyuǎn de dìfang tíng xià•lái, táiqǐ tóu kànkan, shāo chíyí yīxià, jiù zìdòng zǒu•xià tián qù. Yī duì gēngniú, quán gēnzhe tā líkāi qiānmò, cóng wǒmen shēnbiān jīngguò.

Wǒmen dōu dāi le, huíguo tóu•lái, kànzhe shēnhèsè de niúduì, zài lù de jìntóu xiāoshī, hūrán jué•dé zìjǐ shòule hěn dà de ēnhuì.

Zhōngguó de niú, yǒngyuǎn chénmò de wèi rén zuòzhe chénzhòng de gōngzuò. Zài dàdì•shàng, zài chénguāng huò lièrì•xià, tā tuōzhe chénzhòng de lí, dītóu yī bù yòu yī bù, tuōchūle shēnhòu yī liè yòu yī liè sōngtǔ, hǎo ràng rénmen xià zhǒng. Děngdào mǎndì jīnhuáng huò nóngxián shíhou, tā kěnéng háiděi dāndāng bānyùn fùzhòng de gōngzuò; huò zhōngrì ràozhe shímò, cháo tóng yī fāngxiàng, zǒu bù jìchéng de lù.

Zài tā chénmò de láodòng zhōng, rén biàn dédào yīng dé de shōucheng.

Nà shíhou, yěxǔ, tā kěyǐ sōng yī jiān zhòngdàn, zhàn zài shù•xià, chī jǐ kǒu nèn cǎo. Ǒu'ěr yáoyao wěiba, bǎibai ěrduo, gǎnzǒu fēifù shēn•shàng de cāngying, yǐ•jīng suàn shì tā zuì xiánshì de shēnghuó le.

Zhōngguó de niú, méi•yǒu chéngqún bēnpǎo de xí// guàn, yǒngyuǎn chénchén-shíshí de, mòmò de gōng zuò, píngxīn-jìngqì. Zhè jiùshì Zhōngguó de niú!

——Jiéxuǎn zì Xiǎo Sī《Zhōngguó de Niú》

作品 58 号

[朗读提示]这是一篇充满诗情画意的随笔散文，朗读时要展开想象的翅膀，用甜美的声音、起伏的节奏、富有韵律而又稍有夸张的语调，表现出作者的梦想来。

不管我的梦想能否成为事实，说出来总是好玩儿的：

春天，我将要住在杭州。二十年前，旧历的二月初，在西湖我看见了嫩柳与菜花，碧浪与翠竹。由我看到的那点儿春光，已经可以断定，杭州的春天必定会教人整天生活在诗与图画之中。所以，春天我的家应当是在杭州。

夏天，我想青城山应当算作最理想的地方。在那里，我虽然只住过十天，可是它的幽静已拴住了我的心灵。在我所看见过的山水中，只有这里没有使我失望。到处都是绿，目之所及，那片淡而光润的绿色都在轻轻地颤动，仿佛要流入空中与心中似的。这个绿色会像音乐，涤清了心中的万虑。

秋天一定要住北平。天堂是什么样子，我不知道，但是从我的生活经验去判断，北平之秋便是天堂。论天气，不冷不热。论吃的，苹果、梨、柿子、枣儿、葡萄，每样都有若干种。论花草，菊花种类之多，花式之奇，可以甲天下。西山有红叶可见，北海可以划船——虽然荷花已残，荷叶可还有一片清香。衣食住行，在北平的秋天，是没有一项不使人满意的。

冬天，我还没有打好主意，成都或者相当得合适，虽然并不怎样和暖，可是为了水仙，素心腊梅，各色的茶花，仿佛就受一点儿寒//冷，也颇值得去了。昆明的花也多，而且天气比成都好，可是旧书铺与精美而便宜的小吃远不及成都那么多。好吧，就暂这么规定：冬天不住成都便住昆明吧。

在抗战中，我没能发国难财。我想，抗战胜利以后，我必能阔起来。那时候，假若飞机减价，一二百元就能买一架的话，我就自备一架，择黄道吉日慢慢地飞行。

——节选自老舍《住的梦》

Zuòpǐn 58 Hào

Bùguǎn wǒ de mèngxiǎng néngfǒu chéngwéi shìshí, shuō chū·lái zǒngshì hǎowánr de:

Chūntiān, wǒ jiāng yào zhù zài Hángzhōu. Èrshí nián qián, jiùlì de èryuè chū, zài Xīhú wǒ kàn·jiànle nènliǔ yǔ càihuā, bìlàng yǔ cuìzhú. Yóu wǒ kàndào de nà diǎnr chūnguāng, yǐ·jīng kěyǐ duàndìng, Hángzhōu de chūntiān bìdìng huì jiào rén zhěngtiān shēnghuó zài shī yǔ túhuà zhīzhōng. Suǒyǐ, chūntiān wǒ de jiā yīngdāng shì zài Hángzhōu.

Xiàtiān, wǒ xiǎng Qīngchéng Shān yīngdāng suànzuò zuì lǐxiǎng de dìfang. Zài nà·lǐ, wǒ suīrán zhǐ zhùguo shí tiān, kěshì tā de yōujìng yǐ shuānzhùle wǒ de xīnlíng. Zài wǒ suǒ kàn·jiànguo de shānshuǐ zhōng, zhǐyǒu zhè·lǐ méi·yǒu shǐ wǒ shīwàng. Dàochù dōu shì lǜ, mù zhī suǒ jí, nà piàn dàn ér guāngrùn de lǜsè dōu zài qīngqīng de chàn-dòng, fǎngfú yào liúrù kōngzhōng yǔ xīnzhōng shìde. Zhège lǜsè huì xiàng yīnyuè, díqīngle xīnzhōng de wànlǜ.

Qiūtiān yīdìng yào zhù Běipíng. Tiāntáng shì shénme yàngzi, wǒ bù zhī·dào, dànshì cóng wǒ de shēnghuó jīngyàn qù pànduàn, Běipíng zhī qiū biàn shì tiāntáng. Lùn tiānqì, bù lěng bù rè. Lùn chīde, píngguǒ、lí、shìzi、zǎor、pú·táo, měi yàng dōu yǒu ruògān zhǒng. Lùn huācǎo, júhuā zhǒnglèi zhī duō, huā shì zhī qí, kěyǐ jiǎ tiānxià. Xīshān yǒu hóngyè kě jiàn, Běihǎi kěyǐ huáchuán——suīrán héhuā yǐ cán, héyè kě háiyǒu yī piàn qīngxiāng. Yī-shí-zhù-xíng, zài Běipíng de qiūtiān, shì méi·yǒu yī xiàng bù shǐ rén mǎnyì de.

Dōngtiān, wǒ hái méi·yǒu dǎhǎo zhǔyi, Chéngdū huòzhě xiāngdāng de héshì, suīrán bìng bù zěnyàng hénuǎn, kěshì wèile shuǐxiān, sù xīn làméi, gè sè de cháhuā, fǎngfú jiù shòu yīdiǎnr hán // lěng, yě pō zhí·dé qù le. Kūnmíng de huā yě duō, érqiě tiānqì bǐ Chéngdū hǎo, kěshì jiù shūpù yǔ jīngměi ér piányi de xiǎochī yuǎn·bùjí Chéngdū nàme duō. Hǎo ba, jiù zàn zhème guīdìng: Dōngtiān bù zhù Chéngdū biàn zhù Kūnmíng ba.

Zài kàngzhàn zhōng, wǒ méi néng fā guónàn cái. Wǒ xiǎng, kàngzhàn shènglì yǐhòu, wǒ bì néng kuò qǐ·lái. Nà shíhou, jiǎruò fēijī jiǎnjià, yī-èrbǎi yuán jiù néng mǎi yī jià de huà, wǒ jiù zìbèi yī jià, zé huángdào-jírì mànmàn de fēixíng.

——Jiéxuǎn zì Lǎo Shě《Zhù de Mèng》

作品 59 号

[朗读提示]这是一篇写景散文，朗读时注意区分眼前情景与回忆情景。眼前情景美丽无比，朗读时要用轻快、愉悦而又有赞美的语调；在朗读回忆情景时语调要低沉些，略有遗憾之情。

我不由得停住了脚步。

从未见过开得这样盛的藤萝，只见一片辉煌的淡紫色，像一条瀑布，从空中垂下，不见其发端，也不见其终极，只是深深浅浅的紫，仿佛在流动，在欢笑，在不停地生长。紫色的大条幅上，泛着点点银光，就像迸溅的水花。仔细看时，才知那是每一朵紫花中的最浅淡的部分，在和阳光互相挑逗。

这里除了光彩，还有淡淡的芳香。香气似乎也是浅紫色的，梦幻一般轻轻地笼罩着我。忽然记起十多年前，家门外也曾有过一大株紫藤萝，它依傍一株枯槐爬得很高，但花朵从来都稀落，东一穗西一串伶仃地挂在树梢，好像在察颜观色，试探什么。后来索性连那稀零的花串也没有了。园中别的紫藤花架也都拆掉，改种了果树。那时的说法是，花和生活腐化有什么必然关系。我曾遗憾地想：这里再看不见藤萝花了。

过了这么多年，藤萝又开花了，而且开得这样盛，这样密，紫色的瀑布遮住了粗壮的盘虬卧龙般的枝干，不断地流着，流着，流向人的心底。

花和人都会遇到各种各样的不幸，但是生命的长河是无止境的。我抚摸了一下那小小的紫色的花舱，那里满装了生命的酒酿，它张满了帆，在这 // 闪光的花的河流上航行。它是万花中的一朵，也正是由每一个一朵，组成了万花灿烂的流动的瀑布。

在这浅紫色的光辉和浅紫色的芳香中，我不觉加快了脚步。

——节选自宗璞《紫藤萝瀑布》

Zuòpǐn 59 Hào

Wǒ bùyóude tíngzhùle jiǎobù.

Céngwèi jiànguo kāide zhèyàng shèng de téngluó，zhǐ jiàn yī piàn huīhuáng de dàn zǐsè，xiàng yī tiáo pùbù，cóng kōngzhōng chuíxià，bù jiàn qí fāduān，yě bù jiàn qí zhōngjí，zhǐshì shēnshēn-qiǎnqiǎn de zǐ，fǎngfú zài liúdòng，zài huānxiào，zài bùtíng de shēngzhǎng. Zǐsè de dà tiáofú•shàng，fànzhe diǎndiǎn yínguāng，jiù xiàng bèngjiàn de shuǐhuā. Zǐxì kàn shí，cái zhī nà shì měi yī duǒ zǐhuā zhōng de zuì qiǎndàn de bùfen，zài hé yángguāng hùxiāng tiǎodòu.

Zhè•lǐ chúle guāngcǎi，háiyǒu dàndàn de fāngxiāng. Xiāngqì sìhū yě shì qiǎn zǐsè de，mènghuàn yībān qīngqīng de lǒngzhàozhe wǒ. Hūrán jìqǐ shí duō nián qián，jiā mén wài yě céng yǒuguo yī dà zhū zǐténgluó，tā yībàng yī zhū kū huái pá de hěn gāo，dàn huāduǒ cónglái dōu xīluò，dōng yī suì xī yī chuàn língdīngde guà zài shùshāo，hǎoxiàng zài cháyán-guānsè，shìtàn shénme. Hòulái suǒxìng lián nà xīlíng de huāchuàn yě méi•yǒu le. Yuán zhōng biéde zǐténg huājià yě dōu chāidiào，gǎizhòngle guǒshù. Nàshí de shuōfǎ shì，huā hé shēnghuó fǔhuà yǒu shénme bìrán guānxi. Wǒ céng yíhàn de xiǎng：Zhè•lǐ zài kàn •bùjiàn téngluóhuā le.

Guòle zhème duō nián，téngluó yòu kāihuā le，érqiě kāi de zhèyàng shèng，zhèyàng mì，zǐsè de pùbù zhēzhùle cūzhuàng de pánqiú wòlóng bān de zhīgàn，bùduàn de liúzhe，liúzhe，liúxiàng rén de xīndǐ.

Huā hé rén dōu huì yùdào gèzhǒng-gèyàng de bùxìng，dànshì shēngmìng de chánghé shì wú zhǐjìng de. Wǒ fǔmōle yīxià nà xiǎoxiǎo de zǐsè de huācāng，nà•lǐ mǎn zhuāngle shēngmìng de jiǔniàng，tā zhāngmǎnle fān，zài zhè // shǎnguāng de huā de héliú•shàng hángxíng. Tā shì wàn huā zhōng de yī duǒ，yě zhèngshì yóu měi yī gè yī duǒ，zǔchéngle wàn huā cànlàn de liúdòng de pùbù.

Zài zhè qiǎn zǐsè de guānghuī hé qiǎn zǐsè de fāngxiāng zhōng，wǒ bùjué jiākuàile jiǎobù.

——Jiéxuǎn zì Zōng Pú《Zǐténgluó Pùbù》

作品 60 号

扫码听范读

[朗读提示]这是一篇保护生态环境的文章，文中既有对事件的讲述，又有对客观事实的说明。朗读时要加以区别：朗读事件讲述时语调充满好奇，并略有起伏；而朗读客观事实说明时，要沉稳、坚实。

在一次名人访问中，被问及上个世纪最重要的发明是什么时，有人说是电脑，有人说是汽车，等等。但新加坡的一位知名人士却说是冷气机。他解释，如果没有冷气，热带地区如东南亚国家，就不可能有很高的生产力，就不可能达到今天的生活水准。他的回答实事求是，有理有据。

看了上述报道，我突发奇想：为什么没有记者问："二十世纪最糟糕的发明是什么？"其实二〇〇二年十月中旬，英国的一家报纸就评出了“人类最糟糕的发明”。获此“殊荣”的，就是人们每天大量使用的塑料袋。

诞生于上个世纪三十年代的塑料袋，其家族包括用塑料制成的快餐饭盒、包装纸、餐用杯盘、饮料瓶、酸奶杯、雪糕杯等等。这些废弃物形成的垃圾，数量多、体积大、重量轻、不降解，给治理工作带来很多技术难题和社会问题。

比如，散落在田间、路边及草丛中的塑料餐盒，一旦被牲畜吞食，就会危及健康甚至导致死亡。填埋废弃塑料袋、塑料餐盒的土地，不能生长庄稼和树木，造成土地板结，而焚烧处理这些塑料垃圾，则会释放出多种化学有毒气体，其中一种称为二噁英的化合物，毒性极大。

此外，在生产塑料袋、塑料餐盒的//过程中使用的氟利昂，对人体免疫系统和生态环境造成的破坏也极为严重。

节选自林光如《最糟糕的发明》

Zuòpǐn 60 Hào

Zài yī cì míngrén fǎngwèn zhōng, bèi wèn jí shàng gè shìjì zuì zhòngyào de fāmíng shì shénme shí, yǒu rén shuō shì diànnǎo, yǒu rén shuō shì qìchē, děngděng. Dàn Xīnjiāpō de yī wèi zhīmíng rénshì què shuō shì lěngqìjī. Tā jiěshì, rúguǒ méi•yǒu lěngqì, rèdài dìqū rú Dōngnányà guójiā, jiù bù kěnéng yǒu hěn gāo de shēngchǎnlì, jiù bù kěnéng dádào jīntiān de shēnghuó shuǐzhǔn. Tā de huídá shíshì-qiúshì, yǒulǐ-yǒujù.

Kànle shàngshù bàodào, wǒ tūfā qí xiǎng: Wèishénme méi•yǒu jìzhě wèn: “Èrshí shìjì zuì zāogāo de fāmíng shì shénme?” Qíshí èr líng líng èr nián shíyuè zhōngxún, Yīngguó de yī jiā bàozhǐ jiù píngchūle “rénlèi zuì zāogāo de fāmíng”. Huò cǐ “shūróng” de, jiùshì rénmen měi tiān dàliàng shǐyòng de sùliàodài.

Dànshēng yú shàng gè shìjì sānshí niándài de sùliàodài, qí jiāzú bāokuò yòng sùliào zhìchéng de kuàicān fànhé、bāozhuāngzhǐ、cān yòng bēi pán、yǐnliàopíng、suānnǎibēi、xuěgāobēi děngděng. Zhèxiē fèiqìwù xíngchéng de lājī, shùliàng duō、tǐjī dà、zhòngliàng qīng、bù jiàngjiě, gěi zhìlǐ gōngzuò dàilái hěn duō jìshù nántí hé shèhuì wèntí.

Bǐrú, sànluò zài tiánjiān、lùbiān jí cǎocóng zhōng de sùliào cānhé, yīdàn bèi shēngchù tūnshí, jiù huì wēi jí jiànkāng shènzhì dǎozhì sǐwáng. Tiánmái fèiqì sùliàodài、sùliào cānhé de tǔdì, bùnéng shēngzhǎng zhuāngjia hé shùmù, zàochéng tǔdì bǎnjié, ér fénshāo chǔlǐ zhèxiē sùliào lājī, zé huì shìfàng chū duō zhǒng huàxué yǒudú qìtǐ, qízhōng yī zhǒng chēngwéi èr'èyīng de huàhéwù, dúxìng jí dà.

Cǐwài, zài shēngchǎn sùliàodài、sùliào cānhé de// guòchéng zhōng shǐyòng de fúlì'áng, duì réntǐ miǎnyì xìtǒng hé shēngtài huánjìng zàochéng de pòhuài yě jíwéi yánzhòng.

——Jiéxuǎn zì Lín Guāngrú《Zuì Zāogāo de Fāmíng》

第四章 命题说话测试应试指南

第一节 命题说话测试指导

一、测试目的

测查应试人在无文字凭借的情况下说普通话的水平，重点测查语音标准程度，词汇、语法规范程度和自然流畅程度。

二、测试要求

1.说话话题从《普通话水平测试用话题》中选取。由应试人从给定的两个话题中选定1个话题，连续说一段话。

2.应试人单向说话。如发现应试人有明显背稿、离题、说话难以继续等表现时，主试人应及时提示或引导。（提示：机测时，无主试人提示或引导）

三、评分标准（总分：40分）

语音标程度：25分；词汇、语法规范程度：10分；自然流畅程度：5分。

1.语音标准程度，共25分，分六档：

一档：语音标准或极少有失误，扣0分、1分、2分。

二档：语音错误在10次以下，有方音但不明显，扣3分、4分。

三档：语音错误在10次以下，但方音比较明显；或语音错误为10～15次，有方音但不明显，扣5～6分。

四档：语音错误为10～15次，方音比较明显，扣7分、8分。

五档：语音错误超过15次，方音明显，扣9分、10分、11分。

六档：语音错误多，方音重，扣12分、13分、14分。

2.词汇、语法规范程度，共10分，分三档：

一档：词汇、语法规范，扣0分。

二档：词汇、语法偶有不规范的情况，扣1分、2分。

三档：词汇、语法屡有不规范的情况，扣3分、4分。

3.自然流畅程度，共5分，分三档：

一档：语言自然流畅，扣0分。

二档：语言基本流畅，口语化较差，有背稿子的表现（不是真的背稿，只是表达不够口语化，比较像书面语），扣0.5分、1分。

三档：语言不连贯，语调生硬，扣2分、3分。

4.说话不足3分钟，酌情扣分：

一档：缺时1分钟以内（含1分钟），扣1分、2分、3分。

二档：缺时1分钟以上，扣4分、5分、6分。

三档：说话不满30秒（含30秒），本测试项成绩计为0分。

5. 对于应试人不按测试目的、要求说话的（如反复纠错、简单重复、完全离题等）本测试项成绩可判为 0 分。

四、目标设定

如果应试人想达到一级乙等的目标，那么在本项测试中最多可扣 4 分；如果想达到二甲的目标，最多可扣 5.5 分。

五、特别提示

避免说空话大话，否则会导致表达内容难以源源不断的自然表达；禁止偏离话题，否则会导致表达内容的有效性缺失，从而影响测试员对应试人这一项分值的不利判定；禁止背稿子，如出现背稿的现象即视为作弊，本测试项得分为零分，进而整套卷的测试结果都不可能达到任何一个普通话水平的等级。

第二节　命题说话测试技巧

命题说话是普通话水平测试的最后一项测试内容，在整个测试中，此项分值最高，比重最大。《普通话水平测试大纲》明确规定，命题说话测试的目的在于"考查应试人在没有文字依凭的情况下，说普通话的能力和所能达到的规范程度。"因而，此项是应试人在日常交往中使用普通话状况最直接的反映，此项是否成功直接影响应试人是否能够通过普通话水平测试。因此，我们对该项内容应给予重视。

通过多次测试，大多数应试人觉得此项最难，也最紧张，那么究竟难在哪里？应该怎样准备？究其原因，是应试人没有了文字依凭，方言母语的影响不易克服，加上应试时心理较为紧张，就会觉得此项内容难以把握。

一、命题说话的基本要求

1. 围绕命题进行说话

国家普通话培训测试中心制定了《普通话水平测试用话题》共 30 个，供命题说话测试使用，30 个话题如下：

(1)我的愿望(或理想)　　(2)我的学习生活
(3)我尊敬的人　　(4)我喜爱的动物(或植物)
(5)童年的记忆　　(6)我喜爱的职业
(7)难忘的旅行　　(8)我的朋友
(9)我喜爱的文学(或其他)艺术形式　　(10)谈谈卫生与健康
(11)我的业余生活　　(12)我喜爱的季节(或天气)
(13)学习普通话的体会　　(14)谈谈服饰
(15)我的假日生活　　(16)我的成长之路
(17)谈谈科技发展与社会生活　　(18)我知道的风俗
(19)我和体育　　(20)我的家乡(或熟悉的地方)
(21)谈谈美食　　(22)我喜欢的节日
(23)我所在的集体(学校、机关、公司等)　　(24)谈谈社会公德(或职业道德)

(25)谈谈个人修养　　(26)我喜欢的明星(或其他知名人士)
(27)我喜爱的书刊　　(28)谈谈对环境保护的认识
(29)我向往的地方　　(30)购物(消费)的感受

命题说话的话题从《普通话水平测试用话题》中抽取。在考前先从 30 个话题中抽出两个,然后应试人再从这两个话题中选定一个,围绕这个话题连续说一段话。

应试人要围绕选定的话题说话,不能脱离该话题而自己找一个话题来说。这些话题是对说话范围的规定,并不规定说话的具体内容。这些话题内容宽泛,贴近生活,是应试者比较熟悉、感受较多、有话可说的。命题说话要求内容充实,不要求结构完整,层次清楚,也不要求非常生动、精彩。如果测试规定的时间到了而未能将话题完整地讲完,不会被扣分。

2. 无文字凭借

命题说话时完全没有文字凭借,不能照着预先准备好的文字稿件或文字提纲来读或讲,也不能变相地依赖现成的文字,例如背事先准备好的稿子,大段背诵现成的诗歌、散文等文学作品或自己熟悉的规章、制度、条例,讲述现成的故事等。应试人如果出现类似背稿的现象,要被扣分。情节严重的该项测试的成绩按 0 分计算。

3. 语音标准

命题说话的测试目的是测查应试人在没有文字凭借的情况下,说普通话的能力和所达到的规范程度。普通话语音标准程度是最重要的测查内容。语音标准指应试人说话发音时声母、韵母、声调要正确;变调、轻声、儿化和“啊”的音变正确恰当;语调平稳自然,能够按照普通话口语的语调来说话,接近自然生活中的口语,不带有朗读和背诵的腔调。

命题说话时要尽可能减少语音错误和语音缺陷的出现。应试人在命题说话规定的 3 分钟时间内所出现的语音错误累计的次数是重要的扣分依据。语音缺陷也是语音标准程度评分的重要依据。语音缺陷的数量和程度直接反映出应试人含有方言语音的程度,在语音错误数量相同的情况下,含有方音或方音明显都会增加扣分。

4. 词汇语法规范

命题说话虽然预先有一定时间的准备,但是仍属于即兴说话,没有文字凭借,应试人要注意词汇语法的规范;要使用普通话词汇,不使用典型的方言词汇;要使用普通话的语法格式,不使用典型的方言语法格式;要使用规范的普通话句式,避免句法失误,避免出现明显的病句。应试人在命题说话中如果出现词汇、语法不规范的情况,会被酌情扣分。

5. 自然流畅

命题说话要求语句通顺流畅,不间断地一句一句往下说,缓而不急;不能断断续续,结结巴巴。要求语流自然通畅、前后连贯,完整传达语意,便于听众的理解。应试人如果出现语言不连贯、语调生硬、结结巴巴及类似现象,要被扣分。

6. 口语化

命题说话是即兴口头表达,要求使用灵活的口头语言。主要表现在多用常用的口语词汇,可以适当使用语气词如“吧”“吗”之类,慎用文言词和书面色彩浓厚的词语,避免使用同音词,这样可以使话语表意清晰、便于理解。可以有目的地、适当地重复部分语句,要避免无意义的机械重复。避免使用过多的口头禅,如“这个这个”“那个”“嗯……嗯……”等。避免过多使用外语词、字母词等,尽量使用规范的现代汉语词汇。多使用简单句和短句子,句式灵活多变,避免使用结构复杂、成分繁多的长句。应试人如果口语化较差，会被酌情扣分。

7. 时间饱满充足，语速适中

命题说话的时间不少于 3 分钟，如不足 3 分钟，要酌情扣分。应试人要努力说满 3 分钟，如果准备的内容说完了，时间还没有到，可以联系相关的内容继续往下说，直到达到规定的时间后再停止。

为顺利说足规定时间，又减少不必要的错误，应试人要注意语速适中，以每分钟 200～220 字为宜。语速适中，发音从容，可以提高发音的准确程度。如果语速过快，会影响发音的准确程度，错误率会上升；同时在规定时间里说话的音节数会增加，语速过快与语速适中之间发音音节数会相差几百字之多，这也增加了语音错误出现的概率，将直接影响本项得分。也不能语速过慢，因为语速过慢会影响语句的完整，使人听起来感觉别扭，不像是日常说话了。因此必须注意把握说话的语速。

二、命题说话中的常见问题

1. 语音错误和语音缺陷过多，方音明显

在此项测试中，应试人在语音错误和语音缺陷方面暴露的问题要明显多于前三项测试，主要原因是此项测试没有文字凭借。前三项测试中应试人可以先看到要读的文字，对其发音思想上会有所准备，能够很好地分辨并且准确读出；而此项测试中应试人对即将发出的语音无法充分准备，只能是边说边在脑海中斟酌发音，还要搜肠刮肚考虑说话内容，组织恰当的语句，由此更容易导致上述问题的出现，比如平翘舌不分、前后鼻音不分等问题，因此扣分明显增多。所以应试人平时应加强练习，养成普通话思维、用普通话表达的习惯，在日常的学习、工作和生活中使用普通话从而减少方言音的影响。

2. 词汇语法不规范

命题说话测试由于没有文字依据，并且又比较接近于日常生活中的语言状态，所以比较容易出现词汇语法方面的错误。具体表现在三个方面：

(1)语法错误

测试中常见的语法错误有：

①搭配不当。如主语和谓语搭配不当，谓语和宾语搭配不当，定语、状语、补语和中心语搭配不当等，如："蔚蓝的草地(天空)"，"请了很多客人和很多菜(请了很多客人，做了很多菜)"。

②句子成分不完整。常见的是宾语、补语残缺而造成一个句子没有说完整；有时因为思维转换，一个句子未说完就转到了另一个句子上了，从而造成句子成分不完整，如："我们买了许多野炊，准备露一手，老师夸夸我们那儿的美食非常多……(我们买了许多野炊用的食物，准备露一手，让老师夸夸我们的手艺)"。

③语序不当。定语和中心语位置颠倒，把定语错放在状语位置，把状语错放在定语位置，多层定语语序不当，多层状语语序不当等，这往往是因应试人使用过长的句子而产生的，如："许多脑海里涌现出感想(脑海里涌现出许多感想)"，"我的朋友是一位商店的出售高档礼品的总经理(我的朋友是一家出售高档礼品的商店的总经理)"等。

④句式杂糅。两句混杂，前后牵连，如："假日的天空晴朗无云是很令人开心的(假日的天空晴朗无云，这样的天气令人很开心)"。

(2)使用方言词汇

人们学习使用普通话,不仅发音要标准,还要使用普通话词汇。普通话词汇里有相应的词可以满足社会生活需要的,应该尽量使用普通话词汇。有些人们经常使用的、已经习以为常的词语其实是属于方言词语,其比较多地集中在表示生活用品、称谓等名词和表示日常行为的动词上,由于许多应试人不能正确辨别,因而在命题说话时不自觉地使用了这些词,结果被扣分。

(3)使用方言语法格式

应试人由于受方言的影响,说话中会夹有方言语法格式,此类情况要注意避免,否则会被扣分,如:"走这儿离开(从这儿离开)","我有写过一遍作文关于妈妈的(我有写过一遍关于妈妈的作文)","这件事情我有说过(这件事情我说过了)"。

3. 内容贫乏,无话可说

应试人因为准备不充分,命题说话时没有具体的内容可以述说,或者只说了一个开头就无话可说了,只好胡拉乱扯简单重复相同的内容,例如说《我的家乡(或熟悉的地方)》:"在我们家前面有一条小河,在我们家后面也有一条小河,在我们家东边也有一条小河,在我们家西边还有一条小河……"又如说《我的业余生活》:"我业余时间喜欢听流行歌曲,比如说……比如说,张学友的歌,因为张学友这个人唱歌非常好听,我觉得很好听,所以我喜欢听他的歌,他所有的歌我都喜欢听……"还有些应试人反复纠正自己的语音错误,说一个词、一个短语或一句话就要纠正一次,致使语句不完整,语意不连贯,整个说话的信息量过低。其实在命题说话的 3 分钟时间里应试人所有发音都是评分依据,即使把语音错误改正过来,原有的错误仍然算数。

如果应试人说话时有反复纠错、简单重复、信息量过低等情况,该应试人本项测试成绩判为 0 分。

4. 偏离话题

应试人不是围绕选定的话题说话,而是说别的话题,例如应试人选定的话题是《我喜欢的动物(或植物)》,说话时却从选定话题直接跳到了另一个话题:"我的说话题目是我喜爱的植物,我尊敬的人是我的父亲……"还有些应试人是由一个话题很快偏离到另一个话题,并围绕其开始叙说了,如应试人选定的话题是《我喜欢的动物(或植物)》:"我的说话题目是我喜爱的植物,我喜爱的植物是兰花,我的爸爸也喜欢兰花,我就说说我的爸爸吧,我的爸爸是一个非常能干的人……"出现这种情况的原因是应试人抱着侥幸心理,未做充分的准备,只准备了某一个话题,测试时不能围绕指定话题展开,只好说预先准备的话题。如果出现严重偏离话题的现象,该应试人本项测试成绩判为 0 分。

5. 背稿应付

应试人预先将所有话题,写成了语言规范、条理清楚的文章,或者干脆取用现成文章,背熟后来应付测试。测试时不是自然地说话而是生硬地背稿子,由此会产生以下问题:首先,不符合命题说话的要求,无法反映应试人使用普通话的真实状况;其次,所使用的词语、句式、结构往往不符合口语化要求,让人感觉生硬别扭;再次,说话时受制于文稿,一旦背稿时有遗忘,就卡壳而不知所措。对于命题说话时有明显背稿,情节严重者,该应试人本项测试成绩判为 0 分。

6. 表达不流畅

应试人命题说话时找不到合适词语,话语不清晰,不流畅,结结巴巴,断断续续。究其原因,是因为平时用普通话说话太少,一旦要说,就不知如何表达了。还有的应试人一味讲究发音的标准,不能连词成句地表达话语,而是一个字一个字地说,失去了日常生活语言的自然与流畅,例如："嗯，我……我所在的集……集体，集体有大有小，大的……大的，嗯、嗯、大集体就是就是我的单……单位，单位"；"我—喜—欢—的—明星—是—陈—陈道明……"所以应试人要加强练习，大胆流畅地说话。

7. 心理紧张，情绪波动

在命题说话时有些应试人会过度紧张，浑身颤抖、语音失真、思维停滞、语句混乱，导致语音错误增加，语句不流畅。有的应试人在说话时会因激动而情绪剧烈波动。应试人应注意避免谈及过分喜悦或过度悲伤的内容。有时应试人会因为过分悲痛而泣不成声，或因为过分喜悦而哈哈大笑，这些不仅会造成发音失常，增强加语音错误和语音缺陷的数量，甚至还可能因无法控制自己而致使测试中断，进而影响测试成绩。测试实践中发现，各个年龄段的应试人都可能涉及一些容易引起情绪波动的内容，如：在说《我尊敬的人》、《我的成长之路》等话题时，很多应试人会说起自己的祖辈或父辈，如爷爷、奶奶、外公、外婆、爸爸、妈妈等，常常情绪伤感；应试人对这些亲人感情很深，很希望让别人与之分享，这是可以理解的，但在准备内容时一定要考虑到是否可以控制自己的情绪。

8. 时间不足

有些应试人在命题说话时不能讲满 3 分钟，究其原因主要有两个：一是准备不充分，不得法。在培训迎考阶段未对所有的话题进行全面分析准备，在看到题目之后又未对说话题目的整体格局进行思考。仓促应对，结果说了不到 30 秒，剩余的时间就不知道讲什么了；二是不了解测试规则，以为是讲述一篇小型口头作文，讲完就停下来了，虽然时间还没有到，也不往下讲了。命题说话是按时间评分的，未说满时间，要被扣分。

第三节 分析话题类型 厘清表达思路

一、分析话题类型

命题说话没有严格的类型要求，但一般来说，确定大致的类型，有利于安排结构、组织材料，顺利地完成说话。命题说话常见的类型可以分成叙述型、议论型、说明型三种。原则上讲，普通话水平测试用的 30 个话题都可以使用不同类型来讲，每个人可以根据自己的说话习惯，选择一种自己比较擅长的类型来说。

1. 叙述型

叙述型说话就是通过讲述人物、事件，描写环境，反映社会生活。

在讲述人物时，要选取发生在该人物身上的最突出最感人的事情来讲，可以抓住人物的外貌、语言、动作、性格等方面的特征进行讲述。

在测试用话题中比较适合于讲述人物的话题有：

3 号《我尊敬的人》

8 号《我的朋友》

26 号《我喜欢的明星(或其他知名人士)》

在讲述事件时要选取生动具体的、结构完整的、自己熟记的、给人留下深刻印象的一些事件或事物，从事件发生的时间、地点、原因，事件的发生、发展、结局等方面来讲，把相关内容说清楚。

在测试用话题中比较适合于讲述事件的话题有：

2 号《我的学习生活》

5 号《童年的记忆》

7 号《难忘的旅行》

11 号《我的业余生活》

15 号《我的假日生活》

16 号《我的成长之路》

19 号《我和体育》

20 号《我的家乡(或熟悉的地方)》

23 号《我所在的集体(学校、机关、公司等)》

29 号《我向往的地方》

叙述型讲话要注意叙述完整、清楚、详细，还要运用描写的表达方式，对人物、景物、自然环境和社会环境等展开描写，切忌干巴巴地、粗略地、轻描淡写地一带而过。

2. 议论型

议论型说话是对社会生活中的人或事进行分析评论、发表意见、阐明是非的说话。议论型说话应该具备三个要素，即论点、论据、论证。论点就是作者对议论的对象所持的见解和主张。论据就是用来证明论点的事实和道理，包括事例、数据、科学原理、定律公式、警句格言等。论证就是组织、分析论据并使之与论点联系起来的过程与方法，常用的论证方法有例证法、引证法、喻证法、对比法、类比法、归谬法等等。

在测试用话题中比较适合于议论型说话的话题有：

10 号《谈谈卫生与健康》

13 号《学习普通话的体会》

17 号《谈谈科技发展与社会生活》

24 号《谈谈社会公德(或职业道德)》

25 号《谈谈个人修养》

28 号《谈谈对环境保护的认识》

30 号《购物(消费)的感受》

3. 说明型

说明型说话就是解说事物阐明事理，使人得到关于事物和事理的知识的说话。说明型说话按说明对象可以分为两大类：一类是说明具体物体的，就是抓住物体的特征，把其形状、性质、构造、用途等等说清楚；一类是说明抽象事理的，就是说清楚事物的原理、关系、变化、功能等，揭示事物的内在联系。说明型说话无论是说明事物还是说明事理，都应该采用一定的说明方法，如：分类、举例、比较、列数字、打比方等，便于将事物或事理说清楚。

在测试用话题中比较适合于说明型说话的话题有：

1 号《我的愿望(或理想)》

4 号《我喜爱的动物(或植物)》

6 号《我喜爱的职业》

9 号《我喜爱的文学(或其他)艺术形式》

12 号《我喜爱的季节(或天气)》

14 号《谈谈服饰》

18 号《我知道的风俗》

21 号《谈谈美食》

22 号《我喜欢的节日》

27 号《我喜爱的书刊》

二、命题说话测试的应试步骤

1. 审题

拿到规定的话题后，首先要审题：该话题的主要内容应该是什么；从哪个角度说，用什么方式说最能体现该话题的中心，最能发挥自己的长处。

审题关系到应试者对话题的理解，只有理解话题的主要内容，才有可能帮助应试者集中大脑思维，厘清说话的主线条，沿着主线搜集说话的材料，充实说话的内容，从而使说话具备一个清晰的目标。

2. 设计

(1)在理解话题中心的前提下，根据自己的经验、阅历准备围绕话题的叙说材料(事例、情节等)。

(2)迅速地组织材料，构思说话的框架(拟分几个层次来表达)，设计每个层次的阐说重点。为了便于把握说话的整体结构，建议分别以一个主题词或一句话来概括各层次的表达内容，以提高自己的整体把握能力，明确各层的表达要点，避免慌乱。

3. 复习

构思好说话的基本内容后，临场前迅速而简洁地以各段的主题词提示自己对整体结构的把握，然后从容地走进考场。

4. 考试

进入考场后，从容地深呼吸以稳定情绪，然后排除一切杂念，集中全部的注意力。说话时，根据整体框架与各段的主题词作必要的、能动的发挥。

考试中要注意以下三点：

(1)语速不要太快，可以慢条斯理。

(2)在总体框架的指导下，沿着各段落中心词语的提示，可以边想边说，要敢于大胆地发挥。

(3)对语音、词汇、语法的规范可适当注意，但是不要考虑得过多而迷失了说话的方向。

三、命题说话各话题的审题与思路拓展

为了帮助应试者更有效地进行“命题说话”测试的准备，迅速驾驭不同话题的应对方式，我们对《普通话水平测试大纲》所附的 30 个话题作逐一分析，对每一个话题所要把握的要领及内容开掘的方法提出一些建议，以供应试者参考。

1. 我的愿望(或理想)

审题：

(1)愿望或理想一般都是一个尚未实现的，内心觉得是有意义、有价值的憧憬。

(2)可以是当初的愿望，最后通过努力实现了的憧憬，但主要内容要落实在“憧憬”上。叙说

时要突出这个“愿望”(或理想)在自己心目中的价值与意义。

思路拓展：

(1)可以从对个人(自身)的意义，也可以从对他人、对社会的意义谈这一“愿望”与向往。

(2)不能忘记为了这个愿望所做过的努力与努力的过程。必要时，可以适当展开在为之努力的过程中那些感动自己、感动他人的小故事。

2. 我的学习生活

审题：

(1)抓住“学习生活”这个主题，也就是自己学习、进取的过程。

(2)既然是“我”的学习生活，就一定有不同于他人的特点与过程，无论是“得”也好“失”也好，酸甜苦辣，曲折平坦，自己的感受最深，要道出自己的学习经历与切身感受。

思路拓展：

(1)学习有理论知识上的进修，也有业务上、专业上的学习，可以选最有内容的方面说。

(2)学习过程有“得”也有“失”，往往存在很多矛盾。一些人有专门的学习机会却并不珍惜，待到想学的时候往往又失去了机会。即使在同样的机会下，不同人的学习效果也往往不尽相同，这又涉及学习的方法与态度。应试者可以结合自己的经历来叙说、总结，可说的内容一定不会少。

3. 我尊敬的人

审题：

既然是被自己所“尊敬”的人，一定是被自己了解的，且一定有值得尊敬、佩服的地方，突出他的优秀品质或值得崇敬的行为是该话题的重点。

思路拓展：

(1)只要具备上述特点，这个人无论是同事、朋友、父母、英雄人物或平凡者都可以说。

(2)被自己所尊敬的人不一定每一个方面都伟大。生活中没有完人，只要这个人在某一方面确实突出，而且不乏真实与感动，就可以成为话题。

(3)叙说要以生活中的真实例证来说明这个人被自己“尊敬”的理由，但不要面面俱到，例证的选取要典型。叙说时不妨穿插一些生动的事例。

4. 我喜爱的动物(植物)

审题：

(1)既然某个动物(或植物)被自己喜爱，一定有被喜爱的理由，那就是这一动物(植物)在自己眼中的可爱之处。这是话题的要点所在。

(2)可以集中说动物，也可以集中说植物，不必两样兼叙，那样反而会冲淡话题的中心。

(3)可以说自己熟悉的一类动物(植物)，也可以说自己熟悉的一个具体的动物(植物)。一般而言，具体的叙说对象更容易阐说得生动、形象。

思路拓展：

(1)先对自己喜爱的对象进行一番介绍，介绍要形象、逼真，尽可能让听者从中得到一种直觉感。

(2)要用具体事例说明自己所描写对象的可爱、可贵，如果能在描述中带上真实的感情，则更能打动听者。

5. 童年的记忆

审题：

“童年的记忆”是要应试者通过回忆，叙说儿时的那些让自己难以忘却的某件事或某个经历，它们往往对应试者的成长有一定教训或启迪意义。

思路拓展：

(1)必须以具体经历与感受来描述“记忆”，这就不能缺少具体的事例。你也可以用说故事的方法引出主题。

(2)童年的记忆有正面的，也有负面的，正面的“记忆”是启迪，负面的“记忆”是反思、教训，对个人的成长也有意义，只是叙说之后要善于总结。

6. 我喜爱的职业

审题：

“我喜爱”的东西一般都是自己感兴趣的东西。既然是自己感兴趣的东西，就一定要说明自己喜爱的原因，这是话题展开的依据。职业不同于业余爱好，它指的是自己赖以维生、为之奋斗的工作和事业。

思路拓展：

(1)“喜爱的职业”可以是应试者目前从事的工作，也可以是向往的工作，如果这样理解，就可以扩大话题的思路。

(2)“喜爱”的缘由可以从自己的兴趣谈起，也可以从工作的社会意义谈起，这样也可以开阔话题的思路。

(3)无论从哪方面谈，均应该联系工作的实际内容与自己为之努力或准备为之努力的实际行动，这样谈起来才能使话题充实，不流于空论。

7. 难忘的旅行

审题：

谈“旅行”不能缺少旅行的主要过程(主要经过)，之所以“难忘”，是因为旅行一定会给自己留下了值得记忆、值得回味的价值与意义。这是本话题要突出的重点，也是值得自己总结的内容。

思路拓展：

(1)本话题一般是自己某一次旅游的亲身经历，如果缺少这一记忆犹新的实际经历，或者自己的旅游缺少“难忘”的感受，则不必拘泥于现实话题，宜另寻角度，可广义地拓展思路。比如，观看介绍世界名胜的纪录片，阅读某一本旅游纪实的书，等等。可以说说观后感或读后感。

(2)“旅游”一定有准备、开始、经历、结束等几个过程，过程的叙说不宜琐碎，要突出重点和有意义的情节，然后才能总结出难忘的地方，好让听者产生共鸣。

8. 我的朋友

审题：

朋友是指彼此有交情的人，介绍朋友的特点与值得自己赞扬的地方就是本话题的要点。

思路拓展：

(1)叙说一般朋友，要以一件突出的事或几件相互关联的事作为开掘话题的内容，通过这些具体的事情或朋友具有启发性的语言来刻画这位朋友，说明这位朋友值得打交道、值得自己信赖、佩服的地方。

(2)亲密的朋友不一定局限于同龄人与同班同学，可以将话题范围扩展开来，比如父母、兄弟、姊妹，他们不但是血缘至亲，同时也可以是亲密的朋友。师生之间往往也可以建立相互信任的朋友关系。

(3)无论从哪个角度开掘主题，都离不开对具体的、活生生的人的描述，离不开以具体、生动可感的事例来阐说自己心中的“朋友”。

9. 我喜爱的文学(或其他)艺术形式

审题：

(1)选定一种自己最为熟悉的文学或艺术形式作为集中叙说的对象。

(2)说明自己对这一文学(艺术)形式感兴趣的理由，以及从这一形式中得到的滋养、教益或提高。

思路拓展：

(1)可以从自己当初对这一“形式”的陌生到熟悉，再到爱不释手的过程谈起，在“过程”的叙说中突现这一“形式”给予自己的快乐、安慰和提高。

(2)可以从文学(艺术)形式本身的价值谈起，再叙说具体学习、实践、提高的过程。

(3)可以从一本书、一部电影、一幅画或一首歌谈起，慢慢谈到自己怎样走上“喜爱”它的道路。无论从哪个角度谈，都要突现“喜爱”给自己带来的收获。

10. 谈谈卫生与健康

审题：

这是一个议论性的话题，着重应说明卫生与健康两者间的因果关系，说明有没有良好的卫生习惯对健康带来的直接或间接的影响。

思路拓展：

(1)建议以具体的事例作证据，阐释卫生与健康间的关系，这样话题就能说得生动。

(2)卫生可分生理卫生、饮食卫生、环境卫生、心理卫生等，这个话题可谈的内容很多，可选择自己熟悉的事例、熟悉的知识与关心的内容展开话题。

11. 我的业余生活

审题：

(1)业余生活不是可有可无的，它应当在我们每个人的整体生活中占有一定的空间。业余生活一般都与自己的兴趣爱好有直接的关系。

(2)介绍自己业余生活的内涵，并且说明它的意义，它给自己带来的快乐、收获，正是这一话题的主要内容。

思路拓展：

(1)可以以一种爱好内容为主，介绍其内容、特点与实践方式，然后说明它给自己带来的收获。

(2)可以叙说自己不同阶段的业余爱好以及业余生活中的收获。

12. 我喜欢的季节

审题：

重点描述自己喜欢的季节的特色，说清为什么喜欢这一季节。在叙说中注意将季节特点与自己的生活色彩、审美观点及情趣联系起来。

思路拓展：

(1)可以集中一个最有色彩的季节来谈。

(2)可以分别谈不同的季节被自己喜爱的原因,从而归结到对生活的热爱。

13. 学习普通话的体会

审题:

通过学习普通话的过程,总结自己的心得、收获。

思路拓展:

(1)可以联系自己学习普通话的过程,以及遇到的困难、克服困难的过程,谈谈体会。

(2)可以介绍学习普通话的方法与收获。

(3)可以从学习普通话给自己带来的方便和好处等方面谈谈体会。

14. 谈谈服饰

审题:

在自己了解的范围内,可从服饰的种类、式样及审美情趣上谈谈自己的见解。重点在于对相关的服饰作出评价,说出道理。

思路拓展:

(1)可以从各类服饰的介绍上谈谈知识性的内容。

(2)可以从各种服饰的款式上谈谈自己的审美观点与情趣。

(3)可以从美观、得体与适用诸方面的结合上发表见解。

(4)可以从生活休闲服装与职业制式服装的功能、款式区别上发表见解。

(5)可以通过近一个时期以来服装的流行变化,谈谈人们生活的变化以及社会的变革。

15. 我的假日生活

审题:

“假日生活”指的是自己休假生活的安排,比如旅游、访友、读书等。即使假日期间仍在加班,也应该有不同于平时上班的意义。

思路拓展:

双休日、节日长假、带薪年假等都可以是谈论内容,要说出带有规律性的、有意义的活动内容,能从假日生活中得到充实、丰富、调整。也有一些人假日更忙,忙于家务、忙于照顾老人、忙于公共服务事务,这是一份奉献,在奉献中我们收获到什么是值得自己总结的内容。

16. 我的成长之路

审题:

所谓“成长之路”就是自己成熟、进步的经历与过程,总结这个过程,得到一些人生的启示与经验,这是话题的要点。建议以切身的经历与具体的事实阐述自己的成长之路。

思路拓展:

(1)人生一般都分几个不同的阶段,可以从自己经历的几个阶段分别进行总结,揭示各个阶段的特点与人生启示。

(2)个人成长的各个阶段往往都离不开那些帮助过自己的人,小时候是父母的帮助,长大了是老师的帮助,走向社会是同事、朋友的帮助。同样,自己也在帮助他人,为这个社会承担一份责任,这也是一种启示。

(3)有的人成长之路比较曲折,吃过很多苦。说出自己曲折的经历以及如何在磨炼中获得一种坚韧与毅力,这种坚韧如何伴随自己走向成功,这就是一份可贵的精神财富。

17. 谈谈科技发展与社会生活

审题：

这是一个议论性的话题，本话题主要让应试者谈谈科技发展给社会生活带来的影响。客观地评价这一“影响”应当包括正面影响与负面影响两个方面。论述应当以肯定正面影响为主，同时提示在合理利用科技手段的同时，应注意减少人为的操控不当所带来的负面影响。

思路拓展：

科技发展给今天社会发展带来的一系列有利之处，如通信的发展、电脑使用的普及确实加快了社会前进的步伐，给我们的生活带来了前所未有的方便。但科技的进步也给我们带来了某些负面影响，如工业科技的发达创造了巨大的价值，人们在狂热地追求价值更大化的同时，往往放弃科学精神，造成了普遍性的环境污染；电脑使用给我们的学习、工作带来诸方面的好处，可是对电脑的过分依赖造成了很多人书写能力下降……这不是科技发展本身的弊病，而是人为操控不当的结果。

科技发达同时给我们提出了合理利用科技的警示。

18. 我知道的风俗

审题：

这是一个知识性的话题，需要介绍应试者所熟悉的某些民间风俗。要突出这些风俗的地域特点或民族特点，如果在介绍的同时能给大家分析一下这些风俗的文化背景则更好。

思路拓展：

(1)可以就自己家乡的某些民间风俗作介绍。

(2)可以就中国民间常见的某些风俗作概括的介绍。如果是人们都知道的风俗，最好能谈谈这些风俗的文化内涵。

(3)可以就某些民族风俗、世界某些地区的特异风俗作趣谈性的介绍。

(4)可以就不同地区间“大同小异”或“大异小同”的某些风俗作对比性的介绍。

19. 我和体育

审题：

本话题主要是让应试者谈谈自己和体育间的关系或某种缘分。切不要狭义地理解体育的内涵，如果从广义的角度理解，每个人都有自己的话题。

思路拓展：

(1)对于从事过体育运动的人自然有更多的内容可说，对于不常参加体育活动的人，只要不是狭义地理解体育，那么，无论自己喜欢不喜欢参加体育活动，只要与广义的体育有关的内容，都可以融入自己的话题。比如中国奥运金牌榜的排名、中国运动员或教练员的事迹等，都可以是“我和体育”的话题。

(2)可以从自身的健康与体育锻炼的关系谈起，介绍自己的锻炼方式，以及这些活动给自己带来的快乐与收获。

(3)从事过体育比赛、获得荣誉与光彩的人，更可以从体育与自己人生价值的体现谈起，给人一种启示。

20. 我的家乡(或熟悉的地方)

审题：

可以将“家乡”理解为故乡，也可以将“家乡”理解为长期生长、居住的地方；在更大的范围内，可以将“家乡”理解为祖国。

思路拓展：

(1)可以从家乡的地理特色角度开掘话题，顺便介绍家乡的人文特色。

(2)可以从家乡的风情、物产开掘话题。

(3)可以从家乡是自己成长里程中的一部分谈家乡与自己的关系。

(4)可以从家乡面貌的变化谈社会进步。

无论从哪个角度开题，都要用具体事实对家乡的一般情况作富有特点的介绍，让听者对应试者的家乡有一个概括的了解。

21. 谈谈美食

审题：

“美食”不等于“美吃”，“美食”不但有形式上的内容，而且有健康、审美的人文内涵。应试者要尽量抓住“美食”的准确含义。

思路拓展：

(1)可以介绍一地特有的美食内容，也可以介绍各地具有代表性的几个美食内容。

(2)可以身处一地，从人文和科学的角度介绍此地四季美食的内容，并可兼谈这些美食中的保健知识。

(3)可以介绍中国美食中的几个典型内容。

(4)可以专谈中国药膳中的美食内涵。

(5)可以专谈中国历史上“御膳”中的美学成分。

22. 我喜欢的节日

审题：

介绍自己喜欢的节日的特点与内涵，从而说明喜欢的原因。

思路拓展：

(1)可选定自己心目中的一个节日作具体的介绍，突出这一节日的形式特点与文化内涵。如果可能，不妨对这一节日的历史源流作简单的介绍，这会使介绍更具知识性、趣味性。

(2)可以将自己的人生分成几个阶段：童年喜欢什么节日，为什么？青少年喜欢什么节日，为什么？如今的想法又是什么？这样，通过话题可道出一个人的成长轨迹。

(3)可以将喜欢的节日放在中外文化对比的层面，说明一个道理。

23. 我所在的集体(学校、机关、公司等)

审题：

话题重在介绍自己所在集体的面貌、氛围或成员间的关系，以及集体对自己的工作、事业的影响。叙说要有实际内容，有血有肉，不能空泛。

思路拓展：

(1)可介绍这个集体的特点以及集体对自己的影响和促进作用。

(2)可以在介绍集体的同时，谈谈自己在这个集体中所发挥的作用。

(3)可以谈谈这个集体本身的成长与成员间相互营造的某种关系或气氛。

24. 谈谈社会公德(或职业道德)

审题：

这是个议论性的话题。无论社会公德也好，职业道德也好，都是每一个社会成员必须遵守的社会基本道德或职业道德准则，因为社会是由全体成员形成的，它不属于个人。本话题重在揭示社会公德或职业操守与个人行为之间谁服从谁的道理。阐述主张一定要列举具体的、活生生的事例，不能空论。论说应当客观，不宜有一叶障目的偏激观点。

思路拓展：

(1)可以从某些不符合社会公德的典型行为引出话题，说明加强社会公德心教育的必要性与迫切性。

(2)可以从某些商业盈利部门职业道德缺失的典型例证谈起，分析这一社会弊病产生的原因及后果、社会根治的必要性、整治的措施与建议。

(3)可以从榜样的行为谈起，在正反例证的对比中阐述自己的观点，提出中肯的建议。

25. 谈谈个人修养

审题：

这也是一个议论性的话题。个人修养是个人素质的建树与综合内涵的呈现，它可分道德修养和文化修养等诸方面的素质。个人修养促成一个人价值观的形成，与个人事业上、生活上的成败有着直接的关系，然而这一重要性却常常被我们忽视。以实际例证阐释个人修养的意义所在，个人修养与一个人成败的关系是本话题的重点内容。

思路拓展：

(1)可以用实际例证从一个人的道德修养谈起。

(2)可以用实际例证从一个人的文化修养谈起。建议说明当今学历的高低并不完全等于一人文化修养的高低，知识与修养并不完全是一回事。

(3)可以以一个人的性格与修养间的关系来议论。

26. 我喜欢的明星(或其他知名人士)

审题：

需要介绍应试者心目中明星、知名人士的特点、专长以及自己喜欢他(她)的理由。

思路拓展：

(1)可以选择自己心目中的一位演艺明星(歌星、影星、笑星等)。

(2)可以介绍一位自己喜爱的知名人士(如企业家、科学家、政治家、音乐家、画家、舞蹈家、文学家、教育家、慈善事业家、杰出青年、英雄等)。

(3)介绍知名人士时，思路可开阔些，可不拘于现代，古今中外的知名人士都可以作为话题。

27. 我喜爱的书刊

审题：

建议将书与刊分开，取其一类中的一种，这样便于集中话题内容。这是一个介绍性的话题，需要介绍对应试者影响较大的某一本书或与应试者关系较为密切的某一本杂志，叙说它的特色与自己喜欢的理由。

思路拓展：

可以谈一本书或一本杂志普遍的社会价值，也可以谈这本书或杂志中某个人物或某一事件给自己的震撼与启示，还可以从某个特定的角度谈这本书或杂志的某个特点(如文字特点、创作方法等)。

28. 谈谈你对环境保护的认识

审题：

要求从应试者个人认识的角度谈谈环境保护的意义所在。建议用被人们切身感受到的典型例证说明环境保护与我们的社会、与我们每个人间的利害关系。例证越典型越能说明问题。

思路拓展：

(1)可以结合身边的事实,用算账的方法来揭示以污染环境换取眼前蝇头小利的惨重后果,说明环境保护的重要性、迫切性。

(2)可以列举我们身边一系列的环境污染事件所造成的恶果,提出生存危机的警示。

(3)可以介绍成功的环保经验,启示环境保护努力的方向。

(4)深刻地分析我国由于经济发展而造成某些环境破坏的原因(人的主观意识、制度的问题),从而提出根治的措施。

29. 我向往的地方

审题：

这是一个主观意向性的话题,既然是"向往",就要介绍向往的那个地方有哪些吸引自己的方面,是美丽的自然环境,还是理想的人文环境,这是话题展开的依据。

思路拓展：

(1)可以从自然环境描述自己心中向往的"伊甸园"。

(2)可以从人文环境和自然环境的结合上描写自己心目中向往的目标。

(3)这个"地方"还可以是自己事业上"向往"的领域,如音乐殿堂、科学殿堂、大学教育殿堂或其他有利于自己潜力充分发挥的领域。从这个角度拓展思路,可以扩大话题的空间。

30. 购物(消费)的感受

审题：

这是一个很宽泛的话题。无论是谈消费过程还是消费结果,本话题重点在"感受"。在消费行为中,男性与女性的感受、富人与穷人的感受是不尽相同的。即使是同样的一次消费行为,彼此的感受也不尽一样。建议应试者能从自己的理解与认知出发,选择一个适当的角度,将话题说得生活化些、具体些,这样更能贴近生活本身。

思路拓展：

(1)无论是男性还是女性,可以就切身体会谈谈自己的消费感受。

(2)可以从观察者的角度,谈谈几种代表性的消费者在消费过程中的心理特点。

(3)可以从商家的角度谈谈如何利用消费者的不同"感受"促成营销。

(4)根据自己的了解,可以剖析正品与假冒伪劣商品对于消费者所形成的截然不同的消费感受。

(5)可以剖析当今的某些广告从哪些方面间接或直接地反映了消费者的某种消费心理与消费感受。

四、相通内容话题分析

如果你感觉到30个话题太多,想少准备几个,那么还有一个比较简捷的方法可以试一试:有的题目内容是可以相通的,只要事先对话题的内容进行一番仔细的分析和整合,准备一个基本内容,就可以涵盖好几个题目,说话时只需说几句扣题的开场白,然后巧妙地转入准备的内容就行了。比如：

我尊敬的人(3)—可以是我梦想成为的那个人(1)
可以是我童年记忆最深刻的那个人(5)
可以是引我从事自己喜欢的职业的那个人(6)
可以是朋友(8)
可以是引我喜欢文学或某种艺术形式的那个人(9)
可以是在我成长的每一步起着关键作用的那个人(16)
可以是个人修养堪称楷模的那个人(25)
可以是明星或其他知名人士(26)

我的假日生活(15)—假日里我在动物园见到许多我喜爱的动物(4)
假日里我经常出去旅行(7)
有假日的季节我最喜欢，因为可以出去旅行(12)
在假日的旅行中我了解了不少地方的风俗(18)
假日旅行时我来到了一个让我终生难忘的地方(20)(29)
我喜欢五一、十一和元旦长假，因为可以出去旅行(22)

我的业余生活(11)—我的业余时间主要用来学习，提高自己的业务水平(2)
最近一段时间我的业余时间几乎全部用来练习普通话(13)
我喜欢利用业余时间研究服饰(14)
体育锻炼在我的业余生活中占很大比重(19)
我的业余时间主要用来钻研烹调(21)
我的业余时间几乎全部用于读书(27)
我喜欢在业余时间上街购物(30)

谈谈对环境保护的认识(28)—保护环境卫生和我们的健康息息相关(10)
保护环境也是一种社会公德(24)

这样，内容能够相通的题目只准备一篇，也就是说，准备 4 个基本话题就可以基本涵盖 28 个话题了，其他只需准备“谈谈科技发展与社会生活(17)”和“我所在的集体(23)”两个话题就行。在准备周期比较短的情况下，这样处理话题能够收到事半功倍的效果。当然，假如应试人的口语表达水平不错，不管什么话题，张口就能滔滔不绝地说下去，就完全可以不用这种颇费心思的方法去准备。

这项测试要求说话时间不少于 3 分钟，但并不是要求在 3 分钟时恰好把话题完完整整地结束，而是要求围绕这个话题连续不断地至少说 3 分钟话。所以，思路确定之后，不必考虑时间，只管往下说，到 3 分钟时测试员会示意你停下来。即使准备好的内容没有说完也不会影响这一项的测试成绩。

第四篇
普通话水平测试试卷

真题试卷及考官点评(8 套)

说　明

1.此部分共 8 套试卷,由 8 位考生参与的实测试卷。考官结合人测和机测两种测试方式的特点,针对考生的考试成绩做出点评,指出该考生在测试中出现的问题,并提出解决问题的方法,同时给出相应普通话水平等级。

2.测试结果显示,一甲水平的有两位,为 1 号卷和 2 号卷考生。3、4 号卷的考生均为一乙水平;5、6 号卷考生为二甲水平;7、8 号卷考生为二乙水平。

3.简要说明测试要点:

第一项:单音节字词 需要做到以下几点:声母准确、韵母完整、调值标准。

第二项:多音节词语 需要做到以下几点:声母准确、韵母完整、调值标准,同时更加注重词语格式、轻声、儿化、变调等方面的正确把握。

第三项:朗读 需要做到以下几点:(1)准确、熟练地运用普通话,做到字音规范、音变正确;(2)领会作品内容,正确把握作品中心思想,读出真情实感;(3)遵从原文,不丢字、不添字、不颠倒字或改字;(4)语调自然,连停恰当,重音处理正确,语速快慢得当。

第四项:说话 需要做到以下几点:(1)语音标准,即声韵调正确,无方言音错误,无方言音尾巴;(2)词汇准确,即词汇语法正确;(3)语速自然流畅,说话时要自然,不卡壳,不重复,不带口头禅,逻辑清晰,语意连贯,语调流畅;(4)口语化,力求使用通俗谦虚、灵活流畅的口头语言。

国家普通话水平测试试卷

一号卷

(考官点评:97.10 分　一级甲等)

一、读单音节字词(100 个音节,共 10 分,限时 3.5 分钟)。请横向朗读!

床	根	直	云	娘	德	蹿	拽	抹	队
觉	应	填	门	朵	每	落	夫	太	亩
若	丝	标	收	好	丢	中	躺	瓶	瓮
花	扔	从	春	秦	理	奏	铝	凡	观
奴	越	劝	屯	价	非	讲	薄	啐	小

腿　史　乘　夏　二　切　瓦　顶　块　熊
满　渍　空　塞　即　磷　乎　水　辨　旗
感　咧　折　超　筐　刚　单　求　嗤　幸
崽　揪　斋　冯　续　航　咂　损　滨　穷
篇　脓　筏　瞥　篆　选　广　赠　爪　量

二、读多音节词语(100 个音节,共 20 分,限时 2.5 分钟)。请横向朗读!

裁军　错综复杂　卓越　豪华　衰弱
怎么　半空　撒谎　祈求　墨汁儿
相似　尖端　炯炯　引水　临终
认定　耗费　体操　共产党　偏旁
跳高儿　去年　吞没　侄女　开春儿
乡下　绷带　短缺　清静　鬼脸
和谐　马褂　丰富　广场　子女
安定　哲学　假日　水土　专长
衰败　自称　劝慰　生产力　识别
投标　富翁　门口儿

三、朗读短文(400 个音节,共 30 分,限时 4 分钟)。

作品 15 号《胡适的白话电报》

四、命题说话(请在下列话题中任选一个,限时 3 分钟,共 40 分)。

1. 我的假日生活
2. 我喜爱的职业

注:考生在说话之前需说明自己选择的说话题目,例如:我选择的说话题目是……

考官点评:该考生整体语言面貌较好,但是由于在字词语音方面存在一定不规整的地方,主要需要调整的就是口腔状态,有方言音迹象,但是在朗读、说话中却能很好地规避这个问题,所以有机会申报一甲,但是能否最后得到确认,还需要报送国家语委复审。

国家普通话水平测试试卷

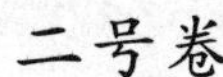

二号卷

(考官点评:97.65 分　一级甲等)

一、读单音节字词(100 个音节,共 10 分,限时 3.5 分钟)。请横向朗读!

调　爪　当　楼　酒　棒　扭　别　畜　臊
准　航　甚　尾　核　戳　训　渍　旋　风
桥　倒　山　测　春　赖　甜　佛　轰　信
抬　好　撇　连　温　装　胚　涮　般　复
猛　曲　创　阿　抢　某　硬　却　劲　流
尺　绝　更　宗　瞎　止　拐　同　拽　除

体　忍　说　蕊　兼　遗　捐　定　格　似
洽　蚕　米　请　脏　改　凶　胡　归　熬
酿　滨　肥　擦　灭　络　蹲　况　算　怒
赞　宽　量　则　垮　仕　骗　渺　水　惧

二、读多音节词语(100个音节,共20分,限时2.5分钟)。请横向朗读!

揣摩　孙女　暑假　充斥　苍穹
放大镜　这个　戳穿　苦恼　自力更生
非凡　矜持　理想　蕴涵　孩子
亲切　自尊　徒工　人群　许久
招考　对待　蒸发　小偷儿　脂粉
天边　采矿　白话文　从容　肚脐儿
受热　面貌　体味　水塔　耳光
左边　家园　硝酸　凶猛　蛋黄儿
两旁　转手　命令　血泪　隔绝
获取　胖墩儿　按钮

三、朗读短文(400个音节,共30分,限时4分钟)。

作品26号《落花生》

四、命题说话(请在下列话题中任选一个,限时3分钟,共40分)。

1.我的成长之路

2.谈谈卫生与健康

注:考生在说话之前需说明自己选择的说话题目,例如:我选择的说话题目是……

考官点评:该考生整体语音面貌较好,四项内容完成得都很不错,应该说符合普通话一级甲等的标准,但是语音考试是一项主观性极强的考试,是否能够取得一甲证书,还需要通过国家语委的复审。此外,该考生需要积极关注自己齿间音的问题,为自己的播音艺术奠定更加坚实的基础!

国家普通话水平测试试卷

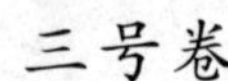

三号卷

(考官点评:92.65分　一级乙等)

一、读单音节字词(100个音节,共10分,限时3.5分钟)。请横向朗读!

就　霞　僧　雨　必　翻　键　散　薄　凭
狂　法　躺　浓　元　丁　塞　江　闽　佛
灰　各　盆　城　鸟　雄　闯　土　少　瓮
面　得　卵　棍　渍　墙　纯　目　爪　都
篾　掷　做　专　括　滨　洞　刺　叠　铝
内　外　杀　假　罗　停　边　局　晒　蕊

乐　粗　推　砍　赏　器　宿　扔　租　轰
血　瘸　替　者　航　迟　遭　寻　粉　焦
还　丢　冷　准　归　穷　任　串　呕　槐
蚀　曾　扰　晴　则　粪　圈　耍　瞄　撞

二、读多音节词语(100 个音节,共 20 分,限时 2.5 分钟)。请横向朗读!

绿肥　在座　人均　成虫　儒家
顶端　乒乓球　知识　蒸腾　论理
贬低　不可思议　取暖　涂抹　戏法儿
炯炯　善良　秋风　花盆儿　策略
牙签儿　棒槌　懊恼　铁轨　外科
举止　群众　面目　对策　忠实
金丝猴　坏人　反感　半道儿　新学
协定　创伤　宝塔　损坏　顺手
悔改　扭转　天灾　遐想　权威
做工　港口　描摹

三、朗读短文(400 个音节,共 30 分,限时 4 分钟)。

作品 17 号《济南的冬天》

四、命题说话(请在下列话题中任选一个,限时 3 分钟,共 40 分)。

1.谈谈美食

2.童年的记忆

注:考生在说话之前需说明自己选择的说话题目,例如:我选择的说话题目是……

考官点评:该考生在前三项虽然有一定语音面貌问题的呈现,但是没有那么严重,但是第四项由于口腔过于放松,导致方言音暴露较为严重,扣分也较为多,这个分数只能算做一乙的低分段,必须在整体考试中状态把握一致(既要有自然的交流状态,口腔还要保持适度紧张),才有机会取得更高的分数!

扫码听范读

国家普通话水平测试试卷

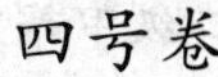

四号卷

(考官点评:93.25 分　一级乙等)

一、读单音节字词(100 个音节,共 10 分,限时 3.5 分钟)。请横向朗读!

飘　天　喂　华　额　晃　早　占　腺　停
酸　摆　取　虾　偏　车　圈　奶　其　六
抹　四　红　拽　娘　奏　乐　训　题　弄
迟　酒　篾　啃　戳　泥　灯　拴　响　勒
精　腿　都　熊　门　获　雨　俩　踹　饭
升　得　次　愧　顿　确　才　舞　嚷　治
闯　若　唐　拉　旋　度　修　归　书　供

简　朝　撇　闪　擦　食　别　请　钢　尊
墓　分　鸣　淋　吠　棍　惧　讽　膘　呛
赘　鬓　钓　攥　饵　篙　脏　抓　融　乏

二、读多音节词语(100 个音节,共 20 分,限时 2.5 分钟)。请横向朗读!

支撑　人才　抽查　灵魂　退缩
现代化　啧啧　夹击　率领　犬齿
赶快　丝绒　种群　跑腿儿　描画
仿佛　只管　伪装　笼统　休眠
羽毛球　略微　血脉　大娘　苦果
对偶　娘家　人均　设防　大伙儿
存放　窘迫　增生　尊称　半道儿
凉爽　针鼻儿　贫穷　汇编　血管
精灵　主管　贴切　蚕丝　眉开眼笑
调拨　驱除　梯子

三、朗读短文(400 个音节,共 30 分,限时 4 分钟)。

作品 20 号《金子》

四、命题说话(请在下列话题中任选一个,限时 3 分钟,共 40 分)。

1. 我知道的风俗
2. 我向往的地方

注:考生在说话之前需说明自己选择的说话题目,例如:我选择的说话题目是……

考官点评:普通话测试是一项测试普通话实际运用过程中标准程度的考试,所以了解考试目的后,一定要严格按照相关要求进行应试,这位考生语音面貌相对不错,但是过于追求完美的表达,反倒让人听着不自然,这是需要引起考生注意的现象!

国家普通话水平测试试卷

五号卷

(考官点评:89.65 分　二级甲等)

一、读单音节字词(100 个音节,共 10 分,限时 3.5 分钟)。请横向朗读!

揉　酸　纳　腐　丝　左　渠　抛　嫩　铃
日　昂　东　辽　嗓　栽　窘　秧　醒　控
寡　焉　棍　谎　坑　染　鳖　审　熊　止
城　亚　返　瘟　媚　声　忌　专　测　赏
俊　栏　错　凝　扯　宋　柳　江　踹　选
您　颇　无　邛　逛　窄　麻　变　垮　婚
篾　薪　段　瘸　绢　柄　帘　擦　渺　夏
舌　潘　蕊　朱　材　剃　除　岛　佟　顺

裙　曰　女　爬　跟　前　黑　澳　郑　贼
磁　译　波　敌　狗　放　退　而　外　梢

二、读多音节词语(100 个音节,共 20 分,限时 2.5 分钟)。请横向朗读!

恰巧　疯狂　片刻　撒手　红娘
翅膀　牛顿　能耐　遵循　国王
配合　安慰　最终　土壤　撇开
蒙古包　聪明　如此　汉子　喘息
张贴　对象　家庭　衰老　伴随
耳膜儿　允许　勤快　长臂猿　优待
小翁儿　佛教　抓紧　定律　玩耍
利用　壶盖儿　化肥　健全　村庄
掠夺　搜罗　讴歌　公式　发育
绝着儿　穷人　你们　扩展

三、朗读短文(400 个音节,共 30 分,限时 4 分钟)。

作品 51 号《一个美丽的故事》

四、命题说话(请在下列话题中任选一个,限时 3 分钟,共 40 分)。

1. 我的业余生活

2. 我的愿望(或理想)

注:考生在说话之前需说明自己选择的说话题目,例如:我选择的说话题目是……

考官点评:对于该考生而言,朗读太过仓促,出现很多不必要的扣分项,需要加强朗读练习,不能仓促读文字,普通话考试考的就是语音,需要认真读语音。该考生如果希望能够在整体语言面貌上有更进一步的提高,还需要在字词句章等诸多环节再进一步练习、提高,增强语言的规整程度!

国家普通话水平测试试卷

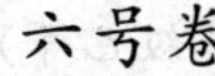

六号卷

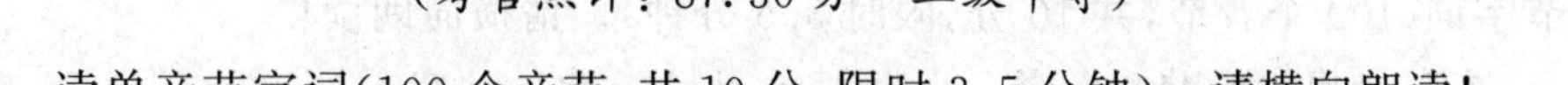

(考官点评:87.30 分　二级甲等)

一、读单音节字词(100 个音节,共 10 分,限时 3.5 分钟)。请横向朗读!

聊　劝　丢　馆　抗　法　昭　鸟　箔　雪
涮　砌　壤　猜　煤　胸　笋　下　膘　闽
察　字　穷　搓　讽　愈　睁　次　哑　儿
春　如　氨　钡　军　末　涂　撑　撰　凝
锦　良　徽　申　仄　弯　糖　漏　值　狗
历　尺　最　来　物　狠　探　顶　运　彭
挂　骚　坎　油　广　捐　袄　瘸　我　阳
扩　烦　需　筒　尊　欠　德　秸　容　面

黑 娘 傻 屑 警 迭 踹 偏 剃 脓
陡 鳃 闯 抛 弱 倪 刷 醋 甩 栽

二、读多音节词语(100 个音节,共 20 分,限时 2.5 分钟)。请横向朗读!

配合 爽快 佛寺 热爱 马车
侵略 蒜瓣儿 频率 篡夺 窘迫
清楚 干脆 透明 加以 灭亡
浪费 螺旋桨 荒谬 虐待 昂然
恰好 因而 妇女 开垦 教训
夸张 唱歌儿 年龄 跳高儿 影响
冬天 主人翁 缘故 洗澡 扇子
怀抱 未曾 随便 日用 群众
拱手 花纹 记事儿 低洼 纳税
区别 牛顿 奔走 先生

三、朗读短文(400 个音节,共 30 分,限时 4 分钟)。

作品 47 号《香港:最贵的一棵树》

四、命题说话(请在下列话题中任选一个,限时 3 分钟,共 40 分)。

1.购物(消费)的感受

2.谈谈对环境保护的认识

注:考生在说话之前需说明自己选择的说话题目,例如:我选择的说话题目是……

考官点评:该考生还需要在基本的声韵调方面再下一些功夫,现在的分数就已经停留在二甲的低分段,如果考试再紧张一些,估计归入二乙也很正常,但是如果积极调整和改变,进入一乙也是很有机会的。

国家普通话水平测试试卷

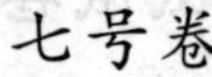

七号卷

(考官点评:80.35 分 二级乙等)

一、读单音节字词(100 个音节,共 10 分,限时 3.5 分钟)。请横向朗读!

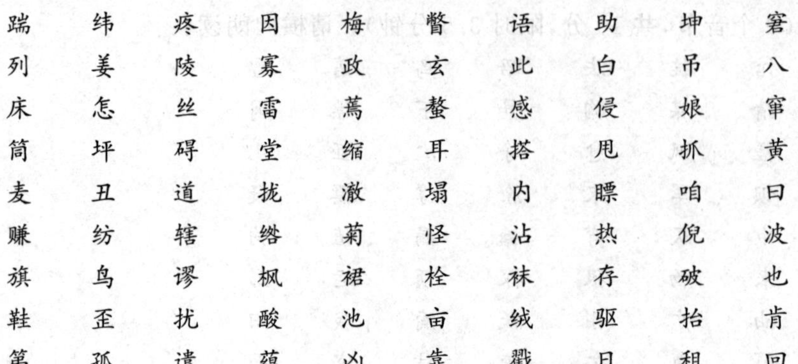

踹 纬 疼 因 梅 瞥 语 助 坤 窘
列 姜 陵 寡 政 玄 此 白 吊 八
床 怎 丝 雷 蔫 鳌 感 侵 娘 窜
筒 坪 碍 堂 缩 耳 搭 甩 抓 黄
麦 丑 道 拢 澈 塌 内 瞟 咱 曰
赚 纺 辖 绺 菊 怪 沾 热 倪 波
旗 鸟 谬 枫 裙 栓 袜 存 破 也
鞋 歪 扰 酸 池 亩 绒 驱 抬 肯
第 孤 遣 蕴 凶 靠 戳 日 租 回

倦	我	后	雪	商	弥	嫁	裹	最	法

二、读多音节词语(100 个音节,共 20 分,限时 2.5 分钟)。请横向朗读!

鲁莽	扩散	恩情	爽快	轰响
灯光	夸张	柔软	麻利	贫穷
叙述	东欧	春天	落款儿	富翁
电压	客厅	稳产	恰巧	自来水
竞赛	分化	从而	医院	军人
在这儿	男女	紧缺	队伍	磁场
随便	全体	决策	跳高儿	能量
诈骗	寻找	佛教	反射	墨汁儿
废旧	怀抱	钢铁	小朋友	别扭
装备	瘦弱	洗澡	适用	

三、朗读短文(400 个音节,共 30 分,限时 4 分钟)。

作品 58 号《住的梦》

四、命题说话(请在下列话题中任选一个,限时 3 分钟,共 40 分)。

1. 我的业余生活

2. 学习普通话的感受

注:考生在说话之前需说明自己选择的说话题目,例如:我选择的说话题目是……

考官点评:考生最后得分 80.35(二级乙等),考生还是非常认真的准备考试,整体比较顺利地完成了考试,没有出现很多考生现场会出现的大量空白时间、重复唠叨等问题,就该考生的语音面貌来说,进入这个等级也算不错。但如果还想拿到更高等级的证书的话,就需要进一步提高语音的整体面貌,在前后鼻音、平翘舌等各方面进一步提高,尤其是对考试中所关注的语音点(轻重音、儿化音等)给予高度重视,这样通过一段时间的努力,一定会有更大的进步!

国家普通话水平测试试卷

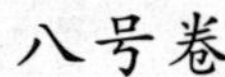

八号卷

(考官点评:83.70 分　二级乙等)

一、读单音节字词(100 个音节,共 10 分,限时 3.5 分钟)。请横向朗读!

麻	缺	杨	致	捷	谬	尊	凑	刚	炖
临	窘	滑	力	琼	拨	蜷	撞	否	酿
貂	聂	塔	撤	伤	嘴	牢	北	枫	垦
镰	御	稿	四	钓	鼓	掠	甩	呈	准
菊	摊	刑	舀	群	拴	此	让	才	棒
随	鼎	尼	险	抛	残	究	盘	孟	皮
俯	跟	膜	肾	宾	点	烘	阔	挖	火
虫	内	揉	暖	迟	耳	冤	晓	特	芯

舌	恩	并	矮	瓮	瞎	快	枉	桌	悔
松	灶	村	哑	换	冬	辱	扑	仄	前

二、读多音节词语(100 个音节,共 20 分,限时 2.5 分钟)。请横向朗读!

旋律	行当	文明	半道儿	作品
共同	从中	土匪	而且	虐待
日益	单纯	饭盒儿	牛仔裤	民政
雄伟	运用	轻蔑	打杂儿	家眷
赞美	奥妙	海关	另外	男女
热闹	开创	转变	夸张	人影儿
其次	搜刮	悄声	迅速	方法
首饰	坚决	破坏	天鹅	佛像
所有	珍贵	恰好	拖拉机	框子
测量	投票	川流不息		

三、朗读短文(400 个音节,共 30 分,限时 4 分钟)。

作品 50 号《匆匆》

四、命题说话(请在下列话题中任选一个,限时 3 分钟,共 40 分)。

1. 我喜爱的动物(或植物)

2. 我喜欢的明星(或其他知名人士)

注:考生在说话之前需说明自己选择的说话题目,例如:我选择的说话题目是……

考官点评:对于很多对自己语言面貌不是很自信的考生而言,盲目背文章反倒害了自己,直接按照自己现有的语言水平认真去呈现,总是能够有一个符合现有语言状态的成绩,如果背文章反而会弄巧成拙,反倒会按照作弊处理,这位考生积极用自己的话表达自己的观点,虽然分数不高,但也能够有等级证书,基本上能够满足相关需求。

附录一

语音错误与语音缺陷分析

一、声母错误的基本类型

1. 舌尖后音 zh、ch、sh 读为舌尖前音 z、c、s；或舌尖后音与舌尖前音相混；或舌尖前音 z、c 读为舌尖中音 d、t。

2. 舌尖后浊擦音 r 声母读为舌尖前浊擦音 l、舌尖浊边音 z，半元音 j，例如："人"[ren]读成了[lən]。

3. 舌面音 j、q、x 读为舌尖前音 z、c、s 或舌面后音 g、k、h。

4. 送气音 p、t、k、q、ch、c 读为不送气音 b、d、g、j、zh、z，或送气音与不送气音相混。

5. 塞擦音 zh、ch、z、c、j、q 读为擦音 sh、s、x，或塞擦音与擦音相混。

6. 舌面后送气音 k 读为舌面后擦音 h。

7. 鼻音 n 与边音 l 相混。

8. 唇齿擦音 f 与舌面后擦音 h 相混。

9. 零声母加上舌面后鼻音声母 ng 或把辅音声母的音节读为零声母音节。

10. 遗留方言声母边擦音[ɬ]。

二、声母缺陷的基本类型

1. 舌尖后音 zh、ch、sh、r 发音部位明显偏前或偏后，或读为听感略近似舌尖后音的舌叶音；舌尖前音 z、c、s 发音部位明显偏后或读成齿间音，或读为听感略近似舌尖前音的舌叶音。

2. 舌面音 j、q、x 发音部位明显偏前，但还不是舌尖前音 z、c、s 或读为舌叶音。

3. 舌尖中鼻音[n]鼻音色彩弱化，舌尖中边音[l]边音色彩弱化，处于[n]、[l]之间。

4. 舌面后擦音 h[x]读成喉擦音[h]。

5. 合口呼 u、uo 的零声母读成唇齿通音[ʋ]，除 u、uo 外的合口呼零声母音节 wa、wai、wei、wan、wen、wang、weng 等，唇齿有轻微摩擦则不算错误或缺陷。

6. 清声母带有浊音成分（轻声音节除外），例如："定"清塞音 d[t]读成了浊音[d]。

三、韵母错误的基本类型举例

1. 舌尖韵母－i 读为舌面韵母 i 或相混，例如："自己"ziji 读成了 jiji。

2. 混淆不圆唇元音 e 与圆唇元音 o；e 读为 uo 或 ê。

3. 撮口呼韵母读为齐齿呼韵母或相混。

4. 合口呼韵母 u 读为撮口呼韵母。

5. 卷舌韵母 er 读为 e，无卷舌色彩。

6. 有韵头的韵母 ia、iou、iong、uei、uen 读为无韵头的韵母。

7. 宽窄韵腹 ai→ei、ao→ou、an→en、ian→in、üan→ün、eng→ang 或 ong 等相混。

8. 二合元音复韵母读为单元音韵母，例如：ai 读为[æ]，ei 读为[ɛ]，ao 读为[ɔ]，uo 读为[o]等(若略有动程，可算缺陷)；或把三合元音韵母读为二合元音韵母。

9. 后鼻音韵母读为前鼻音韵母，例如 ang、eng、ing 读为 an、en、in，或前后鼻韵母相混。

10. 前鼻韵母读为鼻化韵母，例如 an 读为[ã]，ian 读为[iã]，uan 读为[uã]，üan 读为[yã]。

11. 缺失鼻韵尾，鼻韵尾读为开韵尾。

四、韵母缺陷的基本类型举例

1. 后元音 e [ɣ]读为央元音[ə]，即读得偏前偏松。

2. 舌面前高元音 i 读为次高元音[ɪ]，即前 i 读得偏后偏松，包括 in、ing 中的韵腹 i。

3. 圆唇元音圆唇程度明显不够，例如：ü、üe、üan。

4. er 韵母有卷舌色彩，但较生硬或舌位明显有误差。

5. 韵腹舌位偏离，例如：ian、üan 中的 a 开口度过大，ai、an 中韵腹的舌位明显偏后，ao、ou、ang、uang 中 a 的舌位明显偏前。

6. 复韵母、鼻韵母的动程明显不够，例如：ie、uo 以及音节 bo、po、mo、fo 韵头含混；an、ian 等韵母归音不到位，但轻声音节中三合的复合元音变为二合的复合元音的，不算作缺陷。

7. 复元音韵母有鼻化色彩，例如：ie、üe。

8. in、ing 的韵腹 i 与韵尾间明显地嵌了一个央元音[ə]。in 的韵尾偏后读为中鼻音，但与 ing 能区别；或 ing 韵尾偏前读为中鼻音。

五、声调错误的基本类型举例

1. 阴平高平调调值 55 读为升调、降调、曲折调，或读为半低平调 22、低平调 11。

2. 阳平高升调调值 35 读为平调、降调、曲折调。

3. 上声降升调调值 214 读为平调、升调。

4. 去声全降调调值 51 读为平调、升调，曲折调。

六、声调缺陷的基本类型举例

1. 阴平调虽保持平调调形，但在重读音节读为半高平调 44，而又没有明显低于中平调 33，或读为微升调 45、微降 54，但在去声音节后的阴平调调值(特别是以浊音声母开头的音节)为半高平调 44 的不算作缺陷。

2. 阳平调调值中间略带曲折，但还没有同上声调值相混，调值大体相当于 335 或 325；在重读音节调值读作微升调 34 的，但阳平调在非重读音节调读作 34 的不算作缺陷。

3. 上声在“单音节字词”或“多音节词语”中第二个音节读作“半上”21 的；或上声注意了曲折，但没有突出低调的基本特点，而是在 214 后带了降尾，读为 2143；或虽读为曲折调，但开头略高，读为 412、312 等。但在朗读和说话两项中由于语气的需要在单念或句未以及非重读音节读音时，上声调值读作“半上”21 的不算作缺陷。

附录二

普通话水平测试用
普通话常见量词、名词搭配表

说　明

本表以量词为条目，共选收常见量词45条。可与表中所列多个量词搭配的名词，以互见形式出现。

1.把	bǎ	菜刀、剪刀、宝剑(口)、铲子、铁锹、尺子、扫帚、椅子、锁、钥匙 伞(顶)、茶壶、扇子、提琴、手枪(支)
2.本	běn	书(部、套)、著作(部)、字典(部)、杂志(份)、账
3.部	bù	书(本、套)、著作(本)、字典(本) 电影(场)、电视剧、交响乐(场) 电话机、摄像机(架、台) 汽车(辆、台)
4.场	cháng	雨、雪、冰雹、大风 病、大战、官司
5.场	chǎng	电影(部)、演出(台)、话剧(台)、杂技(台)、节目(台、套)、 交响乐(部)、比赛(节、项)、考试(门)
6.道	dào	河(条)、瀑布(条) 山(座)、山脉(条)、闪电、伤痕(条) 门(扇)、墙(面) 命令(项、条)、试题(份、套)、菜(份)
7.滴	dī	水、血、油、汗水、眼泪
8.顶	dǐng	伞(把)、轿子、帽子、蚊帐、帐篷
9.对	duì	夫妻、舞伴、耳朵(双、只)、眼睛(双、只)、翅膀(双、只)、球拍(副、只)、 沙发(套)、枕头、电池(节)
10.朵	duǒ	花、云(片)、蘑菇
11.份	fèn	菜(道)、午餐、报纸(张)、杂志(本)、文件、礼物(件)、工作(项)、事(件)、 试题(道、套)
12.幅	fú	布(块、匹)、被面、彩旗(面)、图画(张)、相片(张)
13.副	fù	对联、手套(双、只)、眼镜、球拍(对、只) 脸(张)、扑克牌(张)、围棋、担架

14.个　gè　人、孩子
盘子、瓶子
梨、桃儿、橘子、苹果、西瓜、土豆、西红柿
鸡蛋、饺子、馒头
玩具、皮球
太阳、月亮、白天、上午
国家、社会、故事

15.根　gēn　草(棵)、葱(棵)、藕(节)、甘蔗(节)
胡须、头发、羽毛
冰棍儿、黄瓜(条)、香蕉、油条、竹竿
针、火柴、蜡烛(支)、香(支、盘)、筷子(双、支)、电线、绳子(条)、项链(条)、辫子(条)

16.家　jiā　人家、亲戚(门)
工厂(座)、公司、饭店、商店、医院(所)、银行(所)

17.架　jià　飞机、钢琴(台)、摄像机(部、台)、鼓(面)

18.间　jiān　房子(所、套、座)、屋子、卧室、仓库

19.件　jiàn　礼物(份)、行李、家具(套)
大衣、衬衣、毛衣、衣服(套)、西装(套)
工作(项)、公文、事(份)

20.节　jié　甘蔗(根)、藕(根)、电池(对)、车厢、课(门)、比赛(场、项)

21.棵　kē　树、草(根)、葱(根)、白菜

22.颗　kē　种子(粒)、珍珠(粒)、宝石(粒)、糖(块)、星星、卫星
牙齿(粒)、心脏
子弹(粒)、炸弹
图钉、图章

23.口　kǒu　人、猪(头)
大锅、大缸、大钟(座)、井、宝剑(把)

24.块　kuài　糖(颗)、橡皮、石头、砖、肥皂(条)、手表(只)
肉(片)、蛋糕、大饼(张)、布(幅、匹)、绸缎(匹)、手绢(条)、地(片)
石碑(座)

25.粒　lì　米、种子(颗)、珍珠(颗)、宝石(颗)、牙齿(颗)、子弹(颗)

26.辆　liàng　汽车(部、台)、自行车、摩托车、三轮车

27.门　mén　课(节)、课程、技术(项)、考试(场)
亲戚(家)、婚姻
大炮

28. 名　míng　教师(位)、医生(位)、犯人

29. 面　miàn　墙(道)、镜子、彩旗(幅)、鼓(架)、锣

30. 盘　pán　磨(扇)、香(根、支)
磁带、录像带

31. 匹　pǐ　马
布(块、幅)、绸缎(块)

32. 片　piàn　树叶、药片、肉(块)
阴凉、阳光、云(朵)、地(块)

33. 扇　shàn　门(道)、窗户、屏风、磨(盘)

34. 双　shuāng　手(只)、脚(只)、耳朵(对、只)、眼睛(对、只)、翅膀(对、只)
鞋(只)、袜子(只)、手套(副、只)、筷子(根、支)

35. 所　suǒ　学校、医院(家)、银行(家)、房子(间、套、座)

36. 台　tái　计算机、医疗设备(套)、汽车(部、辆)、钢琴(架)、摄像机(部、架)
演出(场)、话剧(场)、杂技(场)、节目(场、套)

37. 套　tào　衣服(件)、西装(件)、房子(间、所、座)、家具(件)、沙发(对)、餐具、
书(本、部)、邮票(张)、医疗设备(台)
节目(场、台)、试题(道、份)

38. 条　tiáo　绳子(根)、项链(根)、辫子(根)、裤子、毛巾、手绢儿(块)、肥皂(块)、
船(只)、游艇(只)
蛇、鱼、狗(只)、牛(头、只)、驴(头、只)、黄瓜(根)
河(道)、瀑布(道)、山脉(道)、道路、胡同儿、伤痕(道)
新闻、信息、措施(项)、命令(道、项)

39. 头　tóu　牛(条、只)、驴(条、只)、骆驼(只)、羊(只)、猪(口)
蒜

40. 位　wèi　客人、朋友、作家(名)

41. 项　xiàng　措施(条)、制度、工作(份)、任务、技术(门)、运动、命令(道、条)、
比赛(场、节)

42. 张　zhāng　报纸(份)、图画(幅)、相片(幅)、邮票(套)、扑克牌(副)、光盘
大饼(块)、脸(副)、嘴
网、弓
床、桌子

43. 只　zhī　鸟、鸡、鸭、老鼠、兔子、狗(条)、牛(头、条)、驴(头、条)、羊(头)、骆驼(头)、
老虎、蚊子、苍蝇、蜻蜓、蝴蝶
手表(块)、杯子
船(条)、游艇(条)

鞋（双）、袜子（双）、手套（副、双）、袖子、球拍（对、副）、手（双）、脚（双）、耳朵（对、双）、眼睛（对、双）、翅膀（对、双）

44.支　zhī　笔、手枪（把）、蜡烛（根）、筷子（根、双）、香（根、盘）
军队、歌

45.座　zuò　山（道）、岛屿
城市、工厂（家）、学校（所）、房子（间、所、套）、桥
石碑（块）、雕塑、大钟（口）

附录三

普通话异读词审音表

中国文字改革委员会普通话审音委员会，于1957年、1959～1962年先后发表了《普通话异读词审音表初稿》正编、续编和三编，1963年公布《普通话异读词三次审音总表初稿》。经过二十多年的实际应用，普通话审音委员会在总结经验的基础上，于1982～1985年组织专家学者进行审核修订，制定了《普通话异读词审音表》，这个审音表经过国家语言文字工作委员会、国家教育委员会、广播电视部（国家新闻出版广电总局）审核通过，于1985年12月联合发布。

说　　明

一、本表所审，主要是普通话有异读的词和有异读的作为“语素”的字。不列出多音多义字的全部读音和全部义项，与字典、词典形式不同，例如：“和”字有多种义项和读音，而本表仅列出原有异读的八条词语，分列于 hè 和 huo 两种读音之下（有多种读音，较常见的在前。下同）；其余无异读的音、义均不涉及。

二、在字后注明“统读”的，表示此字不论用于任何词语中只读一音（轻声变读不受此限），本表不再举出词例，例如：“阀”字注明“fá（统读）”，原表“军阀”、“学阀”、“财阀”条和原表所无的“阀门”等词均不再举。

三、在字后不注“统读”的，表示此字有几种读音，本表只审订其中有异读的词语的读音，例如“艾”字本有 ài 和 yì 两音，本表只举“自怨自艾”一词，注明此处读 yì 音；至于 ài 音及其义项，并无异读，不再赘列。

四、有些字有文白二读，本表以“文”和“语”作注。前者一般用于书面语言，用于复音词和文言成语中；后者多用于口语中的单音词及少数日常生活事物的复音词中。这种情况在必要时各举词语为例，例如：“杉”字下注“（一）shān（文）：紫～、红～、水～；（二）shā（语）：～篙、～木”。

五、有些字除附举词例之外，酌加简单说明，以便读者分辨。说明或按具体字义，或按“动作义”、“名物义”等区分，例如：“畜”字下注“（一）chù（名物义）：～力、家～、牲～、幼～；（二）xù（动作义）：～产、～牧、～养”。

六、有些字的几种读音中某音用处较窄，另音用处甚宽，则注“除××（较少的词）念乙音外，其他都念甲音”，以避免列举词条繁而未尽、挂一漏万的缺点，例如：“结”字下注“除‘～了个果子’、‘开花～果’、‘～巴’、‘～实’念 jiē 之外，其他都念 jié”。

七、由于轻声问题比较复杂，除《初稿》涉及的部分轻声词之外，本表一般不予审订，并删去部分原审的轻声词，例如“麻刀（dao）”、“容易（yi）”等。

八、本表酌增少量有异读的字或词，作了审订。

九、除因第二、六、七各条说明中所举原因而删略的词条之外，本表又淘汰了部分词条。主要原因是：1. 现已无异读（如“队伍”、“理会”）；2. 罕用词语（如“俵分”、“仔密”）；3. 方言土音（如“归里包堆［zuī］”、“告送［song］”）；4. 不常用的文言词语（如“刍荛”、“氍毹”）；5. 音变现象（如“胡里八涂［tū］”、“毛毛腾腾［tēngtēng］”）；6. 重复累赘（如原表“色”字的有关词语分列达23条之多）。删汰条目不再编入。

十、人名、地名的异读审订，除原表已涉及的少量词条外，留待以后再审。

A

阿(一)ā

～訇　～罗汉

～木林　～姨

(二)ē

～谀　～附　～胶

～弥陀佛

挨(一)āi

～个　～近

(二)ái

～打　～说

癌 ái(统读)

霭 ǎi(统读)

蔼 ǎi(统读)

隘 ài(统读)

谙 ān(统读)

埯 ǎn(统读)

昂 áng(统读)

凹 āo(统读)

拗(一)ào

～口

(二)niù

执～　脾气很～

坳 ào(统读)

B

拔 bá(统读)

把bà

印～子

白 bái(统读)

膀 bǎng

翅～

蚌(一)bàng

蛤～

(二)bèng

～埠

傍 bàng(统读)

磅 bàng

过～

龅 bāo(统读)

胞 bāo(统读)

薄(一)báo(语)

常单用,如

"纸很～"。

(二)bó(文)

多用于复音词。

～弱　稀～　淡～

尖嘴～舌　单～

厚～

堡(一)bǎo

碉～　～垒

(二)bǔ

～子　吴～

瓦窑～　柴沟～

(三)pù

十里～

暴(一)bào

～露

(二)pù

一～(曝)十寒

爆 bào(统读)

焙 bèi(统读)

惫 bèi(统读)

背 bèi

～脊　～静

鄙 bǐ(统读)

俾 bǐ(统读)

笔 bǐ(统读)

比 bǐ(统读)

臂(一)bì

手～　～膀

(二)bei

胳～

庇 bì(统读)

髀 bì(统读)

避 bì(统读)

辟 bì

复～

裨 bì

～补　～益

婢 bì(统读)

痹 bì(统读)

壁 bì(统读)

蝙 biān(统读)

遍 biàn(统读)

骠(一)biāo

黄～马

(二)piào

～骑　～勇

傧 bīn(统读)

缤 bīn(统读)

濒 bīn(统读)

髌 bìn(统读)

屏(一)bǐng

～除　～弃

～气　～息

(二)píng

～藩　～风

柄 bǐng(统读)

波 bō(统读)

播 bō(统读)

菠 bō(统读)

剥(一)bō(文)

～削

(二)bāo(语)

泊(一)bó

淡～　飘～

停～

(二)pō

湖～　血～

帛 bó(统读)

勃 bó(统读)

钹 bó(统读)

伯(一)bó

～～(bo)　老～

(二)bǎi

大～子(丈夫的哥哥)

箔 bó(统读)

簸(一)bǒ

颠～

(二)bò

～箕

膊 bo

胳～

卜 bo

萝～

醭 bú(统读)

哺 bǔ(统读)

捕 bǔ(统读)

鵏 bǔ(统读)

埠 bù(统读)

C

残 cán(统读)

惭 cán(统读)

灿 càn(统读)

藏(一)cáng

矿～

(二)zàng

宝～

糙 cāo(统读)

嘈 cáo(统读)

螬 cáo(统读)

厕 cè(统读)

岑 cén(统读)

差(一)chā(文)

不～累黍　不～什么

偏～　色～　～别

视～　误～

电势～　一念之～

～池　～错

言～语错　一～二错
阴错阳～　～等
～额　～价　～强
人意　～数　～异
(二)chà(语)
～不多　～不离
～点儿
(三)cī
参～
猹 chá(统读)
搽 chá(统读)
阐 chǎn(统读)
羼 chàn(统读)
颤(一)chàn
～动　发～
(二)zhàn
～栗(战栗)
打～(打战)
韂 chàn(统读)
伥 chāng(统读)
场(一)chǎng
～合　～所
冷～　捧～
(二)cháng
外～　圩～
～院　一～雨
(三)chang
排～
钞 chāo(统读)
巢 cháo(统读)
嘲 cháo
～讽　～骂　～笑
耖 chào(统读)
车(一)chē
安步当～　杯水～薪
闭门造～　螳臂当～
(二)jū
(象棋棋子名称)
晨 chén(统读)
称 chèn
～心　～意　～职
对～　相～
撑 chēng(统读)
乘 chéng(动作义)
包～制　～便
～风破浪　～客
～势　～兴
橙 chéng(统读)
惩 chéng(统读)
澄(一)chéng(文)
～清(如"～清混乱"、"～清问题")
(二)dèng(语)
单用，如"把水～清了"。
痴 chī(统读)
吃 chī(统读)
弛 chí(统读)
褫 chǐ(统读)
尺 chǐ
～寸　～头
豉 chǐ(统读)
侈 chǐ(统读)
炽 chì(统读)
舂 chōng(统读)
冲 chòng
～床　～模
臭(一)chòu
遗～万年
(二)xiù
乳～　铜～
储 chǔ(统读)
处 chǔ(动作义)
～罚　～分　～决
～理　～女　～置
畜(一)chù(名物义)
～力　家～　牲～
幼～
(二)xù(动作义)
～产　～牧　～养
触 chù(统读)
搐 chù(统读)
绌 chù(统读)
黜 chù(统读)
闯 chuǎng(统读)
创(一)chuàng
草～　～举　首～
～造　～作
(二)chuāng
～伤　重～
绰(一)chuò
～～有余
(二)chuo
宽～
疵 cī(统读)
雌 cí(统读)
赐 cì(统读)
伺 cì
～候
枞(一)cōng
～树
(二)zōng
～阳[地名]
从 cóng(统读)
丛 cóng(统读)
攒 cuán
万头～动
万箭～心
脆 cuì(统读)
撮(一)cuō
～儿　一～儿盐
一～儿匪帮
(二)zuǒ
一～儿毛
措 cuò(统读)

D

搭 dā(统读)
答(一)dá
报～　～复
(二)dā
～理　～应
打 dá
苏～　一～(十二个)
大(一)dà
～夫(古官名)
～王(如爆破～王、钢铁～王)
(二)dài
～夫(医生)　～黄
～王(如山～王)
～城[地名]
呆 dāi(统读)
傣 dǎi(统读)
逮(一)dài(文)
如"～捕"。
(二)dǎi(语)单用，如"～蚊子"、"～特务"。
当(一)dāng
～地　～间儿
～年(指过去)
～日(指过去)
～天(指过去)
～时(指过去)
螳臂～车
(二)dàng
一个～俩
安步～车　适～
～年(同一年)
～日(同一时候)
～天(同一天)

档 dàng(统读)
蹈 dǎo(统读)
导 dǎo(统读)
倒(一)dǎo
颠～　颠～是非
颠～黑白　潦～
颠三～四　～戈
倾箱～箧　～嗓
排山～海　～板
～嚼　～仓
(二)dào
～粪(把粪弄碎)
悼 dào(统读)
纛 dào(统读)
凳 dèng(统读)
羝 dī(统读)
氐 dī[古民族名]
堤 dī(统读)
提 dī
～防
的 dí
～当　～确
抵 dǐ(统读)
蒂 dì(统读)
缔 dì(统读)
谛 dì(统读)
点 dian
打～(收拾、贿赂)
跌 diē(统读)
蝶 dié(统读)
订 dìng(统读)
都(一)dōu
～来了
(二)dū
～市　首～
大～(大多)
堆 duī(统读)
吨 dūn(统读)
盾 dùn(统读)
多 duō(统读)
咄 duō(统读)
掇(一)duō
("拾取、采取"义)
(二)duo
撺～　掂～
裰 duō(统读)
踱 duó(统读)
度 duó(统读)
忖～　～德量力

E

婀 ē(统读)

F

伐 fá(统读)
阀 fá(统读)
砝 fǎ(统读)
法 fǎ(统读)
发 fà
理～　脱～　结～
帆 fān(统读)
藩 fān(统读)
梵 fàn(统读)
坊(一)fāng
牌～　～巷
(二)fáng
粉～　磨～　碾～
染～　油～　谷～
妨 fáng(统读)
防 fáng(统读)
肪 fáng(统读)
沸 fèi(统读)
汾 fén(统读)
讽 fěng(统读)
肤 fū(统读)
敷 fū(统读)
俘 fú(统读)
浮 fú(统读)
服 fú
～毒　～药
拂 fú(统读)
辐 fú(统读)
幅 fú(统读)
甫 fǔ(统读)
复 fù(统读)
缚 fù(统读)

G

噶 gá(统读)
冈 gāng(统读)
刚 gāng(统读)
岗 gǎng
～楼　～哨　～子
门～　站～
山～子
港 gǎng(统读)
葛(一)gé
～藤　～布　瓜～
(二)gě[姓]
(包括单、复姓)
隔 gé(统读)
革 gé
～命　新　改～
合 gě
(一升的十分之一)
给(一)gěi(语)单用。
(二)jǐ(文)
补～　供～　供～
制　～予　配～
自～自足
亘 gèn(统读)
更 gēng
五～　～生
颈 gěng
脖～子
供(一)gōng
～给　提～　～销
(二)gòng
口～　翻～　上～
佝 gōu(统读)
枸 gǒu
～杞
勾 gòu
～当
估(除"～衣"读 gù 外,都读 gū)
骨(除"～碌"、"～朵"读 gū 外,都读 gǔ)
谷 gǔ
～雨
锢 gù(统读)
冠(一)guān(名物义)
～心病
(二)guàn(动作义)
沐猴而～　～军
犷 guǎng(统读)
庋 guǐ(统读)
桧(一)guì(树名)
(二)huì(人名)
"秦～"。
刽 guì(统读)
聒 guō(统读)
蝈 guō(统读)
过(除姓氏读 guō 外,都读 guò)

H

虾 há
～蟆
哈(一)hǎ
～达
(二)hà

～什蚂

汗 hán

可～

巷 hàng

～道

号 háo

寒～虫

和(一)hè

唱～　附～

曲高～寡

(二)huo

搀～　搅～　暖～

热～　软～

貉(一)hé(文)

一丘之～

(二)háo(语)

～绒　～子

壑 hè(统读)

褐 hè(统读)

喝 hè

～彩　～道　～令

～止　呼幺～六

鹤 hè(统读)

黑 hēi(统读)

亨 hēng(统读)

横(一)héng

～肉　～行霸道

(二)hèng

蛮～　～财

訇 hōng(统读)

虹(一)hóng(文)

～彩　～吸

(二)jiàng(语)

单说。

讧 hòng(统读)

囫 hú(统读)

瑚 hú(统读)

蝴 hú(统读)

桦 huà(统读)

徊 huái(统读)

踝 huái(统读)

浣 huàn(统读)

黄 huáng(统读)

荒 huang

饥～(指经济困难)

诲 huì(统读)

贿 huì(统读)

会 huì

一～儿　多～儿

～厌(生理名词)

混 hùn

～合　～乱　～凝土

～淆　～血儿　～杂

蠖 huò(统读)

霍 huò(统读)

豁 huò

～亮

获 huò(统读)

J

羁 jī(统读)

击 jī(统读)

奇 jī

～数

芨 jī(统读)

缉(一)jī

通～　侦～

(二)qī

～鞋口

几 jī

茶～　条～

圾 jī(统读)

戢 jí(统读)

疾 jí(统读)

汲 jí(统读)

棘 jí(统读)

藉 jí

狼～(籍)

嫉 jí(统读)

脊 jǐ(统读)

纪(一)jǐ[姓]

(二)jì

～念　～律

纲～　～元

偈 jì

～语

绩 jì(统读)

迹 jì(统读)

寂 jì(统读)

箕 ji

簸～

辑 ji

逻～

茄 jiā

雪～

夹 jiā

～带藏掖　～道儿

～攻　～棍　～生

～杂　～竹桃

～注

浃 jiā(统读)

甲 jiǎ(统读)

歼 jiān(统读)

鞯 jiān(统读)

间(一)jiān

～不容发　中～

(二)jiàn

中～儿　～道

～谍　～断

～或　～接

～距　～隙

～续　～阻　～作

挑拨离～

趼 jiǎn(统读)

俭 jiǎn(统读)

缰 jiāng(统读)

膙 jiǎng(统读)

嚼(一)jiáo(语)

味同～蜡

咬文～字

(二)jué(文)

咀～

过屠门而大～

(三)jiào

倒～(倒嚼)

侥 jiǎo

～幸

角(一)jiǎo

八～(大茴香)

～落　独～戏

～膜　～度　～儿

(犄～)　～楼

勾心斗～　号～

口～(嘴～)　鹿～

～菜　头～

(二)jué

～斗　～儿(脚色)

口～(吵嘴)

主～儿　配～儿

～力　捧～儿

脚(一)jiǎo

根～

(二)jué

～儿(也作“角儿”，脚色)

剿(一)jiǎo

围～

(二)chāo

～说　～袭

校 jiào

～勘　～样　～正

较 jiào(统读)

酵 jiào(统读)
嗟 jiē(统读)
疖 jiē(统读)
结(除"～了个果子"、"开花～果"、"～巴"、"～实"念 jiē 之外,其他都念 jié)
睫 jié(统读)
芥(一)jiè
～菜(一般的芥菜)
～末
(二)gài
～菜(也作"盖菜")
～蓝菜
矜 jīn
～持　自～　～怜
仅 jǐn
～～　绝无～有
馑 jǐn(统读)
觐 jìn(统读)
浸 jìn(统读)
斤 jin
千～(起重的工具)
茎 jīng(统读)
粳 jīng(统读)
鲸 jīng(统读)
境 jìng(统读)
痉 jìng(统读)
劲 jìng
刚～
窘 jiǒng(统读)
究 jiū(统读)
纠 jiū(统读)
鞠 jū(统读)
鞫 jū(统读)
掬 jū(统读)
苴 jū(统读)
咀 jǔ
～嚼
矩(一)jǔ
～形
(二)ju
规～
俱 jù(统读)
龟 jūn
～裂(也作"皲裂")
菌(一)jūn
细～　病～　杆～
霉～
(二)jùn
香～　～子
俊 jùn(统读)

K

卡(一)kǎ
～宾枪　～车
～介苗　～片
～通
(二)qiǎ
～子　关～
揩 kāi(统读)
慨 kǎi(统读)
忾 kài(统读)
勘 kān(统读)
看 kān
～管　～护　～守
慷 kāng(统读)
拷 kǎo(统读)
坷 kē
～拉(垃)
疴 kē(统读)
壳(一)ké(语)
～儿　贝～儿
脑～　驳～枪
(二)qiào(文)
地～　甲～　躯～
可(一)kě
～～儿的
(二)kè
～汗
恪 kè(统读)
刻 kè(统读)
克 kè
～扣
空(一)kōng
～心砖　～城计
(二)kòng
～心吃药
眍 kōu(统读)
矻 kū(统读)
酷 kù(统读)
框 kuàng(统读)
矿 kuàng(统读)
傀 kuǐ(统读)
溃(一)kuì
～烂
(二)huì
～脓
篑 kuì(统读)
括 kuò(统读)

L

垃 lā(统读)
邋 lā(统读)
罱 lǎn(统读)
缆 lǎn(统读)
蓝 lan
苤～
琅 láng(统读)
捞 lāo(统读)
劳 láo(统读)
醪 láo(统读)
烙(一)lào
～印　～铁　～饼
(二)luò
炮～(古酷刑)
勒(一)lè(文)
～逼　～令　～派
～索　悬崖～马
(二)lēi(语)
多单用。
擂(除"～台"、"打～"读 lèi 外,都读 léi)
礌 léi(统读)
羸 léi(统读)
蕾 lěi(统读)
累(一)lèi
(辛劳义,如"受～"[受劳～])
(二)léi
(如"～赘")
(三)lěi
(牵连义,如"带～"、"～及"、"连～"、"赔～"、"牵～"、"受～"[受牵～])
蠡(一)lí
管窥～测
(二)lǐ
～县　范～
喱 lí(统读)
连 lián(统读)
敛 liǎn(统读)
恋 liàn(统读)
量(一)liàng
～入为出　忖～
(二)liang
打～　掂～
踉 liàng
～跄
潦 liáo

～草　～倒
劣 liè(统读)
捩 liè(统读)
趔 liè(统读)
拎 līn(统读)
遴 lín(统读)
淋(一)lín
～浴　～漓　～巴
(二)lìn
～硝　～盐　～病
蛉 líng(统读)
榴 liú(统读)
馏(一)liú(文)
如"干～"、"蒸～"
(二)liù(语)
如"～馒头"
镏 liú
～金
碌 liù
～碡
笼(一)lóng(名物义)
～子　牢～
(二)lǒng(动作义)
～络　～括　～统　～罩
偻(一)lóu
佝～
(二)lǚ
伛～
瞜 lou
眍～
虏 lǔ(统读)
掳 lǔ(统读)
露 lù(一)(文)
赤身～体　～天　～骨　～头角
藏头～尾
抛头～面　～头(矿)
(二)lòu(语)
～富　～苗　～光
～相　～马脚
～头
榈 lǘ(统读)
捋(一)lǚ
～胡子
(二)luō
～袖子
绿(一)lǜ(语)
(二)lù(文)
～林　鸭～江
孪 luán(统读)
挛 luán(统读)
掠 lüè(统读)
囵 lún(统读)
络 luò
～腮胡子
落(一)luò(文)
～膘　～花生
～魄　涨～　～槽
着～
(二)lào(语)
～架　～色　～炕
～枕　～儿
～子(一种曲艺)
(三)là(语)遗落义。
丢三～四
～在后面

M

脉(除"～～"念 mòmò 外,一律念 mài)
漫 màn(统读)
蔓(一)màn(文)
～延　不～不支
(二)wàn(语)
瓜～　压～
牤 māng(统读)
氓 máng
流～
芒 máng(统读)
铆 mǎo(统读)
瑁 mào(统读)
虻 méng(统读)
盟 méng(统读)
祢 mí(统读)
眯(一)mí
～了眼(灰尘等入目,也作"迷")
(二)mī
～了一会儿(小睡)
～缝着眼(微微合目)
靡(一)mí
～费
(二)mǐ
风～　委～　披～
秘(除"～鲁"读 bì 外,都读 mì)
泌(一)mì(语)
分～
(二)bì(文)
～阳[地名]
娩 miǎn(统读)
缈 miǎo(统读)
皿 mǐn(统读)
闽 mǐn(统读)
茗 míng(统读)
酩 mǐng(统读)
谬 miù(统读)
摸 mō(统读)
模(一)mó
～范　～式　～型
～糊　～特儿
～棱两可
(二)mú
～子　～具　～样
膜 mó(统读)
摩 mó
按～　抚～
嬷 mó(统读)
墨 mò(统读)
耱 mò(统读)
沫 mò(统读)
缪 móu
绸～

N

难(一)nán
困～　(或变轻声)
～兄～弟(难得的兄弟,现多用作贬义)
(二)nàn
排～解纷　发～
刁～　责～
～兄～弟(共患难或同受苦难的人)
蝻 nǎn(统读)
蛲 náo(统读)
讷 nè(统读)
馁 něi(统读)
嫩 nèn(统读)
恁 nèn(统读)
妮 nī(统读)
拈 niān(统读)
鲇 nián(统读)
酿 niàng(统读)
尿(一)niào
糖～病
(二)suī(只用于口语名词)
尿(niào)～　～脬

啮 niè(统读)
宁(一)níng
安～
(二)nìng
～可　无～
[姓]
忸 niǔ(统读)
脓 nóng(统读)
弄(一)nòng
玩～
(二)lòng
～堂
暖 nuǎn(统读)
衄 nǜ(统读)
疟(一)nüè(文)
～疾
(二)yào(语)
发～子
娜(一)nuó
婀～　袅～
(二)nà
(人名)

O

殴 ōu(统读)
呕 ǒu(统读)

P

杷 pá(统读)
琶 pá(统读)
牌 pái(统读)
排 pǎi
～子车
迫 pǎi
～击炮
湃 pài(统读)
爿 pán(统读)
胖 pán
心广体～
(～为安舒貌)
蹒 pán(统读)
畔 pàn(统读)
乓 pāng(统读)
滂 pāng(统读)
脬 pāo(统读)
胚 pēi(统读)
喷(一)pēn
～嚏
(二)pèn
～香
(三)pen
嚏～
澎 péng(统读)
坯 pī(统读)
披 pī(统读)
匹 pǐ(统读)
僻 pì(统读)
譬 pì(统读)
片(一)piàn
～子　唱～　画～
相～　影～
～儿会
(二)piān(口语一部分词)
～子　～儿
唱～儿　画～儿
相～儿　影～儿
剽 piāo(统读)
缥 piāo
～缈(飘渺)
撇 piē
～弃
聘 pìn(统读)
乒 pīng(统读)
颇 pō(统读)
剖 pōu(统读)
仆(一)pū
前～后继
(二)pú
～从
扑 pū(统读)
朴(一)pǔ
俭～　～素　～质
(二)pō
～刀
(三)pò
～硝　厚～
蹼 pǔ(统读)
瀑 pù
～布
曝(一)pù
一～十寒
(二)bào
～光　(摄影术语)

Q

栖 qī
两～
戚 qī(统读)
漆 qī(统读)
期 qī(统读)
蹊 qī
～跷
蛴 qí(统读)
畦 qí(统读)
萁 qí(统读)
骑 qí(统读)
企 qǐ(统读)
绮 qǐ(统读)
杞 qǐ(统读)
槭 qì(统读)
洽 qià(统读)
签 qiān(统读)
潜 qián(统读)
荨(一)qián(文)
～麻
(二)xún(语)
～麻疹
嵌 qiàn(统读)
欠 qian
打哈～
戕 qiāng(统读)
镪 qiāng
～水
强(一)qiáng
～渡　～取豪夺
～制　博闻～识
(二)qiǎng
勉～　牵～
～词夺理　～迫
～颜为笑
(三)jiàng
倔～
襁 qiǎng(统读)
跄 qiàng(统读)
悄(一)qiāo
～～儿的
(二)qiǎo
～默声儿的
橇 qiāo(统读)
翘(一)qiào(语)
～尾巴
(二)qiáo(文)
～首　～楚　连～
怯 qiè(统读)
挈 qiè(统读)
趄 qie
趔～
侵 qīn(统读)
衾 qīn(统读)
噙 qín(统读)
倾 qīng(统读)

亲 qìng
～家
穹 qióng(统读)
黢 qū(统读)
曲(麯)qū
大～ 红～ 神～
渠 qú(统读)
瞿 qú(统读)
蠼 qú(统读)
苣 qǔ
～荬菜
龋 qǔ(统读)
趣 qù(统读)
雀 què
～斑 ～盲症

R

髯 rán(统读)
攘 rǎng(统读)
桡 ráo(统读)
绕 rào(统读)
任 rén[姓,地名]
妊 rèn(统读)
扔 rēng(统读)
容 róng(统读)
糅 róu(统读)
茹 rú(统读)
孺 rú(统读)
蠕 rú(统读)
辱 rǔ(统读)
挼 ruó(统读)

S

靸 sǎ(统读)
噻 sāi(统读)
散(一)sǎn
懒～ 零零～～
～漫
(二)san
零～
丧 sang
哭～着脸
扫(一)sǎo
～兴
(二)sào
～帚
埽 sào(统读)
色(一)sè(文)
(二)shǎi(语)
塞(一)sè(文)动作义。
(二)sāi(语)名物义,如:"活～"、"瓶～";动作义,如:"把洞～住"。
森 sēn(统读)
煞(一)shā
～尾 收～
(二)shà
～白
啥 shá(统读)
厦(一)shà(语)
(二)xià(文)
～门 噶～
杉(一)shān(文)
紫～ 红～ 水～
(二)shā(语)
～篙 ～木
衫 shān(统读)
姗 shān(统读)
苫(一)shàn(动作义,如"～布")
(二)shān(名物义,如"草～子")
墒 shāng(统读)
猞 shē(统读)
舍 shè
宿～
慑 shè(统读)
摄 shè(统读)
射 shè(统读)
谁 shéi 又音 shuí
娠 shēn(统读)
什(甚)shén
～么
蜃 shèn(统读)
葚(一)shèn(文)
桑～
(二)rèn(语)
桑～儿
胜 shèng(统读)
识 shí
常～ ～货 ～字
似 shì
～的
室 shì(统读)
螫(一)shì(文)
(二)zhē(语)
匙 shi
钥～
殊 shū(统读)
蔬 shū(统读)
疏 shū(统读)
叔 shū(统读)
淑 shū(统读)
菽 shū(统读)
熟(一)shú(文)
(二)shóu(语)
署 shǔ(统读)
曙 shǔ(统读)
漱 shù(统读)
戍 shù(统读)
蟀 shuài(统读)
孀 shuāng(统读)
说 shuì
游～
数 shuò
～见不鲜
硕 shuò(统读)
蒴 shuò(统读)
艘 sōu(统读)
嗾 sǒu(统读)
速 sù(统读)
塑 sù(统读)
虽 suī(统读)
绥 suí(统读)
髓 suǐ(统读)
遂(一)suì
不～ 毛～自荐
(二)suí
半身不～
隧 suì(统读)
隼 sǔn(统读)
莎 suō
～草
缩(一)suō
收～
(二)sù
～砂密(一种植物)
嗍 suō(统读)
索 suǒ(统读)

T

趿 tā(统读)
鳎 tǎ(统读)
獭 tǎ(统读)
沓(一)tà
重～
(二)ta
疲～
(三)dá
一～纸

苔(一)tái(文)
(二)tāi(语)
探 tàn(统读)
涛 tāo(统读)
悌 tì(统读)
佻 tiāo(统读)
调 tiáo
～皮
帖(一)tiē
妥～　伏伏～～
俯首～耳
(二)tiě
请～　字～儿
(三)tiè
字～　碑～
听 tīng(统读)
庭 tíng(统读)
骰 tóu(统读)
凸 tū(统读)
突 tū(统读)
颓 tuí(统读)
蜕 tuì(统读)
臀 tún(统读)
唾 tuò(统读)

W

娲 wā(统读)
挖 wā(统读)
瓦 wà
～刀
喎 wāi(统读)
蜿 wān(统读)
玩 wán(统读)
惋 wǎn(统读)
脘 wǎn(统读)
往 wǎng(统读)
忘 wàng(统读)
微 wēi(统读)
巍 wēi(统读)
薇 wēi(统读)
危 wēi(统读)
韦 wéi(统读)
违 wéi(统读)
唯 wéi(统读)
圩(一)wéi
～子
(二)xū
～(墟)场
纬 wěi(统读)
委 wěi
～靡
伪 wěi(统读)
萎 wěi(统读)
尾(一)wěi
～巴
(二)yǐ
马～儿
尉 wèi
～官
文 wén(统读)
闻 wén(统读)
紊 wěn(统读)
喔 wō(统读)
蜗 wō(统读)
硪 wò(统读)
诬 wū(统读)
梧 wú(统读)
牾 wǔ(统读)
乌 wù
～拉(也作"靰鞡")
～拉草
杌 wù(统读)
鹜 wù(统读)

X

夕 xī(统读)
汐 xī(统读)
晰 xī(统读)
析 xī(统读)
皙 xī(统读)
昔 xī(统读)
溪 xī(统读)
悉 xī(统读)
熄 xī(统读)
蜥 xī(统读)
螅 xī(统读)
惜 xī(统读)
锡 xī(统读)
樨 xī(统读)
袭 xí(统读)
檄 xí(统读)
峡 xiá(统读)
暇 xiá(统读)
吓 xià
杀鸡～猴
鲜 xiān
屡见不～　数见不～
锨 xiān(统读)
纤 xiān
～维
涎 xián(统读)
弦 xián(统读)
陷 xiàn(统读)
霰 xiàn(统读)
向 xiàng(统读)
相 xiàng
～机行事
淆 xiáo(统读)
哮 xiào(统读)
些 xiē(统读)
颉 xié
～颃
携 xié(统读)
偕 xié(统读)
挟 xié(统读)
械 xiè(统读)
馨 xīn(统读)
囟 xìn(统读)
行 xíng
操～　德～　发～
品～
省 xǐng
内～　反～　～亲
不～人事
芎 xiōng(统读)
朽 xiǔ(统读)
宿 xiù
星～　二十八～
煦 xù(统读)
蓿 xu
苜～
癣 xuǎn(统读)
削(一)xuē(文)
剥～　～减　瘦～
(二)xiāo(语)
切～　～铅笔　～球
穴 xué(统读)
学 xué(统读)
雪 xuě(统读)
血(一)xuè(文)用于复音词及成语,如"贫～"、"心～"、"呕心沥～"、"～泪史"、"狗～喷头"等。
(二)xiě(语)口语多单用,如"流了点儿～"及几个口语常用词,如:"鸡～"、"～晕"、"～块子"等。
谑 xuè(统读)

寻 xún(统读)
驯 xùn(统读)
逊 xùn(统读)
熏 xùn
煤气～着了
徇 xùn(统读)
殉 xùn(统读)
蕈 xùn(统读)

Y

押 yā(统读)
崖 yá(统读)
哑 yǎ
～然失笑
亚 yà(统读)
殷 yān
～红
芫 yán
～荽
筵 yán(统读)
沿 yán(统读)
焰 yàn(统读)
夭 yāo(统读)
肴 yáo(统读)
杳 yǎo(统读)
舀 yǎo(统读)
钥(一)yào(语)
～匙
(二)yuè(文)
锁～
曜 yào(统读)
耀 yào(统读)
椰 yē(统读)
噎 yē(统读)
叶 yè
～公好龙
曳 yè
弃甲～兵　摇～
～光弹
屹 yì(统读)
轶 yì(统读)
谊 yì(统读)
懿 yì(统读)
诣 yì(统读)
艾 yì
自怨自～
荫 yìn(统读)
("树～"、"林～道"应作"树阴"、"林阴道")
应(一)yīng
～届　～名儿
～许　提出的条件他都～了　是我～下来的任务
(二)yìng
～承　～付　～声
～时　～验　～邀
～用　～运　～征
里～外合
萦 yíng(统读)
映 yìng(统读)
佣 yōng
～工
庸 yōng(统读)
臃 yōng(统读)
壅 yōng(统读)
拥 yōng(统读)
踊 yǒng(统读)
咏 yǒng(统读)
泳 yǒng(统读)
莠 yǒu(统读)
愚 yú(统读)
娱 yú(统读)
愉 yú(统读)
伛 yǔ(统读)
屿 yǔ(统读)
吁 yù
呼～
跃 yuè(统读)
晕(一)yūn
～倒　头～
(二)yùn
月～　血～　～车
酝 yùn(统读)

Z

匝 zā(统读)
杂 zá(统读)
载(一)zǎi
登～　记～
(二)zài
搭～　怨声～道
重～　装～
～歌～舞
簪 zān(统读)
咱 zán(统读)
暂 zàn(统读)
凿 záo(统读)
择(一)zé
选～
(二)zhái
～不开　～菜　～席
贼 zéi(统读)
憎 zēng(统读)
甑 zèng(统读)
喳 zhā
唧唧～～
轧(除"～钢"、"～辊"念 zhá 外,其他都念 yà)
(gá 为方言,不审)
摘 zhāi(统读)
粘 zhān
～贴
涨 zhǎng
～落　高～
着(一)zháo
～慌　～急　～家
～凉　～忙　～迷
～水　～雨
(二)zhuó
～落　～手　～眼
～意　～重　不～边际
(三)zhāo
失～
沼 zhǎo(统读)
召 zhào(统读)
遮 zhē(统读)
蛰 zhé(统读)
辙 zhé(统读)
贞 zhēn(统读)
侦 zhēn(统读)
帧 zhēn(统读)
胗 zhēn(统读)
枕 zhěn(统读)
诊 zhěn(统读)
振 zhèn(统读)
知 zhī(统读)
织 zhī(统读)
脂 zhī(统读)
植 zhí(统读)
殖(一)zhí
繁～　生～　～民
(二)shi
骨～
指 zhǐ(统读)
掷 zhì(统读)
质 zhì(统读)
蛭 zhì(统读)
秩 zhì(统读)

栉 zhì(统读)
炙 zhì(统读)
中 zhōng
　人～(人口上唇当中处)
种 zhòng
　点～(义同“点播”。动宾结构念diǎnzhǒng,义为点播种子)
诌 zhōu(统读)
骤 zhòu(统读)
轴 zhòu
　大～子戏　压～子
碡 zhou
　碌～
烛 zhú(统读)
逐 zhú(统读)
属 zhǔ
　～望
筑 zhù(统读)
著 zhù
　土～
转 zhuǎn
　运～
撞 zhuàng(统读)
幢(一)zhuàng
　一～楼房
　(二)chuáng
　经～(佛教所设刻有经咒的石柱)
拙 zhuō(统读)
茁 zhuó(统读)
灼 zhuó(统读)
卓 zhuó(统读)
综 zōng
　～合
纵 zòng(统读)
粽 zòng(统读)
镞 zú(统读)
组 zǔ(统读)
钻(一)zuān
　～探　～孔
　(二)zuàn
　～床　～杆　～具
佐 zuǒ(统读)
唑 zuò(统读)
柞(一)zuò
　～蚕　～绸
　(二)zhà
　～水(在陕西)
做 zuò(统读)
作(除“～坊”读 zuō外,其余都读 zuò)

附录四

普通话水平测试常用词语表

A

*阿 ā
阿姨 āyí
挨 āi
挨 ái
矮 ǎi
*爱 ài
*爱国 àiguó
爱好 àihào
爱护 àihù
*爱情 àiqíng
*爱人 àiren
*安 ān
安定 āndìng
安静 ānjìng
*安排 ānpái
安培 ānpéi
*安全 ānquán
*安慰 ānwèi
安心 ānxīn
安置 ānzhì
安装 ānzhuāng
氨 ān
氨基酸 ānjīsuān
岸 àn
*按 àn
*按照 ànzhào
*案 àn
*案件 ànjiàn
*暗 àn
暗示 ànshì
暗中 ànzhōng
凹 āo
熬 āo
熬 áo
奥秘 àomì
奥运会 Àoyùnhuì

B

*八 bā
巴 bā
扒 bā
拔 bá
*把 bǎ
*把握 bǎwò
*把儿 bàr
爸 bà
爸爸 bàba
*罢 bà
罢工 bàgōng
*白 bái
*白色 báisè
*白天 bái•tiān
*百 bǎi
百年 bǎinián
百姓 bǎixìng
*摆 bǎi
摆动 bǎidòng
*摆脱 bǎituō
败 bài
拜 bài
*班 bān
*般 bān
颁布 bānbù
搬 bān
搬家 bānjiā
搬运 bānyùn
*板 bǎn
板凳 bǎndèng
板块 bǎnkuài
版 bǎn
*办 bàn
*办法 bànfǎ
*办公室 bàngōngshì
*办理 bànlǐ
*办事 bànshì
*半 bàn
半导体 bàndǎotǐ
半岛 bàndǎo
*半径 bànjìng
*半天 bàntiān
半夜 bànyè
扮演 bànyǎn
伴 bàn
伴随 bànsuí
伴奏 bànzòu
瓣 bàn
*帮 bāng
帮忙 bāngmáng
*帮助 bāngzhù
榜样 bǎngyàng
*棒 bàng
傍晚 bàngwǎn
*包 bāo
包袱 bāofu
包干儿 bāogānr
*包含 bāohán
*包括 bāokuò
*包围 bāowéi
包装 bāozhuāng
孢子 bāozǐ
炮 bāo
*薄 báo
饱 bǎo
*饱和 bǎohé
宝 bǎo
宝贝 bǎobèi
宝贵 bǎoguì
宝石 bǎoshí
*保 bǎo
*保持 bǎochí
*保存 bǎocún
保管 bǎoguǎn
*保护 bǎohù
*保留 bǎoliú
保守 bǎoshǒu
*保卫 bǎowèi
保险 bǎoxiǎn
*保障 bǎozhàng
*保证 bǎozhèng
*报 bào
*报酬 bào•chóu
*报道 bàodào
报复 bào•fù
*报告 bàogào
*报刊 bàokān
报名 bàomíng
*报纸 bàozhǐ
*抱 bào
暴动 bàodòng
暴力 bàolì
*暴露 bàolù
暴雨 bàoyǔ
*爆发 bàofā
*爆炸 bàozhà

注 本表条目除必读轻声音节外，一律只标本调，不标变调；条目中的必读轻声音节，注音不标调号；条目中儿化音节的注音，只在基本形式后面加 r，不标读音上的实际变化。

*杯 bēi
*背 bēi
悲哀 bēi'āi
悲惨 bēicǎn
*悲剧 bēijù
*北 běi
*北方 běifāng
贝 bèi
备 bèi
*背 bèi
*背后 bèihòu
*背景 bèijǐng
*倍 bèi
*被 bèi
被动 bèidòng
被告 bèigào
被子 bèizi
辈 bèi
奔 bēn
奔跑 bēnpǎo
*本 běn
本地 běndì
*本来 běnlái
*本领 běnlǐng
本能 běnnéng
*本人 běnrén
*本身 běnshēn
本事 běnshì
本事 běnshi
本体 běntǐ
本性 běnxìng
*本质 běnzhì
苯 běn
奔 bèn
笨 bèn
崩溃 bēngkuì
蹦 bèng
逼 bī
鼻 bí
鼻孔 bíkǒng
*鼻子 bízi
*比 bǐ
比价 bǐjià
*比较 bǐjiào
*比例 bǐlì
*比如 bǐrú
*比赛 bǐsài
比喻 bǐyù
*比重 bǐzhòng
彼 bǐ
*彼此 bǐcǐ
*笔 bǐ
笔记 bǐjì
笔者 bǐzhě
*必 bì
必定 bìdìng
*必然 bìrán
必然性 bìránxìng
*必须 bìxū
必需 bìxū
*必要 bìyào
*毕竟 bìjìng
*毕业 bìyè
闭 bì
闭合 bìhé
*壁 bì
壁画 bìhuà
*避 bì
*避免 bìmiǎn
臂 bì
*边 biān
边疆 biānjiāng
边界 biānjiè
边境 biānjìng
边区 biānqū
边缘 biānyuán
*编 biān
编辑 biānjí
编写 biānxiě
*编制 biānzhì
鞭 biān
鞭子 biānzi
扁 biǎn
*变 biàn
*变动 biàndòng
变法 biànfǎ
*变革 biàngé
变更 biàngēng
*变化 biànhuà
变换 biànhuàn
变量 biànliàng
变迁 biànqiān
变态 biàntài
变形 biànxíng
变异 biànyì
*便 biàn
便利 biànlì
*便于 biànyú
*遍 biàn
辨 biàn
辨别 biànbié
辨认 biànrèn
辩护 biànhù
*辩证 biànzhèng
*辩证法 biànzhèngfǎ
标 biāo
标本 biāoběn
标题 biāotí
标语 biāoyǔ
*标志 biāozhì
*标准 biāozhǔn
标准化 biāozhǔnhuà
*表 biǎo
表层 biǎocéng
*表达 biǎodá
*表面 biǎomiàn
*表明 biǎomíng
表皮 biǎopí
*表情 biǎoqíng
*表示 biǎoshì
表述 biǎoshù
*表现 biǎoxiàn
表象 biǎoxiàng
*表演 biǎoyǎn
表扬 biǎoyáng
表彰 biǎozhāng
*别 bié
*别人 bié•rén
*别 biè
宾 bīn
*冰 bīng
冰川 bīngchuān
*兵 bīng
兵力 bīnglì
丙 bǐng
柄 bǐng
饼 bǐng
屏 bǐng
*并 bìng
*并且 bìngqiě
并用 bìngyòng
*病 bìng
病变 bìngbiàn
病毒 bìngdú
病理 bìnglǐ
病情 bìngqíng
*病人 bìngrén
拨 bō
*波 bō
*波长 bōcháng
*波动 bōdòng
波浪 bōlàng
*玻璃 bō•lí
剥夺 bōduó
*剥削 bōxuē
播种 bōzhǒng
播种 bōzhòng
伯 bó
*脖子 bózi
*博士 bóshì
搏斗 bódòu
*薄 bó
薄弱 bóruò
*薄 bò
*补 bǔ
补偿 bǔcháng
*补充 bǔchōng
补贴 bǔtiē
捕 bǔ
捕捞 bǔlāo
捕食 bǔshí
捕捉 bǔzhuō
*不 bù

*不安 bù'ān
*不必 bùbì
不便 bùbiàn
不曾 bùcéng
*不错 bùcuò
*不但 bùdàn
不当 bùdàng
不等 bùděng
不定 bùdìng
*不断 bùduàn
*不对 bùduì
不妨 bùfáng
不服 bùfú
*不够 bùgòu
*不顾 bùgù
*不管 bùguǎn
不光 bùguāng
*不过 bùguò
不合 bùhé
不及 bùjí
*不禁 bùjīn
*不仅 bùjǐn
*不久 bùjiǔ
不堪 bùkān
*不可 bùkě
不快 bùkuài
*不利 bùlì
*不良 bùliáng
不料 bùliào
*不论 bùlùn
*不满 bùmǎn
不免 bùmiǎn
*不怕 bùpà
不平 bùpíng
*不然 bùrán
不容 bùróng
*不如 bùrú
不时 bùshí
不惜 bùxī
*不想 bùxiǎng
*不行 bùxíng
*不幸 bùxìng
*不许 bùxǔ
*不要 bùyào
不宜 bùyí
不已 bùyǐ
*不用 bùyòng
不止 bùzhǐ
*不足 bùzú
*布 bù
布局 bùjú
*布置 bùzhì
*步 bù
步伐 bùfá
*步骤 bùzhòu
步子 bùzi
*部 bù
*部队 bùduì
*部分 bùfen
*部落 bùluò
*部门 bùmén
部署 bùshǔ
*部位 bùwèi

C

*擦 cā
猜 cāi
*才 cái
*才能 cáinéng
材 cái
*材料 cáiliào
财 cái
*财产 cáichǎn
*财富 cáifù
财力 cáilì
财务 cáiwù
*财政 cáizhèng
*采 cǎi
*采访 cǎifǎng
采购 cǎigòu
采集 cǎijí
*采取 cǎiqǔ
*采用 cǎiyòng
彩 cǎi
彩色 cǎisè
踩 cǎi
*菜 cài
蔡 cài
参 cān
*参观 cānguān
*参加 cānjiā
*参考 cānkǎo
参谋 cānmóu
参数 cānshù
*参与 cānyù
参照 cānzhào
残 cán
残酷 cánkù
残余 cányú
蚕 cán
灿烂 cànlàn
仓 cāng
仓库 cāngkù
苍白 cāngbái
苍蝇 cāngying
舱 cāng
*藏 cáng
操 cāo
操纵 cāozòng
*操作 cāozuò
曹 cáo
槽 cáo
*草 cǎo
草案 cǎo'àn
草地 cǎodì
*草原 cǎoyuán
册 cè
*侧 cè
侧面 cèmiàn
侧重 cèzhòng
*测 cè
*测定 cèdìng
*测量 cèliáng
测验 cèyàn
策略 cèlüè
*层 céng
*层次 céngcì
*曾 céng
*曾经 céngjīng
叉 chā
*差 chā
*差别 chābié
差价 chājià
差距 chājù
*差异 chāyì
*插 chā
*茶 chá
茶馆儿 cháguǎnr
茶叶 cháyè
*查 chá
察 chá
叉 chǎ
*差 chà
*差不多 chà•bùduō
差点儿 chàdiǎnr
拆 chāi
*差 chāi
柴 chái
缠 chán
*产 chǎn
产地 chǎndì
*产量 chǎnliàng
*产品 chǎnpǐn
*产生 chǎnshēng
*产物 chǎnwù
*产业 chǎnyè
产值 chǎnzhí
阐明 chǎnmíng
阐述 chǎnshù
颤抖 chàndǒu
*长 cháng
长城 chángchéng
长处 cháng•chù
*长度 chángdù
长短 chángduǎn
长久 chángjiǔ
*长期 chángqī
长远 chángyuǎn
长征 chángzhēng
*场 cháng
肠 cháng
尝 cháng

尝试 chángshì
*常 cháng
常规 chángguī
常年 chángnián
常识 chángshí
常数 chángshù
*厂 chǎng
厂房 chǎngfáng
*场 chǎng
场地 chǎngdì
场合 chǎnghé
*场面 chǎngmiàn
*场所 chǎngsuǒ
*唱 chàng
抄 chāo
*超 chāo
超出 chāochū
超额 chāo'é
*超过 chāoguò
超越 chāoyuè
巢 cháo
*朝 cháo
朝廷 cháotíng
潮 cháo
潮流 cháoliú
潮湿 cháoshī
吵 chǎo
炒 chǎo
*车 chē
*车间 chējiān
车辆 chēliàng
车厢 chēxiāng
车站 chēzhàn
车子 chēzi
扯 chě
*彻底 chèdǐ

撤 chè
撤销 chèxiāo
臣 chén
尘 chén
沉 chén
*沉淀 chéndiàn
沉积 chénjī
*沉默 chénmò
沉思 chénsī
*沉重 chénzhòng
沉着 chénzhuó
*陈 chén
陈旧 chénjiù
陈述 chénshù
*称 chèn
趁 chèn
*称 chēng
称号 chēnghào
称呼 chēnghu
称赞 chēngzàn
撑 chēng
*成 chéng
*成本 chéngběn
成虫 chéngchóng
*成分 chéng·fèn
*成功 chénggōng
*成果 chéngguǒ
*成绩 chéngjì
*成就 chéngjiù
*成立 chénglì
成年 chéngnián
*成人 chéngrén
*成熟 chéngshú

*成为 chéngwéi
成效 chéngxiào
成语 chéngyǔ
*成员 chéngyuán
*成长 chéngzhǎng
*呈 chéng
*呈现 chéngxiàn
诚 chéng
诚恳 chéngkěn
诚实 chéng·shí
承 chéng
承包 chéngbāo
*承担 chéngdān
*承认 chéngrèn
承受 chéngshòu
*城 chéng
*城市 chéngshì
城镇 chéngzhèn
*乘 chéng
乘机 chéngjī
乘客 chéngkè
*盛 chéng
程 chéng
*程度 chéngdù
程式 chéngshì
*程序 chéngxù
惩罚 chéngfá
秤 chèng
*吃 chī
*吃饭 chīfàn
吃惊 chījīng
吃力 chīlì
*池 chí
池塘 chítáng

*迟 chí
*持 chí
持久 chíjiǔ
*持续 chíxù
*尺 chǐ
*尺度 chǐdù
齿 chǐ
赤 chì
赤道 chìdào
翅 chì
*翅膀 chìbǎng
*冲 chōng
冲动 chōngdòng
冲击 chōngjī
冲破 chōngpò
*冲突 chōngtū
充 chōng
充当 chōngdāng
*充分 chōngfèn
*充满 chōngmǎn
充实 chōngshí
充足 chōngzú
*虫 chóng
*重 chóng
*重复 chóngfù
重合 chónghé
*重新 chóngxīn
*崇拜 chóngbài
崇高 chónggāo
*冲 chòng
*抽 chōu
*抽象 chōuxiàng
仇恨 chóuhèn

愁 chóu
丑 chǒu
臭 chòu
*出 chū
*出版 chūbǎn
出产 chūchǎn
*出发 chūfā
出发点 chūfādiǎn
出国 chūguó
*出口 chūkǒu
*出来 chū·lái
出路 chūlù
出卖 chūmài
出门 chūmén
*出去 chū·qù
出色 chūsè
出身 chūshēn
*出生 chūshēng
出售 chūshòu
出土 chūtǔ
出席 chūxí
*出现 chūxiàn
出血 chūxiě
*初 chū
*初步 chūbù
初级 chūjí
*初期 chūqī
初中 chūzhōng
*除 chú
除非 chúfēi
*除了 chúle
厨房 chúfáng
*处 chǔ
处罚 chǔfá
处分 chǔfèn

处境 chǔjìng
*处理 chǔlǐ
*处于 chǔyú
储备 chǔbèi
*储存 chǔcún
储量 chǔliàng
储蓄 chǔxù
楚 chǔ
*处 chù
*畜 chù
触 chù
川 chuān
*穿 chuān
*穿着 chuānzhuó
*传 chuán
*传播 chuánbō
传达 chuándá
传导 chuándǎo
*传递 chuándì
传教士 chuánjiàoshì
传染病 chuánrǎnbìng
传授 chuánshòu
*传说 chuánshuō
*传统 chuántǒng
*船 chuán
船舶 chuánbó
船长 chuánzhǎng
船只 chuánzhī
喘 chuǎn
*串 chuàn
串联 chuànlián
创 chuāng

创伤 chuāngshāng
窗 chuāng
窗户 chuānghu
窗口 chuāngkǒu
窗子 chuāngzi
*床 chuáng
幢 chuáng
闯 chuǎng
创 chuàng
创办 chuàngbàn
*创立 chuànglì
创新 chuàngxīn
*创造 chuàngzào
*创造性 chuàngzàoxìng
*创作 chuàngzuò
*吹 chuī
垂 chuí
*垂直 chuízhí
锤 chuí
*春 chūn
春季 chūnjì
春节 Chūnjié
春秋 chūnqiū
*春天 chūntiān
*纯 chún
纯粹 chúncuì
纯洁 chúnjié
唇 chún
*词 cí
词典 cídiǎn
*词汇 cíhuì
词义 cíyì
词语 cíyǔ
词组 cízǔ

辞 cí
辞职 cízhí
*磁 cí
*磁场 cíchǎng
磁力 cílì
磁铁 cítiě
雌 cí
*此 cǐ
此地 cǐdì
此后 cǐhòu
此刻 cǐkè
*此外 cǐwài
*次 cì
次数 cìshù
次序 cìxù
次要 cìyào
*刺 cì
*刺激 cì•jī
赐 cì
*聪明 cōng•míng
*从 cóng
*从此 cóngcǐ
*从而 cóng'ér
*从来 cónglái
*从前 cóngqián
*从事 cóngshì
从小 cóngxiǎo
从中 cóngzhōng
丛 cóng
凑 còu
*粗 cū
粗糙 cūcāo
促 cù
促成 cùchéng
*促进 cùjìn

*促使 cùshǐ
簇 cù
窜 cuàn
催 cuī
摧残 cuīcán
摧毁 cuīhuǐ
*村 cūn
村庄 cūnzhuāng
村子 cūnzi
*存 cún
存款 cúnkuǎn
*存在 cúnzài
寸 cùn
挫折 cuòzhé
*措施 cuòshī
*错 cuò
*错误 cuò•wù

D

*搭 dā
*答应 dāying
*打 dá
*达 dá
*达到 dádào
*答 dá
答案 dá'àn
答复 dá•fù
*打 dǎ
打败 dǎbài
打扮 dǎban
打倒 dǎdǎo
*打击 dǎjī
打架 dǎjià
*打开 dǎkāi
打量 dǎliang

*打破 dǎpò
*打算 dǎsuan
打听 dǎting
打下 dǎxià
打仗 dǎzhàng
*大 dà
大伯 dàbó
大臣 dàchén
*大胆 dàdǎn
*大地 dàdì
大豆 dàdòu
*大队 dàduì
*大多 dàduō
*大多数 dàduōshù
大风 dàfēng
*大概 dàgài
大纲 dàgāng
大哥 dàgē
*大会 dàhuì
*大伙儿 dàhuǒr
*大家 dàjiā
大街 dàjiē
大姐 dàjiě
*大量 dàliàng
*大陆 dàlù
大妈 dàmā
*大门 dàmén
*大脑 dànǎo
*大娘 dàniáng
大炮 dàpào
*大气 dàqì
大庆 dàqìng
*大人 dà•rén
大嫂 dàsǎo
大厦 dàshà

大婶儿dàshěnr
大师　dàshī
*大事　dàshì
大叔　dàshū
大体　dàtǐ
大厅　dàtīng
大王　dàwáng
*大小　dàxiǎo
*大型　dàxíng
*大学　dàxué
*大学生
dàxuéshēng
大洋　dàyáng
大爷　dàye
大爷　dàyé
大衣　dàyī
大雨　dàyǔ
*大约　dàyuē
大战　dàzhàn
*大致　dàzhì
大众　dàzhòng
大自然dàzìrán
*呆　dāi
*待　dāi
*大夫　dàifu
*代　dài
*代表　dàibiǎo
代价　dàijià
代理　dàilǐ
代理人dàilǐrén
*代替　dàitì
代谢　dàixiè
*带　dài
带动　dàidòng
*带领　dàilǐng

带头　dàitóu
*贷款　dàikuǎn
*待　dài
待遇　dàiyù
袋　dài
逮捕　dàibǔ
*戴　dài
*担　dān
担负　dānfù
*担任　dānrèn
*担心　dānxīn
*单　dān
*单纯　dānchún
单调　dāndiào
*单独　dāndú
*单位　dānwèi
单一　dānyī
耽误　dānwu
胆　dǎn
*石　dàn
*但　dàn
*但是　dànshì
*担　dàn
担子　dànzi
*诞生　dànshēng
淡　dàn
淡水　dànshuǐ
*弹　dàn
*蛋　dàn
蛋白　dànbái
*蛋白质dànbáizhì
*氮　dàn
*当　dāng
当场
dāngchǎng

当初　dāngchū
*当代　dāngdài
*当地　dāngdì
当即　dāngjí
当今　dāngjīn
当局　dāngjú
*当年　dāngnián
*当前　dāngqián
*当然　dāngrán
*当时　dāngshí
*当事人
dāngshìrén
当选　dāngxuǎn
当中
dāngzhōng
挡　dǎng
*党　dǎng
*党委　dǎngwěi
党性　dǎngxìng
*党员　dǎngyuán
*当　dàng
当成
dàngchéng
*当年　dàngnián
*当时　dàngshí
当天　dàngtiān
当做　dàngzuò
档案　dàng'àn
*刀　dāo
导　dǎo
导弹　dǎodàn
导管　dǎoguǎn
*导体　dǎotǐ
*导线　dǎoxiàn
*导演　dǎoyǎn

*导致　dǎozhì
*岛　dǎo
岛屿　dǎoyǔ
*倒　dǎo
倒霉　dǎoméi
*到　dào
*到处　dàochù
*到达　dàodá
*到底　dàodǐ
到来　dàolái
*倒　dào
盗窃　dàoqiè
*道　dào
*道德　dàodé
道教　Dàojiào
*道理　dào•lǐ
*道路　dàolù
稻　dào
稻谷　dàogǔ
*得　dé
*得到　dédào
*得以　déyǐ
得意　déyì
*德　dé
德育　déyù
*得　děi
*灯　dēng
*灯光
dēngguāng
灯泡儿dēngpàor
登　dēng
*登记　dēngjì
蹬　dēng
*等　děng

*等待　děngdài
*等到　děngdào
等候　děnghòu
*等级　děngjí
*等于　děngyú
邓　Dèng
*瞪　dèng
*低　dī
低级　dījí
低头　dītóu
低温　dīwēn
低下　dīxià
*滴　dī
*的确　díquè
*敌　dí
敌对　díduì
*敌人　dírén
抵　dǐ
抵抗　dǐkàng
抵制　dǐzhì
*底　dǐ
底层　dǐcéng
*底下　dǐ•xià
*地　dì
地板　dìbǎn
地表　dìbiǎo
地步　dìbù
地层　dìcéng
*地带　dìdài
*地点　dìdiǎn
*地方　dìfāng
*地方　dìfang
*地理　dìlǐ
*地貌　dìmào
*地面　dìmiàn

地壳 dìqiào
*地球 dìqiú
*地区 dìqū
地势 dìshì
*地图 dìtú
*地位 dìwèi
*地下 dìxià
*地下 dì·xià
地下水 dìxiàshuǐ
*地形 dìxíng
地域 dìyù
地震 dìzhèn
*地质 dìzhì
*地主 dìzhǔ
地租 dìzū
*弟弟 dìdi
弟兄 dìxiong
弟子 dìzǐ
帝 dì
帝国 dìguó
递 dì
*第 dì
*典型 diǎnxíng
*点 diǎn
点燃 diǎnrán
*点头 diǎntóu
碘 diǎn
*电 diàn
电报 diànbào
电场 diànchǎng
电池 diànchí
电磁 diàncí
电磁波 diàncíbō
电灯 diàndēng
电动 diàndòng
*电荷 diànhè
*电话 diànhuà
电离 diànlí
电力 diànlì
电量 diànliàng
*电流 diànliú
*电路 diànlù
电脑 diànnǎo
电能 diànnéng
电器 diànqì
电容 diànróng
*电视 diànshì
电视剧 diànshìjù
电视台 diànshìtái
电台 diàntái
电线 diànxiàn
*电压 diànyā
*电影 diànyǐng
电源 diànyuán
*电子 diànzǐ
*电阻 diànzǔ
店 diàn
垫 diàn
淀粉 diànfěn
奠定 diàndìng
雕 diāo
雕刻 diāokè
雕塑 diāosù
吊 diào
*调 diào
调拨 diàobō
*调查 diàochá
*调动 diàodòng
*掉 diào
*爹 diē
跌 diē
迭 dié
叠 dié
*丁 dīng
盯 dīng
钉 dīng
*顶 dǐng
顶点 dǐngdiǎn
顶端 dǐngduān
订 dìng
订货 dìnghuò
钉 dìng
*定 dìng
*定额 dìng'é
*定理 dìnglǐ
定量 dìngliàng
*定律 dìnglǜ
定期 dìngqī
定向 dìngxiàng
定型 dìngxíng
*定义 dìngyì
*丢 diū
*东 dōng
*东北 dōngběi
*东方 dōngfāng
东南 dōngnán
东欧 Dōng'ōu
*东西 dōngxi
*东西 dōngxī
*冬 dōng
*冬季 dōngjì
*冬天 dōngtiān
*懂 dǒng
*懂得 dǒng·dé
*动 dòng
动词 dòngcí
*动机 dòngjī
动静 dòngjing
*动力 dònglì
动量 dòngliàng
动脉 dòngmài
动能 dòngnéng
动人 dòngrén
*动手 dòngshǒu
动态 dòngtài
*动物 dòngwù
动摇 dòngyáo
*动员 dòngyuán
*动作 dòngzuò
*冻 dòng
*洞 dòng
*都 dōu
兜 dōu
*斗 dǒu
抖 dǒu
*斗 dòu
*斗争 dòuzhēng
豆 dòu
豆腐 dòufu
逗 dòu
*都 dū
*都会 dūhuì
都市 dūshì
*毒 dú
毒素 dúsù
独 dú
*独立 dúlì
*独特 dútè
独占 dúzhàn
独自 dúzì
*读 dú
*读书 dúshū
*读者 dúzhě
*肚子 dǔzi
堵 dǔ
杜 dù
肚皮 dùpí
*肚子 dùzi
*度 dù
渡 dù
*端 duān
端正 duānzhèng
*短 duǎn
短期 duǎnqī
短暂 duǎnzàn
*段 duàn
*断 duàn
断定 duàndìng
*锻炼 duànliàn
*堆 duī
堆积 duījī
*队 duì
*队伍 duìwu
*对 duì
*对比 duìbǐ
*对不起 duì·bùqǐ
*对称 duìchèn
*对待 duìdài
*对方 duìfāng
对付 duìfu
对话 duìhuà
对抗 duìkàng
*对立 duìlì
对流 duìliú

对面 duìmiàn
对手 duìshǒu
*对象 duìxiàng
*对应 duìyìng
*对于 duìyú
对照 duìzhào
*吨 dūn
*蹲 dūn
*顿 dùn
*顿时 dùnshí
*多 duō
多边形 duōbiānxíng
*多么 duōme
*多少 duō•shǎo
*多数 duōshù
多余 duōyú
夺 duó
*夺取 duóqǔ
*度 duó
*朵 duǒ
*躲 duǒ

E

*阿 ē
俄 é
鹅 é
*额 é
*恶 è
恶化 èhuà
恶劣 èliè
*饿 è
恩 ēn
*儿 ér
儿女 érnǚ
*儿童 értóng
*儿子 érzi
*而 ér
而后 érhòu
*而且 érqiě
尔 ěr
*耳 ěr
*耳朵 ěrduo
饵料 ěrliào
*二 èr

F

*发 fā
*发表 fābiǎo
发病 fābìng
发布 fābù
*发出 fāchū
*发达 fādá
发电 fādiàn
*发动 fādòng
发动机 fādòngjī
发抖 fādǒu
*发挥 fāhuī
发觉 fājué
发掘 fājué
*发明 fāmíng
发起 fāqǐ
发热 fārè
*发射 fāshè
*发生 fāshēng
*发现 fāxiàn
*发行 fāxíng
发芽 fāyá
发言 fāyán
*发扬 fāyáng
发音 fāyīn
*发育 fāyù
*发展 fāzhǎn
发作 fāzuò
罚 fá
罚款 fákuǎn
*法 fǎ
法定 fǎdìng
法官 fǎguān
*法规 fǎguī
法令 fǎlìng
*法律 fǎlǜ
法人 fǎrén
法庭 fǎtíng
法西斯 fǎxīsī
法学 fǎxué
*法院 fǎyuàn
*法则 fǎzé
*法制 fǎzhì
*发 fà
番 fān
*翻 fān
翻身 fānshēn
*翻译 fānyì
*凡 fán
*凡是 fánshì
烦恼 fánnǎo
繁 fán
繁多 fánduō
*繁荣 fánróng
*繁殖 fánzhí
繁重 fánzhòng
*反 fǎn
*反动 fǎndòng
*反对 fǎnduì
*反而 fǎn'ér
*反复 fǎnfù
*反抗 fǎnkàng
反馈 fǎnkuì
反面 fǎnmiàn
*反射 fǎnshè
*反应 fǎnyìng
*反映 fǎnyìng
*反正 fǎn•zhèng
*反之 fǎnzhī
返 fǎn
返回 fǎnhuí
*犯 fàn
*犯罪 fànzuì
*饭 fàn
饭店 fàndiàn
泛 fàn
范 fàn
*范畴 fànchóu
*范围 fànwéi
*方 fāng
*方案 fāng'àn
*方便 fāngbiàn
方才 fāngcái
*方程 fāngchéng
*方法 fāngfǎ
方法论 fāngfǎlùn
*方面 fāngmiàn
*方式 fāngshì
*方向 fāngxiàng
*方言 fāngyán
*方针 fāngzhēn
防 fáng
防御 fángyù
*防止 fángzhǐ
*防治 fángzhì
妨碍 fáng'ài
*房 fáng
*房间 fángjiān
*房屋 fángwū
*房子 fángzi
*仿佛 fǎngfú
访 fǎng
*访问 fǎngwèn
纺织 fǎngzhī
*放 fàng
放大 fàngdà
*放弃 fàngqì
放射 fàngshè
放射性 fàngshèxìng
放松 fàngsōng
*放心 fàngxīn
*飞 fēi
飞船 fēichuán
飞机 fēijī
飞快 fēikuài
飞翔 fēixiáng
*飞行 fēixíng
飞跃 fēiyuè
*非 fēi
*非常 fēicháng
非法 fēifǎ
肥 féi
肥料 féiliào
匪 fěi
*肺 fèi
废 fèi

废除 fèichú
沸腾 fèiténg
*费 fèi
*费用 fèi•yòng
分 fēn
分辨 fēnbiàn
*分别 fēnbié
*分布 fēnbù
*分成 fēnchéng
分割 fēngē
*分工 fēngōng
*分化 fēnhuà
*分解 fēnjiě
*分开 fēnkāi
*分类 fēnlèi
*分离 fēnlí
*分裂 fēnliè
*分泌 fēnmì
分明 fēnmíng
*分配 fēnpèi
分歧 fēnqí
*分散 fēnsàn
*分析 fēnxī
分支 fēnzhī
*分子 fēnzǐ
*粉 fěn
粉末 fěnmò
粉碎 fěnsuì
*分 fèn
分量 fèn•liàng
*分子 fènzǐ
*份 fèn
*奋斗 fèndòu
粪 fèn

愤怒 fènnù
丰 fēng
*丰富 fēngfù
丰收 fēngshōu
*风 fēng
风暴 fēngbào
*风格 fēnggé
风光 fēngguāng
风景 fēngjǐng
风力 fēnglì
风气 fēngqì
风俗 fēngsú
风速 fēngsù
风险 fēngxiǎn
风雨 fēngyǔ
*封 fēng
封闭 fēngbì
*封建 fēngjiàn
封锁 fēngsuǒ
疯狂 fēngkuáng
峰 fēng
锋 fēng
蜂 fēng
冯 féng
缝 féng
讽刺 fěngcì
奉 fèng
奉献 fèngxiàn
*缝 fèng
*佛 fó
*佛教 Fójiào
否 fǒu
*否定 fǒudìng
*否认 fǒurèn
*否则 fǒuzé
*夫 fū

夫妇 fūfù
*夫妻 fūqī
*夫人 fū•rén
孵化 fūhuà
*伏 fú
伏特 fútè
*扶 fú
*服 fú
*服从 fúcóng
*服务 fúwù
服务员 fúwùyuán
*服装 fúzhuāng
俘虏 fúlǔ
浮 fú
浮动 fúdòng
浮游 fúyóu
*符号 fúhào
*符合 fúhé
*幅 fú
幅度 fúdù
*辐射 fúshè
福 fú
福利 fúlì
抚摸 fǔmō
府 fǔ
辅助 fǔzhù
腐 fǔ
腐败 fǔbài
腐蚀 fǔshí
腐朽 fǔxiǔ
*父母 fùmǔ
*父亲 fù•qīn
付 fù
付出 fùchū
*负 fù

*负担 fùdān
*负责 fùzé
妇 fù
*妇女 fùnǚ
附 fù
附加 fùjiā
*附近 fùjìn
附着 fùzhuó
*服 fù
赴 fù
*复 fù
复辟 fùbì
复合 fùhé
*复杂 fùzá
复制 fùzhì
*副 fù
副业 fùyè
赋 fù
赋予 fùyǔ
*富 fù
*富有 fùyǒu
富裕 fùyù
*腹 fù
覆盖 fùgài

G

*该 gāi
*改 gǎi
改编 gǎibiān
*改变 gǎibiàn
*改革 gǎigé
*改进 gǎijìn
改良 gǎiliáng
*改善 gǎishàn
*改造 gǎizào

改正 gǎizhèng
改组 gǎizǔ
钙 gài
*盖 gài
*概括 gàikuò
概率 gàilǜ
*概念 gàiniàn
*干 gān
干脆 gāncuì
干旱 gānhàn
*干净 gān•jìng
*干扰 gānrǎo
*干涉 gānshè
干预 gānyù
*干燥 gānzào
甘心 gānxīn
杆 gān
*肝 gān
肝脏 gānzàng
杆 gǎn
*赶 gǎn
*赶紧 gǎnjǐn
*赶快 gǎnkuài
赶忙 gǎnmáng
*敢 gǎn
敢于 gǎnyú
*感 gǎn
*感到 gǎndào
*感动 gǎndòng
感官 gǎnguān
感激 gǎn•jī
*感觉 gǎnjué
感慨 gǎnkǎi
*感情 gǎnqíng
*感染 gǎnrǎn

*感受 gǎnshòu
感谢 gǎnxiè
感性 gǎnxìng
感应 gǎnyìng
感知 gǎnzhī
*干 gàn
*干部 gànbù
*刚 gāng
*刚才 gāngcái
*纲 gāng
纲领 gānglǐng
*钢 gāng
钢琴 gāngqín
*钢铁 gāngtiě
*岗位 gǎngwèi
港 gǎng
港口 gǎngkǒu
*高 gāo
高产 gāochǎn
高潮 gāocháo
*高大 gāodà
高等 gāoděng
*高低 gāodī
高地 gāodì
*高度 gāodù
*高级 gāojí
高空 gāokōng
高尚 gāoshàng
高速 gāosù
*高温 gāowēn
高校 gāoxiào
*高兴 gāoxìng
高压 gāoyā
*高原 gāoyuán
高涨 gāozhǎng

高中 gāozhōng
*搞 gǎo
稿 gǎo
告 gào
告别 gàobié
*告诉 gàosu
疙瘩 gēda
*哥哥 gēge
胳膊 gēbo
鸽子 gēzi
搁 gē
割 gē
*歌 gē
歌唱 gēchàng
歌剧 gējù
*歌曲 gēqǔ
歌声 gēshēng
歌颂 gēsòng
歌舞 gēwǔ
*革命 gémìng
*革新 géxīn
*格 gé
格外 géwài
*隔 gé
隔壁 gébì
隔离 gélí
*个 gè
*个别 gèbié
*个人 gèrén
*个体 gètǐ
*个性 gèxìng
*各 gè
*各自 gèzì
*给 gěi
给以 gěiyǐ

*根 gēn
*根本 gēnběn
*根据 gēnjù
*根据地 gēnjùdì
根系 gēnxì
根源 gēnyuán
*跟 gēn
跟前 gēn•qián
跟随 gēnsuí
*更 gēng
*更新 gēngxīn
耕 gēng
*耕地 gēngdì
耕作 gēngzuò
*更 gèng
*更加 gèngjiā
*工 gōng
*工厂 gōngchǎng
工场 gōngchǎng
*工程 gōngchéng
*工程师
gōngchéngshī
工地 gōngdì
工夫 gōngfu
工会 gōnghuì
*工具 gōngjù
*工人 gōng•rén
工商业
gōngshāngyè
*工业 gōngyè
工业化
gōngyèhuà
*工艺 gōngyì
*工资 gōngzī
*工作 gōngzuò

弓 gōng
*公 gōng
公安 gōng'ān
公布 gōngbù
公公 gōnggong
*公共 gōnggòng
*公开 gōngkāi
*公理 gōnglǐ
*公路 gōnglù
*公民 gōngmín
公平 gōng•píng
公认 gōngrèn
*公社 gōngshè
*公式 gōngshì
*公司 gōngsī
公有 gōngyǒu
*公有制
gōngyǒuzhì
*公元 gōngyuán
公园 gōngyuán
公正
gōngzhèng
公主 gōngzhǔ
*功 gōng
功夫 gōngfu
功课 gōngkè
功率 gōnglǜ
*功能 gōngnéng
攻 gōng
*攻击 gōngjī
供 gōng
*供给 gōngjǐ
供求 gōngqiú
*供应 gōngyìng
宫 gōng

宫廷 gōngtíng
*巩固 gǒnggù
汞 gǒng
拱 gǒng
*共 gòng
*共产党
gòngchǎndǎng
共和国
gònghéguó
共鸣 gòngmíng
*共同 gòngtóng
*贡献 gòngxiàn
*供 gòng
勾结 gōujié
*沟 gōu
沟通 gōutōng
钩 gōu
*狗 gǒu
构 gòu
*构成 gòuchéng
构思 gòusī
*构造 gòuzào
购 gòu
*购买 gòumǎi
购销 gòuxiāo
*够 gòu
*估计 gūjì
*姑娘 gūniang
孤独 gūdú
*孤立 gūlì
*古 gǔ
*古代 gǔdài
古典 gǔdiǎn
*古老 gǔlǎo
古人 gǔrén

*谷 gǔ
*股 gǔ
股票 gǔpiào
*骨 gǔ
骨干 gǔgàn
骨骼 gǔgé
骨头 gǔtou
*鼓 gǔ
鼓吹 gǔchuī
*鼓励 gǔlì
鼓舞 gǔwǔ
*固 gù
*固定 gùdìng
*固然 gùrán
*固体 gùtǐ
固有 gùyǒu
固执 gù•zhí
*故 gù
*故事 gùshi
故乡 gùxiāng
*故意 gùyì
顾 gù
*顾客 gùkè
顾虑 gùlǜ
顾问 gùwèn
雇 gù
瓜 guā
刮 guā
寡妇 guǎfu
*挂 guà
拐 guǎi
*怪 guài
怪物 guàiwu
*关 guān
关闭 guānbì

关怀 guānhuái
*关键 guānjiàn
关节 guānjié
关联 guānlián
*关系 guānxi
*关心 guānxīn
*关于 guānyú
关注 guānzhù
*观 guān
*观测 guāncè
*观察 guānchá
*观点 guāndiǎn
观看 guānkàn
*观念 guānniàn
*观众 guānzhòng
*官 guān
官兵 guānbīng
官吏 guānlì
官僚 guānliáo
官员 guānyuán
冠 guān
馆 guǎn
*管 guǎn
管道 guǎndào
*管理 guǎnlǐ
管辖 guǎnxiá
*观 guàn
*贯彻 guànchè
贯穿 guànchuān
冠 guàn
*冠军 guànjūn
惯 guàn
惯性 guànxìng

灌 guàn
*灌溉 guàngài
*光 guāng
光彩 guāngcǎi
光滑 guānghuá
*光辉 guānghuī
光景 guāngjǐng
光亮 guāngliàng
光芒 guāngmáng
光明 guāngmíng
光谱 guāngpǔ
*光荣 guāngróng
*光线 guāngxiàn
光学 guāngxué
光源 guāngyuán
光泽 guāngzé
光照 guāngzhào
广 guǎng
*广播 guǎngbō
广场 guǎngchǎng
*广大 guǎngdà
*广泛 guǎngfàn
*广告 guǎnggào
*广阔 guǎngkuò
广义 guǎngyì
逛 guàng
*归 guī
归结 guījié
归来 guīlái
归纳 guīnà
*规定 guīdìng

*规范 guīfàn
规格 guīgé
*规划 guīhuà
规矩 guīju
*规律 guīlǜ
*规模 guīmó
*规则 guīzé
闺女 guīnü
*硅 guī
*轨道 guǐdào
*鬼 guǐ
*鬼子 guǐzi
*贵 guì
*贵族 guìzú
桂 guì
跪 guì
*滚 gǔn
郭 guō
锅 guō
*国 guó
国防 guófáng
国会 guóhuì
*国际 guójì
*国家 guójiā
*国民 guómín
国情 guóqíng
国土 guótǔ
*国王 guówáng
*国务院 guówùyuàn
*国营 guóyíng
国有 guóyǒu
*果 guǒ
果断 guǒduàn
*果然 guǒrán

*果实 guǒshí
果树 guǒshù
裹 guǒ
*过 guò
*过程 guòchéng
过度 guòdù
*过渡 guòdù
*过分 guòfèn
过后 guòhòu
*过来 guò•lái
过年 guònián
*过去 guòqu
*过去 guò•qù
过于 guòyú

H

哈 hā
*还 hái
*孩子 háizi
*海 hǎi
海岸 hǎi'àn
海拔 hǎibá
海带 hǎidài
海关 hǎiguān
*海军 hǎijūn
*海面 hǎimiàn
海区 hǎiqū
海外 hǎiwài
海湾 hǎiwān
*海洋 hǎiyáng
海域 hǎiyù
*害 hài
害虫 hàichóng
*害怕 hàipà
*含 hán

*含量 hánliàng
含义 hányì
*函数 hánshù
*寒 hán
寒冷 hánlěng
罕见 hǎnjiàn
*喊 hǎn
*汉 hàn
汉奸 hànjiān
*汉语 hànyǔ
汉子 hànzi
汉字 hànzì
*汗 hàn
汗水 hànshuǐ
旱 hàn
*行 háng
行列 hángliè
*行业 hángyè
航海 hánghǎi
航空 hángkōng
航行 hángxíng
*号 háo
*好 hǎo
好比 hǎobǐ
*好处 hǎo•chù
好多 hǎoduō
好看 hǎokàn
好人 hǎorén
好事 hǎoshì
好听 hǎotīng
*好像 hǎoxiàng
好转 hǎozhuǎn
*号 hào
*号召 hàozhào
*好 hào

好奇 hàoqí
好事 hàoshì
耗 hào
耗费 hàofèi
*呵 hē
*喝 hē
*合 hé
合并 hébìng
*合成 héchéng
合法 héfǎ
合格 hégé
合乎 héhū
合金 héjīn
*合理 hélǐ
合力 hélì
*合适 héshì
*合同 hétong
*合作 hézuò
*合作社 hézuòshè
*何 hé
何必 hébì
何等 héděng
何况 hékuàng
何以 héyǐ
*和 hé
*和平 hépíng
和尚 héshang
*和谐 héxié
*河 hé
*河流 héliú
荷 hé
*核 hé
核算 hésuàn
*核心 héxīn
盒 hé

颌 hé
*和 hè
荷 hè
*喝 hè
*黑 hēi
*黑暗 hēi'àn
黑人 hēirén
黑夜 hēiyè
痕迹 hénjì
*很 hěn
*恨 hèn
恒 héng
*恒星 héngxīng
*横 héng
横向 héngxiàng
衡量 héngliáng
*横 hèng
轰 hōng
哄 hōng
*红 hóng
*红军 hóngjūn
红旗 hóngqí
*红色 hóngsè
*宏观 hóngguān
宏伟 hóngwěi
洪 hóng
洪水 hóngshuǐ
哄 hǒng
哄 hòng
喉咙 hóu•lóng
猴子 hóuzi
*后 hòu
后边 hòu•biān
后代 hòudài
后方 hòufāng

*后果 hòuguǒ
后悔 hòuhuǐ
*后来 hòulái
*后面 hòu•miàn
*后期 hòuqī
后人 hòurén
后世 hòushì
后天 hòutiān
*厚 hòu
厚度 hòudù
候 hòu
*乎 hū
呼喊 hūhǎn
呼唤 hūhuàn
*呼吸 hūxī
呼吁 hūyù
忽略 hūlüè
*忽然 hūrán
*忽视 hūshì
*和 hú
弧 hú
*胡 hú
壶 hú
*核儿 húr
*湖 hú
湖泊 húpō
蝴蝶 húdié
糊涂 hútu
*虎 hǔ
*互 hù
互补 hùbǔ
*互相 hùxiāng
互助 hùzhù
*户 hù
户口 hùkǒu

护 hù
护士 hùshi
沪 hù
*花 huā
花朵 huāduǒ
花费 huā•fèi
花粉 huāfěn
花色 huāsè
花生 huāshēng
花纹 huāwén
花园 huāyuán
划 huá
*华 huá
华北 huáběi
华侨 huáqiáo
滑 huá
滑动 huádòng
*化 huà
化肥 huàféi
化工 huàgōng
化合 huàhé
*化合物 huàhéwù
化石 huàshí
*化学 huàxué
划 huà
*划分 huàfēn
*华 huà
*画 huà
*画家 huàjiā
*画面 huàmiàn
*话 huà
话剧 huàjù
话题 huàtí
话筒 huàtǒng
话语 huàyǔ
*怀 huái

怀抱 huáibào
怀念 huáiniàn
*怀疑 huáiyí
*坏 huài
坏人 huàirén
欢乐 huānlè
欢喜 huānxǐ
*欢迎 huānyíng
*还 huán
还原 huányuán
*环 huán
*环节 huánjié
*环境 huánjìng
环流 huánliú
缓 huǎn
缓和 huǎnhé
*缓慢 huǎnmàn
幻觉 huànjué
*幻想 huànxiǎng
*换 huàn
唤 huàn
唤起 huànqǐ
*患 huàn
*患者 huànzhě
荒 huāng
慌 huāng
*皇帝 huángdì
*黄 huáng
黄昏 huánghūn
*黄金 huángjīn
*黄色 huángsè
黄土 huángtǔ
晃 huǎng
晃 huàng
*灰 huī

灰尘 huīchén
灰色 huīsè
挥 huī
*恢复 huīfù
辉煌 huīhuáng
*回 huí
回避 huíbì
*回答 huídá
回顾 huígù
回归 huíguī
*回来 huí•lái
*回去 huí•qù
*回头 huítóu
*回忆 huíyì
毁 huǐ
毁灭 huǐmiè
*汇报 huìbào
*会 huì
会场 huìchǎng
会见 huìjiàn
*会议 huìyì
会员 huìyuán
绘 huì
*绘画 huìhuà
婚 hūn
婚礼 hūnlǐ
*婚姻 hūnyīn
*浑身 húnshēn
*混 hún
魂 hún
*混 hùn
*混合 hùnhé
*混乱 hùnluàn
混淆 hùnxiáo
*和 huó

*活 huó
*活动 huó•dòng
*活力 huólì
*活泼 huópo
*活跃 huóyuè
*火 huǒ
火柴 huǒchái
*火车 huǒchē
火光 huǒguāng
*火箭 huǒjiàn
火山 huǒshān
火星 huǒxīng
火焰 huǒyàn
伙伴 huǒbàn
*或 huò
或许 huòxǔ
*或者 huòzhě
*和 huò
*货 huò
*货币 huòbì
货物 huòwù
*获 huò
*获得 huòdé
获取 huòqǔ

J

*几乎 jīhū
击 jī
饥饿 jī'è
*机 jī
机场 jīchǎng
机车 jīchē
*机构 jīgòu
*机关 jīguān
*机会 jī•huì

*机能 jīnéng
*机器 jī•qì
机器人 jī•qìrén
机体 jītǐ
*机械 jīxiè
机械化 jīxièhuà
*机制 jīzhì
肌 jī
*肌肉 jīròu
*鸡 jī
*积 jī
*积极 jījí
*积极性 jījíxìng
*积累 jīlěi
积压 jīyā
*基 jī
*基本 jīběn
*基层 jīcéng
*基础 jīchǔ
*基地 jīdì
*基督教 Jīdūjiào
基建 jījiàn
*基金 jījīn
*基因 jīyīn
基于 jīyú
畸形 jīxíng
激 jī
*激动 jīdòng
*激发 jīfā
激光 jīguāng
激励 jīlì
*激烈 jīliè
激情 jīqíng
激素 jīsù

*及 jí
*及时 jíshí
*级 jí
*极 jí
极端 jíduān
极力 jílì
*极其 jíqí
*极为 jíwéi
*即 jí
即将 jíjiāng
*即使 jíshǐ
*急 jí
急剧 jíjù
*急忙 jímáng
急性 jíxìng
急需 jíxū
急于 jíyú
*疾病 jíbìng
*集 jí
集合 jíhé
集会 jíhuì
*集体 jítǐ
*集团 jítuán
*集中 jízhōng
集资 jízī
*几 jǐ
几何 jǐhé
己 jǐ
*挤 jǐ
济济 jǐjǐ
*给予 jǐyǔ
脊 jǐ
*计 jì
*计划 jìhuà
*计算 jìsuàn

*计算机 jìsuànjī
*记 jì
*记得 jì·dé
*记录 jìlù
*记忆 jìyì
*记载 jìzǎi
*记者 jìzhě
纪录 jìlù
*纪律 jìlǜ
纪念 jìniàn
*技能 jìnéng
*技巧 jìqiǎo
*技术 jìshù
技术员 jìshùyuán
技艺 jìyì
*系 jì
季 jì
季风 jìfēng
*季节 jìjié
*剂 jì
济 jì
*既 jì
*既然 jìrán
*既是 jìshì
继 jì
*继承 jìchéng
继承人 jìchéngrén
*继续 jìxù
祭 jì
祭祀 jìsì
寄 jì
寄生 jìshēng
寄生虫 jìshēngchóng
寄托 jìtuō
寄主 jìzhǔ
寂静 jìjìng
寂寞 jìmò
*加 jiā
*加工 jiāgōng
加紧 jiājǐn
加剧 jiājù
*加快 jiākuài
*加强 jiāqiáng
*加热 jiārè
*加入 jiārù
加深 jiāshēn
*加速 jiāsù
加速度 jiāsùdù
*加以 jiāyǐ
加重 jiāzhòng
*夹 jiā
*家 jiā
家畜 jiāchù
*家伙 jiāhuo
家具 jiā·jù
家人 jiārén
家属 jiāshǔ
*家庭 jiātíng
家务 jiāwù
*家乡 jiāxiāng
*家长 jiāzhǎng
家族 jiāzú
*夹 jiá
*甲 jiǎ
甲板 jiǎbǎn
钾 jiǎ
*假 jiǎ
假定 jiǎdìng
*假如 jiǎrú
*假设 jiǎshè
假使 jiǎshǐ
*假说 jiǎshuō
*价 jià
*价格 jiàgé
价钱 jià·qián
*价值 jiàzhí
驾驶 jiàshǐ
*架 jià
架子 jiàzi
*假 jià
嫁 jià
嫁接 jiàjiē
*尖 jiān
*尖锐 jiānruì
歼灭 jiānmiè
*坚持 jiānchí
*坚定 jiāndìng
坚固 jiāngù
*坚决 jiānjué
坚强 jiānqiáng
坚实 jiānshí
坚硬 jiānyìng
*间 jiān
肩 jiān
肩膀 jiānbǎng
艰巨 jiānjù
*艰苦 jiānkǔ
艰难 jiānnán
*监督 jiāndū
监视 jiānshì
监狱 jiānyù
*兼 jiān
拣 jiǎn
茧 jiǎn
捡 jiǎn
检 jiǎn
*检查 jiǎnchá
*检验 jiǎnyàn
减 jiǎn
*减轻 jiǎnqīng
减弱 jiǎnruò
*减少 jiǎnshǎo
剪 jiǎn
简 jiǎn
简称 jiǎnchēng
*简单 jiǎndān
简化 jiǎnhuà
*简直 jiǎnzhí
*碱 jiǎn
*见 jiàn
*见解 jiànjiě
*见面 jiànmiàn
*件 jiàn
*间 jiàn
间隔 jiàngé
*间接 jiànjiē
*建 jiàn
*建国 jiànguó
*建立 jiànlì
*建设 jiànshè
*建议 jiànyì
建造 jiànzào
*建筑 jiànzhù
剑 jiàn
*健康 jiànkāng
*健全 jiànquán
健壮 jiànzhuàng
*渐渐 jiànjiàn
鉴别 jiànbié
*鉴定 jiàndìng
*键 jiàn
箭 jiàn
*江 jiāng
江南 jiāngnán
*将 jiāng
将近 jiāngjìn
*将军 jiāngjūn
*将来 jiānglái
将要 jiāngyào
浆 jiāng
*讲 jiǎng
*讲话 jiǎnghuà
讲究 jiǎng·jiū
讲述 jiǎngshù
奖 jiǎng
奖金 jiǎngjīn
奖励 jiǎnglì
*蒋 jiǎng
降 jiàng
*降低 jiàngdī
降落 jiàngluò
降水 jiàngshuǐ
*将 jiàng
*强 jiàng
*交 jiāo
交叉 jiāochā
交错 jiāocuò
交代 jiāodài
*交换 jiāohuàn
*交际 jiāojì
*交流 jiāoliú
交谈 jiāotán

交替 jiāotì
*交通 jiāotōng
*交往 jiāowǎng
*交易 jiāoyì
交织 jiāozhī
郊区 jiāoqū
浇 jiāo
骄傲 jiāo'ào
胶 jiāo
*教 jiāo
*教学 jiāoxué
焦 jiāo
焦点 jiāodiǎn
焦急 jiāojí
嚼 jiáo
*角 jiǎo
*角度 jiǎodù
角落 jiǎoluò
*脚 jiǎo
脚步 jiǎobù
脚下 jiǎoxià
脚印 jiǎoyìn
搅 jiǎo
*叫 jiào
*叫做 jiàozuò
*觉 jiào
*校 jiào
*较 jiào
*较为 jiàowéi
*教 jiào
*教材 jiàocái
教导 jiàodǎo
*教会 jiàohuì
教练 jiàoliàn
*教师 jiàoshī

教室 jiàoshì
*教授 jiàoshòu
教堂 jiàotáng
*教学 jiàoxué
*教训 jiàoxùn
教养 jiàoyǎng
教义 jiàoyì
*教育 jiàoyù
教员 jiàoyuán
阶层 jiēcéng
*阶段 jiēduàn
*阶级 jiējí
*皆 jiē
*结 jiē
*结果 jiēguǒ
结实 jiēshi
*接 jiē
*接触 jiēchù
接待 jiēdài
*接近 jiējìn
接连 jiēlián
接收 jiēshōu
*接受 jiēshòu
*揭露 jiēlù
*揭示 jiēshì
街 jiē
*街道 jiēdào
街头 jiētóu
*节 jié
*节目 jiémù
*节日 jiérì
节省 jiéshěng
*节约 jiéyuē
*节奏 jiézòu
杰出 jiéchū

洁白 jiébái
*结 jié
*结构 jiégòu
*结果 jiéguǒ
*结合 jiéhé
*结婚 jiéhūn
*结晶 jiéjīng
结局 jiéjú
*结论 jiélùn
*结束 jiéshù
结算 jiésuàn
截 jié
竭力 jiélì
*姐姐 jiějie
姐妹 jiěmèi
*解 jiě
解除 jiěchú
解答 jiědá
*解放 jiěfàng
解放军 jiěfàngjūn
*解决 jiějué
解剖 jiěpōu
解散 jiěsàn
*解释 jiěshì
解脱 jiětuō
*介绍 jièshào
介质 jièzhì
戒 jiè
*届 jiè
*界 jiè
*界限 jièxiàn
*借 jiè
借鉴 jièjiàn
借口 jièkǒu
借款 jièkuǎn

借用 jièyòng
借助 jièzhù
*解 jiè
*斤 jīn
*今 jīn
*今后 jīnhòu
*今年 jīnnián
*今日 jīnrì
*今天 jīntiān
*金 jīn
金额 jīn'é
金刚石 jīngāngshí
金牌 jīnpái
金钱 jīnqián
金融 jīnróng
*金属 jīnshǔ
津 jīn
*仅 jǐn
*尽 jǐn
*尽管 jǐnguǎn
尽快 jǐnkuài
*尽量 jǐnliàng
*紧 jǐn
*紧急 jǐnjí
*紧密 jǐnmì
*紧张 jǐnzhāng
锦标赛 jǐnbiāosài
谨慎 jǐnshèn
*尽 jìn
尽力 jìnlì
*尽量 jìnliàng
*进 jìn
*进步 jìnbù
*进程 jìnchéng

进而 jìn'ér
*进攻 jìngōng
*进化 jìnhuà
进化论 jìnhuàlùn
进军 jìnjūn
*进口 jìnkǒu
*进来 jìn•lái
进取 jìnqǔ
*进去 jìn•qù
*进入 jìnrù
*进行 jìnxíng
*进展 jìnzhǎn
*近 jìn
*近代 jìndài
近来 jìnlái
近似 jìnsì
*劲 jìn
晋 jìn
浸 jìn
*禁止 jìnzhǐ
*茎 jīng
*京 jīng
京剧 jīngjù
*经 jīng
*经常 jīngcháng
经典 jīngdiǎn
经费 jīngfèi
*经过 jīngguò
*经济 jīngjì
*经理 jīnglǐ
*经历 jīnglì
经受 jīngshòu
*经验 jīngyàn
*经营 jīngyíng

惊 jīng
惊奇 jīngqí
惊人 jīngrén
惊喜 jīngxǐ
惊醒 jīngxǐng
惊讶 jīngyà
惊异 jīngyì
*晶 jīng
*晶体 jīngtǐ
*精 jīng
*精力 jīnglì
精密 jīngmì
*精确 jīngquè
*精神 jīngshén
*精神 jīngshen
精细 jīngxì
精心 jīngxīn
精子 jīngzǐ
鲸 jīng
井 jǐng
颈 jǐng
景 jǐng
景色 jǐngsè
景物 jǐngwù
景象 jǐngxiàng
*警察 jǐngchá
警告 jǐnggào
警惕 jǐngtì
*劲 jìng
径 jìng
径流 jìngliú
*净 jìng
净化 jìnghuà
竞赛 jìngsài
*竞争 jìngzhēng
*竟 jìng
竟然 jìngrán
敬 jìng
*静 jìng
静脉 jìngmài
静止 jìngzhǐ
境 jìng
境地 jìngdì
*境界 jìngjiè
*镜 jìng
镜头 jìngtóu
镜子 jìngzi
纠纷 jiūfēn
*纠正 jiūzhèng
究 jiū
*究竟 jiūjìng
*九 jiǔ
*久 jiǔ
*酒 jiǔ
酒精 jiǔjīng
*旧 jiù
*救 jiù
救国 jiùguó
救济 jiùjì
*就 jiù
*就是 jiùshì
就算 jiùsuàn
*就业 jiùyè
舅舅 jiùjiu
*车 jū
*居 jū
*居民 jūmín
*居然 jūrán
居于 jūyú
*居住 jūzhù
*局 jú
*局部 júbù
*局面 júmiàn
局势 júshì
局限 júxiàn
菊花 júhuā
咀嚼 jǔjué
*举 jǔ
*举办 jǔbàn
举动 jǔdòng
*举行 jǔxíng
巨 jù
*巨大 jùdà
*句 jù
*句子 jùzi
*拒绝 jùjué
*具 jù
*具备 jùbèi
*具体 jùtǐ
*具有 jùyǒu
俱 jù
剧 jù
*剧本 jùběn
剧场 jùchǎng
剧烈 jùliè
剧团 jùtuán
剧种 jùzhǒng
*据 jù
据点 jùdiǎn
*据说 jùshuō
距 jù
*距离 jùlí
聚 jù
聚集 jùjí
捐 juān
*圈 juān
*卷 juǎn
*卷 juàn
*圈 juàn
*决 jué
*决策 juécè
*决定 juédìng
决定性 juédìngxìng
*决心 juéxīn
*决议 juéyì
*角 jué
*角色 juésè
*觉 jué
觉察 juéchá
*觉得 jué·dé
*觉悟 juéwù
*绝 jué
*绝对 juéduì
绝望 juéwàng
嚼 jué
*军 jūn
*军队 jūnduì
*军阀 jūnfá
军官 jūnguān
军舰 jūnjiàn
军民 jūnmín
军区 jūnqū
*军人 jūnrén
*军事 jūnshì
*均 jūn
均衡 jūnhéng
*均匀 jūnyún
君 jūn
君主 jūnzhǔ
*菌 jūn

K

咖啡 kāfēi
卡 kǎ
*开 kāi
开办 kāibàn
开采 kāicǎi
开除 kāichú
开创 kāichuàng
*开发 kāifā
*开放 kāifàng
开关 kāiguān
开花 kāihuā
*开会 kāihuì
开垦 kāikěn
*开口 kāikǒu
开阔 kāikuò
开门 kāimén
开幕 kāimù
*开辟 kāipì
开设 kāishè
*开始 kāishǐ
开水 kāishuǐ
开头 kāitóu
开拓 kāituò
开玩笑 kāiwánxiào
*开展 kāizhǎn
开支 kāizhī
刊登 kāndēng
刊物 kānwù
*看 kān
勘探 kāntàn
砍 kǎn
*看 kàn

看待 kàndài
*看法 kànfǎ
*看见 kàn•jiàn
看望 kànwàng
扛 káng
*抗 kàng
抗议 kàngyì
*抗战 kàngzhàn
炕 kàng
*考 kǎo
*考察 kǎochá
考古 kǎogǔ
考核 kǎohé
*考虑 kǎolǜ
*考试 kǎoshì
考验 kǎoyàn
*靠 kào
靠近 kàojìn
*科 kē
*科技 kējì
*科学 kēxué
*科学家 kēxuéjiā
科学院 kēxuéyuàn
*科研 kēyán
*棵 kē
*颗 kē
颗粒 kēlì
壳 ké
咳 ké
咳嗽 késou
*可 kě
*可爱 kě'ài
*可见 kějiàn
*可靠 kěkào
*可怜 kělián

*可能 kěnéng
*可是 kěshì
可谓 kěwèi
*可惜 kěxī
可笑 kěxiào
*可以 kěyǐ
渴望 kěwàng
*克 kè
*克服 kèfú
*刻 kè
刻度 kèdù
刻画 kèhuà
刻苦 kèkǔ
客 kè
*客观 kèguān
客气 kèqi
*客人 kè•rén
*客体 kètǐ
客厅 kètīng
*课 kè
课本 kèběn
*课程 kèchéng
课堂 kètáng
*课题 kètí
肯 kěn
*肯定 kěndìng
啃 kěn
坑 kēng
*空 kōng
*空间 kōngjiān
空军 kōngjūn
*空气 kōngqì
空前 kōngqián
空虚 kōngxū
*空中 kōngzhōng

*孔 kǒng
孔雀 kǒngquè
恐怖 kǒngbù
恐慌 kǒnghuāng
恐惧 kǒngjù
*恐怕 kǒngpà
*空 kòng
空白 kòngbái
*控制 kòngzhì
口 kǒu
口袋 kǒudai
*口号 kǒuhào
口腔 kǒuqiāng
口头 kǒutóu
口语 kǒuyǔ
扣 kòu
*哭 kū
*苦 kǔ
苦难 kǔnàn
苦恼 kǔnǎo
库 kù
库存 kùcún
裤子 kùzi
夸张 kuāzhāng
跨 kuà
*会计 kuài•jì
*块 kuài
*快 kuài
快活 kuàihuo
*快乐 kuàilè
快速 kuàisù
快要 kuàiyào
筷子 kuàizi
*宽 kuān
宽大 kuāndà
宽阔 kuānkuò

款 kuǎn
筐 kuāng
狂 kuáng
况且 kuàngqiě
*矿 kuàng
矿产 kuàngchǎn
矿物 kuàngwù
亏 kuī
亏损 kuīsǔn
*昆虫 kūnchóng
捆 kǔn
困 kùn
困境 kùnjìng
*困难 kùn•nán
*扩大 kuòdà
扩散 kuòsàn
扩展 kuòzhǎn
*扩张 kuòzhāng
阔 kuò

L

*拉 lā
*拉 lá
喇叭 lǎba
*落 là
蜡 là
蜡烛 làzhú
辣椒 làjiāo
*来 lái
来不及 lái•bùjí
来回 láihuí
来临 láilín
来往 láiwǎng
*来信 láixìn
*来源 láiyuán

赖 lài
兰 lán
栏 lán
*蓝 lán
烂 làn
狼 láng
浪 làng
*浪费 làngfèi
浪花 lànghuā
捞 lāo
劳 láo
*劳动 láodòng
*劳动力 láodònglì
劳动日 láodòngrì
*劳动者 láodòngzhě
劳力 láolì
牢 láo
牢固 láogù
*老 lǎo
老百姓 lǎobǎixìng
老板 lǎobǎn
老伴儿 lǎobànr
老大 lǎodà
老汉 lǎohàn
老虎 lǎohǔ
老年 lǎonián
*老婆 lǎopo
*老人 lǎorén
老人家 lǎo•rén•jiā
老师 lǎoshī
老实 lǎoshi
老鼠 lǎo•shǔ
老太太 lǎotàitai
老头子 lǎotóuzi

老乡 lǎoxiāng
*老爷 lǎoye
老子 lǎozi
*落 lào
*乐 lè
乐观 lèguān
*累 léi
雷 léi
雷达 léidá
*累 lěi
*泪 lèi
泪水 lèishuǐ
*类 lèi
*类似 lèisì
*类型 lèixíng
*累 lèi
*冷 lěng
冷静 lěngjìng
冷却 lěngquè
冷水 lěngshuǐ
冷笑 lěngxiào
愣 lèng
*离 lí
*离婚 líhūn
*离开 líkāi
*离子 lízǐ
梨 lí
犁 lí
*礼 lǐ
礼貌 lǐmào
礼物 lǐwù
*李 lǐ
*里 lǐ
里边 lǐ•biān
*里面 lǐ•miàn
里头 lǐtou
*理 lǐ
*理解 lǐjiě
*理论 lǐlùn
*理想 lǐxiǎng
*理性 lǐxìng
*理由 lǐyóu
理智 lǐzhì
*力 lì
*力量 lì•liàng
力气 lìqi
力求 lìqiú
力图 lìtú
*力学 lìxué
历 lì
历代 lìdài
历来 lìlái
*历史 lìshǐ
*厉害 lìhai
*立 lì
*立场 lìchǎng
*立法 lìfǎ
*立即 lìjí
*立刻 lìkè
立体 lìtǐ
*利 lì
利害 lìhài
利率 lìlǜ
*利润 lìrùn
利息 lìxī
*利益 lìyì
*利用 lìyòng
*利于 lìyú
*例 lì
*例如 lìrú
例外 lìwài
*例子 lìzi
*粒 lì
*粒子 lìzǐ
俩 liǎ
*连 lián
连队 liánduì
*连接 liánjiē
*连忙 liánmáng
连同 liántóng
*连续 liánxù
莲子 liánzǐ
联 lián
联邦 liánbāng
*联合 liánhé
联合国 Liánhéguó
联结 liánjié
联络 liánluò
联盟 liánméng
*联系 liánxì
*联想 liánxiǎng
联营 liányíng
廉价 liánjià
*脸 liǎn
*脸色 liǎnsè
*练 liàn
*练习 liànxí
炼 liàn
恋爱 liàn'ài
链 liàn
良 liáng
*良好 liánghǎo
良心 liángxīn
良种 liángzhǒng
凉 liáng
梁 liáng
*量 liáng
*粮 liáng
*粮食 liángshi
*两 liǎng
两岸 liǎng'àn
*两边 liǎngbiān
两极 liǎngjí
两旁 liǎngpáng
*亮 liàng
凉 liàng
*辆 liàng
*量 liàng
量子 liàngzǐ
辽阔 liáokuò
*了 liǎo
了不起 liǎo•bùqǐ
*了解 liǎojiě
*料 liào
咧 liě
*列 liè
列车 lièchē
列举 lièjǔ
烈士 lièshì
猎 liè
裂 liè
邻 lín
邻近 línjìn
邻居 lín•jū
*林 lín
林木 línmù
林业 línyè
临 lín
*临床 línchuáng
*临时 línshí
淋 lín
淋巴 línbā
*磷 lín
*灵 líng
灵感 línggǎn
*灵魂 línghún
*灵活 línghuó
灵敏 língmǐn
铃 líng
*零 líng
零件 língjiàn
零售 língshòu
龄 líng
*令 lǐng
岭 lǐng
*领 lǐng
*领导 lǐngdǎo
领会 lǐnghuì
领事 lǐngshì
*领土 lǐngtǔ
*领袖 lǐngxiù
*领域 lǐngyù
*另 lìng
*另外 lìngwài
*令 lìng
溜 liū
*刘 Liú
*留 liú
留学 liúxué
*流 liú
流传 liúchuán
*流动 liúdòng
流露 liúlù

流氓 liúmáng
流派 liúpài
流水 liúshuǐ
流体 liútǐ
*流通 liútōng
流向 liúxiàng
*流行 liúxíng
流血 liúxuè
流域 liúyù
硫 liú
*硫酸 liúsuān
瘤 liú
柳 liǔ
*六 liù
陆 liù
溜 liù
*龙 lóng
笼 lǒng
*垄断 lǒngduàn
拢 lǒng
笼 lǒng
笼罩 lǒngzhào
搂 lōu
*楼 lóu
楼房 lóufáng
搂 lǒu
漏 lòu
*露 lòu
炉 lú
炉子 lúzi
卤 lǔ
鲁 lǔ
陆 lù
*陆地 lùdì
陆军 lùjūn
陆续 lùxù
录 lù
鹿 lù
*路 lù
路程 lùchéng
路过 lùguò
*路线 lùxiàn
路子 lùzi
*露 lù
驴 lǘ
旅 lǚ
旅馆 lǚguǎn
旅客 lǚkè
旅行 lǚxíng
旅游 lǚyóu
*铝 lǚ
缕 lǚ
*履行 lǚxíng
*律 lǜ
律师 lǜshī
*率 lǜ
*绿 lǜ
绿化 lǜhuà
氯 lǜ
氯气 lǜqì
滤 lǜ
*卵 luǎn
卵巢 luǎncháo
*乱 luàn
掠夺 lüèduó
*略 lüè
伦理 lúnlǐ
*轮 lún
轮船 lúnchuán
轮廓 lúnkuò
轮流 lúnliú
*论 lùn
论点 lùndiǎn
*论述 lùnshù
*论文 lùnwén
论证 lùnzhèng
*罗 luó
*逻辑 luó•jí
螺旋 luóxuán
骆驼 luòtuo
络 luò
*落 luò
落地 luòdì
*落后 luòhòu
*落实 luòshí

M

*妈妈 māma
*抹 mā
麻 má
麻烦 máfan
麻醉 mázuì
*马 mǎ
马车 mǎchē
*马路 mǎlù
*马上 mǎshàng
码 mǎ
码头 mǎtou
*蚂蚁 mǎyǐ
*骂 mà
埋 mái
*买 mǎi
*买卖 mǎimai
迈 mài
麦 mài
*卖 mài
脉 mài
蛮 mán
馒头 mántou
瞒 mán
*满 mǎn
*满意 mǎnyì
*满足 mǎnzú
漫长 màncháng
*慢 màn
慢性 mànxìng
*忙 máng
忙碌 mánglù
*盲目 mángmù
茫然 mángrán
*猫 māo
*毛 máo
毛病 máo•bìng
毛巾 máojīn
*矛盾 máodùn
*冒 mào
冒险 màoxiǎn
*贸易 màoyì
帽 mào
*帽子 màozi
*没 méi
没事 méishì
*没有 méi•yǒu
*枚 méi
眉 méi
眉毛 méimao
眉头 méitóu
梅 méi
媒介 méijiè
*煤 méi
煤炭 méitàn
酶 méi
*每 měi
*每年 měinián
*美 měi
美感 měigǎn
*美好 měihǎo
美化 měihuà
*美丽 měilì
美妙 měimiào
*美术 měishù
*美学 měixué
*美元 měiyuán
镁 měi
*妹妹 mèimei
魅力 mèilì
闷 mēn
*门 mén
*门口 ménkǒu
闷 mèn
蒙 mēng
萌发 méngfā
萌芽 méngyá
蒙 méng
*猛 měng
猛烈 měngliè
蒙 Měng
孟 mèng
*梦 mèng
弥补 míbǔ
弥漫 mímàn
迷 mí
迷人 mírén
迷信 míxìn
谜 mí
*米 mǐ

*秘密 mìmì
秘书 mìshū
*密 mì
*密度 mìdù
密集 mìjí
*密切 mìqiè
蜜 mì
蜜蜂 mìfēng
*棉 mián
*棉花 mián•huā
免 miǎn
免疫 miǎnyì
勉强 miǎnqiǎng
*面 miàn
面积 miànjī
面孔 miànkǒng
*面临 miànlín
*面貌 miànmào
面目 miànmù
*面前 miànqián
*苗 miáo
*描绘 miáohuì
*描述 miáoshù
*描写 miáoxiě
*秒 miǎo
妙 miào
庙 miào
*灭 miè
灭亡 mièwáng
*民 mín
*民兵 mínbīng
民歌 míngē
民国 Mínguó
*民间 mínjiān
民事 mínshì
民俗 mínsú
民众 mínzhòng
*民主 mínzhǔ
*民族 mínzú
敏感 mǐngǎn
敏捷 mǐnjié
敏锐 mǐnruì
*名 míng
*名称 míngchēng
*名词 míngcí
名义 míngyì
*名字 míngzi
*明 míng
*明白 míngbai
明亮 míngliàng
明年 míngnián
*明确 míngquè
*明天 míngtiān
明显 míngxiǎn
鸣 míng
*命 mìng
*命令 mìnglìng
命名 mìngmíng
*命题 mìngtí
*命运 mìngyùn
*摸 mō
摸索 mō•suǒ
模 mó
模范 mófàn
*模仿 mófǎng
*模糊 móhu
模拟 mónǐ
*模式 móshì
*模型 móxíng
*膜 mó
摩 mó
摩擦 mócā
*磨 mó
*抹 mǒ
*末 mò
末期 mòqī
*没 mò
没落 mòluò
没收 mòshōu
*抹 mò
陌生 mòshēng
*莫 mò
墨 mò
*默默 mòmò
*磨 mò
谋 móu
*某 mǒu
模样 múyàng
*母 mǔ
*母亲 mǔ•qīn
母体 mǔtǐ
*亩 mǔ
*木 mù
木材 mùcái
木头 mùtou
*目 mù
*目标 mùbiāo
*目的 mùdì
*目光 mùguāng
*目前 mùqián
墓 mù
幕 mù

N

*拿 ná
*哪 nǎ
*哪里 nǎ•lǐ
*哪儿 nǎr
*哪些 nǎxiē
*那 nà
*那里 nà•lǐ
*那么 nàme
*那儿 nàr
*那些 nàxiē
*那样 nàyàng
纳 nà
纳入 nàrù
纳税 nàshuì
*钠 nà
*乃 nǎi
乃至 nǎizhì
奶 nǎi
*奶奶 nǎinai
耐 nài
耐心 nàixīn
*男 nán
*男女 nánnǚ
*男人 nánrén
男性 nánxìng
*男子 nánzǐ
*南 nán
*南北 nánběi
*南方 nánfāng
南极 nánjí
*难 nán
*难道 nándào
难得 nándé
难怪 nánguài
难过 nánguò
难免 nánmiǎn
难受 nánshòu
难题 nántí
*难以 nányǐ
难于 nányú
*难 nàn
囊 náng
*脑 nǎo
*脑袋 nǎodai
*脑子 nǎozi
*闹 nào
*内 nèi
*内部 nèibù
内地 nèidì
内涵 nèihán
*内容 nèiróng
内外 nèiwài
*内心 nèixīn
*内在 nèizài
内脏 nèizàng
嫩 nèn
*能 néng
能动 néngdòng
*能够 nénggòu
*能力 nénglì
*能量 néngliàng
*能源 néngyuán
*泥 ní
泥土 nítǔ
拟 nǐ
*你 nǐ
*你们 nǐmen
逆 nì
*年 nián
年初 niánchū

*年代 niándài
年底 niándǐ
年度 niándù
年级 niánjí
*年纪 niánjì
*年间 niánjiān
*年龄 niánlíng
年青 niánqīng
*年轻 niánqīng
年头儿 niántóur
*念 niàn
念头 niàntou
*娘 niáng
*鸟 niǎo
尿 niào
捏 niē
*您 nín
宁 níng
宁静 níngjìng
拧 níng
凝 níng
凝固 nínggù
凝结 níngjié
凝聚 níngjù
凝视 níngshì
拧 nǐng
宁 nìng
拧 nìng
*牛 niú
*牛顿 niúdùn
扭 niǔ
扭转 niǔzhuǎn
*农 nóng
*农产品 nóngchǎnpǐn
农场 nóngchǎng
*农村 nóngcūn
农户 nónghù
农具 nóngjù
*农民 nóngmín
农田 nóngtián
农药 nóngyào
*农业 nóngyè
农作物 nóngzuòwù
*浓 nóng
*浓度 nóngdù
浓厚 nónghòu
脓 nóng
*弄 nòng
*奴隶 núlì
奴役 núyì
*努力 nǔlì
怒 nù
*女 nǚ
*女儿 nǚ'ér
女工 nǚgōng
*女人 nǚrén
女士 nǚshì
*女性 nǚxìng
女婿 nǚxu
*女子 nǚzǐ
*暖 nuǎn

O

欧 Ōu
偶 ǒu
偶尔 ǒu'ěr
*偶然 ǒurán
偶然性 ǒuránxìng

P

扒 pá
*爬 pá
*怕 pà
*拍 pāi
拍摄 pāishè
*排 pái
*排斥 páichì
排除 páichú
排放 páifàng
*排列 páiliè
*牌 pái
牌子 páizi
*派 pài
派出所 pàichūsuǒ
派遣 pàiqiǎn
潘 pān
攀 pān
*盘 pán
判 pàn
判处 pànchǔ
判定 pàndìng
*判断 pànduàn
判决 pànjué
盼 pàn
盼望 pànwàng
庞大 pángdà
*旁 páng
*旁边 pángbiān
*胖 pàng
抛 pāo
抛弃 pāoqì
*泡 pāo
炮 páo
*跑 pǎo
*泡 pào
炮 pào
炮弹 pàodàn
胚 pēi
胚胎 pēitāi
陪 péi
培训 péixùn
*培养 péiyǎng
培育 péiyù
赔偿 péicháng
佩服 pèi·fú
*配 pèi
*配合 pèihé
配套 pèitào
配置 pèizhì
喷 pēn
*盆 pén
盆地 péndì
*朋友 péngyou
彭 péng
棚 péng
蓬勃 péngbó
*膨胀 péngzhàng
捧 pěng
*碰 pèng
*批 pī
*批发 pīfā
*批判 pīpàn
*批评 pīpíng
*批准 pīzhǔn
披 pī
*皮 pí
*皮肤 pífū
疲倦 píjuàn
疲劳 píláo
脾 pí
脾气 píqi
*匹 pǐ
屁股 pìgu
*譬如 pìrú
*偏 piān
偏见 piānjiàn
偏偏 piānpiān
偏向 piānxiàng
*篇 piān
便宜 piányi
*片 piàn
片刻 piànkè
片面 piànmiàn
骗 piàn
飘 piāo
票 piào
*漂亮 piàoliang
拼命 pīnmìng
贫 pín
贫困 pínkùn
贫穷 pínqióng
频繁 pínfán
*频率 pínlǜ
*品 pǐn
品德 pǐndé
*品质 pǐnzhì
*品种 pǐnzhǒng
乒乓球 pīngpāngqiú
*平 píng
*平常 píngcháng

*平等 píngděng
平凡 píngfán
平分 píngfēn
*平衡 pínghéng
*平静 píngjìng
*平均 píngjūn
*平面 píngmiàn
平民 píngmín
平日 píngrì
*平时 píngshí
平坦 píngtǎn
*平行 píngxíng
*平原 píngyuán
评 píng
*评价 píngjià
*评论 pínglùn
评选 píngxuǎn
苹果 píngguǒ
*凭 píng
凭借 píngjiè
屏 píng
屏幕 píngmù
*瓶 píng
坡 pō
*颇 pō
婆婆 pópo
迫 pò
迫害 pòhài
迫切 pòqiè
迫使 pòshǐ
*破 pò
破产 pòchǎn
*破坏 pòhuài
破裂 pòliè
剖面 pōumiàn
扑 pū
*铺 pū
菩萨 pú•sà
葡萄 pú•táo
葡萄糖 pú•táotáng
朴素 pǔsù
*普遍 pǔbiàn
普及 pǔjí
*普通 pǔtōng
普通话 pǔtōnghuà
谱 pǔ
*铺 pù

Q

*七 qī
*妻子 qī•zǐ
凄凉 qīliáng
*期 qī
期待 qīdài
期货 qīhuò
*期间 qījiān
期望 qīwàng
期限 qīxiàn
欺骗 qīpiàn
漆 qī
*齐 qí
*其 qí
*其次 qícì
其间 qíjiān
*其实 qíshí
*其他 qítā
*其余 qíyú
*其中 qízhōng
奇 qí
*奇怪 qíguài
奇迹 qíjì
奇特 qítè
奇异 qíyì
*骑 qí
旗 qí
旗帜 qízhì
*企图 qǐtú
*企业 qǐyè
*启发 qǐfā
启示 qǐshì
*起 qǐ
起初 qǐchū
起点 qǐdiǎn
起伏 qǐfú
*起来 qǐ•lái
起码 qǐmǎ
起身 qǐshēn
*起义 qǐyì
*起源 qǐyuán
*气 qì
*气氛 qì•fēn
气愤 qìfèn
*气候 qìhòu
气流 qìliú
*气体 qìtǐ
气团 qìtuán
气味 qìwèi
*气温 qìwēn
气息 qìxī
*气象 qìxiàng
气压 qìyā
气质 qìzhì
弃 qì
*汽车 qìchē
汽油 qìyóu
契约 qìyuē
砌 qì
*器 qì
器材 qìcái
*器官 qìguān
卡 qiǎ
恰当 qiàdàng
恰好 qiàhǎo
*千 qiān
千方百计 qiānfāng-bǎijì
千克 qiānkè
迁 qiān
迁移 qiānyí
牵 qiān
铅 qiān
铅笔 qiānbǐ
*签订 qiāndìng
*前 qián
前边 qián•biān
前方 qiánfāng
*前后 qiánhòu
*前进 qiánjìn
前景 qiánjǐng
*前面 qián•miàn
前期 qiánqī
前人 qiánrén
*前提 qiántí
前头 qiántou
*前途 qiántú
前往 qiánwǎng
前夕 qiánxī
前线 qiánxiàn
*钱 qián
潜 qián
潜力 qiánlì
潜在 qiánzài
*浅 qiǎn
遣 qiǎn
欠 qiàn
嵌 qiàn
*枪 qiāng
腔 qiāng
*强 qiáng
*强大 qiángdà
强盗 qiángdào
*强调 qiángdiào
*强度 qiángdù
强化 qiánghuà
*强烈 qiángliè
强制 qiángzhì
*墙 qiáng
墙壁 qiángbì
*抢 qiǎng
抢救 qiǎngjiù
*强 qiǎng
*悄悄 qiāoqiāo
*敲 qiāo
*桥 qiáo
桥梁 qiáoliáng
*瞧 qiáo
巧 qiǎo
巧妙 qiǎomiào
壳 qiào
*切 qiē
*且 qiě
*切 qiè
切实 qièshí
侵 qīn
侵犯 qīnfàn

*侵略 qīnlüè
侵权 qīnquán
侵入 qīnrù
侵蚀 qīnshí
侵占 qīnzhàn
*亲 qīn
亲密 qīnmì
亲戚 qīnqi
*亲切 qīnqiè
亲热 qīnrè
亲人 qīnrén
亲属 qīnshǔ
亲眼 qīnyǎn
亲友 qīnyǒu
*亲自 qīnzì
*秦 Qín
琴 qín
勤 qín
勤劳 qínláo
*青 qīng
青春 qīngchūn
*青年 qīngnián
青蛙 qīngwā
*轻 qīng
轻工业 qīnggōngyè
轻声 qīngshēng
轻视 qīngshì
轻松 qīngsōng
轻微 qīngwēi
轻易 qīngyì
轻重 qīngzhòng
*氢 qīng
*氢气 qīngqì
倾 qīng
倾听 qīngtīng
*倾向 qīngxiàng
倾斜 qīngxié
*清 qīng
清晨 qīngchén
清除 qīngchú
*清楚 qīngchu
清洁 qīngjié
清理 qīnglǐ
*清晰 qīngxī
清醒 qīngxǐng
*情 qíng
*情报 qíngbào
情操 qíngcāo
*情感 qínggǎn
*情节 qíngjié
*情景 qíngjǐng
情境 qíngjìng
*情况 qíngkuàng
情趣 qíngqù
*情形 qíng•xíng
*情绪 qíng•xù
*请 qǐng
*请求 qǐngqiú
请示 qǐngshì
庆祝 qìngzhù
*穷 qióng
穷人 qióngrén
*秋 qiū
秋季 qiūjì
秋天 qiūtiān
*求 qiú
求证 qiúzhèng
酋长 qiúzhǎng
*球 qiú
*区 qū
*区别 qūbié
*区分 qūfēn
*区域 qūyù
*曲 qū
*曲线 qūxiàn
曲折 qūzhé
驱 qū
驱逐 qūzhú
屈服 qūfú
趋 qū
*趋势 qūshì
趋向 qūxiàng
渠 qú
渠道 qúdào
*曲 qǔ
*取 qǔ
取代 qǔdài
*取得 qǔdé
*取消 qǔxiāo
娶 qǔ
*去 qù
去年 qùnián
去世 qùshì
趣味 qùwèi
*圈 quān
*权 quán
*权力 quánlì
*权利 quánlì
权威 quánwēi
权益 quányì
*全 quán
*全部 quánbù
全局 quánjú
*全面 quánmiàn
全民 quánmín
全球 quánqiú
*全身 quánshēn
*全体 quántǐ
泉 quán
拳 quán
拳头 quántou
*劝 quàn
*缺 quē
*缺点 quēdiǎn
*缺乏 quēfá
*缺少 quēshǎo
缺陷 quēxiàn
*却 què
确 què
确保 quèbǎo
*确定 quèdìng
*确立 quèlì
确切 quèqiè
确认 quèrèn
*确实 quèshí
*群 qún
群落 qúnluò
*群体 qúntǐ
*群众 qúnzhòng

R

*然 rán
*然而 rán'ér
*然后 ránhòu
燃 rán
*燃料 ránliào
*燃烧 ránshāo
染 rǎn
染色 rǎnsè
*染色体 rǎnsètǐ
嚷 rǎng
*让 ràng
扰动 rǎodòng
扰乱 rǎoluàn
*绕 rào
惹 rě
*热 rè
*热爱 rè'ài
*热带 rèdài
*热量 rèliàng
*热烈 rèliè
*热闹 rènao
热能 rènéng
*热情 rèqíng
热心 rèxīn
*人 rén
*人才 réncái
*人格 réngé
*人工 réngōng
*人家 rénjiā
*人家 rénjia
*人间 rénjiān
人均 rénjūn
*人口 rénkǒu
*人类 rénlèi
*人力 rénlì
*人们 rénmen
*人民 rénmín
人民币 rénmínbì
*人群 rénqún
人身 rénshēn
*人生 rénshēng
人士 rénshì
人事 rénshì

*人体 réntǐ
人为 rénwéi
*人物 rénwù
人心 rénxīn
人性 rénxìng
人影儿 rényǐngr
*人员 rényuán
人造 rénzào
仁 rén
*任 rén
忍 rěn
忍耐 rěnnài
忍受 rěnshòu
认 rèn
认定 rèndìng
*认识 rènshi
认识论 rènshílùn
*认为 rènwéi
*认真 rènzhēn
*任 rèn
*任何 rènhé
任命 rènmìng
*任务 rèn•wù
*任意 rènyì
扔 rēng
*仍 réng
仍旧 réngjiù
*仍然 réngrán
*日 rì
日报 rìbào
日常 rìcháng
日记 rìjì
日期 rìqī
日前 rìqián
日趋 rìqū
日夜 rìyè
*日益 rìyì
*日子 rìzi
荣誉 róngyù
容 róng
容量 róngliàng
容纳 róngnà
容器 róngqì
*容易 róng•yì
*溶 róng
*溶剂 róngjì
*溶解 róngjiě
*溶液 róngyè
熔 róng
熔点 róngdiǎn
融合 rónghé
柔和 róuhé
柔软 róuruǎn
揉 róu
*肉 ròu
肉体 ròutǐ
*如 rú
*如此 rúcǐ
*如果 rúguǒ
*如何 rúhé
*如今 rújīn
*如同 rútóng
*如下 rúxià
儒家 Rújiā
*乳 rǔ
*入 rù
入侵 rùqīn
入手 rùshǒu
入学 rùxué
*软 ruǎn
*若 ruò
*若干 ruògān
若是 ruòshì
*弱 ruò
弱点 ruòdiǎn

S

撒 sā
洒 sǎ
撒 sǎ
鳃 sāi
塞 sāi
塞 sài
赛 sài
*三 sān
三角 sānjiǎo
*三角形 sānjiǎoxíng
伞 sǎn
*散 sǎn
散射 sǎnshè
散文 sǎnwén
*散 sàn
散布 sànbù
散步 sànbù
散发 sànfā
嗓子 sǎngzi
*丧失 sàngshī
扫 sǎo
扫荡 sǎodàng
嫂子 sǎozi
*色 sè
*色彩 sècǎi
塞 sè
*森林 sēnlín
僧 sēng
僧侣 sēnglǚ
*杀 shā
杀害 shāhài
*沙 shā
沙发 shāfā
*沙漠 shāmò
沙滩 shātān
纱 shā
砂 shā
傻 shǎ
*色 shǎi
晒 shài
*山 shān
山地 shāndì
山峰 shānfēng
山谷 shāngǔ
山林 shānlín
山路 shānlù
山脉 shānmài
*山区 shānqū
山水 shānshuǐ
山头 shāntóu
*扇 shān
*闪 shǎn
闪电 shǎndiàn
闪光 shǎnguāng
闪烁 shǎnshuò
*单 Shàn
*扇 shàn
*善 shàn
善良 shànliáng
*善于 shànyú
*伤 shāng
伤害 shānghài
伤口 shāngkǒu
伤心 shāngxīn
伤员 shāngyuán
*商 shāng
商标 shāngbiāo
*商店 shāngdiàn
*商量 shāngliang
*商品 shāngpǐn
*商人 shāngrén
*商业 shāngyè
*上 shǎng
赏 shǎng
*上 shàng
上班 shàngbān
上边 shàng•biān
上层 shàngcéng
*上帝 shàngdì
*上级 shàngjí
上课 shàngkè
上空 shàngkōng
*上来 shàng•lái
*上面 shàng•miàn
*上去 shàng•qù
上山 shàngshān
*上升 shàngshēng
上市 shàngshì
*上述 shàngshù
上诉 shàngsù
*上午 shàngwǔ
*上下 shàngxià
上学 shàngxué
上衣 shàngyī
上游 shàngyóu

上涨 shàngzhǎng
*尚 shàng
*烧 shāo
*梢 shāo
*稍 shāo
稍稍 shāoshāo
稍微 shāowēi
*少 shǎo
*少量 shǎoliàng
*少数 shǎoshù
*少 shào
*少年 shàonián
少女 shàonǚ
少爷 shàoye
*舌 shé
舌头 shétou
*折 shé
*蛇 shé
舍 shě
舍不得 shě•bù•dé
*设 shè
*设备 shèbèi
设法 shèfǎ
*设计 shèjì
*设立 shèlì
*设施 shèshī
*设想 shèxiǎng
*设置 shèzhì
*社 shè
*社会 shèhuì
*社会学 shèhuìxué
舍 shè
*射 shè
射击 shèjī
*射线 shèxiàn
*涉及 shèjí
摄 shè
摄影 shèyǐng
*谁 shéi
申请 shēnqǐng
*伸 shēn
伸手 shēnshǒu
*身 shēn
*身边 shēnbiān
身材 shēncái
*身份 shēn•fèn
身后 shēnhòu
身躯 shēnqū
*身体 shēntǐ
身心 shēnxīn
身影 shēnyǐng
*身子 shēnzi
参 shēn
*深 shēn
深沉 shēnchén
*深度 shēndù
深厚 shēnhòu
深化 shēnhuà
*深刻 shēnkè
深情 shēnqíng
*深入 shēnrù
深夜 shēnyè
深远 shēnyuǎn
*什么 shénme
*神 shén
*神话 shénhuà
*神经 shénjīng
*神秘 shénmì
神奇 shénqí
神气 shén•qì
神情 shénqíng
神色 shénsè
神圣 shénshèng
神态 shéntài
神学 shénxué
沈 Shěn
审查 shěnchá
*审美 shěnměi
*审判 shěnpàn
婶 shěn
*肾 shèn
*甚 shèn
*甚至 shènzhì
*渗透 shèntòu
慎重 shènzhòng
*升 shēng
*生 shēng
*生产 shēngchǎn
*生产力 shēngchǎnlì
*生成 shēngchéng
*生存 shēngcún
*生动 shēngdòng
*生活 shēnghuó
*生理 shēnglǐ
*生命 shēngmìng
生命力 shēngmìnglì
*生气 shēngqì
生前 shēngqián
生态 shēngtài
*生物 shēngwù
生意 shēngyì
生意 shēngyi
生育 shēngyù
*生长 shēngzhǎng
*生殖 shēngzhí
*声 shēng
声调 shēngdiào
声明 shēngmíng
声响 shēngxiǎng
*声音 shēngyīn
牲畜 shēngchù
牲口 shēngkou
绳 shéng
绳子 shéngzi
*省 shěng
圣 shèng
圣经 Shèngjīng
*胜 shèng
*胜利 shènglì
*盛 shèng
盛行 shèngxíng
剩 shèng
剩余 shèngyú
尸体 shītǐ
*失 shī
*失败 shībài
失掉 shīdiào
*失去 shīqù
失调 shītiáo
*失望 shīwàng
失误 shīwù
失业 shīyè
*师 shī
师范 shīfàn
*师傅 shīfu
师长 shīzhǎng
*诗 shī
诗歌 shīgē
*诗人 shīrén
诗意 shīyì
*施 shī
施肥 shīféi
施工 shīgōng
施行 shīxíng
*湿 shī
湿度 shīdù
湿润 shīrùn
*十 shí
*石 shí
石灰 shíhuī
*石头 shítou
*石油 shíyóu
*时 shí
时常 shícháng
*时代 shídài
时而 shí’ér
*时候 shíhou
时机 shíjī
*时间 shíjiān
时节 shíjié
*时刻 shíkè
时空 shíkōng
时髦 shímáo
*时期 shíqī
识 shí
识别 shíbié
识字 shízì

*实 shí
*实际 shíjì
*实践 shíjiàn
实力 shílì
实例 shílì
*实施 shíshī
实体 shítǐ
*实物 shíwù
*实现 shíxiàn
*实行 shíxíng
*实验 shíyàn
实用 shíyòng
*实在 shízài
*实在 shízai
*实质 shízhì
拾 shí
*食 shí
*食品 shípǐn
食堂 shítáng
*食物 shíwù
食盐 shíyán
食用 shíyòng
*史 shǐ
史学 shǐxué
*使 shǐ
*使得 shǐ·dé
使劲 shǐjìn
使命 shǐmìng
*使用 shǐyòng
*始 shǐ
*始终 shǐzhōng
士 shì
士兵 shìbīng
*氏 shì
*氏族 shìzú
*示 shì
示范 shìfàn
示威 shìwēi
*世 shì
世代 shìdài
*世纪 shìjì
*世界 shìjiè
*世界观 shìjièguān
*市 shì
*市场 shìchǎng
市民 shìmín
*式 shì
*似的 shìde
*事 shì
事变 shìbiàn
*事故 shìgù
事后 shìhòu
事迹 shìjì
*事件 shìjiàn
事例 shìlì
*事情 shìqing
*事实 shìshí
事务 shìwù
*事物 shìwù
事先 shìxiān
*事业 shìyè
*势 shì
势必 shìbì
*势力 shì·lì
势能 shìnéng
*试 shì
*试管 shìguǎn
试图 shìtú
*试验 shìyàn
试制 shìzhì
*视 shì
视觉 shìjué
视线 shìxiàn
视野 shìyě
*是 shì
是非 shìfēi
*是否 shìfǒu
适 shì
*适当 shìdàng
*适合 shìhé
*适宜 shìyí
*适应 shìyìng
*适用 shìyòng
*室 shì
逝世 shìshì
*释放 shìfàng
*收 shōu
*收购 shōugòu
收回 shōuhuí
收获 shōuhuò
*收集 shōují
*收入 shōurù
收拾 shōushi
*收缩 shōusuō
收益 shōuyì
收音机 shōuyīnjī
*熟 shóu
*手 shǒu
手臂 shǒubì
手表 shǒubiǎo
*手段 shǒuduàn
*手法 shǒufǎ
手工 shǒugōng
*手工业 shǒugōngyè
手脚 shǒujiǎo
手榴弹 shǒuliúdàn
手枪 shǒuqiāng
手势 shǒushì
*手术 shǒushù
手续 shǒuxù
手掌 shǒuzhǎng
*手指 shǒuzhǐ
*守 shǒu
守恒 shǒuhéng
*首 shǒu
*首都 shǒudū
首领 shǒulǐng
*首先 shǒuxiān
首要 shǒuyào
首长 shǒuzhǎng
寿命 shòumìng
*受 shòu
受精 shòujīng
受伤 shòushāng
狩猎 shòuliè
授 shòu
兽 shòu
*瘦 shòu
*书 shū
书包 shūbāo
书本 shūběn
书籍 shūjí
*书记 shū·jì
书面 shūmiàn
书写 shūxiě
抒情 shūqíng
*叔叔 shūshu
梳 shū
舒服 shūfu
舒适 shūshì
疏 shū
输 shū
输出 shūchū
输入 shūrù
输送 shūsòng
*蔬菜 shūcài
*熟 shú
熟练 shúliàn
*熟悉 shú·xī
*属 shǔ
*属性 shǔxìng
*属于 shǔyú
鼠 shǔ
*数 shǔ
术 shù
术语 shùyǔ
*束 shù
*束缚 shùfù
述 shù
*树 shù
树干 shùgàn
*树立 shùlì
树林 shùlín
*树木 shùmù
树种 shùzhǒng
竖 shù
*数 shù
*数据 shùjù
*数量 shùliàng
*数目 shùmù
*数学 shùxué
数值 shùzhí
*数字 shùzì

刷 shuā
耍 shuǎ
衰变 shuāibiàn
衰老 shuāilǎo
摔 shuāi
甩 shuǎi
*率 shuài
*率领 shuàilǐng
拴 shuān
*双 shuāng
*双方 shuāngfāng
霜 shuāng
*谁 shuí
*水 shuǐ
水稻 shuǐdào
*水分 shuǐfèn
水果 shuǐguǒ
水库 shuǐkù
水利 shuǐlì
水流 shuǐliú
*水面 shuǐmiàn
水泥 shuǐní
*水平 shuǐpíng
水汽 shuǐqì
水手 shuǐshǒu
水位 shuǐwèi
水文 shuǐwén
水银 shuǐyín
水源 shuǐyuán
水蒸气 shuǐzhēngqì
*税 shuì
税收 shuìshōu
*睡 shuì
*睡觉 shuìjiào

睡眠 shuìmián
顺 shùn
*顺利 shùnlì
顺手 shùnshǒu
*顺序 shùnxù
瞬间 shùnjiān
*说 shuō
*说法 shuō•fǎ
说服 shuōfú
*说话 shuōhuà
*说明 shuōmíng
司 sī
司法 sīfǎ
司机 sījī
司令 sīlìng
*丝 sī
丝毫 sīháo
私 sī
*私人 sīrén
私营 sīyíng
私有 sīyǒu
私有制 sīyǒuzhì
思 sī
思潮 sīcháo
*思考 sīkǎo
思路 sīlù
*思索 sīsuǒ
*思维 sīwéi
*思想 sīxiǎng
思想家 sīxiǎngjiā
斯 sī
*死 sǐ
*死亡 sǐwáng
死刑 sǐxíng
*四 sì

四边形 sìbiānxíng
四处 sìchù
四面 sìmiàn
四肢 sìzhī
*四周 sìzhōu
寺 sì
寺院 sìyuàn
*似 sì
*似乎 sìhū
*饲料 sìliào
饲养 sìyǎng
*松 sōng
*宋 Sòng
*送 sòng
搜集 sōují
艘 sōu
*苏 sū
俗 sú
俗称 súchēng
诉讼 sùsòng
*素 sù
素材 sùcái
*素质 sùzhì
速 sù
*速度 sùdù
速率 sùlǜ
宿 sù
宿舍 sùshè
*塑料 sùliào
*塑造 sùzào
*酸 suān
*算 suàn
*虽 suī
*虽然 suīrán
虽说 suīshuō

隋 Suí
*随 suí
*随便 suíbiàn
*随后 suíhòu
随即 suíjí
*随时 suíshí
随意 suíyì
*遂 suí
髓 suǐ
*岁 suì
岁月 suìyuè
*遂 suì
碎 suì
穗 suì
*孙 sūn
孙子 sūnzi
*损害 sǔnhài
损耗 sǔnhào
损伤 sǔnshāng
*损失 sǔnshī
缩 suō
缩短 suōduǎn
*缩小 suōxiǎo
*所 suǒ
所属 suǒshǔ
*所谓 suǒwèi
*所以 suǒyǐ
*所有 suǒyǒu
*所有制 suǒyǒuzhì
*所在 suǒzài
索 suǒ
锁 suǒ

T

*他 tā
*他们 tāmen
*他人 tārén
*它 tā
*它们 tāmen
*她 tā
*她们 tāmen
塔 tǎ
踏 tà
胎 tāi
胎儿 tāi'ér
*台 tái
台风 táifēng
*抬 tái
抬头 táitóu
*太 tài
太空 tàikōng
太平 tàipíng
*太太 tàitai
*太阳 tài•yáng
太阳能 tàiyángnéng
太阳系 tàiyángxì
*态 tài
*态度 tài•dù
摊 tān
滩 tān
*谈 tán
谈话 tánhuà
谈论 tánlùn
谈判 tánpàn
*弹 tán
弹簧 tánhuáng
弹性 tánxìng
痰 tán
坦克 tǎnkè

*叹 tàn
叹息 tànxī
探 tàn
探测 tàncè
*探索 tànsuǒ
*探讨 tàntǎo
*碳 tàn
*汤 tāng
*唐 táng
堂 táng
塘 táng
*糖 táng
倘若 tǎngruò
*躺 tǎng
烫 tàng
*趟 tàng
掏 tāo
逃 táo
逃避 táobì
逃跑 táopǎo
逃走 táozǒu
桃 táo
陶 táo
陶冶 táoyě
淘汰 táotài
讨 tǎo
*讨论 tǎolùn
讨厌 tǎoyàn
*套 tào
*特 tè
*特别 tèbié
特地 tèdì
*特点 tèdiǎn
*特定 tèdìng
特权 tèquán
*特色 tèsè
*特殊 tèshū
特务 tèwu
*特性 tèxìng
特意 tèyì
*特征 tèzhēng
疼 téng
疼痛 téngtòng
藤 téng
踢 tī
*提 tí
*提倡 tíchàng
*提高 tígāo
*提供 tígōng
提炼 tíliàn
*提起 tíqǐ
提前 tíqián
提取 tíqǔ
提醒 tíxǐng
提议 tíyì
*题 tí
*题材 tícái
题目 tímù
*体 tǐ
体裁 tǐcái
体操 tǐcāo
*体会 tǐhuì
*体积 tǐjī
体力 tǐlì
体温 tǐwēn
*体系 tǐxì
*体现 tǐxiàn
*体验 tǐyàn
*体育 tǐyù
*体制 tǐzhì
体质 tǐzhì
体重 tǐzhòng
*替 tì
替代 tìdài
*天 tiān
天才 tiāncái
*天地 tiāndì
天鹅 tiān'é
*天空 tiānkōng
*天气 tiānqì
*天然 tiānrán
天然气 tiānránqì
天生 tiānshēng
*天体 tiāntǐ
天文 tiānwén
*天下 tiānxià
天真 tiānzhēn
天主教 Tiānzhǔjiào
添 tiān
*田 tián
田地 tiándì
田野 tiányě
*甜 tián
*填 tián
*挑 tiāo
挑选 tiāoxuǎn
*条 tiáo
*条件 tiáojiàn
条款 tiáokuǎn
*条例 tiáolì
*条约 tiáoyuē
*调 tiáo
调和 tiáohé
*调节 tiáojié
调解 tiáojiě
*调整 tiáozhěng
*挑 tiǎo
挑战 tiǎozhàn
*跳 tiào
跳动 tiàodòng
跳舞 tiàowǔ
跳跃 tiàoyuè
*贴 tiē
*铁 tiě
*铁路 tiělù
厅 tīng
*听 tīng
听话 tīnghuà
*听见 tīng•jiàn
听觉 tīngjué
听取 tīngqǔ
听众 tīngzhòng
*停 tíng
停顿 tíngdùn
停留 tíngliú
*停止 tíngzhǐ
*挺 tǐng
*通 tōng
*通常 tōngcháng
通道 tōngdào
通电 tōngdiàn
*通过 tōngguò
通红 tōnghóng
通信 tōngxìn
*通讯 tōngxùn
通用 tōngyòng
*通知 tōngzhī
*同 tóng
同伴 tóngbàn
同胞 tóngbāo
同等 tóngděng
同行 tóngháng
同化 tónghuà
同类 tónglèi
同年 tóngnián
同期 tóngqī
*同情 tóngqíng
*同时 tóngshí
同事 tóngshì
同行 tóngxíng
*同学 tóngxué
*同样 tóngyàng
*同意 tóngyì
*同志 tóngzhì
*铜 tóng
童话 tónghuà
童年 tóngnián
统 tǒng
*统计 tǒngjì
*统一 tǒngyī
*统治 tǒngzhì
桶 tǒng
筒 tǒng
*通 tòng
*痛 tòng
*痛苦 tòngkǔ
痛快 tòng•kuài
*偷 tōu
偷偷 tōutōu
*头 tóu
头顶 tóudǐng
*头发 tóufa
*头脑 tóunǎo
投 tóu

投产 tóuchǎn
投机 tóujī
*投入 tóurù
投降 tóuxiáng
*投资 tóuzī
*透 tòu
透镜 tòujìng
透露 tòulù
*透明 tòumíng
凸 tū
突 tū
突变 tūbiàn
*突出 tūchū
突击 tūjī
*突破 tūpò
*突然 tūrán
*图 tú
图案 tú'àn
图画 túhuà
图书 túshū
*图书馆 túshūguǎn
图形 túxíng
图纸 túzhǐ
徒 tú
*途径 tújìng
涂 tú
屠杀 túshā
*土 tǔ
*土地 tǔdì
土匪 tǔfěi
*土壤 tǔrǎng
*吐 tǔ
*吐 tù
兔子 tùzi
湍流 tuānliú
*团 tuán
*团结 tuánjié
*团体 tuántǐ
团员 tuányuán
*推 tuī
推测 tuīcè
*推动 tuīdòng
*推翻 tuīfān
*推广 tuīguǎng
推荐 tuījiàn
推进 tuījìn
推理 tuīlǐ
推论 tuīlùn
推销 tuīxiāo
*推行 tuīxíng
*腿 tuǐ
*退 tuì
退出 tuìchū
退化 tuìhuà
退休 tuìxiū
*托 tuō
*拖 tuō
*拖拉机 tuōlājī
*脱 tuō
*脱离 tuōlí
脱落 tuōluò
妥协 tuǒxié

W

*挖 wā
挖掘 wājué
娃娃 wáwa
瓦 wǎ
歪 wāi
歪曲 wāiqū
*外 wài
外边 wài·biān
外表 wàibiǎo
*外部 wàibù
外地 wàidì
*外国 wàiguó
外汇 wàihuì
外交 wàijiāo
*外界 wàijiè
外科 wàikē
外来 wàilái
外力 wàilì
外贸 wàimào
*外面 wài·miàn
外商 wàishāng
外形 wàixíng
外语 wàiyǔ
外在 wàizài
外资 wàizī
*弯 wān
弯曲 wānqū
*完 wán
完备 wánbèi
完毕 wánbì
*完成 wánchéng
完美 wánměi
*完全 wánquán
*完善 wánshàn
*完整 wánzhěng
*玩 wán
玩具 wánjù
玩笑 wánxiào
顽强 wánqiáng
挽 wǎn
*晚 wǎn
晚饭 wǎnfàn
晚期 wǎnqī
*晚上 wǎnshang
*碗 wǎn
*万 wàn
万物 wànwù
万一 wànyī
汪 wāng
亡 wáng
*王 wáng
王朝 wángcháo
王国 wángguó
*网 wǎng
网络 wǎngluò
*往 wǎng
往来 wǎnglái
*往往 wǎngwǎng
*忘 wàng
*忘记 wàngjì
旺 wàng
旺盛 wàngshèng
*望 wàng
望远镜 wàngyuǎnjìng
*危害 wēihài
*危机 wēijī
*危险 wēixiǎn
威力 wēilì
*威胁 wēixié
威信 wēixìn
*微 wēi
微观 wēiguān
微粒 wēilì
微弱 wēiruò
微生物 wēishēngwù
*微微 wēiwēi
微小 wēixiǎo
*微笑 wēixiào
*为 wéi
为难 wéinán
为人 wéirén
为首 wéishǒu
*为止 wéizhǐ
违背 wéibèi
违法 wéifǎ
*违反 wéifǎn
*围 wéi
围剿 wéijiǎo
*围绕 wéirào
唯 wéi
惟 wéi
*维持 wéichí
*维护 wéihù
维生素 wéishēngsù
维新 wéixīn
维修 wéixiū
*伟大 wěidà
伪 wěi
*尾 wěi
*尾巴 wěiba
纬 wěi
纬度 wěidù
委屈 wěiqu
委托 wěituō
*委员 wěiyuán
*委员会

wěiyuánhuì
卫　wèi
*卫生　wèishēng
*卫星　wèixīng
*为　wèi
为何　wèihé
*为了　wèile
*未　wèi
未必　wèibì
未曾　wèicéng
*未来　wèilái
*位　wèi
位移　wèiyí
*位置　wèizhi
*味　wèi
味道　wèi·dào
*胃　wèi
*谓　wèi
*喂　wèi
魏　Wèi
*温　wēn
温带　wēndài
*温度　wēndù
温度计　wēndùjì
温和　wēnhé
*温暖　wēnnuǎn
温柔　wēnróu
*文　wén
*文化　wénhuà
*文件　wénjiàn
*文明　wénmíng
文人　wénrén
文物　wénwù
*文献　wénxiàn
*文学　wénxué

*文艺　wényì
*文章　wénzhāng
*文字　wénzì
纹　wén
*闻　wén
蚊子　wénzi
吻　wěn
稳　wěn
*稳定　wěndìng
*问　wèn
问世　wènshì
*问题　wèntí
窝　wō
*我　wǒ
*我们　wǒmen
卧　wò
卧室　wòshì
握　wò
握手　wòshǒu
乌龟　wūguī
*污染　wūrǎn
*屋　wū
*屋子　wūzi
*无　wú
无比　wúbǐ
无从　wúcóng
*无法　wúfǎ
无非　wúfēi
无关　wúguān
无机　wújī
无可奈何
wúkě-nàihé
无力　wúlì
*无论　wúlùn
无情　wúqíng

无穷　wúqióng
无声　wúshēng
*无数　wúshù
*无限　wúxiàn
无线电
wúxiàndiàn
无效　wúxiào
无形　wúxíng
*无疑　wúyí
无意　wúyì
无知　wúzhī
*吾　wú
*吴　Wú
五　wǔ
武　wǔ
武力　wǔlì
*武器　wǔqì
*武装　wǔzhuāng
侮辱　wǔrǔ
*舞　wǔ
*舞蹈　wǔdǎo
舞剧　wǔjù
*舞台　wǔtái
勿　wù
务　wù
*物　wù
物化　wùhuà
*物价　wùjià
*物理　wùlǐ
物力　wùlì
物品　wùpǐn
*物体　wùtǐ
*物质　wùzhì
物种　wùzhǒng
*物资　wùzī

误　wù
误差　wùchā
误会　wùhuì
误解　wùjiě
*恶　wù
*雾　wù

X

*西　xī
*西北　xīběi
西方　xīfāng
西风　xīfēng
西瓜　xī·guā
*西南　xīnán
*西欧　Xī Ōu
*吸　xī
吸附　xīfù
吸取　xīqǔ
*吸收　xīshōu
*吸引　xīyǐn
*希望　xīwàng
*牺牲　xīshēng
息　xī
*稀　xī
稀少　xīshǎo
锡　xī
熄灭　xīmiè
习　xí
*习惯　xíguàn
习俗　xísú
习性　xíxìng
席　xí
袭击　xíjī
*媳妇　xífu
*洗　xǐ

洗澡　xǐzǎo
*喜　xǐ
*喜爱　xǐ'ài
*喜欢　xǐhuan
喜剧　xǐjù
喜悦　xǐyuè
*戏　xì
*戏剧　xìjù
*戏曲　xìqǔ
*系　xì
系列　xìliè
系数　xìshù
*系统　xìtǒng
*细　xì
*细胞　xìbāo
细节　xìjié
*细菌　xìjūn
细小　xìxiǎo
细心　xìxīn
细致　xìzhì
虾　xiā
瞎　xiā
狭　xiá
狭隘　xiá'ài
狭义　xiáyì
狭窄　xiázhǎi
*下　xià
下班　xiàbān
下边　xià·biān
下层　xiàcéng
下达　xiàdá
下颌　xiàhé
下级　xiàjí
*下降　xiàjiàng
*下来　xià·lái

*下列 xiàliè
下令 xiàlìng
下落 xiàluò
*下面 xià•miàn
*下去 xià•qù
下属 xiàshǔ
*下午 xiàwǔ
下旬 xiàxún
下游 xiàyóu
*吓 xià
*夏 xià
*夏季 xiàjì
*夏天 xiàtiān
仙 xiān
*先 xiān
*先后 xiānhòu
*先进 xiānjìn
先前 xiānqián
*先生 xiānsheng
先天 xiāntiān
*纤维 xiānwéi
掀起 xiānqǐ
鲜 xiān
鲜花 xiānhuā
*鲜明 xiānmíng
鲜血 xiānxuè
鲜艳 xiānyàn
闲 xián
*弦 xián
咸 xián
衔 xián
嫌 xián
显 xiǎn
*显得 xiǎn•dé
显露 xiǎnlù
*显然 xiǎnrán
*显示 xiǎnshì
显微镜 xiǎnwēijìng
显现 xiǎnxiàn
*显著 xiǎnzhù
险 xiǎn
鲜 xiǎn
*县 xiàn
县城 xiànchéng
*现 xiàn
现场 xiànchǎng
现存 xiàncún
*现代 xiàndài
*现代化 xiàndàihuà
现今 xiànjīn
现金 xiànjīn
*现实 xiànshí
*现象 xiànxiàng
现行 xiànxíng
*现在 xiànzài
现状 xiànzhuàng
限 xiàn
*限度 xiàndù
限于 xiànyú
*限制 xiànzhì
*线 xiàn
*线段 xiànduàn
线路 xiànlù
*线圈 xiànquān
线索 xiànsuǒ
线条 xiàntiáo
*宪法 xiànfǎ
陷 xiàn
*陷入 xiànrù
陷于 xiànyú
羡慕 xiànmù
献 xiàn
献身 xiànshēn
腺 xiàn
*乡 xiāng
*乡村 xiāngcūn
乡下 xiāngxia
*相 xiāng
*相当 xiāngdāng
*相等 xiāngděng
*相对 xiāngduì
*相反 xiāngfǎn
*相关 xiāngguān
*相互 xiānghù
相继 xiāngjì
相交 xiāngjiāo
相近 xiāngjìn
相连 xiānglián
*相似 xiāngsì
相通 xiāngtōng
*相同 xiāngtóng
*相信 xiāngxìn
*相应 xiāngyìng
*香 xiāng
香烟 xiāngyān
箱 xiāng
箱子 xiāngzi
*详细 xiángxì
降 xiáng
享 xiǎng
*享受 xiǎngshòu
*享有 xiǎngyǒu
*响 xiǎng
响声 xiǎngshēng
响应 xiǎngyìng
*想 xiǎng
*想法 xiǎng•fǎ
想象 xiǎngxiàng
想象力 xiǎngxiànglì
*向 xiàng
向来 xiànglái
*向上 xiàngshàng
向往 xiàngwǎng
*项 xiàng
*项目 xiàngmù
*相 xiàng
*象 xiàng
*象征 xiàngzhēng
*像 xiàng
橡胶 xiàngjiāo
橡皮 xiàngpí
削 xiāo
消 xiāo
*消除 xiāochú
消毒 xiāodú
*消费 xiāofèi
消费品 xiāofèipǐn
*消耗 xiāohào
*消化 xiāohuà
*消极 xiāojí
*消灭 xiāomiè
*消失 xiāoshī
消亡 xiāowáng
*消息 xiāoxi
硝酸 xiāosuān
销 xiāo
*销售 xiāoshòu
*小 xiǎo
小儿 xiǎo'ér
*小伙子 xiǎohuǒzi
*小姐 xiǎo•jiě
小麦 xiǎomài
小朋友 xiǎopéngyǒu
*小时 xiǎoshí
*小说儿 xiǎoshuōr
小心 xiǎo•xīn
小型 xiǎoxíng
*小学 xiǎoxué
小学生 xiǎoxuéshēng
小子 xiǎozi
*小组 xiǎozǔ
*晓得 xiǎo•dé
*校 xiào
*校长 xiàozhǎng
*笑 xiào
笑话 xiàohua
笑话儿 xiàohuar
笑容 xiàoróng
效 xiào
*效果 xiàoguǒ
效力 xiàolì
*效率 xiàolǜ
*效益 xiàoyì
*效应 xiàoyìng

*些 xiē
歇 xiē
协定 xiédìng
协会 xiéhuì
协商 xiéshāng
*协调 xiétiáo
协同 xiétóng
协议 xiéyì
协助 xiézhù
*协作 xiézuò
邪 xié
*斜 xié
携带 xiédài
*鞋 xié
*写 xiě
*写作 xiězuò
*血 xiě
泄 xiè
谢 xiè
*谢谢 xièxie
*解 xiè
蟹 xiè
*心 xīn
心底 xīndǐ
*心里 xīn•lǐ
*心理 xīnlǐ
*心灵 xīnlíng
*心情 xīnqíng
心事 xīnshì
心思 xīnsi
心头 xīntóu
心血 xīnxuè
*心脏 xīnzàng
辛苦 xīnkǔ
辛勤 xīnqín
*欣赏 xīnshǎng
锌 xīn
*新 xīn
新陈代谢 xīnchén-dàixiè
新娘 xīnniáng
新奇 xīnqí
新人 xīnrén
新式 xīnshì
*新闻 xīnwén
*新鲜 xīn•xiān
*新兴 xīnxīng
新型 xīnxíng
新颖 xīnyǐng
*信 xìn
信贷 xìndài
*信号 xìnhào
信念 xìnniàn
信任 xìnrèn
信徒 xìntú
*信息 xìnxī
*信心 xìnxīn
*信仰 xìnyǎng
信用 xìnyòng
兴 xīng
*兴奋 xīngfèn
兴建 xīngjiàn
兴起 xīngqǐ
*星 xīng
星际 xīngjì
*星期 xīngqī
星球 xīngqiú
星系 xīngxì
星星 xīngxing
星云 xīngyún
刑 xíng
刑罚 xíngfá
刑法 xíngfǎ
刑事 xíngshì
*行 xíng
*行动 xíngdòng
行军 xíngjūn
行李 xíngli
行人 xíngrén
*行使 xíngshǐ
行驶 xíngshǐ
*行为 xíngwéi
*行星 xíngxīng
*行政 xíngzhèng
行走 xíngzǒu
*形 xíng
*形成 xíngchéng
形容 xíngróng
*形式 xíngshì
*形势 xíngshì
*形态 xíngtài
形体 xíngtǐ
*形象 xíngxiàng
*形状 xíngzhuàng
型 xíng
省 xǐng
醒 xǐng
兴 xìng
*兴趣 xìngqù
*幸福 xìngfú
*性 xìng
性别 xìngbié
*性格 xìnggé
*性能 xìngnéng
性情 xìngqíng
*性质 xìngzhì
性状 xìngzhuàng
*姓 xìng
姓名 xìngmíng
凶 xiōng
兄 xiōng
*兄弟 xiōngdì
*兄弟 xiōngdi
*胸 xiōng
胸脯 xiōngpú
*雄 xióng
雄伟 xióngwěi
熊 xióng
*休眠 xiūmián
*休息 xiūxi
*修 xiū
修辞 xiūcí
修复 xiūfù
*修改 xiūgǎi
修建 xiūjiàn
修理 xiūlǐ
*修养 xiūyǎng
修正 xiūzhèng
宿 xiǔ
臭 xiù
袖 xiù
绣 xiù
宿 xiù
嗅 xiù
*须 xū
*虚 xū
*需 xū
*需求 xūqiú
*需要 xūyào
*徐 xú
许 xǔ
*许多 xǔduō
许可 xǔkě
序 xù
*叙述 xùshù
*畜 xù
*宣布 xuānbù
*宣传 xuānchuán
宣告 xuāngào
宣言 xuānyán
宣扬 xuānyáng
悬 xuán
悬挂 xuánguà
旋 xuán
旋律 xuánlǜ
*旋转 xuánzhuǎn
*选 xuǎn
选拔 xuǎnbá
*选举 xuǎnjǔ
选手 xuǎnshǒu
选用 xuǎnyòng
*选择 xuǎnzé
旋 xuàn
削 xuē
削弱 xuēruò
穴 xué
*学 xué
*学会 xuéhuì
*学科 xuékē
学派 xuépài
*学生 xuésheng
*学术 xuéshù
*学说 xuéshuō

学堂 xuétáng
学徒 xuétú
学问 xuéwen
*学习 xuéxí
*学校 xuéxiào
学员 xuéyuán
学院 xuéyuàn
*学者 xuézhě
*雪 xuě
雪白 xuěbái
雪花 xuěhuā
*血 xuè
*血管 xuèguǎn
*血液 xuèyè
寻 xún
寻求 xúnqiú
*寻找 xúnzhǎo
询问 xúnwèn
*循环 xúnhuán
训 xùn
*训练 xùnliàn
*迅速 xùnsù

Y

*压 yā
*压力 yālì
*压迫 yāpò
压强 yāqiáng
压缩 yāsuō
压抑 yāyì
压制 yāzhì
押 yā
鸦片 yāpiàn
鸭 yā
*牙 yá
牙齿 yáchǐ
*芽 yá
亚 yà
*咽 yān
烟 yān
烟囱 yān·cōng
*延长 yáncháng
延伸 yánshēn
延续 yánxù
严 yán
*严格 yángé
严寒 yánhán
严峻 yánjùn
严厉 yánlì
严密 yánmì
*严肃 yánsù
*严重 yánzhòng
*言 yán
言论 yánlùn
*言语 yányǔ
岩 yán
*岩石 yánshí
炎 yán
*沿 yán
沿岸 yán'àn
*沿海 yánhǎi
*研究 yánjiū
研究生 yánjiūshēng
*研制 yánzhì
*盐 yán
盐酸 yánsuān
*颜色 yánsè
掩盖 yǎngài
掩护 yǎnhù
*眼 yǎn
*眼光 yǎnguāng
*眼睛 yǎnjing
眼镜 yǎnjìng
眼看 yǎnkàn
*眼泪 yǎnlèi
*眼前 yǎnqián
眼神 yǎnshén
*演 yǎn
演变 yǎnbiàn
演唱 yǎnchàng
*演出 yǎnchū
演化 yǎnhuà
演讲 yǎnjiǎng
演说 yǎnshuō
演绎 yǎnyì
*演员 yǎnyuán
*演奏 yǎnzòu
厌 yàn
厌恶 yànwù
咽 yàn
宴会 yànhuì
验 yàn
验证 yànzhèng
秧 yāng
扬 yáng
*羊 yáng
羊毛 yángmáo
*阳 yáng
*阳光 yángguāng
*杨 yáng
洋 yáng
仰 yǎng
*养 yǎng
养分 yǎngfèn
养料 yǎngliào
养殖 yǎngzhí
*氧 yǎng
*氧化 yǎnghuà
*氧气 yǎngqì
*样 yàng
样本 yàngběn
样品 yàngpǐn
样式 yàngshì
*样子 yàngzi
*约 yāo
*要 yāo
*要求 yāoqiú
*腰 yāo
邀请 yāoqǐng
*摇 yáo
摇晃 yáo·huàng
摇头 yáotóu
遥感 yáogǎn
遥远 yáoyuǎn
*咬 yǎo
*药 yào
药品 yàopǐn
*药物 yàowù
*要 yào
要紧 yàojǐn
*要素 yàosù
钥匙 yàoshi
耶稣 Yēsū
*爷爷 yéye
*也 yě
*也许 yěxǔ
冶金 yějīn
冶炼 yěliàn
野 yě
野蛮 yěmán
野生 yěshēng
野兽 yěshòu
野外 yěwài
*业 yè
*业务 yèwù
业余 yèyú
*叶 yè
叶片 yèpiàn
*叶子 yèzi
*页 yè
*夜 yè
夜间 yèjiān
*夜里 yè·lǐ
*夜晚 yèwǎn
*液 yè
液态 yètài
*液体 yètǐ
*一 yī
*一般 yībān
*一半 yībàn
一辈子 yībèizi
*一边 yībiān
*一带 yīdài
*一旦 yīdàn
*一定 yīdìng
一度 yīdù
一端 yīduān
一共 yīgòng
一贯 yīguàn
*一会儿 yīhuìr
一块儿 yīkuàir
一连 yīlián
*一律 yīlǜ

*一面 yīmiàn
一旁 yīpáng
一齐 yīqí
*一起 yīqǐ
*一切 yīqiè
*一时 yīshí
一体 yītǐ
一同 yītóng
一线 yīxiàn
一向 yīxiàng
一心 yīxīn
一再 yīzài
一早 yīzǎo
*一直 yīzhí
*一致 yīzhì
*衣 yī
*衣服 yīfu
衣裳 yīshang
医 yī
医疗 yīliáo
*医生 yīshēng
*医学 yīxué
医药 yīyào
*医院 yīyuàn
*依 yī
依次 yīcì
依法 yīfǎ
依附 yīfù
依旧 yījiù
*依据 yījù
*依靠 yīkào
*依赖 yīlài
*依然 yīrán
依照 yīzhào
仪 yí
*仪器 yíqì
*仪式 yíshì
宜 yí
*移 yí
*移动 yídòng
移民 yímín
移植 yízhí
遗 yí
遗产 yíchǎn
*遗传 yíchuán
遗憾 yíhàn
遗留 yíliú
遗址 yízhǐ
遗嘱 yízhǔ
疑 yí
疑惑 yíhuò
疑问 yíwèn
*乙 yǐ
*已 yǐ
*已经 yǐ•jīng
*以 yǐ
*以便 yǐbiàn
*以后 yǐhòu
*以及 yǐjí
*以来 yǐlái
以免 yǐmiǎn
以内 yǐnèi
*以前 yǐqián
*以外 yǐwài
*以往 yǐwǎng
*以为 yǐwéi
*以下 yǐxià
*以至 yǐzhì
*以致 yǐzhì
*矣 yǐ
蚁 yǐ
倚 yǐ
椅子 yǐzi
*亿 yì
*义 yì
*义务 yìwù
艺 yì
*艺术 yìshù
*艺术家 yìshùjiā
议 yì
*议会 yìhuì
*议论 yìlùn
议员 yìyuán
*亦 yì
*异 yì
*异常 yìcháng
*抑制 yìzhì
役 yì
译 yì
*易 yì
易于 yìyú
益 yì
*意 yì
*意见 yì•jiàn
意境 yìjìng
*意识 yì•shí
*意思 yìsi
意图 yìtú
*意外 yìwài
*意味 yìwèi
意象 yìxiàng
*意义 yìyì
*意志 yìzhì
毅然 yìrán
翼 yì
*因 yīn
*因此 yīncǐ
因地制宜 yīndì-zhìyí
*因而 yīn'ér
因果 yīnguǒ
*因素 yīnsù
*因为 yīn•wèi
因子 yīnzǐ
*阴 yīn
阴谋 yīnmóu
阴阳 yīnyáng
阴影 yīnyǐng
*音 yīn
音调 yīndiào
音阶 yīnjiē
音节 yīnjié
音响 yīnxiǎng
*音乐 yīnyuè
*银 yín
*银行 yínháng
*引 yǐn
*引导 yǐndǎo
*引进 yǐnjìn
引力 yǐnlì
*引起 yǐnqǐ
引用 yǐnyòng
饮 yǐn
饮食 yǐnshí
隐 yǐn
隐蔽 yǐnbì
隐藏 yǐncáng
*印 yìn
印刷 yìnshuā
*印象 yìnxiàng
饮 yìn
*应 yīng
*应当 yīngdāng
*应该 yīnggāi
*英 yīng
*英雄 yīngxióng
英勇 yīngyǒng
*婴儿 yīng'ér
鹰 yīng
迎 yíng
迎接 yíngjiē
荧光屏 yíngguāngpíng
盈利 yínglì
*营 yíng
*营养 yíngyǎng
营业 yíngyè
赢得 yíngdé
影 yǐng
影片 yǐngpiàn
*影响 yǐngxiǎng
*影子 yǐngzi
*应 yìng
应付 yìng•fù
*应用 yìngyòng
映 yìng
*硬 yìng
拥 yōng
拥护 yōnghù
拥挤 yōngjǐ
*拥有 yōngyǒu
永 yǒng
永恒 yǒnghéng
永久 yǒngjiǔ
*永远 yǒngyuǎn

*勇敢 yǒnggǎn
勇气 yǒngqì
勇于 yǒngyú
涌 yǒng
涌现 yǒngxiàn
*用 yòng
用处 yòng•chù
用户 yònghù
用力 yònglì
用品 yòngpǐn
用途 yòngtú
优 yōu
*优点 yōudiǎn
优惠 yōuhuì
*优良 yōuliáng
*优美 yōuměi
*优势 yōushì
优先 yōuxiān
*优秀 yōuxiù
优越 yōuyuè
优质 yōuzhì
忧郁 yōuyù
幽默 yōumò
悠久 yōujiǔ
尤 yóu
*尤其 yóuqí
尤为 yóuwéi
*由 yóu
*由于 yóuyú
邮票 yóupiào
犹 yóu
犹如 yóurú
犹豫 yóuyù
*油 yóu
油画 yóuhuà
油田 yóutián

铀 yóu
*游 yóu
游击 yóujī
游击队 yóujīduì
游戏 yóuxì
游行 yóuxíng
游泳 yóuyǒng
友 yǒu
友好 yǒuhǎo
友人 yǒurén
*友谊 yǒuyì
*有 yǒu
*有关 yǒuguān
*有机 yǒujī
*有力 yǒulì
*有利 yǒulì
有名 yǒumíng
*有趣 yǒuqù
有如 yǒurú
*有时 yǒushí
*有限 yǒuxiàn
*有效 yǒuxiào
有益 yǒuyì
有意 yǒuyì
*又 yòu
*右 yòu
右边 yòu•biān
*右手 yòushǒu
*幼 yòu
*幼虫 yòuchóng
幼儿 yòu'ér
幼苗 yòumiáo
幼年 yòunián
诱导 yòudǎo
*于 yú

*于是 yúshì
予 yú
*余 yú
余地 yúdì
*鱼 yú
娱乐 yúlè
渔 yú
渔业 yúyè
*愉快 yúkuài
舆论 yúlùn
*与 yǔ
与其 yǔqí
予 yǔ
*予以 yǔyǐ
*宇宙 yǔzhòu
羽 yǔ
羽毛 yǔmáo
*雨 yǔ
雨水 yǔshuǐ
*语 yǔ
*语法 yǔfǎ
语句 yǔjù
语气 yǔqì
语文 yǔwén
*语言 yǔyán
*语音 yǔyīn
玉 yù
*玉米 yùmǐ
*育 yù
育种 yùzhǒng
*预报 yùbào
*预备 yùbèi
*预测 yùcè
预定 yùdìng
*预防 yùfáng

预计 yùjì
预料 yùliào
预期 yùqī
预算 yùsuàn
预先 yùxiān
预言 yùyán
域 yù
*欲 yù
欲望 yùwàng
遇 yù
遇见 yù•jiàn
*愈 yù
*元 yuán
*元素 yuánsù
园 yuán
*员 yuán
袁 Yuán
*原 yuán
原材料 yuáncáiliào
*原来 yuánlái
*原理 yuánlǐ
原谅 yuánliàng
*原料 yuánliào
原始 yuánshǐ
原先 yuánxiān
*原因 yuányīn
*原则 yuánzé
*原子 yuánzǐ
原子核 yuánzǐhé
*圆 yuán
圆心 yuánxīn
援助 yuánzhù
缘 yuán
*缘故 yuángù

*源 yuán
源泉 yuánquán
*远 yuǎn
远方 yuǎnfāng
怨 yuàn
*院 yuàn
*院子 yuànzi
*愿 yuàn
*愿望 yuànwàng
*愿意 yuàn•yì
*曰 yuē
*约 yuē
*约束 yuēshù
*月 yuè
月初 yuèchū
*月份 yuèfèn
月光 yuèguāng
*月亮 yuèliang
*月球 yuèqiú
*乐 yuè
乐队 yuèduì
乐器 yuèqì
*乐曲 yuèqǔ
*阅读 yuèdú
跃 yuè
*越 yuè
越冬 yuèdōng
越过 yuèguò
粤 Yuè
*云 yún
匀 yún
*允许 yǔnxǔ
*运 yùn
*运动 yùndòng

*运动员 yùndòngyuán
*运输 yùnshū
运算 yùnsuàn
*运行 yùnxíng
*运用 yùnyòng
运转 yùnzhuǎn
韵 yùn
蕴藏 yùncáng

Z

扎 zā
杂 zá
杂交 zájiāo
杂志 zázhì
杂质 zázhì
砸 zá
灾难 zāinàn
栽 zāi
栽培 zāipéi
*再 zài
再见 zàijiàn
再现 zàixiàn
*在 zài
在场 zàichǎng
在家 zàijiā
*在于 zàiyú
*载 zài
*咱 zán
*咱们 zánmen
暂 zàn
*暂时 zànshí
赞成 zànchéng
赞美 zànměi
赞叹 zàntàn
赞扬 zànyáng
赃 zāng
脏 zàng
葬 zàng
*藏 zàng
*遭 zāo
*遭受 zāoshòu
遭遇 zāoyù
糟 zāo
*早 zǎo
*早晨 zǎo•chén
*早期 zǎoqī
早日 zǎorì
早上 zǎoshang
*早已 zǎoyǐ
藻 zǎo
灶 zào
*造 zào
造就 zàojiù
造型 zàoxíng
*则 zé
责 zé
*责任 zérèn
责任感 zérèngǎn
贼 zéi
怎 zěn
*怎么 zěnme
*怎么样 zěnmeyàng
*怎样 zěnyàng
*曾 zēng
*增 zēng
*增产 zēngchǎn
*增多 zēngduō
增高 zēnggāo
*增加 zēngjiā
增进 zēngjìn
*增强 zēngqiáng
增添 zēngtiān
*增长 zēngzhǎng
增殖 zēngzhí
扎 zhā
炸 zhá
眨 zhǎ
炸 zhà
炸弹 zhàdàn
摘 zhāi
窄 zhǎi
债 zhài
债务 zhàiwù
寨 zhài
*占 zhān
沾 zhān
粘 zhān
盏 zhǎn
展 zhǎn
*展开 zhǎnkāi
展览 zhǎnlǎn
展示 zhǎnshì
展现 zhǎnxiàn
崭新 zhǎnxīn
*占 zhàn
占据 zhànjù
*占领 zhànlǐng
占用 zhànyòng
*占有 zhànyǒu
*战 zhàn
*战场 zhànchǎng
*战斗 zhàndòu
战国 zhànguó
*战略 zhànlüè
*战胜 zhànshèng
*战士 zhànshì
战术 zhànshù
战线 zhànxiàn
战役 zhànyì
战友 zhànyǒu
*战争 zhànzhēng
*站 zhàn
*张 zhāng
*章 zhāng
章程 zhāngchéng
*长 zhǎng
长官 zhǎngguān
涨 zhǎng
掌 zhǎng
*掌握 zhǎngwò
丈 zhàng
*丈夫 zhàngfu
仗 zhàng
帐 zhàng
帐篷 zhàngpeng
账 zhàng
胀 zhàng
涨 zhàng
*障碍 zhàng'ài
招 zhāo
招待 zhāodài
*招呼 zhāohu
招生 zhāoshēng
*着 zhāo
*朝 zhāo
*着 zháo
*着急 zháojí
*找 zhǎo
召集 zhàojí
*召开 zhàokāi
*赵 Zhào
*照 zhào
*照顾 zhào•gù
照例 zhàolì
照明 zhàomíng
*照片 zhàopiàn
照射 zhàoshè
照相 zhàoxiàng
照相机 zhàoxiàngjī
照样 zhàoyàng
照耀 zhàoyào
遮 zhē
*折 zhé
折磨 zhé•mó
折射 zhéshè
*哲学 zhéxué
*者 zhě
*这 zhè
*这个 zhège
*这里 zhè•lǐ
*这么 zhème
*这儿 zhèr
*这些 zhèxiē
*这样 zhèyàng
*针 zhēn
*针对 zhēnduì
针灸 zhēnjiǔ
侦查 zhēnchá
侦察 zhēnchá
珍贵 zhēnguì
珍珠 zhēnzhū
*真 zhēn

真诚 zhēnchéng
真空 zhēnkōng
*真理 zhēnlǐ
*真实 zhēnshí
*真正 zhēnzhèng
*诊断 zhěnduàn
枕头 zhěntou
*阵 zhèn
*阵地 zhèndì
*振 zhèn
振荡 zhèndàng
*振动 zhèndòng
振奋 zhènfèn
振兴 zhènxīng
震 zhèn
震动 zhèndòng
震惊 zhènjīng
*镇 zhèn
*镇压 zhènyā
*争 zhēng
争夺 zhēngduó
*争论 zhēnglùn
*争取 zhēngqǔ
征 zhēng
征服 zhēngfú
征求 zhēngqiú
征收 zhēngshōu
挣 zhēng
睁 zhēng
蒸 zhēng
*蒸发 zhēngfā
蒸气 zhēngqì
*整 zhěng
*整顿 zhěngdùn
*整个 zhěnggè

*整理 zhěnglǐ
整齐 zhěngqí
*整体 zhěngtǐ
*正 zhèng
*正常 zhèngcháng
*正当 zhèngdāng
*正当 zhèngdàng
正规 zhèngguī
*正好 zhènghǎo
正面 zhèngmiàn
*正确 zhèngquè
*正式 zhèngshì
正义 zhèngyì
*正在 zhèngzài
*证 zhèng
证据 zhèngjù
*证明 zhèngmíng
*证实 zhèngshí
证书 zhèngshū
郑 Zhèng
政 zhèng
*政策 zhèngcè
*政党 zhèngdǎng
*政府 zhèngfǔ
*政权 zhèngquán
*政委 zhèngwěi
*政治 zhèngzhì
挣 zhèng
*症 zhèng
*症状 zhèngzhuàng

*之 zhī
*之后 zhīhòu
*之前 zhīqián
*支 zhī
支部 zhībù
支撑 zhīchēng
*支持 zhīchí
*支出 zhīchū
支队 zhīduì
支付 zhīfù
*支配 zhīpèi
*支援 zhīyuán
*只 zhī
汁 zhī
*枝 zhī
枝条 zhītiáo
枝叶 zhīyè
*知 zhī
*知道 zhī·dào
知觉 zhījué
*知识 zhīshi
肢 zhī
织 zhī
脂肪 zhīfáng
*执行 zhíxíng
*直 zhí
直观 zhíguān
直角 zhíjiǎo
*直接 zhíjiē
*直径 zhíjìng
直觉 zhíjué
直立 zhílì
直辖市 zhíxiáshì
*直线 zhíxiàn

直至 zhízhì
*值 zhí
值班 zhíbān
*值得 zhí·dé
职 zhí
*职工 zhígōng
*职能 zhínéng
职权 zhíquán
*职务 zhíwù
*职业 zhíyè
职员 zhíyuán
职责 zhízé
植 zhí
*植物 zhíwù
植株 zhízhū
殖 zhí
殖民 zhímín
*殖民地 zhímíndì
止 zhǐ
*只 zhǐ
*只得 zhǐdé
只顾 zhǐgù
*只好 zhǐhǎo
*只是 zhǐshì
*只要 zhǐyào
*只有 zhǐyǒu
*纸 zhǐ
*指 zhǐ
*指标 zhǐbiāo
*指导 zhǐdǎo
指定 zhǐdìng
*指挥 zhǐhuī
指令 zhǐlìng
指明 zhǐmíng
*指示 zhǐshì

指数 zhǐshù
指责 zhǐzé
*至 zhì
至此 zhìcǐ
*至今 zhìjīn
*至少 zhìshǎo
*至于 zhìyú
*志 zhì
*制 zhì
*制订 zhìdìng
*制定 zhìdìng
*制度 zhìdù
制品 zhìpǐn
*制约 zhìyuē
*制造 zhìzào
制止 zhìzhǐ
*制作 zhìzuò
*质 zhì
质变 zhìbiàn
*质量 zhìliàng
质子 zhìzǐ
*治 zhì
治安 zhì'ān
治理 zhìlǐ
*治疗 zhìliáo
*致 zhì
致富 zhìfù
致使 zhìshǐ
*秩序 zhìxù
智 zhì
*智慧 zhìhuì
*智力 zhìlì
智能 zhìnéng
滞 zhì
置 zhì

*中 zhōng
中等 zhōngděng
中断 zhōngduàn
中华 zhōnghuá
*中间 zhōngjiān
中年 zhōngnián
中期 zhōngqī
中世纪 zhōngshìjì
中枢 zhōngshū
中外 zhōngwài
中午 zhōngwǔ
*中心 zhōngxīn
中性 zhōngxìng
*中学 zhōngxué
中学生 zhōngxuéshēng
中旬 zhōngxún
*中央 zhōngyāng
中叶 zhōngyè
中医 zhōngyī
中原 zhōngyuán
中子 zhōngzǐ
忠诚 zhōngchéng
忠实 zhōngshí
*终 zhōng
终究 zhōngjiū
终年 zhōngnián
终身 zhōngshēn
*终于 zhōngyú
*钟 zhōng
钟头 zhōngtóu
肿 zhǒng
肿瘤 zhǒngliú
*种 zhǒng
*种类 zhǒnglèi
种群 zhǒngqún
*种子 zhǒngzi
种族 zhǒngzú
*中 zhòng
中毒 zhòngdú
*众 zhòng
*众多 zhòngduō
众人 zhòngrén
*种 zhòng
*种植 zhòngzhí
*重 zhòng
*重大 zhòngdà
*重点 zhòngdiǎn
重工业 zhònggōngyè
*重力 zhònglì
*重量 zhòngliàng
*重视 zhòngshì
*重要 zhòngyào
*州 zhōu
*周 zhōu
周年 zhōunián
*周期 zhōuqī
*周围 zhōuwéi
周转 zhōuzhuǎn
*轴 zhóu
昼夜 zhòuyè
皱 zhòu
朱 zhū
珠 zhū
*株 zhū
*诸 zhū
诸如 zhūrú
*猪 zhū
*竹 zhú
逐 zhú
*逐步 zhúbù
*逐渐 zhújiàn
逐年 zhúnián
*主 zhǔ
主编 zhǔbiān
*主持 zhǔchí
*主导 zhǔdǎo
*主动 zhǔdòng
*主观 zhǔguān
主管 zhǔguǎn
主教 zhǔjiào
主力 zhǔlì
主权 zhǔquán
*主人 zhǔ•rén
主人公 zhǔréngōng
*主任 zhǔrèn
*主题 zhǔtí
*主体 zhǔtǐ
*主席 zhǔxí
*主要 zhǔyào
*主义 zhǔyì
*主意 zhǔyi(zhúyi)
主语 zhǔyǔ
*主张 zhǔzhāng
煮 zhǔ
*属 zhǔ
嘱咐 zhǔ•fù
助 zhù
助手 zhùshǒu
*住 zhù
住房 zhùfáng
住宅 zhùzhái
贮藏 zhùcáng
贮存 zhùcún
注 zhù
注射 zhùshè
注视 zhùshì
*注意 zhùyì
注重 zhùzhòng
*驻 zhù
*柱 zhù
祝 zhù
祝贺 zhùhè
著 zhù
*著名 zhùmíng
*著作 zhùzuò
筑 zhù
*抓 zhuā
抓紧 zhuājǐn
*专 zhuān
*专家 zhuānjiā
专利 zhuānlì
*专门 zhuānmén
专题 zhuāntí
*专业 zhuānyè
专用 zhuānyòng
*专政 zhuānzhèng
专制 zhuānzhì
砖 zhuān
*转 zhuǎn
*转变 zhuǎnbiàn
*转动 zhuǎndòng
*转化 zhuǎnhuà
*转换 zhuǎnhuàn
*转身 zhuǎnshēn
*转向 zhuǎnxiàng
*转移 zhuǎnyí
*传 zhuàn
*转 zhuàn
*转动 zhuàndòng
*转向 zhuànxiàng
赚 zhuàn
庄 zhuāng
庄稼 zhuāngjia
庄严 zhuāngyán
桩 zhuāng
*装 zhuāng
装备 zhuāngbèi
装饰 zhuāngshì
*装置 zhuāngzhì
壮 zhuàng
壮大 zhuàngdà
*状 zhuàng
*状况 zhuàngkuàng
*状态 zhuàngtài
撞 zhuàng
幢 zhuàng
*追 zhuī
追究 zhuījiū
*追求 zhuīqiú
追逐 zhuīzhú
*准 zhǔn
*准备 zhǔnbèi
*准确 zhǔnquè
准则 zhǔnzé
*捉 zhuō
桌 zhuō

*桌子 zhuōzi
卓越 zhuóyuè
啄木鸟 zhuómùniǎo
*着 zhuó
着手 zhuóshǒu
*着重 zhuózhòng
琢磨 zhuómó
咨询 zīxún
姿势 zīshì
*姿态 zītài
资 zī
*资本 zīběn
资产 zīchǎn
*资格 zī•gé
*资金 zījīn
*资料 zīliào
*资源 zīyuán
滋味 zīwèi
*子 zǐ
子弹 zǐdàn
子弟 zǐdì
子宫 zǐgōng
*子女 zǐnǚ
子孙 zǐsūn
*仔细 zǐxì
姊妹 zǐmèi
紫 zǐ
*自 zì
自称 zìchēng
*自从 zìcóng
*自动 zìdòng
自动化 zìdònghuà
自发 zìfā
自豪 zìháo
*自己 zìjǐ
*自觉 zìjué
自力更生 zìlì-gēngshēng
*自然 zìrán
*自然界 zìránjiè
自杀 zìshā
*自身 zìshēn
自卫 zìwèi
*自我 zìwǒ
自信 zìxìn
自行 zìxíng
自行车 zìxíngchē
*自由 zìyóu
自愿 zìyuàn
自在 zìzài
自在 zìzai
自治 zìzhì
*自治区 zìzhìqū
自主 zìzhǔ
自转 zìzhuàn
*字 zì
字母 zìmǔ
宗 zōng
*宗教 zōngjiào
宗旨 zōngzhǐ
*综合 zōnghé
*总 zǒng
总额 zǒng'é
总和 zǒnghé
*总结 zǒngjié
*总理 zǒnglǐ
总数 zǒngshù
总算 zǒngsuàn
*总体 zǒngtǐ
*总统 zǒngtǒng
*总之 zǒngzhī
纵 zòng
纵队 zòngduì
*走 zǒu
走廊 zǒuláng
*走向 zǒuxiàng
奏 zòu
租 zū
租界 zūjie
*足 zú
*足够 zúgòu
足球 zúqiú
*足以 zúyǐ
*族 zú
阻 zǔ
*阻碍 zǔ'ài
阻力 zǔlì
阻止 zǔzhǐ
*组 zǔ
*组合 zǔhé
*组织 zǔzhī
祖 zǔ
祖父 zǔfù
*祖国 zǔguó
祖母 zǔmǔ
*祖先 zǔxiān
祖宗 zǔzong
*钻 zuān
钻研 zuānyán
*钻 zuàn
*嘴 zuǐ
嘴巴 zuǐba
*嘴唇 zuǐchún
*最 zuì
*最初 zuìchū
*最后 zuìhòu
*最近 zuìjìn
*最为 zuìwéi
*最终 zuìzhōng
*罪 zuì
罪恶 zuì'è
罪犯 zuìfàn
罪行 zuìxíng
醉 zuì
尊 zūn
尊敬 zūnjìng
尊严 zūnyán
*尊重 zūnzhòng
*遵守 zūnshǒu
*遵循 zūnxún
*昨天 zuótiān
琢磨 zuómo
*左 zuǒ
左边 zuǒ•biān
左手 zuǒshǒu
*左右 zuǒyòu
*作 zuò
作法 zuòfǎ
*作风 zuòfēng
*作家 zuòjiā
*作品 zuòpǐn
*作为 zuòwéi
*作物 zuòwù
*作业 zuòyè
*作用 zuòyòng
*作战 zuòzhàn
*作者 zuòzhě
*坐 zuò
坐标 zuòbiāo
*座 zuò
座位 zuò•wèi
*做 zuò
*做法 zuòfǎ
做梦 zuòmèng

附录五

普通话水平测试规程

[报　名]

1.申请接受普通话水平测试(以下简称"测试")的人员,持有效身份证件在指定测试机构报名(亦可由所在单位集体报名)。

2.接受报名的测试机构负责安排测试的时间和地点。

[考　场]

3.测试机构负责安排考场。每个考场应有专人负责。考场应具备测试室、备测室、候测室,以及必要的工作条件,整洁肃静,标志明显,在醒目处应张贴应试须知事项。

4.每间测试室只能安排1个测试组进行测试,每个测试组配备测试员2～3人,每组日测试量以不超过30人次为宜。

[试　卷]

5.试卷由国家语言文字工作部门指定的测试题库提供。

6.试卷由专人负责,各环节经手人均应签字。

7.试卷为一次性使用,按照考场预定人数封装。严格保管多余试卷。

8.当日测试结束后,测试员应回收和清点试卷,统一封存或销毁。

[测　试]

9.测试员和考场工作人员佩带印有姓名、编号和本人照片的胸卡,认真履行职责。

10.应试人持准考证和有效身份证件按时到达指定考场,经查验无误后,按顺序抽取考题备测。应试人备测时间应不少于10分钟。

11.执行测试时,测试室内只允许1名应试人在场。

12.测试员对应试人身份核对无误后,引导应试人进入测试程序。

13.测试全程录音。完整的测试录音包括:姓名、考号、单位,以及全部测试内容。录音应声音清晰,音量适中,以利复查。

14.测试录音标签应写明考场、测试组别、应试人姓名、测试日期、录音人签名等项内容;录音内容应与标签相符。

15.测试员评分记录使用钢笔或签字笔,符号清晰、明了,填写应试人成绩及等级应准确(测试最后成绩均保留一位小数)。

16.测试结束时,测试员应及时收回应试人使用的试卷。

17.同组测试员对同一应试人的评定成绩出现等差时由该测试组复议,出现级差时由考场负责人主持再议。

18.测试评分记录表和应试人成绩单均签署测试员全名和测试日期。

19.测试结束,考场负责人填写测试情况记录。

[质量检查]

20.省级测试机构应对下级测试机构测试过程进行巡视。

21.检查测试质量主要采取抽查复听测试录音的方式。抽查比例由省级测试机构确定。

22.测试的一级甲等成绩由国家测试机构复审,一级乙等成绩由省级测试机构复审。

23.复审应填写复审意见。复审意见应表述清楚、具体、规范,有复审者签名。

24.复审应在收到送审材料后的30个工作日内完成,并将书面复审意见反馈送审机构。

[等级证书]

25.省级语言文字工作部门向测试成绩达到测试等级要求的应试人发放测试等级证书,证书加盖省级语言文字工作部门印章。

26.经复审合格的一级甲等、一级乙等成绩应在等级证书上加盖复审机构印章。

[应试人档案]

27.应试人档案包括:测试申请表、试题、测试录音、测试员评分记录、复审记录、成绩单等。

28.应试人档案保存期不少于两年。

附录六

普通话水平测试管理规定

第一条　为加强普通话水平测试管理，促其规范、健康发展，根据《中华人民共和国国家通用语言文字法》，制定本规定。

第二条　普通话水平测试（以下简称测试）是对应试人运用普通话的规范程度的口语考试。开展测试是促进普通话普及和应用水平提高的基本措施之一。

第三条　国家语言文字工作部门颁布测试等级标准、测试大纲、测试规程和测试工作评估办法。

第四条　国家语言文字工作部门对测试工作进行宏观管理，制定测试的政策、规划，对测试工作进行组织协调、指导监督和检查评估。

第五条　国家测试机构在国家语言文字工作部门的领导下组织实施测试，对测试业务工作进行指导，对测试质量进行监督和检查，开展测试科学研究和业务培训。

第六条　省、自治区、直辖市语言文字工作部门（以下简称省级语言文字工作部门）对本辖区测试工作进行宏观管理，制定测试工作规划、计划，对测试工作进行组织协调、指导监督和检查评估。

第七条　省级语言文字工作部门可根据需要设立地方测试机构。

省、自治区、直辖市测试机构（以下简称省级测试机构）接受省级语言文字工作部门及其办事机构的行政管理和国家测试机构的业务指导，对本地区测试业务工作进行指导，组织实施测试，对测试质量进行监督和检查，开展测试科学研究和业务培训。

省级以下测试机构的职责由省级语言文字工作部门确定。

各级测试机构的设立须经同级编制部门批准。

第八条　测试工作原则上实行属地管理。国家部委直属单位的测试工作，原则上由所在地区省级语言文字工作部门组织实施。

第九条　在测试机构的组织下，测试由测试员依照测试规程执行。测试员应遵守测试工作各项规定和纪律，保证测试质量，并接受国家和省级测试机构的业务培训。

第十条　测试员分省级测试员和国家级测试员。测试员须取得相应的测试员证书。

申请省级测试员证书者，应具有大专以上学历，熟悉推广普通话工作方针政策和普通语言学理论，熟悉方言与普通话的一般对应规律，熟练掌握《汉语拼音方案》和常用国际音标，有较强的听辨音能力，普通话水平达到一级。

申请国家级测试员证书者，一般应具有中级以上专业技术职务和两年以上省级测试员资历，具有一定的测试科研能力和较强的普通话教学能力。

第十一条　申请省级测试员证书者，通过省级测试机构的培训考核后，由省级语言文字工作部门颁发省级测试员证书；经省级语言文字工作部门推荐的申请国家级测试员证书者，通过国家测试机构的培训考核后，由国家语言文字工作部门颁发国家级测试员证书。

第十二条　测试机构根据工作需要聘任测试员并颁发有一定期限的聘书。

第十三条　在同级语言文字工作办事机构指导下，各级测试机构定期考查测试员的业务能力和工作表现，并给予奖惩。

第十四条 省级语言文字工作部门根据工作需要聘任测试视导员并颁发有一定期限的聘书。

测试视导员一般应具有语言学或相关专业的高级专业技术职务，熟悉普通语言学理论，有相关的学术研究成果，有较丰富的普通话教学经验和测试经验。

测试视导员在省级语言文字工作部门领导下，检查、监督测试质量，参与和指导测试管理和测试业务工作。

第十五条 应接受测试的人员为：

1.教师和申请教师资格的人员。

2.广播电台、电视台的播音员、节目主持人。

3.影视话剧演员。

4.国家机关工作人员。

5.师范类专业、播音与主持艺术专业、影视话剧表演专业以及其他与口语表达密切相关专业的学生。

6.行业主管部门规定的其他应该接受测试的人员。

第十六条 应接受测试的人员的普通话达标等级，由国家行业主管部门规定。

第十七条 社会其他人员可自愿申请接受测试。

第十八条 在高等学校注册的我国港澳台学生和外国留学生可随所在校学生接受测试。

测试机构对其他港澳台人士和外籍人士开展测试工作，须经国家语言文字工作部门授权。

第十九条 测试成绩由执行测试的测试机构认定。

第二十条 测试等级证书由国家语言文字工作部门统一印制，由省级语言文字工作办事机构编号并加盖印章后颁发。

第二十一条 普通话水平测试等级证书全国通用。等级证书遗失，可向原发证单位申请补发。伪造或变造的普通话水平测试等级证书无效。

第二十二条 应试人再次申请接受测试同前次接受测试的间隔应不少于3个月。

第二十三条 应试人对测试程序和测试结果有异议，可向执行测试的测试机构或上级测试机构提出申诉。

第二十四条 测试工作人员违反测试规定的，视情节予以批评教育、暂停测试工作、解除聘任或宣布测试员证书作废等处理，情节严重的提请其所在单位给予行政处分。

第二十五条 应试人违反测试规定的，取消其测试成绩，情节严重的提请其所在单位给予行政处分。

第二十六条 测试收费标准须经当地价格部门核准。

第二十七条 各级测试机构须严格执行收费标准，遵守国家财务制度，并接受当地有关部门的监督和审计。

第二十八条 本规定自2003年6月15日起施行。

附录七

国家法律、法规有关推广普通话和普通话水平测试的条文、规定

国家推广全国通用的普通话。

《中华人民共和国宪法》第十九条

学校及其他教育机构教学，应当推广使用全国通用的普通话和规范字。

《中华人民共和国教育法》第十二条

凡以普通话作为工作用语的岗位，其工作人员应当具备说普通话的能力。

以普通话作为工作语言的播音员、节目主持人和影视话剧演员、教师、国家机关工作人员的普通话水平，应当分别达到国家规定的等级标准，对尚未达到国家规定的普通话等级标准的，分别情况进行培训。

《中华人民共和国国家通用语言文字法》第十九条

（申请认定教师资格者的）普通话水平应当达到国家语言文字工作委员会颁布的《普通话水平测试等级标准》二级乙等以上标准。

少数方言复杂地区的普通话水平应当达到三级甲等以上标准；使用汉语和当地民族语言教学的少数民族自治地区的普通话水平，由省级人民政府教育行政部门规定标准。

《〈教师资格条例〉实施办法》第八条第二款

教育行政部门公务员和学校管理人员的普通话水平不低于三级甲等，新录用公务员和学校管理人员的普通话水平亦应达到上述标准。

……教师应达到《教师资格条例实施办法》规定的等级标准：各级各类学校和幼儿园以及其他教育机构的教师应不低于二级乙等，其中语文教师和对外汉语教师不低于二级甲等，语音教师不低于一级乙等。

……1954 年 1 月 1 日以后出生的教师和教育行政部门公务员，师范专业和其他与口语表达关系密切的专业的学生，均应参加普通话培训和测试。

……师范专业和其他与口语表达关系密切的专业的学生，普通话达不到合格标准者应缓发毕业证书。

摘自教育部　国家语言文字工作委员会《关于进一步加强学校普及普通话和用字规范化工作的通知》(教语用〔2000〕1 号)

各地各部门要采取措施，加强对公务员普通话的培训。

……通过培训，原则要求 1954 年 1 月 1 日以后出生的公务员达到三级甲等以上水平；对 1954 年 1 月 1 日以前出生的公务员不作达标的硬性要求，但鼓励努力提高普通话水平。

摘自人事部　教育部　国家语言文字工作委员会《关于开展国家公务员普通话培训的通知》(人发〔1999〕46 号)

除需要使用方言、少数民族语言和外语的场合外，邮政系统所有员工在工作中均需使用普通话。营业员、投递员、邮储业务员、报刊发行员以及工作在呼叫中心、信息查询等直接面向用户服务的职工，普通话水平不低于国家语言文字工作委员会颁布的《普通话水平测试等级标准》规定的三级甲等；邮运指挥调度人员、检查监督人员也应达到相应水平。

摘自国家邮政局　教育部　国家语言文字工作委员会《关于加强邮政系统语言文字规范化工作的通知》(国邮联〔2000〕304 号)

铁路系统员工应以普通话为工作语言，除确需使用方言、少数民族语言和外国语言的场合外，铁路系统所有职工在工作中均应使用普通话。直接面向旅客、货主服务的职工的普通话水平一般应不低于国家语言文字工作委员会颁布的《普通话水平测试等级标准》规定的三级甲等；站、车广播员的普通话水平应不低于二级甲等。

摘自铁道部　教育部　国家语言文字工作委员会《关于进一步加强铁路系统语言文字规范化工作的通知》(铁科教〔2000〕72 号)

附录八

国家语委、国家教委、广播电影电视部《关于开展普通话水平测试工作的决定》

（一九九四年十月三十日）

《中华人民共和国宪法》规定："国家推广全国通用的普通话。"推广普通话是社会主义精神文明建设的重要内容；社会主义市场经济的迅速发展和语言文字信息处理技术的不断革新，使推广普通话的紧迫性日益突出。国务院在批转国家语委关于当前语言文字工作请示的通知（国发[1992]63号文件）中强调指出，推广普通话对于改革开放和社会主义现代化建设具有重要意义，必须给予高度重视。为加快普及进程，不断提高全社会普通话水平，国家语言文字工作委员会、国家教育委员会和广播电影电视部决定：

一、普通话是以汉语文授课和各级各类学校的教学语言；是以汉语传送的各级广播电台、电视台的规范语言，是汉语电影、电视剧、话剧必须使用的规范语言；是全国党政机关、团体、企事业单位干部在公务活动中必须使用的工作语言；是不同方言区及国内不同民族之间的通用语言。掌握并使用一定水平的普通话是社会各行各业人员，特别是教师、播音员、节目主持人、演员等专业人员必备的职业素质。因此，有必要在一定范围内对某些岗位的人员进行普通话水平测试，并逐步实行普通话等级证书制度。

二、现阶段的主要测试对象和他们应达到的普通话等级要求是：

中小学教师、师范院校的教师和毕业生应达到二级或一级水平，专门教授普通话语音的教师应达到一级水平。

县级以上（含县级）广播电台和电视台的播音员、节目主持人应达到一级水平（此要求列入广播电影电视部部颁岗位规范，逐步实行持普通话等级合格证书上岗）。

电影、电视剧演员和配音演员，以及相关专业的院校毕业生应达到一级水平。

三、测试对象经测试达到规定的等级要求时，颁发普通话等级证书。对播音员、节目主持人、教师等岗位人员，从1995年起逐步实行持普通话等级证书上岗制度。

四、成立国家普通话水平测试委员会，负责领导全国普通话水平测试工作。委员会由国家语言文字工作委员会、国家教育委员会、广播电影电视部有关负责同志和专家学者若干人组成。委员会下设秘书长一人，副秘书长若干人处理日常工作，办公室设在国家语委普通话培训测试中心。各省、自治区、直辖市也应相应地成立测试委员会和培训测试中心，负责本地区的普通话培训测试工作。

普通话培训测试中心为事业单位，测试工作要合理收费，开展工作初期，应有一定的启动经费，培训和测试工作要逐步做到自收自支。

五、普通话水平测试工作按照《普通话水平测试实施办法(试行)》和《普通话水平测试等级标准(试行)》的规定进行。

六、普通话水平测试是推广普通话工作的重要组成部分,是使推广普通话工作逐步走向科学化、规范化、制度化的重要举措。各省、自治区、直辖市语委、教委、高教、教育厅(局)、广播电视厅(局)要密切配合,互相协作,加强宣传,不断总结经验,切实把这项工作做好。

参考文献

[1]国家语言文字工作委员会普通话培训测试中心.普通话水平测试实施纲要[M].北京：商务印书馆，2004.

[2]中国大百科全书出版社编辑部.中国大百科全书·语言文字卷[M].北京：中国大百科全书出版社，2004.

[3]中国社会科学院语言研究所词典编辑室.现代汉语词典[M].第6版.北京：商务印书馆，2012.

[4]中国社会科学院语言研究所.新华字典[M].北京：商务印书馆，2011.

[5]周殿福，吴宗济.普通话发音图谱[M].北京：商务印书馆，1963.

[6]邢捍国.实用普通话水平测试与口才提高[M].第三版.广州：暨南大学出版社，2005.

[7]王克瑞，杜丽华.播音员主持人训练手册[M].北京：中国传媒大学出版社，2001.

[8]江苏省语言文字工作委员会办公室.普通话水平测试指定用书[M].北京：商务印书馆，2004.

[9]罗洪.普通话规范发音[M].广州：花城出版社，2008.

[10]张庆庆.普通话水平测试应试指南[M].广州：暨南大学出版社，2010.

[11]吴洁敏.新编普通话教程[M].杭州：浙江大学出版社，2003.

[12]高廉平.普通话测试辅导与训练[M].北京：北京大学出版社，2006.

[13]路英.播音发声与普通话语音[M].长沙：湖南师范大学出版社，2005.

[14]张慧.绕口令[M].北京：中国广播电视出版社，2005.

[15]唐余俊.普通话水平测试(PSC)应试指导[M].广州：暨南大学出版社，2010.

[16]陈超美.普通话口语表达与水平测试[M].北京：清华大学出版社，2011.

[17]李永斌.普通话实用教程[M].北京：北京师范大学出版社，2009.

[18]宋欣桥.普通话水平测试员实用手册[M].北京：商务印书馆，2004.

[19]金晓达，刘广徽.汉语普通话语音图解课本[M].北京：语言大学出版社，2011.